高等院校通识教育课程教材

# 大学生
# 美育基础

主　编　汪行雨
副主编　刘桂艳　刘瑞洋　刘　璇
编　委　汪行雨　刘桂艳　刘瑞洋　刘　璇　秦子越
　　　　杨伟雄　李　静　柳　苑　张秦若丹
　　　　陈　诗　徐心冉　余刚强　卢　宸　罗继红

WUHAN UNIVERSITY PRESS
武汉大学出版社

**图书在版编目(CIP)数据**

大学生美育基础 / 汪行雨主编. -- 武汉 ：武汉大学出版社，2025.8.
高等院校通识教育课程教材. -- ISBN 978-7-307-25051-2
Ⅰ.G40-014
中国国家版本馆 CIP 数据核字第 2025Y1Q548 号

责任编辑:胡国民　桑莱丝　　　责任校对:汪欣怡　　　版式设计:马　佳

出版发行:**武汉大学出版社**　(430072　武昌　珞珈山)
(电子邮箱:cbs22@whu.edu.cn　网址:www.wdp.com.cn)
印刷:湖北金港彩印有限公司
开本:787×1092　1/16　印张:21.75　字数:486 千字　插页:2
版次:2025 年 8 月第 1 版　　2025 年 8 月第 1 次印刷
ISBN 978-7-307-25051-2　　定价:59.00 元

# 序言：美育之光

作为从教三十余年的教育工作者，每当我漫步于校园之中，总能在学生的画布上看见星辰与泥土的交织——那些未干的油彩里藏着荆楚大地的苍茫云霭，也映照着年轻人对未来的斑斓想象；在雕塑工作室的敲击声中，青铜与石膏的碰撞声仿佛一场跨越千年的对话：商周青铜器上的饕餮纹样与赛博朋克的机械骨骼，在火光中熔铸成新的美学语言。美育，恰似一束穿透时空的光，既照亮敦煌壁画的千年丹青，也映照数字屏幕的像素涟漪。今日，我怀着欣喜与期待，为弟子汪行雨主编的《大学生美育基础》作序。这部作品意义非凡，既是美育沃土上绽放的新芽，亦是时代浪潮中一艘满载智慧的航船，载着传统美学的厚重与数字时代的轻盈，驶向充满未知可能的远方，为大学生们开启一扇系统了解美育、深入探索美的大门，助力他们在人生的旅程中练就一双发现美、创造美的慧眼，收获丰富而美好的精神世界。

## 一、美育的变奏曲

美育从未远离人间烟火。它曾是《诗经》中对草木的吟咏，是宋瓷釉色中的天青一梦；是敦煌壁画上飞天反弹琵琶的惊鸿一瞥，是苏州园林里太湖石“皱、漏、瘦、透”所蕴含的哲学隐喻。而今，它化身为短视频里的水墨动画、虚拟展厅中的交互艺术，甚至是直播带货中不经意流露的器物之美。自媒体的浪潮裹挟着海量信息奔涌而来：一部抖音短剧或许能让敦煌飞天“活”在指尖，一场直播导览或许可将卢浮宫“搬”进宿舍，一篇小红书笔记或许教会年轻人用枯枝插花——美从未如此触手可及，却也从未如此真假难辨。

人们从未如此轻易地接触全球艺术，却也从未如此迫切地需要一双“慧眼”。当碎片化信息如繁星密布，美育教育的使命便是教会学生循北斗以辨方位。编者们深谙此理。书中既剖析了“流量至上”对审美的冲击，又以“故宫博物院数字展厅”“2025 年春节联欢晚会”等鲜活案例，教导学生如何在信息洪流中打捞真金。

更可贵的是，他们让美育走出课堂：通过“美育进社区服务计划”，学生们用街头涂鸦重新诠释楚辞中的传统花卉，让斑驳的围墙化作流动的诗集；在“数字活化工作坊”里，年轻人借助 3D 建模和 AR 技术自由创作，突破二维平面的限制，让作品栩栩如生。当下，美育发展已不再局限于一般意义上的视觉艺术，而是向听觉、触觉、嗅觉以及身体、行为等通感美育和统觉艺术的多元融合与沉浸式体验方向转变。这些美育实践如同一把手术刀，精准地缝合了传统与当代之间的裂痕，有力地证明了美育不是博物馆里的静态标本，而是一条生生不息的河流。

## 二、真善美的三重奏

美育不是悬挂于博物馆的奢侈品，而是流淌在每个人血液里的生命律动。书中从三个维度勾勒出其精髓，恰似三棱镜折射出的斑斓光谱。

首先，美育能够培养人们的审美素养。审美素养是个体对美的感知、理解、欣赏和创造能力的综合体现。通过美育教育，人们能够学会感知不同领域的美，拓宽美的视野。无论是自然之美、艺术之美，还是社会之美，都是美育的重要源泉。在本书中，编者们通过详尽的阐述与丰富的案例，让人们领略到多元之美的魅力，激发人们对美的热爱与追求。

其次，美育能够塑造人们的人格魅力。高尚品德是人格魅力的基石，而美育在培育品德方面发挥着独特且深远的作用。通过艺术作品的感染力、文化活动的熏陶以及校园氛围的浸润，美育将道德教育潜移默化地融入人们的内心世界。正如本书所提到的，许多伟大的艺术家及其作品中都蕴含着深刻的道德寓意，为人们提供了丰富的道德滋养，帮助人们树立正确的价值观念与道德情操。

最后，美育能够激发人们的创新活力。创新是时代进步的不竭动力，而美育则是激发创新活力的重要途径。通过美育教育，人们能够打破常规思维的束缚，拓展思维的边界，提出独树一帜的见解。本书通过超现实主义绘画、科幻文学等案例，生动地展示了美育在激发创新思维方面的独特作用。这些案例不仅让人们领略到艺术的魅力，更激发了人们对未知世界的探索欲望与创新精神，成为提升国民素养和建构现代性社会的文化基石。

## 三、美的语法书

本书如同一本精心编纂的“美学辞典”，拒绝晦涩难懂。它以跨时空的对话，将美学的基因密码译解为当代人能读懂的语言。编者们通过探讨艺术与设计、艺术与时尚、艺术与城市以及艺术与日常生活等方面的融合实践，使读者深刻体会到美育在现实生活中的应用与价值。

艺术与设计密不可分。设计不仅是艺术的应用与延伸，更是美的创造与表达。在本书中，编者们通过详尽的阐述与生动的案例，展示了艺术与设计之间的紧密联系。他们不仅介绍了绘画艺术、雕塑艺术、书法艺术等在设计领域中的应用与表现，还分析了作品设计如何体现艺术的美感与创意。通过这些内容的介绍，读者不仅领略到艺术在设计领域中的独特魅力与价值，还学会了如何将艺术元素融入作品设计，创造出更具美感与实用性的设计作品。

艺术与时尚紧密相连。时尚不仅是潮流的引领者，更是美的传播者。在本书中，编者们通过介绍艺术与时尚之间的融合实践，让读者深刻体会到时尚中的艺术元素与审美价值。他们不仅分析了时尚潮流如何受到艺术风格的影响与塑造，还探讨了艺术家如何通过时尚作品表达自己的审美观念与创意灵感。通过这些内容的介绍，读者不仅学会了欣赏时尚作品中的艺术美感，还学会了将艺术元素融入时尚设计，创造出更具个性与魅力的时尚作品。

艺术与城市的关系不容忽视。城市不仅是人们生活的空间，更是艺术的舞台。在本书中，编者们通过介绍艺术与城市之间的融合实践，让读者深刻体会到了艺术在城市建设与发展中的重要作用。他们不仅分析了城市艺术景观如何体现城市的文化特色与审美追求，还探讨了艺术家如何通过城市公共艺术作品与城市居民进行互动与交流。通过这些内容的介绍，读者不仅领略到城市艺术景观的独特魅力与价值，还学会了将艺术元素融入城市建设，创造出更具文化特色与审美价值的城市空间。

最后，艺术与日常生活息息相关。美不仅存在于艺术作品中，更存在于我们的日常生活中。在本书中，编者们通过介绍艺术与日常生活之间的融合实践，让读者深刻体会到了美在生活中的无处不在。他们不仅分析了日常生活中的审美现象与审美心理，还探讨了如何通过日常生活中的审美活动提升自己的审美素养与人格魅力。通过这些内容的学习，读者不仅能学会如何在日常生活中发现美、尊重美、欣赏美，还能学会创造美、传播美，让美成为自己生活的一部分。

## 四、未来的画布

面对 AI 绘画的冲击，书中并未流露出焦虑情绪，反而充满了期待。当人工智能临摹出《孤禽图》时，我们恰恰更需要教会学生：技术能够复制笔触，却无法替代凝视一朵花时的心跳感受。

人工智能与艺术创作的结合，是美育未来发展的前沿领域。随着人工智能技术的不断发展，其已逐渐渗透至艺术创作的各个领域。在本书中，编者们通过介绍人工智能与艺术创作相结合的案例，让读者深刻体会到了人工智能在美育中的独特魅力与无限潜力。他们不仅分析了人工智能如何改变艺术创作的流程与方式，还探讨了人工智能在美育教育中的应用前景以及面临的挑战。

面对这些未来发展趋势，编者们从技术哲学的角度，构想了未来艺术教育的范式转型。在虚拟现实构建的沉浸式环境中，艺术创作突破了物理媒介的局限，实现了创作者与历史语境的超时空对话——动态算法可以模拟自然元素的实时交互，使传统笔墨的意境生成转化为数据流中的非线性叙事。而区块链技术的介入，则重构了艺术确权的底层逻辑，通过去中心化的数字存证机制，将艺术创作的独特性锚定于加密协议之中，确保审美表达的原创性在技术层面得到本质性的保障。

这些探索直指数字时代的核心命题：在算法权力日益渗透审美生产的当下，如何维系人类主体性中的感性灵光？著作给出的方法论是：通过增强现实技术构建的历史情境还原，让学习者在具身化体验中激活对文化记忆的深层共情；而基于游戏引擎的数字化创作实践，实质上是将东方美学的空间意识与符号系统转译为可编程的视觉语法——这不仅是媒介形态的转换，更是文化基因在技术矩阵中的适应性进化。

《大学生美育基础》并非一本给出既定答案的书，而是一把开启美育之门的钥匙。它带你前往敦煌洞窟，看古人如何用矿物颜料对话神明——那些青金石与朱砂的层叠，是工匠对永恒的虔诚赌注；它也邀你潜入数字深海，寻找新的可能——在 NFT 艺术馆里，你会遇见将《富春山居图》切片成数千枚数字藏品的疯狂实验。愿每一位翻开此书的人，都能如书中所述：“在短视频的浮光中学会驻足，在 AI 生成的图像里辨认本心。”

美育之路，从来不是独行。正如编者在后记中所写：“当我们教会学生用美对抗荒诞，用诗意消解虚无时，他们终将明白——手机屏幕里的《星空》或许可以缩放，但头顶的星空，永远值得仰望；二维码可以储存《兰亭集序》，但笔墨与宣纸摩擦的沙沙声，仍是技术无法取代的文明心跳。”

期待《大学生美育基础》一书成为大学生浸润美育的良师益友，成为传播美的使者，为培育更多具有美感的国民作出独特的贡献。

**湖北美术学院** 

2025 年春于昙华林

# 目　录

## 第一篇　美育核心价值



## 第二篇　美育基础知识

## 第三篇 美育融合实践

## 第四篇　美育的未来发展

# 第一篇　美育核心价值

# 导 语

在大学美育的广阔舞台上，美育不仅是艺术熏陶，更是心灵启迪与人格塑造。本篇“美育核心价值”，旨在深入挖掘大学美育的内在精髓，展现其在培养全面发展人才方面的重要作用。从美的感知到美的创造，从情感的共鸣到理性的升华，美育以其独特的魅力，引领我们探索真、善、美的真谛。让我们一同走进这片充满智慧与灵性的天地，感受美育的力量，让心灵在美的滋养中绽放，书写更加卓越的人生篇章。

# 第一章
# 自媒体浪潮：赋能美育新征程

在当今这个数字化与信息化交织并进的时代，自媒体的崛起无疑对教育领域，尤其是美育的实践与发展产生了深刻而持久的影响。大学生美育，作为教育体系中不可或缺的一环，其内涵远不止于审美能力的培养，更深刻地关联着个体心灵的滋养、情感的丰富以及人格的完善。正如柏拉图所言："美是善的父亲。"①美育通过艺术、文学等多种媒介，不仅引导个体学会欣赏美、创造美，更在无形中塑造着人们的价值观念与道德情操，为人的全面发展奠定坚实的基础。

自媒体以其独特的传播模式、广泛的受众覆盖以及高度的互动性，为美育教育开辟了新的视野，带来了前所未有的机遇。一方面，自媒体平台凭借其便捷的信息传播能力，使得美育资源得以跨越地域与时间的限制，实现广泛而快速的共享。无论是身处繁华都市还是偏远乡村，大学生们都能通过自媒体接触全球范围内的艺术作品、文化讲座以及美育课程，这极大地拓宽了他们的视野与知识面。这种资源的丰富性与多样性，不仅满足了大学生们对美的追求，更激发了他们探索未知、勇于创新的精神。

另一方面，自媒体也为美育教育提供了创新的教学方式与手段。通过直播、短视频、虚拟现实等新媒体技术，美育课程得以更加生动、直观地呈现，使得抽象的美学理论变得具体可感，增强了学习的趣味性与互动性。例如，通过虚拟现实技术，人们可以身临其境地参观世界各地的博物馆与艺术展览，感受不同文化背景下的艺术魅力；通过直播互动，人们可以与艺术家、学者进行"面对面"的交流，深入了解艺术创作背后的故事与审美理念。这些新型的教学方式不仅丰富了美育教育的形式与内容，更激发了人们对美的热爱与追求。

然而，自媒体时代也向现代美育教育提出了诸多挑战。一方面，信息的海量与碎片化使得美育资源的质量参差不齐，如何在众多信息中筛选出真正有价值的内容，成为我们面临的一大难题。另一方面，自媒体环境下的审美倾向多元化，也容易导致审美标准

---

① ［古希腊］柏拉图：《文艺对话集》，朱光潜译，北京：人民文学出版社 1997 年版，第 269 页。

的模糊与低俗化。如何在尊重多元审美的基础上，引导大学生们树立正确的审美观，避免陷入审美误区，是美育教育亟待解决的问题。此外，自媒体平台的开放性与匿名性也可能导致网络暴力、侵权盗版等不良现象的发生，对美育教育的健康发展构成威胁。

### 心海轻澜

- 通过分享自媒体成功案例、举办创意工作坊等方式，激发同学们的兴趣。
- 通过问卷调查或小组讨论，了解同学们对自媒体的了解程度、使用习惯及兴趣点。
- 设计一套包含创意写作、视觉设计、故事讲述等多方面能力的评估问卷，每位同学都能真实表达自己的想法，评估采用匿名形式进行。

## 第一节　数字时代与艺术传播的新趋势

### 一、数字艺术的兴起

数字艺术，尤其是新媒体艺术，正逐渐成为数字时代艺术传播的重要载体。新媒体艺术涵盖网络艺术、互动装置等基于虚拟现实(VR)、增强现实(AR)以及计算机技术生成的影像、声音和多媒体作品。从最初的计算机图像到如今的虚拟现实、增强现实、数字绘画、3D 打印等新技术，数字艺术的崛起为传统的艺术表现形式带来了深刻的变革。与此同时，艺术的传播方式也在悄然发生变化。传统的艺术传播主要依赖于实体媒介(如画廊、博物馆和艺术展览)，而如今，互联网和社交媒体已经成为艺术传播的主要途径，为艺术家提供了前所未有的创作和展示空间。

#### (一)数字化技术的革新

新媒体艺术的主要特征之一是数字化。艺术家借助计算机技术进行创作，作品常常以数字格式存在，打破了艺术对传统物质媒介的依赖。例如，艺术家 Daniel Rozin 利用计算机算法和“物理互动”设计了一系列“镜子”作品(图 1-1-1)，这些作品能够根据观众的姿态实时反映出其虚拟影像，创造出一种互动的“镜像”体验。

图 1-1-1　Daniel Rozin“镜子”作品之一

观众在欣赏这些作品时，不再是被动的接受者，而是成为了作品的一部分，与作品产生了实时的互动。

新媒体艺术的另一个重要特征是互动性。观众不再只是静静地站在作品前欣赏，而是通过与作品的互动，影响其表现形式。例如，Christa Sommerer 和 Laurent Mignonneau 的互动装置作品《交互植物》(*Interactive Plant Growing*)(图 1-1-2)，观众通过触摸屏幕上的植物，就能激活作品中的计算机程序，看到虚拟植物在屏幕上随之生长。这种互动性不仅拉近了传统艺术与观众之间的距离，还赋予了观众创造性的力量，使艺术创作变成了艺术家与观众共同完成的过程。

图 1-1-2 互动装置作品《交互植物》

此外，新媒体艺术还实现了时间与空间的解放。由于数字技术突出的全球传播能力，艺术作品可以突破实体展示的局限性，在虚拟环境中随时随地被观众体验。无论身处何地，只要有互联网连接，观众就能欣赏到世界各地的艺术作品，感受不同文化艺术的魅力。

### (二)艺术形态与审美更新

数字艺术是一种以数字技术作为主要创作手段的艺术形式，它融合了传统艺术的美学理念与现代科技的创新元素，展现出多样化的艺术形态，为观众带来了全新的审美体验。

数字绘画是数字艺术中的一种重要形式。借助绘图软件和绘图板，艺术家能够在虚拟空间中自由挥洒创意，创作出独具风格的数字画作。这些画作不仅传承了传统绘画的细腻和韵味，还融入了数字技术的独特效果，如光影的变化、色彩的渐变等，使得画面更加生动且富有层次感。例如，艺术家 Shirley 的作品《失乐园》(图 1-1-3)，就是利用数字绘画技术创作而成的，画面中的细节和色彩充分展现了数字艺术的独特魅力。

图 1-1-3　Shirley《失乐园》

3D 作品同样是数字艺术中的重要形式。通过三维建模软件，艺术家可以创建出逼真的虚拟雕塑或角色，为观众带来全新的视觉体验。这些虚拟雕塑和角色不仅具备传统雕塑的立体感和质感，还能实现传统雕塑无法实现的动态变化和互动效果。例如，《黑神话：悟空》(图 1-1-4) 中的角色广智，就是由设计师杨奇和建模师王琛利用 3D 建模技术共同创作而成。这个角色形象逼真，还能在游戏中与玩家进行互动，增强了游戏的沉浸感和趣味性。

图 1-1-4　《黑神话：悟空》角色广智

交互式艺术是数字艺术中另一种具有独特魅力的形式。这种艺术形式强调观众的参与和互动，通过触摸屏、传感器等技术手段，观众可以与艺术作品进行实时互动，从而创造出个性化的艺术体验。例如，一些艺术展览中设置的互动装置，观众可以通过触摸、声音或动作与作品进行互动，改变作品的呈现方式或内容。这种互动式的艺术体验不仅增强了观众的参与意愿，还激发了他们的创造力和想象力。

数字装置艺术则是结合多种数字技术和媒体元素创作的装置艺术作品。这些作品通常具有强烈的视觉冲击力和互动性，能够吸引观众的注意力并引导他们深入探索。由兰登国际创作的大型浸入式装置艺术《雨屋》(图 1-1-5)，就是利用数字技术和媒体元素创作而成的。观众进入这个装置艺术空间后，会仿佛置身于一个下雨的环境中，却不会被雨水淋湿。这种奇妙的体验让观众对数字艺术产生了浓厚的兴趣和探索欲望。

图 1-1-5　大型浸入式装置艺术《雨屋》

新媒体以互联网、移动通信等技术为主要传播方式，正在重塑艺术形态。在新媒体技术的支持下，艺术创作、传播和鉴赏的方式都发生了显著变化。首先，互联网技术具有低成本、全方位的特点，使得远程传输各种形式的艺术品成为可能，极大地增强了审美主体与客体之间的交流和联系。这种变化不仅使艺术更加“亲民”，也让更多人有机会接触丰富的艺术资源。其次，新媒体技术使“人人参与艺术创作”成为现实。网络文学作品、短视频、社交媒体上的创意内容等，在很大程度上都受到网民评论和互动的影响。这种全民参与的创作模式，使得新媒体艺术作品的审美主体呈现出大众化、娱乐化甚至审丑化的倾向。然而，这种变化也打破了传统艺术创作的专业壁垒，让更多人有机会表达自己的审美观念和创意。数字艺术的多样性和灵活性为人们提供了更多的创作自由度和实验空间。人们可以运用数字技术进行艺术创作，探索新的艺术表现形式和风格。这一创作过程不仅锻炼了人们的艺术技能，还激发了他们的审美创新思维。

数字艺术涉及计算机科学、艺术学、设计学等多个学科领域的知识。在大学美育中，通过跨学科融合的教学方式，可以帮助学生更好地理解数字艺术的创作过程和技术原理，同时提高他们的综合素质和创新能力。学生在学习数字艺术的过程中，可以了解到计算机科学与艺术学的交叉点，掌握数字技术的运用方法，并将其融入艺术创作。这种跨学科的教学方式不仅拓宽了学生的知识视野，还培养了他们的创新思维和实践能力。

在数字 4.0 时代，媒介素养已成为大学生必备的基本素质之一。通过加强学生的媒介素养教育，引导他们理性分析网络社会的新发展和新变化，不仅能够提高他们对数字艺术的鉴赏力，而且有助于他们批判性思维的养成。通过数字艺术教育，学生可以学会如何运用数字媒体技术进行创作和传播，不断提高自己的媒介素养和综合能力。这将有助于他们在未来的职业生涯中更好地适应数字化环境，充分发挥自己的创造力和想象力。

## 二、艺术传播的新变革

在当今这个信息爆炸、科技飞速发展的时代，艺术传播正经历着前所未有的变革。从传统的画廊、博物馆、剧院等实体场所，到新兴的互联网、社交媒体、移动应用等数字平台，艺术传播的渠道日益多元化；从传统的绘画、雕塑、音乐、舞蹈等艺术形式，到新兴的装置艺术、行为艺术、数字艺术等创新形式，艺术传播的内容日益多样化；而从被动接受到主动参与，艺术交流的方式也日益呈现出交互性的特点。这些变革不仅拓宽了艺术的边界，也深刻影响着大学美育的未来发展。

### (一)传播渠道的多元化

尽管面临着新兴媒体的冲击，传统艺术传播渠道依然保持着其独特的魅力和价值。

画廊作为艺术品展示与交易的重要场所，为艺术家提供了与观众面对面交流的平台。在这里，观众可以近距离地欣赏艺术作品的细节，感受艺术家的创作情感和艺术水准。

博物馆是艺术历史的守护者和传承者。通过策展和展览，博物馆系统地呈现某类艺术的历史和发展脉络，让观众在欣赏艺术作品的同时，还能深入了解其背后的文化和历史背景。无论是古代文明的艺术瑰宝，还是现代艺术的创新实践，博物馆都以其丰富的藏品和专业的解读，成为艺术爱好者心中的圣地。

剧院作为表演艺术的专属舞台，通过现场演出，将艺术的魅力直接呈现给观众。无论是戏剧、音乐、舞蹈还是杂技，剧院都为观众提供了身临其境的艺术体验。在这里，观众不仅可以欣赏到艺术家的精湛技艺，还能感受到现场演出的独特氛围和感染力。

然而，随着互联网的兴起，艺术传播渠道发生了翻天覆地的变化。在线艺术平台、电子画廊、网络博物馆等新型传播渠道应运而生，使得艺术作品能够跨越地域限制，触达全球范围内的观众。艺术家可以通过个人网站、社交媒体等渠道，直接发布和分享自己的作品，与观众进行实时互动。这种数字化传播方式不仅降低了艺术作品的传播成本，还极大地提高了传播的效率并拓展了传播的范围。

以故宫博物院为例，其官方网站和数字博物馆为全球观众提供了便捷的在线观赏途径。观众可以通过高清图片、3D 模型、虚拟现实等技术，身临其境地游览故宫的每一个角落，欣赏到珍贵的文物和艺术品(图 1-1-6)。这种数字化传播方式不仅让故宫的文化遗产得以更广泛地传承和弘扬，也让全球观众能够更加方便地了解和欣赏中国传统文化的魅力。同时，互联网还为艺术作品的数字化提供了可能，使得高清图片、3D 模型、虚拟现实等新型艺术表现形式得以广泛传播。

社交媒体作为新兴的艺术传播渠道，以其独特的互动性和即时性，吸引了大量年轻观众的关注。艺术家和艺术机构通过专业网站、微博、微信、Instagram 等社交媒体平台，发布艺术作品、分享创作心得、组织线上展览和活动，与观众建立了更加紧密的联

图 1-1-6　故宫博物院全景图(图片来源：故宫博物院官网)

系。例如，《红楼梦》数字艺术展就通过社交媒体平台进行了广泛的宣传和推广，吸引了大量观众的关注和参与(图 1-1-7)。社交媒体还为观众提供了发表评论、点赞、分享等互动功能，使得艺术作品的传播更加具有参与感和互动性。

图 1-1-7　《红楼梦》数字艺术展(图片来源：安徽省美术馆官网)

随着智能手机的普及和移动应用的发展，艺术传播渠道进一步向移动端拓展。艺术类的移动应用如雨后春笋般涌现，为观众提供了更为便捷且丰富的艺术体验。这些应用不仅涵盖了艺术欣赏、教育、交流等多个方面，还借助 AR、VR 等新技术，为观众带来了沉浸式的艺术体验。

例如，一款名为“艺术头条”的移动应用，就为用户提供了丰富的艺术资源和学习资源。用户可以通过该应用浏览世界各地的艺术展览和博物馆藏品，还能借助 AR 技术在家中欣赏虚拟的画廊展览。同时，该应用还提供了艺术课程和在线交流社区，让用户能够随时随地学习艺术知识、分享创作心得(图 1-1-8)。

除了上述传播渠道外，新兴技术如区块链、人工智能等在艺术传播领域也展现出巨大的发展潜力。区块链技术凭借其去中心化、透明化的特性，为艺术作品的版权保护和交易提供了新的解决方案。艺术家可以将自己的作品上链，以此确保作品的原创性和版权归属，还可以通过智能合约进行艺术品的交易和转让。

人工智能则通过算法和数据分析技术，为艺术作品的创作、传播和营销提供了智能

图 1-1-8　“艺术头条”应用界面

化的支持。例如，AI 可以根据观众的兴趣和偏好，为其推荐个性化的艺术作品；通过分析艺术作品的数据，为艺术家提供创作上的建议和指导。

### （二）传播内容的多样化

艺术传播内容的多样化，首先体现在传播媒介的革新上。随着科技的发展，互联网、移动设备等新兴媒介已成为艺术传播的主要渠道。这些媒介不仅打破了地域和时间的限制，使得艺术作品能够跨越国界、穿越时空地传播至全球观众面前，还通过文字、图片、音频、视频等多种形式，为观众提供了更加丰富、立体的艺术体验。例如，通过网络直播，人们可以实时观看远在千里之外的戏剧演出；通过社交媒体，艺术家们可以即时分享自己的创作过程和心得，并与粉丝进行互动交流。

此外，艺术传播内容的多样化还体现在艺术形式的创新上。传统的艺术形式，如绘画、雕塑、音乐、舞蹈等，尽管在当今社会仍然占据着重要地位，但随着社会的发展和人们审美观念的变化，一些新兴的艺术形式，如装置艺术、行为艺术、数字艺术等，也逐渐崭露头角，并受到越来越多人的关注和喜爱。例如，在中央广播电视总台《2025 年春节联欢晚会》上惊艳亮相的武汉光谷星河广场灯光秀，作为一个大型装置艺术项目，通过光影秀和科技手段吸引了大量观众参与和互动（图 1-1-9）。这种艺术形式不仅具备强烈的视觉震撼力，还通过现代科技将传统文化元素重新演绎，让观众在欣赏艺术的同时，能够感受到深刻的文化内涵。

“星耀光谷”的案例展示出现代艺术通过创新形式和跨界融合取得的参与性强、社会意义深刻的效果，其与传统艺术形式形成互补，共同推动了艺术的发展和传播。

图 1-1-9 《2025 年春节联欢晚会》武汉光谷星河广场灯光秀
（图片来源：湖北日报、湖北文旅）

在大学生美育相关课程中，我们不仅深入学习了这些多样化的艺术传播内容和形式，还通过实践活动深刻了解了它们对于大学生美育教育的意义和价值。同时，多样化的艺术传播内容也为大学生的艺术创作提供了更多的灵感和可能性。在当今这个信息多元化、文化交融的时代，大学生们可以通过各种渠道接触到不同文化背景下的艺术形式和思想观念。这些多元的艺术元素不仅可以成为他们创作的素材和灵感来源，还可以帮助他们形成更加开放、包容的艺术观念和创作风格。

## 第二节　大学美育的使命

### 一、大学美育的时代召唤

在当今时代，美育已成为高等教育中不可或缺的重要组成部分。随着社会的快速发展和科技的日新月异，人们对美的追求愈发强烈，对美育的重视程度也日益提高。党的十八大以来，以习近平同志为核心的党中央高度重视美育教育的发展，习近平总书记多次强调美育对于培养全面发展人才的重要性，为新时代大学美育工作指明了方向。2020 年 10 月，中共中央办公厅、国务院办公厅发布的《关于全面加强和改进新时代学校美育工作的意见》明确指出："美育是审美教育、情操教育、心灵教育，也是丰富想象力和培养创新意识的教育，能提升审美素养、陶冶情操、温润心灵、激发创新创造活力。"①这一文件的出台，凸显了美育在新时代教育体系中的重要地位，也对大学美育提

① 中共中央办公厅、国务院办公厅，2020 年 10 月 15 日，《关于全面加强和改进新时代学校美育工作的意见》。

出了更高的要求。

在高等教育阶段，美育不仅仅是传授艺术知识和技能，更是要通过审美教育，培养学生的审美观念、审美能力和审美情趣，使他们能够在纷繁复杂的世界中发现美、欣赏美、创造美。美育有助于提升学生的人文素养，使其更好地理解和传承中华优秀传统文化，增强文化自信和民族自豪感；能够激发学生的创新精神和实践能力，为其未来的职业发展和人生规划奠定坚实的基础；还能促进学生的身心健康，培养其积极向上的人生态度和健全的人格。

大学美育肩负着培养时代新人的重任。在全球化的背景下，国际竞争日益激烈，培养具有国际视野、创新能力和人文情怀的高素质人才成为当务之急。美育能够帮助人们拓宽思维视野，培养跨文化交流能力，使人们具备适应未来社会发展的综合素质。通过接触不同国家、不同民族的优秀艺术作品，学生能够领略多元文化的魅力，增进对世界的理解与包容，成为具有全球意识的新时代青年。

从社会层面来看，大学美育的普及与深化有助于推动社会的进步。一个充满审美情趣的社会，必然是一个和谐、文明、富有创造力的社会。作为社会的未来栋梁，大学生的审美素养将直接影响社会的审美风尚和文化氛围。当人们具备了较高的审美水平，在日常生活和工作中就能够自觉地传播美、创造美，引领社会朝着更加美好的方向发展。无论是城市规划、建筑设计活动，还是文化创意产业、公共服务领域，都需要具备审美素养的专业人才来注入美的元素，提升社会的整体品质。在这个时代，大学美育被赋予了前所未有的使命与责任。它不仅关乎个人的成长与发展，更关乎国家的未来和社会的进步。

## 二、培养审美素养的使命

### (一)感知多元之美

美，是一个多元且丰富的概念，在人们的生活中无处不在。培养审美素养的第一步，便是学会感知不同领域的美，拓宽美的视野。

自然之美，是最直观且震撼心灵的美。它以广袤的天地为画布，以四季的更替为色彩，展现着无尽的魅力。清晨，当第一缕阳光穿透云层，洒在校园的湖面上，波光粼粼，那瞬间的光影变幻，宛如一幅流动的油画；春日里，校园小径旁的花朵竞相绽放，娇艳欲滴的色彩、婀娜多姿的形态，散发出生命的蓬勃力量，让人不禁驻足欣赏。我们可以利用课余时间，漫步校园，感受微风拂过脸颊的温柔，聆听鸟儿在枝头欢唱的旋律，观察树叶在风中摇曳的舞姿，与自然亲密接触，领略大自然赋予的宁静与美好。走出校园，投身于山川湖海之中，攀登巍峨的高山，俯瞰云海翻腾，感受“会当凌绝顶，一览众山小”的豪迈；漫步于海边沙滩，听海浪拍打着礁石，看潮起潮落，体悟大海的深邃与包容。这些自然之美，不仅能让人心旷神怡，更能激发内心对生命的敬畏与热爱。

艺术之美，则蕴含在人类创作的各类作品中。绘画、音乐、舞蹈、戏剧等艺术形式，犹如一扇扇通往不同精神世界的大门。在艺术馆里，一幅幅经典画作陈列其中，如英国画家约翰·艾弗里特·米莱斯(John Everett Millais)于1851—1852年绘制的布面油画《奥菲莉娅》(图1-2-1)，该作品为米莱斯的经典之作，画面以蓝色和绿色为主色调，蓝色的溪水、绿色的水草和树木，营造出一种宁静、清幽的氛围，与奥菲莉娅的悲剧命运形成了鲜明对比，更凸显一种凄美之感。同时，画家在奥菲莉娅的服装和花朵上运用了一些柔和的暖色调，如粉色、黄色等，为画面增添了一抹亮色，避免了整体色调过于冷暗，使画面更加丰富和生动。画家对细节不遗余力的关注，以及对诗歌象征手法的热衷，使画作散发出恒久的生命力。

图1-2-1　约翰·艾弗里特·米莱斯《奥菲莉娅》

社会之美，体现在人与人之间的温暖互动、群体的和谐共处以及人性的光辉闪耀之中。校园里，我们可以为了一场学术竞赛共同努力，挑灯夜战、互相探讨，那份团结协作的精神，是社会美的生动写照；在志愿者活动中，我们走进社区，陪伴孤寡老人、关爱留守儿童，为他们送去温暖与关怀，用行动诠释着奉献的美好；在社会的各个角落，医护人员救死扶伤、消防员逆行抢险、教师默默耕耘……这些平凡人身上展现出的不平凡品质，构成了社会美的壮丽画卷。

无论是自然之美、艺术之美还是社会之美，它们相互交融、相互映衬，共同构成了我们丰富多彩的审美世界。我们要拥有一颗善于发现的心，在日常生活的点滴中，去感知、去品味、去珍藏这些多元之美，让美的种子在心田生根发芽。

### (二)品鉴经典之作

经典作品是人类文明的瑰宝，历经岁月洗礼，依然散发着璀璨光芒。对于我们而言，品鉴经典之作是提升审美鉴赏力的关键途径，如同与伟大的灵魂对话，汲取无尽的智慧与力量。

在绘画领域，除了前文提及的《奥菲莉娅》等经典画作外，还有许多佳作等待人们去探索。例如，拉斐尔的《西斯廷圣母》(图1-2-2)，画中的圣母怀抱圣婴，面容慈祥，眼神中透露出温柔与悲悯。她微微下垂的眼睑、微微上扬的嘴角，仿佛蕴含着对世间万物的慈爱之情。整幅画构图严谨，色彩和谐，圣母身后的帷幔轻柔飘动，给人以神圣而庄重之感。

图 1-2-2　拉斐尔《西斯廷圣母》

再看中国的传统工笔画，如顾闳中的《韩熙载夜宴图》(图 1-2-3)，这是一幅描绘古代贵族生活场景的长卷画作。画家以细腻的线条勾勒出人物的容貌、服饰、姿态，每一个细节都栩栩如生。画面中的人物或饮酒作乐，或翩翩起舞，或交谈甚欢，生动地展现了夜宴的热闹氛围。

图 1-2-3　顾闳中《韩熙载夜宴图》

在音乐方面，贝多芬的交响曲无疑是经典中的经典。以他的《第九交响曲》(图 1-2-4)为例，这部作品在音乐史上具有里程碑式的意义。乐曲开篇，那深沉而庄重的旋律，仿佛诉说着人类历史的沧桑与苦难；随着乐章的推进，旋律逐渐激昂，像是人们在困境中奋起抗争，展现出不屈的精神力量；而在第四乐章，加入了合唱部分，当《欢乐颂》的旋律响起，“欢乐女神，圣洁美丽，灿烂光芒照大地”，歌声与器乐声交织在一起，将全曲推向高潮，传递出对和平、友爱、团结的美好祈愿，展现出人类对理想世界的无限向往。

图 1-2-4　贝多芬《第九交响曲》手稿

文学作品中的经典更是数不胜数。中国古代的唐诗宋词，是中华民族文学宝库中的璀璨明珠。李白的诗歌豪放飘逸，“天生我材必有用，千金散尽还复来”，短短几句，便展现出诗人豁达自信的人生态度。其诗歌用词瑰丽，想象奇特，如“飞流直下三千尺，疑是银河落九天”，将自然景观描绘得气势磅礴，让读者仿佛身临其境。人们在诵读李白的诗作时，可以品味诗人用词的精妙，感受其天马行空的想象力背后所蕴含的盛唐气象与诗人的豪情壮志。而苏轼的词，既有“大江东去，浪淘尽，千古风流人物”的豪迈奔放，又有“但愿人长久，千里共婵娟”的婉约柔情。

在西方文学中，莎士比亚的戏剧堪称经典中的典范。《哈姆雷特》(图 1-2-5)这部作品，围绕着丹麦王子哈姆雷特为父复仇的故事展开，深入探讨了人性、道德、正义等诸多深刻主题。剧中哈姆雷特的那句“生存还是毁灭，这是一个值得考虑的问题”，道出了人类在困境中对生命意义的深沉思索。

品鉴经典之作，并非一蹴而就之事。人们需要静下心来，投入时间与精力，反复研读、聆听、观赏，并需结合作品所处的时代背景、文化语境以及作者的个人经历，深入挖掘作品的内涵与价值。在这个过程中，个体的审美鉴赏力将得到提升，如同在心灵深处点亮一盏明灯，照亮前行的审美之路。

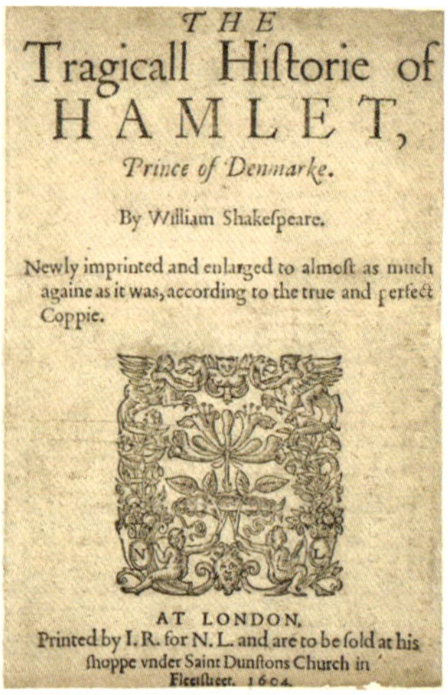
THE
Tragicall Hiſtorie of
HAMLET,
Prince of Denmarke.
By William Shakeſpeare.
Newly imprinted and enlarged to almoſt as much againe as it was, according to the true and perfect Coppie.
AT LONDON,
Printed by I. R. for N. L. and are to be ſold at his ſhoppe vnder Saint Dunſtons Church in Fleetſtreet. 1604.

图 1-2-5　莎士比亚《哈姆雷特》

## 三、塑造人格魅力的使命

### (一) 涵养高尚品德

高尚品德是人格魅力的基石，而美育在培养品德方面发挥着独特且深远的作用。它通过艺术作品的感染力、文化活动的熏陶以及校园氛围的浸润，将道德教育潜移默化地融入人们的内心世界。

艺术作品犹如一面镜子，映照出人类社会的善恶美丑，为人们提供了丰富的道德滋养。在绘画领域，诸多作品蕴含着深刻的道德寓意。例如，法国画家德拉克洛瓦的《自由引导人民》(图 1-2-6)，描绘了“七月革命”时期激烈的战斗场景。画面中高举旗帜的自由女神象征着为自由而战的精神，战士们英勇无畏的姿态展现出对正义与解放的执着追求。

图 1-2-6　德拉克洛瓦《自由引导人民》

文学作品更是一座品德教育的宝库。从古至今，无数经典之作传颂着人性的光辉与美德。中国古代儒家经典《论语》，记载了孔子及其弟子的言行，“己所不欲，勿施于人”“君子喻于义，小人喻于利”等警句，教导人们要懂得换位思考、坚守道义，这些警句成为历代仁人志士修身立德的准则。在现代文学里，路遥的《平凡的世界》(图 1-2-7) 展现了普通人在困境中不屈不挠、善良正直的品质。孙少安、孙少平兄弟面对生活的重重磨难，始终怀揣着对家人、对乡亲的责任，努力奋斗，让人们懂得在平凡中坚守、在苦难中担当的意义。

图 1-2-7　路遥《平凡的世界》

戏剧舞台同样是德育的生动课堂。许多传统戏曲剧目，如京剧《赵氏孤儿》(图 1-2-8)，讲述了程婴等义士为救赵氏孤儿，不惜牺牲自己的亲生骨肉，忍辱负重数十载，最终复仇雪冤的故事。剧中人物为正义、为恩情所展现出的忠义精神，跨越时空，触动着观众的心灵。观众能深刻体会到忠诚、守信、大义凛然等美德的力量，明白在关键时刻，个人的利益得失应服从于正义与良知。

图 1-2-8　《赵氏孤儿》剧照

校园文化活动也是美育涵养品德的重要阵地。例如，主题演讲比赛围绕“感恩”“诚信”“责任”等主题展开，让参赛者抒发内心的感悟，用真挚的语言传递正能量；志愿服务活动，如关爱孤寡老人、环保公益行动等，让参与者在付出中体会奉献的快乐，培养关爱他人、保护环境的社会责任感；红色文化主题的校园展览，通过展示革命先辈的英勇事迹、历史文物等，激发参与者的爱国情怀，让人们铭记历史，珍惜当下，为祖国的繁荣富强而努力奋斗。

### （二）磨砺坚韧意志

在人生的道路上，挫折与困境如影随形，而坚韧的意志则是战胜困难、砥砺前行的关键力量。美育借助艺术创作、体育竞技、学术科研等诸多领域中榜样人物的示范作用，为人们提供磨砺意志的精神动力，帮助人们在面对挑战时保持勇往直前的姿态，进而塑造坚毅不屈的人格特质。

艺术创作从来都不是一帆风顺的，许多伟大的艺术家在追求艺术真谛的过程中历经磨难，却凭借着顽强的意志创作出不朽之作。凡·高便是其中的典型代表，他一生穷困潦倒，饱受精神疾病的折磨，但对绘画的热爱从未熄灭。在阿尔勒的那段时光，尽管生活艰辛，他却以炽热的激情投入创作，《向日葵》(图 1-2-9) 系列作品便是他在困境中对生命热爱与渴望的呐喊。那浓烈鲜艳的色彩、扭曲而充满力量的笔触，展现出他内心不屈服于命运的火焰。通过了解凡·高的生平与创作历程，人们能深刻体会到艺术背后所蕴含的坚韧精神，明白在追求梦想的道路上，不应被困难轻易打倒，要像凡·高一样，用执着与热爱开辟出属于自己的天地。

图 1-2-9　凡·高《向日葵》

体育赛场更是锤炼意志的熔炉。以“亚洲飞人”苏炳添为例，他的成长之路布满荆棘。短跑项目一直以来由欧美运动员占据主导地位，黄种人在身体素质上似乎存在先天劣势，但苏炳添不服输。他日复一日地进行高强度训练，从起跑姿势的反复调整到冲刺阶段的爆发力提升，每一个细节都精雕细琢。多年来，他遭遇伤病困扰，面临年龄增长带来的体能挑战，以及大赛中的重重压力，却从未放弃突破自我。东京奥运会上，他以9秒83的成绩打破亚洲纪录(图1-2-10)，闯入男子百米决赛，向全世界证明了黄种人的速度。他的故事激励着我们，无论是在哪种领域，只有具备坚定的信念和顽强的意志，才能跨越看似不可逾越的障碍，实现自己的目标。

图1-2-10　苏炳添在东京奥运赛场上(中新社记者 富田 摄)

学术科研领域同样需要坚韧不拔的毅力。如科学家屠呦呦(图1-2-11)在研发青蒿素的过程中，面对简陋的科研条件、复杂的实验难题以及多次失败的打击，她和团队成员没有退缩。他们查阅大量古籍，从传统中医药智慧中寻找灵感，经过无数次的试验、分析、总结，甚至以身试药，最终成功提取了青蒿素，为全球疟疾防治做出了巨大贡献。这种在学术道路上不畏艰难、持之以恒的精神，为人们树立了榜样。当面对复杂的专业知识、艰难的实验项目以及紧迫的论文撰写任务时，人们能从屠呦呦等科研工作者身上汲取力量，保持专注与执着，攻克一个又一个学术难关。

图1-2-11　中国科学家屠呦呦(左)从瑞典国王卡尔十六世·古斯塔夫手中领取诺贝尔生理学或医学奖(叶平凡 摄)

在参加社团活动、学科竞赛、社会实践等实际行动中，我们应当积极锻炼自己。当遇到困难时，以这些杰出人物为标杆，在挫折中坚守，在困境中奋进，逐步铸就坚韧不拔的人格特质。

## 四、激发创新活力的使命

### （一）突破思维定式

在大学美育的推进过程中，激发创新活力是其核心使命之一，而突破思维定式则是开启创新之门的关键钥匙。艺术审美作为一种独特的思维启迪方式，能够有力地打破常规思维的桎梏，为我们的思维世界注入无尽的活力与创造力。

超现实主义绘画堪称突破思维定式的典范之作。以达利的《记忆的永恒》（图1-2-12）为例，画面中那三块软塌塌、仿佛融化了的钟表，或挂在树上，或搭在怪异的生物上，与现实中坚硬、规律运行的钟表形成了鲜明对比。这种违背常理的呈现方式，摒弃了传统绘画对客观世界的如实描摹，将潜意识中的奇幻意象搬上了画布。我们在欣赏这幅作品时，思维会被瞬间牵引至一个超脱现实逻辑的梦境空间，开始质疑既定的认知模式，意识到事物并非只有一种固定的存在形式，从而激发内心深处对未知、新奇的探索欲望，为创新思维的滋生提供了肥沃的土壤。

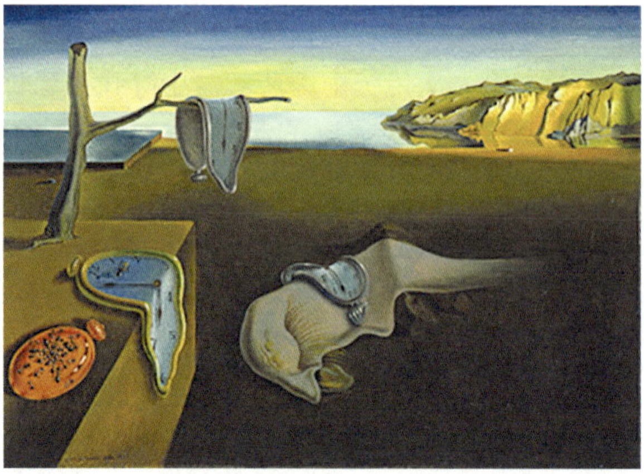

图 1-2-12　达利《记忆的永恒》

科幻文学同样是拓展思维边界的有力工具。刘慈欣的《三体》系列（图 1-2-13），构建了一个宏大而神秘的宇宙图景。其中，三体文明的生存危机、多维空间的奇妙构想、黑暗森林法则的残酷揭示，让读者的思维在浩瀚宇宙中自由驰骋。书中所展现的科技元素与人性挣扎，远远超越了日常经验的范畴，促使读者跳出地球中心、人类中心的狭隘视角，去思考宇宙尺度下的文明演进、道德抉择与生存哲学。这种思维的深度拓展，如同为大脑安装了一部超级引擎，使其在面对学术研究、生活难题时，能够迅速切换至宏观视野，从全新的角度挖掘解决方案。

当人们沉浸于这些充满想象力的艺术作品之后，再回归到专业学习与日常思考中，便会展现出截然不同的思维风貌，摆脱既有理论框架的束缚，提出独树一帜的见解，让学术研究焕发出创新的光芒。

图 1-2-13　刘慈欣《三体》

## （二）鼓励创意实践

大学为人们提供了丰富多彩的创意实践平台，这些平台宛如创意的孵化器，能够将美育所激发的灵感转化为切实可行的创新成果，全方位锻炼着人们的创新实践能力。

校园创意活动是创意实践的前沿阵地。各类创意市集如雨后春笋般不断涌现，人们将自己设计制作的手工艺品、文创产品摆满摊位。这些作品或是融合了传统非遗技艺与现代时尚元素，如剪纸艺术与动漫形象相结合的装饰画；或是从生活痛点出发，设计出独具匠心的创意生活用品，如带有智能提醒功能的健康水杯。在创意工作坊中，人们可以围绕主题自由组队，开展头脑风暴。例如，以"未来城市"为主题的工作坊，建筑专业的同学们可以构思悬浮式生态建筑模型，交通专业的同学们可以设计智能无人驾驶交通系统。不同专业背景的思维相互碰撞，催生出一个个充满奇思妙想的项目雏形。

创新创业项目更是为怀揣梦想的人们提供了广阔的发展舞台。"互联网+"创新创业大赛吸引着众多团队参与，他们聚焦社会热点问题，运用新技术、新模式打造创新解决方案。有的团队关注乡村振兴，借助电商平台与直播带货，将偏远地区的特色农产品推向全国市场；同时运用虚拟现实技术打造线上"乡村文旅"体验，让城市居民足不出户就能感受田园风光，为乡村发展注入新动能。有的团队瞄准环保领域，研发可降解材料替代传统塑料，从材料科学研发到产品设计、市场推广，全方位展现创新实力，以创新之力守护绿水青山。

艺术创作比赛则是激发人们艺术潜能、展现创新才华的重要舞台。在全国大学生广告艺术大赛中，参赛者们为品牌量身打造创意广告，从独特的视角诠释品牌理念，运用动画、微电影、平面设计等多种形式，使广告不仅是商业宣传，更是艺术佳作。如湖北商贸学院的邱冬同学（笔名方块阿兽），运用相应的艺术手法绘制了电影《百鸟朝凤》官方海报插画（图 1-2-14）。在校园绘画大赛、摄影大赛中，人们用画笔、镜头捕捉生活中的美与感悟，大胆尝试新的表现手法，如印象派风格的校园风景摄影、立体主义手法的校园建筑绘画，展现出他们对艺术边界的勇敢探索。他们将内心的审美追求具象化，在校园中掀起一阵创意热潮。

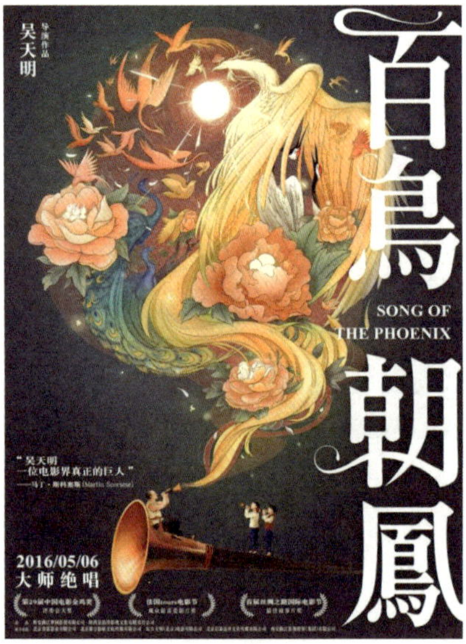

图 1-2-14　电影《百鸟朝凤》官方海报插画

通过这些多元的创意实践平台，在大学美育的滋养下，我们将灵感的种子培育成创新的硕果。这不仅提升了个人的创新能力与综合素质，更为社会发展注入源源不断的新鲜活力，使我们成为推动时代进步的创新生力军。

## 五、促进文化传承的使命

### （一）领悟中华美学

中华传统文化历史悠久、源远流长，蕴含着博大精深的美学智慧，犹如一座取之不尽、用之不竭的宝藏，为大学美育提供了丰厚的养分。从诗词歌赋到建筑园林，从传统戏曲到民间工艺，无一不闪耀着中华民族独特的审美光芒，承载着先辈们对美好生活的向往与追求。

诗词，是中华文化的璀璨明珠。它以凝练的语言、深远的意境，抒发着古人的情感与哲思。“大漠孤烟直，长河落日圆”，王维的这两句诗，仅用十个字便勾勒出塞外大漠雄浑壮阔的景象，展现出天地的苍茫与浩瀚，让读者仿若身临其境，感受到大自然的磅礴伟力；又如“采菊东篱下，悠然见南山”，陶渊明在田园生活中捕捉到的这一闲适瞬间，传达出对宁静淡泊心境的追求，展现了人与自然融为一体的诗意意境。诵读这些经典诗词，不仅能领略汉语的韵律之美，更能透过诗句触摸古人的灵魂，感悟其中蕴含的人生智慧与审美情趣，从而提升自身的文学素养与精神境界。

建筑，作为凝固的艺术，承载着岁月的痕迹，展现着人类的创造力与审美追求。以福建土楼（图 1-2-15）为例，这一座座分布在闽西南地区的神奇民居建筑，堪称中国传统建筑智慧的结晶。土楼以家族聚居为核心，由圆形、方形、五凤楼等不同造型构成，规模宏大，布局巧妙。其以生土为主要建筑材料，掺入石灰、细砂、糯米饭、红糖、竹片、木条等，经反复舂压、夯筑而成。走进土楼，仿佛置身于一个家族的历史长河之中，既能看到家族内部的和谐秩序，又能领略土楼与周边山水田园完美融合的独特美感，深刻体会到中国传统建筑中蕴含的人与自然和谐共生、家族凝聚力至上的深厚文化内涵。

图 1-2-15　福建土楼《初溪土楼群》（刘永良　摄）

戏曲，是中国传统艺术的瑰宝，融合了文学、音乐、舞蹈、表演等多种艺术形式，具有独特的审美魅力。京剧，作为中国戏曲的代表剧种，以其丰富的唱腔、精湛的表演、华丽的服饰和脸谱艺术闻名于世。京剧的唱腔主要分为西皮和二黄两大类。演员凭借深厚的唱功，通过声音的抑扬顿挫、虚实变化，将人物的情感细腻地传递给观众。脸谱更是京剧的一大特色，不同颜色的脸谱代表着不同的人物性格，如红脸表示忠义、白脸表示奸诈、黑脸表示刚正。观众一眼望去，便能对人物有初步的了解。观看京剧演出，既能欣赏到演员们的高超技艺，又能感受到传统文化的博大精深，领略中华民族独特的审美观念与艺术创造力。

除了诗词、建筑、戏曲之外，中华传统文化还有诸多美学领域有待人们去探索，如精美的陶瓷、细腻的刺绣、古朴的剪纸等民间工艺，无一不展现出民间艺人的匠心独运与对生活的热爱。通过对这些传统文化瑰宝的学习与欣赏，人们能够深入了解中华民族的审美内涵，增强文化自信，成为中华美学的传承者与弘扬者。

### （二）推动文化创新

在当今时代，传承中华优秀传统文化需要人们以创新的思维与方式，让古老的文化在现代社会焕发出新的生机与活力。大学美育为此营造了创新的土壤，提供了发展的动力，鼓励人们立足当下，结合现代科技与多元文化，对传统文化进行创造性转化与创新性发展，使其更好地融入现代生活，走向世界舞台。

以京剧《贵妃醉酒》为例，该剧讲述了杨贵妃与唐玄宗相约在百花亭饮酒赏月，结果唐玄宗失约，杨贵妃久等不来，得知唐玄宗已宠幸其他妃子后，心中升起无限哀怨，于是独自饮起失意酒，直到月上中天，醉态十足，才一步三摇回宫。现代音乐家在编曲上融入电子音乐元素和节奏变化，使古老的旋律焕发出时尚动感的魅力；歌词创作也融入现代情感与社会议题，让传统戏曲故事与当代生活产生共鸣。这种创新形式不仅吸引了年轻观众走进戏曲剧场，也为戏曲艺术拓展了传播渠道，让更多人领略到中华戏曲的独特韵味。

在服饰设计领域，设计师们深入研究古代汉服的形制、纹样，汲取传统文化灵感，同时结合现代审美与穿着需求，运用新型面料和时尚剪裁，打造出既具有古风古韵又符合现代时尚潮流的汉服作品。有的设计将汉服与西式礼服元素相融合，创造出适用于现代社交场合的“汉风礼服”，使汉服更具时尚感与实用性；有的则将传统汉服纹样进行数字化处理，印制在现代简约风格的服装上，实现传统与现代的巧妙结合，让汉服文化在日常生活中得以广泛传播。例如盖娅传说品牌（图 1-2-16），品牌设计师熊英的作品常以中国传统文化为灵感源泉，大量运用传统汉服的元素。在一些服装中采用了传统刺绣工艺，将精美的花鸟鱼虫等图案绣在轻薄的纱质面料上，展现出汉服的华丽与精致。同时，结合现代的立体剪裁技术，使服装更加贴合人体曲线，既保留了中华文化的韵味，又符合现代时尚的审美标准，在国内外时尚舞台上都备受青睐。

图 1-2-16　盖娅传说 2025 春夏品牌发布会（新华社记者　高静　摄）

动漫与传统文化的结合也是文化创新的亮点。动画设计师以中国古代神话、历史故事为蓝本，创作了大量精彩绝伦的动漫作品。《哪吒之魔童降世》便是其中的杰出代表。这部动漫电影取材于中国传统神话故事，但在人物塑造、剧情设计、视觉呈现上进行了大胆创新。哪吒不再是传统形象中的乖巧少年，而是一个充满叛逆精神却又心地善良的

“魔童”(图 1-2-17)，其形象设计兼具传统与现代审美，烟熏妆、鲨鱼齿等独特造型让人眼前一亮；剧情围绕哪吒的成长与命运抗争展开，融入友情、亲情等现代情感元素，引发观众强烈共鸣。影片中对陈塘关、山河社稷图等场景的构建，运用了大量中国传统绘画元素，美轮美奂，展现出中国传统文化的奇幻魅力。该影片在全球范围内取得了巨大成功，为中国动漫产业树立了标杆，也让中华传统文化以全新的形式走向世界。

图 1-2-17　《哪吒之魔童降世》哪吒角色设计图

此外，在文创产品设计、数字艺术创作、文化旅游策划等诸多领域，创新主力军们正以独特的视角、敏锐的时尚嗅觉，将传统文化与现代科技、生活方式紧密结合，开发出一系列富有创意的文化产品与项目。通过这些创新实践，不仅为传统文化注入了新的生命力，也让创新者在传承与创新的过程中提升了自身的审美能力、创新能力与文化素养。他们成为推动中华优秀传统文化创造性转化、创新性发展的先锋力量，让古老的中华文化在新时代绽放出更加耀眼的光芒。

## 第三节　《大学生美育基础》的学习方法

“大学美育”作为应用型高校的一门通识教育课程，不仅承担着传授美学理论与艺术鉴赏知识的重任，更旨在培养学生的审美素养、创新思维与人文关怀，为其全面发展奠定坚实的基础。然而，面对不同专业的学生，由于其专业背景、学习兴趣及未来职业规划存在差异，单一的学习方法显然无法满足所有学生的需求。因此，本章将针对应用型高校不同专业的学生，提出具有针对性的学习指南，并结合实际案例进行阐述，以期帮助学生在美育学习中取得更好的成效。

### 一、理解美育基础，明确学习目标

#### (一) 美育基础概述

美育，即审美教育，是一种以培养学生审美能力和审美素养为目标的教育形式。它涵盖音乐、美术、舞蹈、戏剧、影视等多个艺术门类，旨在通过艺术欣赏、艺术创作和艺术实践等活动，引导学生发现美、欣赏美、创造美，进而陶冶情操、提升境界。对于应用型高校的学生而言，美育不仅是文化素养的体现，更是专业技能提升和创新思维激发的重要源泉。

### （二）明确学习目标

应用型高校的学生在学习“大学美育”课程时，应明确以下学习目标：

（1）掌握基本的美学理论。通过充分了解美的本质、美的形态、审美心理等基本概念，为审美活动提供理论支撑。

（2）提升审美鉴赏能力。在掌握基础理论之后，能够欣赏不同风格、流派的艺术作品，理解作品背后的文化内涵和审美价值。

（3）培养艺术创作能力。通过艺术实践，掌握一定的艺术表现技巧，能够将自己的审美感受转化为具体的艺术作品。

（4）将美育融入专业学习。发挥主观能动性，将审美素养与专业技能相结合，提升创新能力和综合素质，为未来的职业发展奠定坚实基础。

## 二、针对不同专业学生的学习策略

### （一）通用学习策略

1. 理论与实践相结合

理论学习是美育的基础，但仅有理论是远远不够的。我们应积极参与艺术实践活动，如参观美术馆、音乐会、戏剧演出等，通过亲身体验感受艺术的魅力。同时，我们还可以尝试进行艺术创作，如绘画、摄影、音乐创作等，将所学的美学理论运用到实践中去。

2. 跨学科融合学习

美育不是孤立存在的，它与其他学科有着密切的联系。我们应尝试将美育与专业学习相融合，如将美学原理应用于产品设计、将音乐元素融入广告策划等。此外，学生还可以跨学科选修相关课程，如文学、历史、哲学等，以拓宽视野，丰富审美体验。

3. 利用网络资源自主学习

互联网为学生提供了丰富的学习资源。我们可以通过在线课程、学术论坛、艺术网站等途径获取美育相关知识。同时，学生还可以利用社交媒体平台展示自己的艺术作品，与其他艺术爱好者交流心得，共同进步。

### （二）具体学习策略及实际案例

1. 对于工程技术类专业学生

通过培养空间想象力和创造力的学习策略，让工程技术类专业的学生通过学习绘画、雕塑等立体艺术形式，有效锻炼并提升自己的空间想象力和创造力。学生可以运用色彩搭配、构图布局等美学知识，将美学原理应用于产品设计，从而设计出既实用又美观的产品。

例如，湖北商贸学院人工智能学院的学生在学习数字艺术的相关内容后，将所学的美学原理应用于产品设计。他们运用 3D 打印技术将虚拟的宝可梦形象实体化，既体现了现代科技的精巧与神奇，又展示了人工智能等学科技术的实践成果。这一过程让学生感受到科技进步为艺术创作带来的新可能(图 1-3-1)。

在艺术方面，手办对宝可梦角色的造型进行了艺术再现，无论是色彩搭配还是形态塑造，都遵循了原作的艺术风格，培养了学生的审美感知；在创新方面，学生以经典动漫形象为题材进行创作，结合新颖的 3D 打印技术，是对传统手办制作方式的创新，激发了学生的创新思维，鼓励他们突破传统，探索艺术与科技融合的新路径。

图 1-3-1　湖北商贸学院人工智能学院“深藏 blue”团队作品(指导老师：吴晓莉)

2. 对于经济管理类专业学生

通过培养审美鉴赏能力和创新思维的学习策略，让经济管理类专业的学生通过学习音乐、舞蹈等艺术门类，有效提升自身的审美鉴赏能力，并激发创新思维。学生们可以运用色彩搭配、构图布局、音乐选择等美学知识，设计出具有吸引力和感染力的广告作品，并将美学原理应用于广告策划和品牌推广。

例如，湖北商贸学院市场营销专业的同学在学习了“艺术与生活”的相关内容后，对色彩搭配有了更深入的理解。他们利用课余时间参加了学校的摄影社团，将所学的色彩学理论应用于摄影实践中，拍摄了一系列色彩鲜明、构图巧妙的摄影作品，并在校园摄影展中获得了奖项(图 1-3-2)。

3. 对于文学与传媒类专业学生

通过培养文学素养和审美鉴赏能力的学习策略，让文学与传媒类专业的学生通过学习诗歌、小说、戏剧等文学作品，提升自己的文学素养和审美鉴赏水平。同时，将美学原理应用于影视制作和新闻传播实践中。学生可以运用色彩搭配、构图布局、叙事技巧等美学知识，制作出具有强烈视觉冲击力和感染力的影视作品，或撰写出引人入胜的新闻稿件。

图 1-3-2　湖北商贸学院校园(卢艺文　摄)

在湖北商贸学院，影视摄影与制作专业的同学们在研习“影视里的世界”等相关章节后，深入汲取美学原理的养分。他们将所学知识巧妙融入校园题材纪录片的创作。在拍摄过程中，同学们以独特的审美视角捕捉画面，每一帧都如同精心雕琢的艺术作品，构图精巧，尽显美学韵味；在配乐选择上，更是精准契合剧情发展，用动人的旋律烘托氛围。最终，他们凭借这部作品，生动呈现了校园故事，不仅收获了观众的好评，更充分展现了美育在影视创作中的强大力量(图 1-3-3)。

图 1-3-3　湖北商贸学院影视摄影与制作专业学生拍摄纪录片场景(刘柱　摄)

4. 对于艺术设计类专业学生

通过培养艺术创作能力和创新思维的学习策略，让艺术设计类专业的学生深入学习各种艺术门类，掌握扎实的艺术创作技巧。同时，他们不断尝试新的艺术形式和表现手法，将美学原理灵活应用于实际项目创作中。在创作过程中，学生可以运用色彩搭配、构图布局、材质选择等美学知识，创作出既具有艺术价值又具备实用性的设计作品。

例如，湖北商贸学院环境设计专业的同学在学习“艺术与城市”等相关内容后，将所学的美学原理成功应用于实际项目创作中。他们设计了一个以“雨生百谷”为主题的助农展馆方案，通过巧妙的布局和精美的细节处理，成功营造了一个既美观又环保的休闲空间，该方案得到了客户的高度评价(图 1-3-4)。

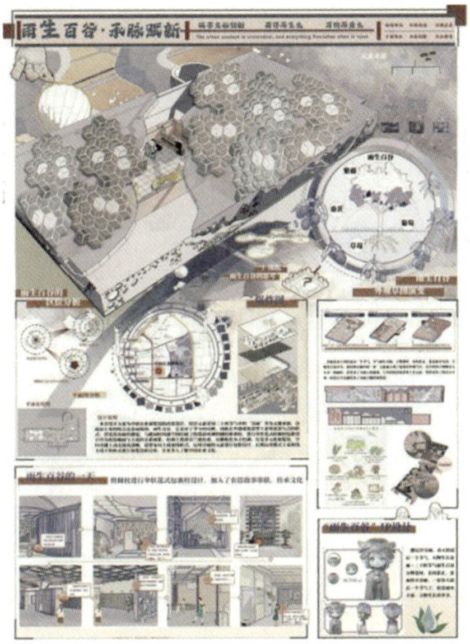


图 1-3-4　《雨生百谷》设计图(作者：刘晨宇、郑诗燕、高子轩　指导老师：汪行雨)

## 课程思政

在探讨自媒体浪潮下的美育发展时，我们应当以正确的态度审视自媒体信息，培养批判性思维，自觉抵制不良内容。同时，要结合美育实践，弘扬中华优秀传统文化，增强当代大学生的文化自信和民族自豪感。通过学习与实践，我们不仅能够提升审美素养，还能在潜移默化中树立正确的世界观、人生观和价值观，从而实现美育与思政的协同育人目标。

## 智慧火花

- 根据前期创意测评结果和学生的自主意愿，将同学们分成若干小组。每个小组设置引导者、记录员、发言人员等角色，促进团队合作和创意碰撞。
- 利用思维导图、随机词汇联想、角色扮演等创意激发工具，引导同学们产生新颖的想法。
- 鼓励同学们在讨论中融合多学科知识和创意，例如将文学、艺术、科技等元素融入自媒体创作。
- 介绍自媒体平台对美育的积极影响以及潜在挑战，引导同学们认识到自媒体作为文化传播的重要载体，应承担起传播真、善、美的社会责任。

❑ 引导同学们关注社会热点，积极参与公益事业，利用美育的力量传递爱与温暖。

## 践美之行

**主题设定**：围绕自媒体平台上的热门话题、艺术展览、艺术家故事等内容，设定创作主题，如“经典艺术作品解读”“艺术家成长故事分享”等。

结合“艺心向党”国防教育红色美育进课堂主题实践活动，鼓励学生利用自媒体平台积极传播红色文化，进一步增强爱国情怀和社会责任感。

《哈活力》，万文博、麦浩钧、张子龙作品

### ◎◎◎书籍推荐◎◎◎

1. 陈海，周艳艳：《媒介之美——媒介生态学的美学研究》，北京：人民出版社 2024 年版。

2. 肖庆：《虚实共生：关于新媒体艺术的理论探索》，北京：文化艺术出版社 2024 年版。

# 第二章
# 美学奥妙：开启美的认知大门

“美”的审视在所有人类语言和文化中，无论处于任何时代都普遍存在。然而，根据不同的文明阶段和观念，美的形态各异，审美标准更是复杂而多元。任何试图从单一角度对自然美进行度量的方式都是片面的，也无法满足人们多样的审美需求。审美是由一系列复杂的心理活动构成的。

审美活动的发生与我们的经历息息相关。例如，有人看到一望无际的大海会感受到宁静，而另一群人望着大海美丽的蓝色却可能陷入对深海的恐慌和不安。自然界中的线条、形状、色彩、肌理、空间、形态和光影，实际上是通过我们的感官作为桥梁，连接起我们的生活经历和审美体验。大学生要建立正确的审美态度，因为正确的审美态度本身也是一种审美技巧，认知与感受的态度决定了注意力的角度与方向。正确的态度能够帮助我们更好地进行审美活动。

大学生正处在价值观形成的时期，当今社会越来越推崇审美的多样化和多元化，审美差异化逐渐明显。在当代审美体系和当代艺术的表现中，越来越强调艺术家的主观能动性，从而极大地丰富了艺术世界。对于当代大学生而言，个体审美的建立必须基于几个基本的前提。首先，应当是对于自然的大量观摩和体验。而能够形成复杂体验感的观摩，是建立在自己所学的知识理论和道德基础之上的。首要的是价值观上的正向之美，这才能够帮助我们更好地构建自己的个体审美。

## 心海璀璨

- 通过讲述有趣的美学故事，引导同学们认识美学和审美素养之间的内在联系，从而激发同学们的学习兴趣。
- 通过小组讨论，了解同学们对美学的认识程度。
- 设计并发放关于美学及审美相关内容的调查问卷给同学们，随后对问卷结果进行汇总。

## 第一节　美学的定义与特征

日常生活中的许多现象已司空见惯，我们通常对此不感到诧异。然而，当我们对其本质进行深入追问时，却往往陷入难以作答的困境。以“光”为例，灯光、星光、太阳光等概念几乎为众人所熟知，它们与日常生活中的照明、天文观测以及自然现象的观察都密切相关。但若进一步追问“何为光”，能够准确作答者却寥寥无几。

“美”这一概念亦是如此。在我们的生活体验中，美的事物无处不在，人们能够轻易地感知到美的存在。无论是自然景观的壮丽、艺术作品的精妙，还是日常生活中的点滴美好，都能引发人们对美的感受。然而，当被问及“究竟何为美”时，大多数人却陷入迷茫与困惑。部分人用“漂亮”“好看”等词汇来界定“美”，但这些词汇本身又缺乏明确的定义与内涵。若进一步追问“何为漂亮”“何为好看”，最终又会回归到“美”的概念本身，形成一种循环定义，并未真正解答“美”为何物。更有甚者，以“美的东西”或“美的事物”来回应“美”为何的问题，这实则答非所问，背离了探讨“美”的本质这一初衷。

因此，在探讨“美”为何的问题时，我们绝不能将“美”与“美的事物”混为一谈，也不能以具体的美的事物来定义“美”。事实上，对这一问题的思考与探索早在古希腊时期便已开启。哲学家柏拉图对“美”与“美的事物”进行了深入的探讨与严格的区分，为后世对于“美”的研究奠定了重要的基础。

### 一、美学的定义

#### (一) 美学的缘起

美学，这一探讨美的本质、审美经验及艺术价值的学科，其名称“Aesthetica”虽由德国哲学家鲍姆加通在1750年首次明确提出①，标志着现代美学作为一门独立学科的诞生，但美学的萌芽与智慧之光，实则早已在东西方超过两千年的璀璨文明中熠熠生辉。试想，从古希腊雕塑《拉奥孔》(图2-1-1)那力与美的完美融合，到中国宋代汝窑瓷器上那一抹天青，如天青釉弦纹樽(图2-1-2)，无不透露出美学思想的深邃与广博。

在人类文明的发展历程中，美学思想历经了漫长而丰富的演变过程。从古代到现代，众多哲学家和美学家不断探索美的本质、艺术的价值以及审美体验的内涵，形成了各具特色的美学理论，推动了美学学科的不断进步。古希腊哲学家柏拉图和亚里士多德奠定了西方美学的基础。柏拉图认为美的本质是“理念”，是一种超越物质世界的精神存在，艺术作品是对理念的模仿。他的观点将美提升到了抽象的精神层面，强调了美的永恒性和绝对性。而亚里士多德则强调美的本质在于事物的形式和秩序，认为艺术的功能是模仿现实世界。他注重从现实世界中寻找美的规律，强调艺术对现实的再现和对人类情感的陶冶。

---

① 叶朗：《美学原理》，北京：北京大学出版社2009年版，第1页。

图 2-1-1　《拉奥孔》(局部)

图 2-1-2　天青釉弦纹樽

进入近代，康德的美学思想对传统美学进行了深刻的变革。他提出美是主观的，但具有普遍性，并引入了“无目的的合目的性”和“普遍性”两个关键概念。康德认为审美判断力是主体与客体相互关系的体现，以主体的普遍性作为审美的基础，同时划分了美与崇高两类最普遍的审美类型。他的美学思想强调了审美主体的主动性和创造性，为现代美学的发展奠定了基础。黑格尔则进一步发展了康德的美学思想，认为美是绝对理念的感性显现，艺术美是理念通过艺术的外在形式而达到的自我显现。他从美的本质定义出发，用理念确立了美的核心，用感性区别于理念的其他表现形式，解释了一切美的现象。黑格尔还构建了一个涵盖五大艺术门类和三大审美类型的美学体系，将美学研究推向更为系统和全面的阶段。

随着现代美学的发展，美学思想呈现出多元化和深入化的趋势。一些美学家开始关注艺术的自主性和审美的独立性，强调艺术作品自身的价值和意义，不再仅仅将其视为对现实的模仿或理念的显现。同时，也有美学家从审美心理学的角度出发，探讨审美主体的审美心理和审美体验，强调审美过程中的情感、想象和直觉等因素的作用。此外，还有一些美学家将美学与艺术学、哲学、心理学等学科相结合，形成了更为综合和多元的美学理论体系。

总体而言，美学思想的演变历程体现了人类对美和艺术的不断探索和深化理解。从古代的柏拉图和亚里士多德，到近代的康德和黑格尔，再到现代多元化的美学思想，美学研究不断拓宽领域、深化内涵，为我们理解美和艺术提供了丰富的理论资源和思想启示。未来，随着人类对美和艺术的持续探索，美学思想将继续发展演变，揭示更多关于美和艺术的奥秘。

同时，东方美学自新石器时代至明清，历经先秦的奠基、魏晋至唐宋的繁荣、明清的总结与升华，形成了独特的美学体系。先秦时期是中国古典美学的奠基阶段，老子、孔子、庄子等思想家提出了诸多关于美的观点和理论，为后世的发展奠定了坚实基础。

老子的"道法自然"思想，强调美的自然性与无为而治的理念；孔子的"中庸之道"思想，凸显美的和谐与平衡原则；庄子的"逍遥游"思想，追求超脱世俗、自由自在的审美境界。这些思想家提出的"道""气""象""虚静"等概念，深刻影响了中国古典美学的元气论、意象说、意境说等理论体系。①

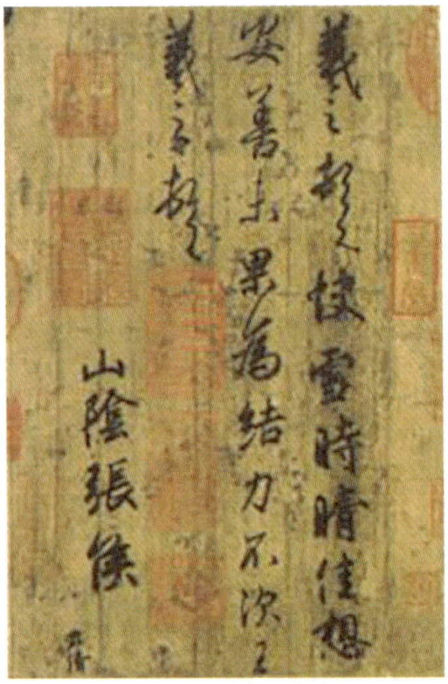

图 2-1-3　王羲之《快雪时晴帖》

魏晋南北朝至唐宋时期，中国古典美学进入繁荣与发展阶段。佛教的传入与道教的兴起，促进了中国古典美学的多元化发展。王羲之的书法(图 2-1-3)、顾恺之的绘画、陶渊明的田园诗歌等，以独特的艺术风格和审美追求，成为中国古典美学的杰出代表。同时，诗歌、散文、绘画、音乐等艺术形式蓬勃发展，促使中国古典美学形成了完整的理论体系。谢赫的"六法论"、刘勰的《文心雕龙》等，为中国古典美学的发展提供了重要的理论支撑。

明清时期，中国古典美学进入总结与升华阶段。商品经济的繁荣与市民阶层的兴起，使中国古典美学更加注重实用性和世俗性。园林艺术、戏曲艺术、小说艺术等取得显著成就。苏州的拙政园、留园等私家园林，以精美的设计和独特的意境，成为中国古典园林艺术的典范。同时，西方文化的传入与东西方文化的交流融合，为后来美学的发展提供了新的机遇与挑战。

从东西方美学的发展历程来看，美学是一门历史悠久、内涵丰富的学科。从学科定义上看，美学作为哲学的分支学科，专注于研究人的感性经验。在西方哲学体系中，逻辑学研究人的认识过程，伦理学探讨人的意志行为，而美学则聚焦于人在欣赏自然、人生或艺术时所产生的情感体验及快感变化，旨在揭示美的本质和审美活动的规律。

### (二)美学的基本定义

从上述东西方美学的发展历程中，我们可以看出美学是一门历史悠久、内涵丰富的学科。那么，美学究竟是什么呢？

自美学诞生以来，关于其定义大致可以归纳为以下几种：(1)美学研究的对象是美(包括美的本质和美的规律)；(2)美学研究的对象是艺术；(3)美学研究的对象是美和艺术；(4)美学研究的对象是审美关系；(5)美学研究的对象是审美经验；(6)美学研究的对象是审美活动。②

在学科架构中，美学作为哲学的一个分支，专注于剖析人的感性世界。在西方哲学的舞台上，逻辑学如同严谨的建筑师，构建知识的殿堂；伦理学则是心灵的导师，引导

---

① 叶朗：《美学原理》，北京：北京大学出版社 2009 年版，第 3 页。
② 叶朗：《美学原理》，北京：北京大学出版社 2009 年版，第 13 页。

人们向善；而美学，则更像是诗人，它探索的是人们在观赏自然、品味人生或沉浸艺术时，那细腻入微的情感波动与审美愉悦。美学不仅研究审美经验、感性认知、情感共鸣及快感机制，更致力于揭开美的本质面纱，探寻审美活动的内在规律。

### (三)美学的研究对象

美学研究的对象是审美活动。① 审美活动是人类的一种精神文化活动，其核心在于以审美意象为对象的人生体验。在这种体验中，人的精神超越了“自我”的有限性，获得一种自由和解放，回归到人的精神家园，从而确证了自己的存在。

然而，关于美学的研究对象究竟是什么，这一问题经历了漫长时期的探索，不同历史阶段形成了各具特色的理解。最早的研究者主要聚焦于“美到底是什么”这一根本问题，如同寻找所有美丽事物背后的共同密码。他们认为，无论是秀丽的风景还是动人的音乐，之所以让人觉得美，必定存在着某种共同的本质规律，研究者的任务就是通过哲学思考来揭示这个终极答案。

随着时代的发展，特别是艺术创作日益丰富之后，学者们的研究重点发生了变化。很多人开始把目光转向艺术领域，认为通过研究绘画、音乐、文学等具体的艺术形式，才能更好地理解美的规律。这种思路把美学看作解释艺术创作的学问，强调要分析艺术作品如何产生美感、传递情感，以及不同艺术门类的审美特点。

到了现代，心理学的发展给美学研究带来了新的视角。研究者不再局限于抽象的理论探讨，而是开始关注人在审美时的实际心理体验。比如，当我们欣赏一幅画作时，眼睛如何观察、大脑如何理解、情绪如何被调动，这些具体的心理过程成为研究重点。这种研究方向更注重通过实验观察和数据分析，来揭示审美活动中的普遍心理规律。

当前的美学研究呈现出综合化的趋势，既关注美的基本原理，也分析艺术创作规律，同时还考察人的审美体验过程。这种整体性的研究方式就像用多个镜头观察同一个事物，既能保持理论深度，又能结合实际现象，帮助我们更全面地理解丰富多彩的审美世界。

学习美学犹如获得一把开启美好生活的钥匙。首先，它有助于我们培养良好的性格与生活品位。例如，经常欣赏自然美景或优秀艺术作品的人，会潜移默化地形成积极乐观的生活态度。当我们懂得分辨什么是真正有价值的美时，就能主动选择更丰富、更有趣的生活方式，比如在业余时间参观美术馆而非沉迷于手机，让生活变得更有质量。其次，美学训练能提升我们分析问题的深度。就像厨师研究食物搭配原理能做出更美味的菜品一样，学习美学原理可以让我们看懂生活中各种“美”的规律。例如，理解色彩搭配原则后，布置房间时就能让家居环境更舒适；掌握形式美法则后，做 PPT 设计时就能突出重点且美观大方。

美学学习能显著提升我们的“审美眼力”。就像音乐爱好者经过训练能听出交响乐中的不同乐器声一样，经常进行美学思考的人，看电影时能发现镜头运用的巧思，逛博

① 叶朗：《美学原理》，北京：北京大学出版社 2009 年版，第 12 页。

物馆时能读懂文物背后的历史故事。这种能力不仅能让我们获得更多欣赏艺术的乐趣，还能在选购商品、规划旅行等日常事务中做出更有品位的选择。

美学知识对工作能力的提升大有帮助。幼师在设计儿童活动区时运用美学原理，能使空间既安全又充满创意；电商从业者掌握视觉营销技巧，能制作出更吸引人的产品页面，此类案例不胜枚举。这种将美学知识转化为实际创造力的过程，既能让工作成果更出色，也能带来满满的成就感。

## 二、美学的特征

美学作为研究人类审美活动的核心学科，始终围绕“美如何被感知、创造与传播”这一核心问题展开。其基本特征既源于审美现象的本质规律，也与社会文化、历史实践紧密关联。以下从四个维度解析美学的基本特征，并结合理论与实践案例，帮助读者建立系统认知。

### (一) 感性认知的独特性

美学的首要特征在于其以感性经验为基础。审美活动并不依赖于抽象概念或逻辑推理，而是通过感官直接捕捉对象的形象、色彩、节奏等感性形式。例如，欣赏一首古诗时，读者无需逐字分析格律，却能通过语言的韵律与意象感受到诗意之美。[①] 这种直观性被德国哲学家鲍姆嘉通概括为“感性认识的科学”，他认为美学研究的核心是感性能力如何把握美的本质。中国传统美学中的“观物取象”思想也与之相呼应，强调从具体物象中提炼审美意蕴。值得注意的是，感性认知并非被动接受，而是主体情感与客体形式的交融。正如朱光潜在《谈美》中所言：“同一件事物，看法有多种，所看出来的现象也就有多种。”[②]这种特征使得审美活动既具有普遍性，又保留了个体差异性。

### (二) 主客体关系的辩证性

审美活动始终是主体与客体的双向互动过程。一方面，审美主体通过情感投射赋予对象意义。例如，面对同一片竹林，诗人可能联想到气节风骨，画家则关注光影层次；另一方面，审美客体的形式特征也制约着主体的感知方式。例如，中国书法通过笔墨的浓淡枯湿引导观者的情绪起伏。这种辩证关系在黑格尔的“美是理念的感性显现”理论中已有深刻揭示，他认为艺术美是主观精神与客观形式的统一。中国园林设计中的“借景”手法便是典型案例：设计者通过窗框引导视线，将外部山水“借”入园中，既依赖自然景观的客观存在，又体现了造园者的审美构思。这种主客体的动态平衡，使审美活动既非完全主观臆造，也非纯粹客观复制，而是二者在特定情境中的创造性结合。

---

① 彭锋：《美学导论》，上海：复旦大学出版社 2011 年版，第 45 页。

② 朱光潜：《谈美》，上海：华东师范大学出版社 2012 年版，第 1 页。

### （三）文化价值的建构性

审美标准与价值判断始终植根于特定的文化土壤。不同时代、不同地域的群体对“美”的定义，往往折射出其独特的文化观念与生活方式。例如，古希腊雕塑追求人体比例的理想化，反映了城邦文明对理性秩序的崇尚；而中国水墨画的“留白”技法，则与道家“虚空生妙有”的哲学观一脉相承。学者余开亮在《传统美学与中国美学自主知识体系建构》中指出，敦煌壁画中飞天形象的演变，正是多元文化交融的审美见证。在当代社会，这种建构性更为显著。短视频平台上的“国潮”设计将传统纹样与现代产品结合，既延续了文化记忆，又塑造了新的审美符号。可见，审美活动不仅是个人体验，更是文化价值传递与社会认同建构的重要媒介。

### （四）实践指向的开放性

美学从未局限于理论思辨，而是始终指向现实生活的改造与提升。蔡元培提出的“以美育代宗教”观点，强调了通过审美教育塑造健全人格的重要性；包豪斯学派将美学原理融入工业设计，推动了“形式追随功能”理念的实践落地。这种开放性在当代愈发显著。城市规划者运用美学原则打造“口袋公园”，让市民在碎片化空间中感受自然之美；电商设计师通过色彩心理学提升页面视觉吸引力，实现了商业与审美的平衡。李泽厚在《美学四讲》中提出的“积淀说”，恰能解释这一特征——人类在长期实践中将审美经验转化为文化基因，又通过创造性活动赋予其新的内涵。正如苏州博物馆将传统园林意境融入现代建筑设计，既传承了文化血脉，又激活了空间美学的当代价值。①

美学的四大特征构成其学科内核：感性认知奠定了审美体验的基础，主客体辩证关系揭示了审美的动态本质，文化价值赋予了审美以社会意义，实践开放性则指向了美学的现实生命力。理解这些特征，有助于我们在艺术鉴赏、设计创新乃至日常生活中，更自觉地发现美、创造美。对于职业教育而言，这种对美学特征的认知不仅能提升学生的审美素养，更能培养他们将美学原理转化为实践能力的关键素质。例如，广告专业学生运用色彩理论设计海报，学前教育专业学生通过美育活动开发儿童的创造力。美学从未远离生活，它始终是照亮人类精神世界的一束光。

## 第二节　美学的社会功能

美学在生活与社会中都具有不可忽视的功能和重要性。在生活里，美学是增添色彩与乐趣的妙笔。它能让我们从日常点滴中发现美，欣赏一朵花的娇艳、品味一杯茶的韵味，从而收获审美愉悦，舒缓生活压力。同时，依据美学理念装扮自己、布置家居，不仅能提升个人品位，塑造优雅形象，还能营造舒适空间。此外，美的事物常激发我们的

---

① 李泽厚：《美学四讲》，北京：生活·读书·新知三联书店 1989 年版，第 173 页。

创造力与想象力，助力在我们学习工作中推陈出新。于社会而言，美学的价值更为多元，在社会各个层面发挥着广泛的作用。国外学者曾将其社会功能概括出十四种之多。在这众多的社会功能之中，最基本的、最主要的功能就是艺术的审美功能、认识功能和社会组织功能。①

## 一、美学的审美功能

在人类文明的漫长进程中，美学的审美功能始终闪耀着独特的光芒。它不仅极大地丰富了我们的精神世界，更在很大程度上塑造了我们感知和理解世界的方式。美学的审美功能主要通过学术教育和社会美育资源得以充分体现和发挥。

### （一）美学审美功能中的学术教育

学术教育为美学审美功能的实现奠定了坚实的理论基础。在应用型高校等高等学府中，美学相关课程，如美学原理、艺术史论等，为我们打开了通往美学殿堂的大门。在美学原理的课堂上，我们深入学习美的本质、审美范畴等核心概念。通过对不同美学流派观点的剖析，我们逐渐明白美并非单一、固定不变的，而是多元且具有历史性的。例如，从柏拉图的“美是理念”到康德的“审美无利害”，再到马克思的“劳动创造美”，我们见证了美学思想的演变历程。这使得我们在面对各类审美对象时，能够从多个角度进行思考和评判。

艺术史论课程则以时间为轴，系统地呈现了不同艺术形式在不同历史时期的发展脉络。当我们学习到文艺复兴时期的绘画艺术时，不仅惊叹于达·芬奇、米开朗琪罗等大师们的精湛技艺，更能深入理解那个时代对人性的赞美和对古典文化的复兴追求。这种学习使我们掌握了艺术风格的演变规律，学会了如何在艺术作品中解读时代背景、文化内涵以及艺术家的个人情感。在学术教育的熏陶下，我们的审美能力从单纯的感性欣赏逐渐上升到理性分析的高度，我们能够敏锐地捕捉到艺术作品中的细微之处，感受到不同艺术形式所传达的独特审美体验。

### （二）美学审美功能中的社会美育

社会美育资源以更为丰富多样、生动鲜活的形式拓展了美学的审美功能。博物馆作为社会美育的重要阵地，收藏了大量珍贵的艺术文物。漫步在博物馆的展厅中，人们仿佛穿越时空，与不同时代的艺术展开对话。在欣赏中国古代书画时，人们可以从笔墨的韵味、构图的精妙中领略到东方文化独特的审美意境。一幅传统的山水画，不仅展现了大自然的壮丽景色，更蕴含着画家对自然、人生的哲学思考。通过观赏这些作品，人们的审美视野得以拓宽，对美的感知不再局限于现代社会的流行文化，而是延伸至悠久的历史长河之中。

美术馆举办的各类艺术展览也是社会美育的重要组成部分。当代艺术展览常常以新

① 李泽厚：《美学四讲》，武汉：长江文艺出版社 2021 年版，第 80～120 页。

颖的形式和独特的观念挑战人们现有的审美观念。例如，每年在山西省平遥县城举办的平遥国际摄影大展（PIP），作为中国最具国际影响力的摄影艺术平台，其美学审美功能与社会美育实践深度融合，以影像为媒介构建了多层次的文化教育空间。首先，大展通过多元化的作品展陈（如纪实、观念、AI 摄影等）打破传统审美边界，将历史、现实与未来影像交织，激发公众对视觉艺术的感知与思考。其次，大展通过“院校展”“青年策展人计划”等单元搭建美育实践平台。如 2024 年，有 108 所国内外院校参展，学生作品涵盖商业、纪实等多元类型，既展现了青年群体的审美创造力，也为公众提供了观察社会现实的多元视角（图 2-2-1）。湖北商贸学院每年也会带学生参展、观展平遥国际摄影大展。此外，学术论坛、大师讲座等活动将专业摄影知识转化为大众可参与的文化资源。更重要的是，大展依托平遥古城的世界文化遗产背景，将摄影艺术嵌入历史场域，形成“艺术+文旅”的美育模式。观众在明清古建筑中观赏当代影像，既能感受到传统文化的深厚底蕴，又能体验到视觉创新的张力。这种时空对话强化了文化认同与审美共情，成为激活古城文化生态、推动公众审美启蒙的重要力量。

图 2-2-1　平遥国际摄影大展展览现场

此外，公共艺术在城市环境中的广泛存在，无时无刻不在发挥着美学的审美功能。城市中的雕塑、壁画等公共艺术作品（图 2-2-2、图 2-2-3），不仅美化了城市景观，还为市民提供了日常的审美体验。比如，一些富有创意的街头雕塑，以其独特的造型和深刻的寓意吸引着路人的目光，让人们在匆忙的生活中停下脚步，感受艺术带来的片刻宁静和愉悦。这些公共艺术作品成为城市文化的重要载体，它们以直观的方式向公众传递着特定的审美价值和文化信息，提升了整个城市的审美氛围。

学术教育和社会美育资源相辅相成，共同推动了美学审美功能的实现。学术教育为人们提供了系统的美学知识和理论框架，使人们能够更加深入地理解美的本质和规律；而社会美育资源则为人们提供了丰富的审美实践机会，让人们在亲身体验中不断提升自身的审美能力和审美素养。在未来的社会发展中，我们应进一步整合学术教育与社会美育资源，让美学的审美功能在更广泛的领域中发挥作用，为人们创造更加美好的精神生活。

图 2-2-2　武汉梨园广场站壁画(图片来源：武汉地铁官网)

图 2-2-3　武汉街道口站浮雕(刘鑫　摄)

## 二、美学的认识功能

美学的认识功能宛如一座桥梁，连接着我们与丰富多彩的世界，使我们能够透过艺术的视角，深入洞察人类社会、历史文化以及内心深处的情感。在众多艺术形式中，文学作品、绘画作品与音乐作品以其独特的魅力，淋漓尽致地展现了美学的这一重要功能。

### (一)文学作品的美学认识功能

文学作品宛如一面镜子，清晰映照出不同时代、不同地域的社会万象。从古老的史诗到现代的小说，每一部经典作品都蕴含着深厚的文化底蕴与社会信息。以《红楼梦》为例，这部鸿篇巨制描绘了封建贵族家庭的兴衰荣辱，生动展现了封建社会的等级制度、家族关系、礼教规范以及当时的经济生活状况。通过贾宝玉、林黛玉、薛宝钗等众多栩栩如生的人物形象，读者可以看到人性在封建礼教束缚下的挣扎与无奈，体会到爱情、亲情、友情的复杂纠葛。它不仅使读者了解了那个时代的社会风貌，更引发读者对人性、人生的深刻思考。又如托尔斯泰的《战争与和平》，以宏大的叙事手法，展现了拿破仑战争时期俄国的社会生活画卷。书中对战争的残酷描写、对贵族和平民生活的细致刻画，以及对历史进程的深刻洞察，使读者对那个特殊的历史时期有了全面而深入的认识，同时也让读者感受到人性在战争与和平中的光辉与阴暗。

### (二)绘画作品的美学认识功能

美学的认识功能宛如一把神奇的钥匙，能够开启认知世界的新大门。绘画作品作为美学的重要载体，以其独特的艺术魅力，展现出丰富的认识功能。北宋张择端的《清明上河图》与挪威爱德华·蒙克的《呐喊》，便是其中极具代表性的杰作，它们从不同角度为我们揭示了美学认识功能的奇妙之处。

先看《清明上河图》(图 2-2-4)，这是一部描绘北宋都城汴京的“生活百科全书”。当我们的目光落在这幅长卷之上，就仿佛坐上了时光穿梭机，一下子回到了那个繁华的时代。画卷中，汴京的城市面貌栩栩如生地展现在眼前：高大雄伟的城楼彰显着都城的威严；错落有致的民居透露着百姓生活的烟火气；造型独特的桥梁横跨在河流之上，连接着两岸的繁华。运河上，船只往来如织，商人们忙碌地装卸着货物，仿佛能听到他们的吆喝声和船只的划桨声。街道两旁，店铺林立，各类商品琳琅满目，小贩们沿街叫卖，行人摩肩接踵，热闹非凡。从这幅画中，我们不仅认识了北宋时期的建筑风格，还深入了解了当时繁荣的商业经济和丰富多彩的社会生活。不同身份、穿着各异的人物形象，更是让我们清晰地看到了社会阶层的划分。《清明上河图》就像一位无声的历史讲述者，通过细腻的笔触和丰富的画面，让我们对那个遥远的时代有了直观而深刻的认识，这便是美学认识功能在历史和社会层面的生动体现。

图 2-2-4　张择端《清明上河图》(局部)

而《呐喊》(图 2-2-5)，则如同一声来自灵魂深处的嘶吼，震撼着每一位观者的心灵。当我们第一眼看到这幅画时，那极度夸张的笔法和变形的人物形象，瞬间就能抓住我们的眼球。画中的人物双手捂着耳朵，嘴巴大张，似乎在发出无声的呐喊；背景中血红色的天空和扭曲的河流，营造出一种压抑、恐怖的氛围。这幅画深刻地反映了现代社会中人们内心的焦虑、孤独和恐惧等复杂情感。在工业化和城市化快速发展的进程中，人们的生活节奏越来越快，精神压力也越来越大，内心的孤独和不安逐渐被放大。《呐喊》就像是一面镜子，让我们看到了自己内心深处那些被隐藏的情感，认识到在现代社会中人类精神世界所面临的困境和挑战。同时，蒙克展现出独特的表现主义绘画风格，大胆地运用色彩和线条的强烈对比，打破了传统绘画的写实束缚，为我们开拓了艺术表达的新领域。它让我们明白，艺术不仅仅是对现实的简单描绘，更是艺术家内心世界的真实反映，以及对社会现象的深刻思考。通过《呐喊》，我们对艺术的表现形式和审美观念有了全新的认识，这正是美学认识功能在精神和艺术层面的有力彰显。

图 2-2-5　爱德华·蒙克《呐喊》

《清明上河图》和《呐喊》，虽然风格迥异，表现手法各不相同，但都以各自独特的方式，充分展现了绘画作品的美学认识功能。它们让我们跨越时空的界限，认识历史、了解社会和洞悉人类的精神世界，也让我们在欣赏艺术的过程中，不断拓展自己的认知边界，感受美学的无穷魅力。

### (三) 音乐作品的美学认识功能

音乐作品同样具有强大的认识功能。它凭借美妙的旋律、节奏与和声，触动我们的心灵，引发我们对世界的深入思考。古典音乐中的许多作品都与当时的社会历史背景紧密相连。

文学作品、绘画作品和音乐作品从不同维度展现了美学的认识功能。它们让我们穿越时空，领略不同时代、不同地域的社会风貌与文化特色；让我们深入了解人性的复杂与多样，引发对人生、社会的深刻思考；让我们感受不同民族的精神世界，增进对多元文化的包容与尊重。在欣赏和品味这些艺术作品的过程中，我们不断拓展自己的认知边界，丰富自己的精神世界，从而更好地理解世界、理解自我。美学的认识功能，犹如一盏明灯，照亮了我们前行的道路，引领我们在艺术的海洋中不断探索、不断成长。

## 三、美学的组织功能

美学，作为人类对美的不懈探寻与追求，绝非仅仅局限于感官上的愉悦体验，它在社会层面发挥着举足轻重的组织功能。宛如一根无形却强韧的丝线，将社会的各个部分紧密串联起来，在文化传承与凝聚人心方面，展现出磅礴力量。特别是在民族节日庆典这一独特的文化情境中，美学元素以别具一格的方式，加固着社区成员间的联系，提升人们对自身文化的认同感。

从文化传承的视角审视，美学堪称民族文化的关键载体。每个民族都有独具特色的美学表达，承载着先辈们的智慧结晶、真挚情感与价值观念，历经漫长岁月的磨砺，依旧代代相传。以中国剪纸艺术为例，这一古老民间技艺蕴藏着深厚的文化底蕴。剪纸图案常取材于民间传说、神话故事以及日常生活场景，这些元素皆是中华民族文化的璀璨瑰宝。民间艺人凭借一把剪刀、一张红纸，巧妙地将历史典故、道德教化、吉祥寓意等融入精美的图案。例如常见的“连年有余”剪纸，以莲花与鱼的形象组合，寓意生活富足、岁岁有余。它不仅体现了人们对美好生活的向往，更传递出中国传统农耕文化中对丰收的祈愿(图 2-2-6)。在春节等传统节日，家家户户张贴剪纸，让这些饱含文化底蕴的图案走进千家万户，使传统文化在日常生活中得以延续与传承。这种传承并非流于表面的形式传递，而是借由美学元素，将文化精髓深深镌刻在人们心中，成为民族身份认同的关键标识。

图 2-2-6　传统剪纸艺术《连年有余》

妈祖文化同样是美学在文化传承方面的生动典范。妈祖，作为中国东南沿海地区的海神信仰，历经千年的演变，形成了独具一格的文化体系(图 2-2-7)。妈祖神像造型庄重而慈祥，身着华丽服饰，头戴凤冠，这些外在形象的设计蕴含着丰富的美学考量，既

图 2-2-7　吴文忠《妈祖圣像图》

彰显了妈祖的神圣地位，又传达出慈爱众生的温柔气质。妈祖祭典更是一场盛大的美学盛典。祭典仪式中的舞蹈、音乐、服饰等元素，皆有严格的规范与独特的审美风格。舞者身着传统服饰，手持特定道具，翩翩起舞，动作优美流畅，极具仪式感，重现了古人对妈祖的崇敬之情以及祈求庇佑的美好愿望。音乐以悠扬古乐为主，旋律传递出庄严肃穆的氛围。妈祖文化中的美学元素，激发了社区成员的情感共鸣，使大家在共同的信仰与文化活动中紧密相连。这种社区层面的共同参与和互动，不仅增强了社区内部的凝聚力，还促进了不同社区间的交流与合作，进一步推动了社会的和谐发展。这些美学元素共同铸就了妈祖文化的独特魅力，使其在代代传承中始终保持蓬勃生机，成为联结海内外华人的精神纽带。

在增强社会凝聚力方面，美学在民族节日庆典中的作用尤为显著。中国传统节日庆典往往伴随着丰富多彩的民俗活动，这些活动饱含美学元素，吸引着社区成员踊跃参与。以春节期间为例，剪纸艺术的展示与创作成为社区活动的重要内容。社区组织剪纸比赛、剪纸讲座等活动，让不同年龄、不同背景的人们汇聚一堂，共同研习、欣赏剪纸艺术。在此过程中，人们相互交流、分享经验，不仅增进了对剪纸艺术的了解，还拉近了彼此间的距离。大家为营造共同的节日氛围齐心协力，共同创作出精美的剪纸作品装点社区。这种共同参与的过程让社区成员切实感受到集体的力量，增强了对社区的归属感与认同感。

## 第三节　美学与审美素养

在人类文明的漫长进程中，美这一抽象且深邃的概念，始终伴随着我们的探索与追求。从古希腊哲学家柏拉图对美的本质的深刻思考，到现代艺术家对美的形式的无限创造，美以多样的形态存在于我们的生活之中，滋养着我们的心灵，提升着我们的精神境界。美，不仅是艺术的灵魂，更是人类精神世界不可或缺的重要组成部分。而美学，作为一门研究美的哲学学科，与审美素养共同构成了我们理解美、欣赏美、创造美的基石。美学与审美素养是我们开启理解和创造美之门的钥匙，引领我们走进一个充满魅力与智慧的艺术世界。

### 一、审美素养：塑造灵魂的艺术之匙

审美素养，是指个体在长期的审美实践中逐渐形成的，对美的感知、理解、评价和创造的能力。它是个人综合素质的重要组成部分，也是社会文化发展的重要基石。

### (一) 审美感知：开启美的世界之门

审美感知是审美素养的基础，指个体借助感官对美的形态、色彩、声音等外在特征进行直接把握的能力。一个具有敏锐审美感知力的人，能够在日常生活中发现平凡事物中的非凡之美，从细微之处感受到美的存在。培养审美感知，需要我们保持一颗敏感细腻的心，用眼睛去观察，用耳朵去倾听，用心灵去感受。

### (二) 审美理解：深入美的内核之钥

审美理解是审美素养的深化，指个体在审美感知的基础上，通过思考、分析、比较等认知活动，对美的本质、意义和价值进行深入探究与把握的能力。审美理解不仅要求我们理解艺术作品的形式美，更要洞察其背后的文化内涵、历史背景和作者的情感表达。通过审美理解，我们能够更加深刻地感受美的力量，更加全面地认识美的世界，如综合材料作品《思路秋雨》(图 2-3-1)。

图 2-3-1　刘桂艳《思路秋雨》

### (三) 审美评价：构建美的价值之尺

审美评价是审美素养的重要体现，指个体根据一定的审美标准和价值观念，对审美对象进行评判和鉴赏的能力。审美评价既涵盖对美的主观感受，也涉及对美的客观评价。一个具有高尚审美品位的人，能够精确区分出高雅与低俗、深刻与肤浅、真挚与虚伪之间的差别。通过审美评价，我们能够引导自己形成正确的审美导向，促进美的创造与传播。

在实际应用中，审美评价广泛体现在文学、艺术、设计等多个领域。例如，在文学作品中，对形象重建和情感体验的评价；在艺术作品中，对形式和内容的评价；在设计作品中，对功能与美观的评价等。

### (四)审美创造：展现美的个性之翼

审美创造是审美素养的最高境界，指个体在审美感知、理解和评价的基础上，通过想象和灵感，创造出具有独特美感的艺术作品，或将美融入生活场景的能力。例如，米勒的作品《拾穗者》(图 2-3-2)，其以质朴的笔触和深刻的内涵，展现了劳动人民的艰辛，成为艺术史上的经典之作。审美创造不仅是个体才华的彰显，更是对美的世界的丰富和拓展。通过审美创造，我们能够将自己的情感、思想和价值观融入美的世界，为人类社会带来无尽的惊喜和感动。

图 2-3-2　米勒《拾穗者》

### (五)审美素养的新内涵：批判性思维与创新能力

在新时代，审美素养的内涵得到了进一步的拓展。除了传统的感知美、理解美、评价美的能力外，审美素养还包括批判性思维和创新能力。

批判性思维是指个体在审美过程中能够独立思考、分析判断，不盲目跟风，不轻易被外界意见左右。在信息爆炸的时代，批判性思维显得尤为重要。它能够帮助我们辨别真伪、区分优劣，形成独立的审美判断。

创新能力则是新时代对审美素养提出的更高要求。在快速变化的社会中，创新能力不仅体现在艺术创作上，也体现在日常生活中的审美创造上。一个具有创新能力的人，能够不断尝试新的审美形式，探索美的无限可能，为社会发展注入新的活力。

随着全球化的深入发展和信息技术的飞速进步，新时代的美学语境呈现出多元化与融合的特点。美学不再局限于传统的艺术领域，而是广泛渗透到日常生活、科技产品、虚拟空间等各个方面。从街头艺术(图 2-3-3)到数字艺术(图 2-3-4)，从传统手工艺(图 2-3-5)到现代设计(图 2-3-6)，美学的边界在不断拓展，为审美素养的培养提供了更为丰富的资源和平台。

图 2-3-3　街头艺术

图 2-3-4　数字艺术

图 2-3-5　传统手工艺

图 2-3-6　现代设计

同时，不同文化之间的交流与融合也为美学带来了新的活力。在全球化背景下，各国文化相互借鉴、相互融合，形成了独具特色的跨文化美学。这种跨文化的美学不仅丰富了人们的审美体验，也促进了全球文化的多样性和包容性发展。

## 二、美学与审美素养的相互作用

美学与审美素养之间存在着紧密且相互影响的关联。美学为审美素养的培养奠定了坚实的理论基础，并指明了实践方向，而审美素养则是美学理论在实践中的具体呈现和有效应用。

美学理论为审美素养的培养提供了科学的依据和方法。个体通过学习美学理论，可以更好地理解美的本质和内在规律，深入理解审美活动的心理机制，熟练掌握艺术创作的技巧和方法。同时，美学理论还可以引导个体树立正确的审美观和价值观，培养高尚的审美情趣和崇高的审美理想。这些方面的提升都有助于增强个体的审美素养和审美能力。

审美素养作为美学理论在实践中的具体体现和应用，个体在审美活动中所表现出来的能力和素质，如审美感知的敏锐度、审美鉴赏的深刻性、审美创造的独特性等，都是对美学理论的生动诠释和具体实践。反之，个体的审美素养也能够推动美学理论的发展和创新。个体在审美实践中积累的经验和感悟，可以为美学理论提供全新的研究视角和思路方法，促进美学理论的不断完善和进步。

## 三、美学与审美素养在当代社会的意义

在当代社会，美学与审美素养具有更加重要的意义。随着社会的快速发展和科技的不断进步，人们的生活方式和价值观念发生了深刻变革。美学与审美素养作为人类精神世界的重要组成部分，在提高个体生活质量、促进社会和谐发展以及推动文化传承与创新等方面，都发挥着不可替代的关键作用。

### （一）提高生活质量

美学与审美素养有助于提高我们的生活质量。个体通过欣赏和创造美，能够丰富自己的情感体验和精神世界，提高自身的文化素养和审美能力。同时，美还可以激发个体的创造力和想象力，促进个体的创新思维和个性发展。这些方面的提升都有助于提高个体的生活品质和幸福感。

### （二）促进社会的和谐发展

美学与审美素养对于促进社会的和谐发展具有重要作用。一个具有高度审美素养的社会，往往更加注重文化的传承和创新、环境的保护和美化以及人际关系的和谐与美好。这样的社会氛围有助于培养人们的道德情操和社会责任感，增强社会的凝聚力和向心力。同时，美学与审美素养还可以促进不同文化之间的交流与融合，增进彼此之间的理解和尊重，推动全球文化的多样性和繁荣发展。

### （三）推动文化的传承与创新

美学与审美素养是文化传承与创新的重要动力。个体通过欣赏和传承优秀的艺术作品和文化传统，可以保持文化的连续性和稳定性；而通过创新和创造新的艺术作品和文化形式，则可以推动文化的进步和发展。美学与审美素养的培养，有助于个体形成对文化的深刻理解和感悟能力，从而更好地传承和创新文化。

## 四、美学与审美素养面临的挑战

尽管新时代为美学与审美素养的发展提供了广阔的发展空间，但同时也面临着诸多挑战。

(1)商业化的冲击。在市场经济条件下，商业利益往往成为影响审美判断的重要因素。一些低俗、媚俗的艺术作品或产品因其商业性而得到广泛传播，对人们的审美素养

造成了负面影响。

(2)信息过载的困扰。在互联网时代，海量信息涌入我们的生活，其中不乏大量低质、重复的内容。这些信息不仅浪费了我们的时间，也干扰了我们的审美判断，降低了我们的审美水平。

(3)文化同质化的趋势。全球化虽然促进了文化的交流与融合，但同时也带来了文化同质化的风险。一些地方特色、民族文化在全球化的大潮中逐渐消失，导致审美单一化、缺乏多样性。

## 五、美学与审美素养在个人成长中的重要性

美学与审美素养在个人成长中扮演着至关重要的角色。它们不仅能够提升我们的精神境界和生活品质，还能够促进我们的全面发展，增强我们的社会适应能力。

### (一)提升精神境界与生活品质

美学与审美素养能够让我们更加敏锐地感知生活中的美，更深入地领悟美的内涵和价值。通过参与审美活动，我们能够获得精神上的愉悦和满足，提升自身的生活品质和幸福感。同时，美学与审美素养还能够培养我们的审美情趣和审美能力，使我们在追求物质享受的过程中，更加注重精神世界的丰富和充实。这种对美的追求和欣赏，能够提升我们的精神境界，使我们的生活更具意义和价值。

### (二)促进全面发展与社会适应

美学与审美素养是个人综合素质的重要组成部分。它们能够培养我们的创新思维和想象力，激发我们的创造力和表现力。通过审美实践，我们能够锻炼自己的沟通能力和团队协作能力，提升自己的社会适应能力和竞争力。同时，美学与审美素养还能够让我们更加尊重并理解不同文化和艺术形式之间的差异和多样性，促进跨文化交流和融合。这种全面发展和社会适应能力的提升，使得我们能够更好地适应不断变化的社会环境，实现个人价值和社会价值的有机统一。

## 六、美学与审美素养在社会文化中的重要性

美学与审美素养不仅对个人成长具有重要意义，而且对社会文化的发展也产生着深远的影响。

### (一)推动社会文化创新与繁荣

美学与审美素养能够激发人们的创造力和想象力，为社会文化的发展注入新的活力和动力。通过审美创造和审美评价，人们能够推动艺术形式的不断创新和演变，促进文化产业的繁荣和发展。同时，美学与审美素养有助于提升公众的文化素养和审美能力，为文化市场的健康发展提供有力的支撑和保障。

### (二)塑造社会文明与价值观念

美学与审美素养是社会文明进步的重要标志之一。它们能够引导人们树立正确的审美观和价值观，培养高尚的道德情操和社会责任感。通过审美教育和审美实践，人们能够塑造积极向上的社会风气和文化氛围，促进社会的和谐与稳定。此外，美学与审美素养还能够增强人们对自然环境中美的关注和保护意识，推动生态文明建设和可持续发展。

美学与审美素养作为人类精神世界的重要组成部分，不仅关乎个体的审美体验和艺术创造，更与社会文化的发展、历史的变迁以及人类的进步紧密相连。在当代社会，美学与审美素养具有更加重要的意义。它们不仅有助于提高个体的生活质量、促进社会的和谐发展以及推动文化的传承与创新，还可以激发个体的创造力和想象力、培养人们的道德情操和社会责任感，以及增进不同群体之间的理解和尊重。

鉴于美学与审美素养具有诸多益处，我们应该对其高度重视。通过不断的学习和实践，我们可以逐渐丰富自己的审美经验、提高自己的审美能力、培养高尚的审美情趣和审美理想。同时，我们还可以积极参与社会文化活动、推动文化的传承与创新，为构建一个更加美好、和谐、繁荣的社会贡献自己的力量。美学为审美素养提供了理论基础和指导方向，而审美素养则是美学理论在个体层面的具体体现，二者紧密相连、不可分割。

## 七、如何全面培养审美素养

全面培养审美素养是一个漫长而复杂的过程，它需要我们在日常生活中不断学习、实践、反思和提升。

### (一)加强美学理论学习

系统深入地学习美学理论知识，全面了解美的本质、规律以及审美活动的心理机制和社会文化意义，有助于我们形成正确的审美观和价值观，为审美实践提供科学的理论指导。

### (二)丰富审美体验

积极参与各种审美活动，如参观艺术展览、观看演出、阅读文学作品、欣赏自然风光等，能够拓宽我们的审美视野，提升其审美感知和理解能力。同时，我们应该尝试不同的审美形式和艺术风格，以此丰富自身的审美体验。

### (三)培养审美批判能力

我们应该学会独立思考和批判性分析，不盲目跟从或全盘接受他人的审美判断。要树立自身独特的审美标准和价值观念，对审美对象进行客观、公正的评价。这有助于我们形成独立的审美判断力和批判性思维。此外，注重审美创造实践，积极参与艺术创作和表达活动，如绘画、音乐、舞蹈、摄影等。通过创作实践，我们能够锻炼自己的审美创造能力和表现力，将情感和思想融入美的世界。同时，我们还可以尝试利用新技术进行艺术创作和表达，探索新的审美形式和可能性。

### (四)提升文化素养和人文精神

我们应该广泛阅读各类书籍和文献，深入了解不同文化和历史背景下的艺术作品和审美观念。这有助于我们提升自己的文化素养和人文精神，增强对美的感知和理解能力。同时，我们还应该关注社会现实和人生百态，从中汲取灵感进行艺术创作和表达。

### (五)培养审美习惯和生活方式

我们应该在日常生活中注重培养自己的审美习惯和生活方式。要关注自己的生活环境，追求整洁、美观、舒适的生活环境。同时，我们还应该注重自己的仪表和着装风格，展现自己的独特个性和审美品位。这些习惯和生活方式有助于我们形成高尚的审美情趣和审美理想。

### (六)参与社会文化活动

我们应该积极参与社会文化活动，如校园文化艺术节(图 2-3-7)、公益活动(图 2-3-8)等。这些活动不仅能够拓宽我们的社交圈子，还能够让我们有机会接触到更多元化的艺术作品和文化形式。同时，通过参与社会文化活动，我们还能够提升自己的社会责任感和公民意识，为构建和谐社会贡献自己的力量。

图 2-3-7　校园文化艺术节

图 2-3-8　公益活动

审美素养是新时代个人修养和社会文化发展的重要组成部分。面对新时代的挑战和机遇，我们需要全面培养审美素养。通过加强美学理论学习、丰富审美体验、培养审美批判能力、注重审美创造实践、提升文化素养和人文精神、培养审美习惯和生活方式以及参与社会文化活动等多种途径和方法，我们能够不断提升自己的审美水平和文化素养，为构建更加美好、和谐的社会贡献自己的力量。在新时代的征程中，让我们携手共进，以美学为引领，以审美素养为基石，共同书写人类文明的新篇章。

## 课程思政

美学与审美素养课程旨在引导学生欣赏美、创造美，进而培养他们高尚的道德情操和正确的价值观念。通过深入介绍中国传统美学和文化，该课程旨在增强学生的文化认同感和自信心，促进文化传承与创新。美学教育不仅能够拓宽学生的知识视野，还能提高他们的审美鉴赏能力和创新能力，为学生的全面发展奠定坚实基础。

## 智慧火花

- 主题演讲：邀请美学专家或教师就美学的基本理念、历史发展等进行深入讲解。
- 小组讨论：围绕特定美学议题(如“美的定义”“艺术与生活的关系”等)进行分组讨论，鼓励学生提出个人见解，促进思维碰撞与交流。

## 践美之行

- 艺术实践：组织美学相关艺术创作工作坊，该项目结合了中华传统文化和节日元素，将美育与思政教育结合，让学生在实践中体验美的创造过程。
- 审美体验活动：如“城市美学漫步”，带领学生走进城市空间，细致观察并分析建筑、自然景观的美学特征，提升他们的审美感知能力。

《武汉之声》，王一乔、陈欣悦、袁亦倩作品

### ◎◎◎书籍推荐◎◎◎

1. [美]鲁道夫·阿恩海姆：《视觉思维》，滕守尧译，成都：四川人民出版社2019年版。
2. 叶朗：《美学原理》，北京：北京大学出版社2009年版。

### ◎◎◎网站资源◎◎◎

1. 大都会艺术博物馆：美国最大的艺术博物馆，成立于1870年，位于纽约曼哈顿。藏品超过200万件，包括众多古典艺术品、欧洲大师的油画及雕塑等。官网提供丰富的图片资源。
2. 中国文化艺术网：探索中国传统文化与现代艺术的融合之路，感受艺术的多样性与魅力。

# 第二篇　美育基础知识

# 导 语

在大学生美育的宏伟殿堂中，“美育基础知识”如同一扇敞开的窗，让我们得以窥见美育世界的广博与深邃。本篇将引领读者穿梭于美学的历史长廊，从古希腊的和谐之美到现代的艺术多元，探寻美育的理论根基与实践路径。在此，我们将领略绘画等艺术形式的独特魅力，理解它们如何滋养心灵、启迪智慧。让我们携手踏上这场知识与美的旅程，共同挖掘美育的无限可能，开启一段心灵与智慧的双重盛宴。

# 第三章
# 中西美术：穿越时空的对话艺术

在中西美术的深邃海洋中，中西绘画技法的对比与感悟是一个颇受关注的议题。中国绘画以其独特的艺术风格和深厚的文化内涵，展现了东方文明的韵味；而西方绘画，则以其精湛的技艺和对现实的深刻描绘，彰显了西方艺术的魅力。

中国绘画强调“意境”的营造，通过笔墨的浓淡干湿、线条的疏密曲直，以及色彩的冷暖对比，来表达画家的情感和志趣。宋代绘画作品尤为典范，画家以简洁的笔墨，体现了中国绘画“以形写神”的精髓。

相较于中国绘画的“意境”，西方绘画更注重对现实的再现和对技艺的探究。西方艺术家通过线条和色彩的组合，将现实对象转化为具有独特美感的艺术形象。这种对技艺的精湛掌握和运用，体现了西方绘画对“真实”与“美”的不懈追求。

中西绘画在技法、风格和审美观念上虽存在差异，但正是这种差异促成了两者之间的交流与融合。在现代美术创作中，许多艺术家尝试将中西绘画的技法与理念相融合，以创造出更具个性和时代特色的艺术作品。这种跨文化的艺术实践，不仅丰富了美术学的内涵，也为世界艺术的发展注入了新的活力。

通过对中西绘画技法的感悟与对比，我们可以更深入地理解不同文化背景下的艺术风格和审美观念，从而拓宽自己的艺术视野，提升艺术素养。

## 心海交融

- ❑ 通过对比赏析中西方绘画作品，让学生了解中西绘画的特点和差异，提高学生的绘画欣赏和分析能力。
- ❑ 在教学过程中，应注重引导学生积极参与，鼓励学生表达自己的观点和感受。
- ❑ 让学生收集自己感兴趣的中西方美术作品，进行展示和交流。

# 第一节　中国传统美术的精髓与传承

## 一、中国传统美术的精髓

中国传统绘画深深根植于中国社会和中国文化的沃土之中，其独特的审美追求是理解这一艺术形式的关键。这些内在的审美追求不仅塑造了中国传统绘画的外在风貌，更彰显了中华民族的智慧和美学理念。本节将从心物交融、重神轻形、虚实相生三个方面，深入探讨中国传统绘画的审美追求。

### (一)情感与自然的和谐统一

中国传统绘画总体而言更注重写意而非写实。这并非意味着中国传统画家缺乏写实能力，而是他们自觉地将写意视为一种比写实更高的艺术境界。这种写意精神源自中国文化中的“天人合一”观念，强调人与自然在本质上是相通的。因此，中国传统绘画追求的不仅是外在形象的再现，更是内在情感的抒发和意境的创造。

在中国传统绘画中，山水、花鸟乃至人物，都不再是单纯的客观对象，而是成为画家情感意趣的传达载体和表现媒介。画家通过笔墨的运用，将个人情感与自然景物融为一体，形成心物交融的艺术境界。这种交融的主导方面是画家的主观情感和审美追求，即情趣。因此，中国传统绘画中的形象往往具有超越现实的象征意义，成为画家表达个人情怀和哲学思考的手段。例如，在文人画中(图 3-1-1)，松、竹、梅、兰、菊等自然物象常被赋予坚贞高洁的人格象征。画家通过描绘这些自然物象，不仅展现了它们的外在形态，更传达了自己内心的情感和精神追求。这种心物交融的写意方式，赋予了中国传统绘画一种超越物质世界的审美价值。

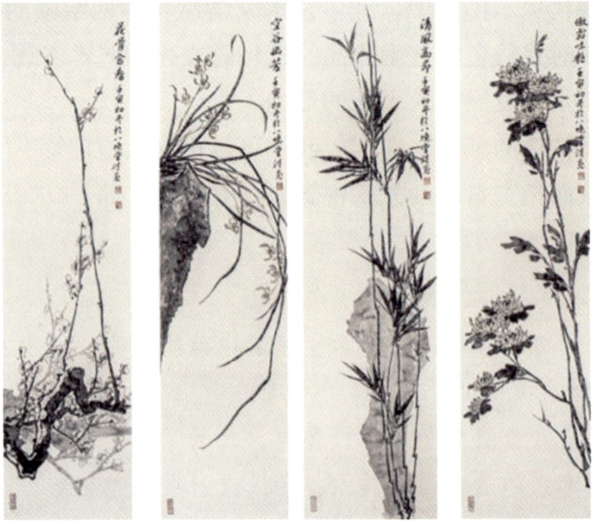

图 3-1-1　蒋洪亮《四君子图》

此外，中国传统绘画还非常注重绘画与诗歌的联系。苏轼等文人墨客提倡“画中有诗”的理念，强调绘画作品应蕴含诗的情感和境界。这种诗情与画意的结合，进一步强化了绘画的写意倾向，使得中国传统绘画在表现情感和意境方面更加游刃有余。

### (二)传神写照的艺术追求

在中国传统绘画中，重神轻形是一种重要的审美追求。所谓“神”，指的是对象的内在精神气质或性格特征；而“形”，则是指对象的外在形态。中国传统绘画强调，在描绘对象时，应超越其外在形态，深入把握其内在精神，以实现传神写照的艺术效果。

早在西汉时期，《淮南子》一书便提出了绘画表现人物应重神轻形的观点。这一见解虽尚未充分展开，但却为后世画家提供了重要的启示。至东晋时期，画家顾恺之明确提出“传神写照”的创作原则，强调绘画中应抓住人物的神态和气韵，而非仅仅追求形似(图 3-1-2)。这一观点得到了后世画家的广泛认同和传承。

图 3-1-2 顾恺之《洛神赋图》(局部)

在中国传统绘画中，无论是人物画、山水画还是花鸟画，都遵循着重神轻形的原则。画家们通过笔墨的运用和构图的安排，巧妙地传达出对象的内在精神和气质。例如，在人物画中，画家往往通过描绘人物的眼神、面部表情和姿态等细节，来刻画其性格特征和内心世界；在山水画中，画家则通过描绘山水的气势和韵律，来表现其内在的生命力和美感。

重神轻形的审美追求，使中国传统绘画在表现对象时具有了一种超越物质层面的精神性。画家们将个人的审美追求和情感融入作品，使得作品具有了独特的艺术魅力和审美价值。同时，这种审美追求也促进了中国传统绘画技法的不断创新和发展。

### （三）连接虚实的桥梁：虚实相生

虚实相生是中国传统绘画中又一重要的审美追求。通过对虚实关系的特殊处理，艺术形象得到有效丰富，艺术空间得到充分扩展。

在中国传统绘画中，虚实相生体现为两个层次。第一个层次是笔墨为实、空白为虚。“中国传统的艺术很早就突破了自然主义和形式主义的片面性，创造了独特的现实主义表达形式，使真和美、内容和形式高度地统一起来。”①画家们通过笔墨的运用来描绘主要的形象和结构，而空白则成为画面中的重要组成部分。这些空白并非简单的空缺或遗漏，而是画家们精心布置的艺术元素。它们与笔墨相互生发、相互成就，共同构成了画面的艺术整体。通过这种虚实相生的处理手法，中国传统绘画在有限的画面上创造出了无限的艺术空间（图 3-1-3）。

图 3-1-3　马远《寒江独钓图》

第二个层次是画内为实、画外为虚。在中国传统绘画中，尤其是文人写意山水画中，画面之内所直接展示的空间造型往往非常有限。然而，画家们却通过巧妙的构图和笔墨运用，引导欣赏者的视线超越画面本身，进入一个更加广阔的艺术世界。这个艺术世界虽不在画面之内，但通过画内之实的引导和暗示而得以生成。这种虚实相生的处理方式，使中国传统绘画在表现无限的艺术空间方面具有独特优势。

虚实相生的审美追求不仅丰富了中国传统绘画的艺术表现力，还为其创造了一种独特的审美体验。欣赏者在观赏中国传统绘画时，往往需要发挥自己的想象力来填补画面中的空白，体悟画外的无限空间。这种参与和互动的过程不仅增强了欣赏者的审美愉悦，还赋予了中国传统绘画一种超越物质层面的精神内涵。

### （四）审美的统一与意境的创造

艺术意境的创构，是使客观景物成为主观情思的象征。② 在中国传统绘画中，意境

① 宗白华：《美学散步》，上海：上海人民出版社 1981 年版，第 93 页。

② 宗白华：《美学散步》，上海：上海人民出版社 1981 年版，第 73 页。

的创造被视为最高境界。而这种意境的诞生，正是源于心物交融、重神轻形、虚实相生这几个方面审美追求的统一。画家们通过笔墨的运用和构图的安排，将个人的情感、审美追求和哲学思考融入作品中，创造出一个超越物质世界的艺术境界。这种艺术境界不仅具有独特的审美价值，还能够引发欣赏者的共鸣和思考，成为连接画家与欣赏者心灵的桥梁。

中国传统绘画的审美追求体现了中华民族独特的智慧和美学理念。心物交融、重神轻形、虚实相生这三个方面的审美追求相互关联、相互渗透，共同构成了中国传统绘画独特的艺术风格和审美价值体系。它们不仅丰富了中国传统绘画的艺术表现力，还为其创造了一种独特的审美体验和精神追求。在当今社会，随着科技的飞速发展和全球化的不断深入，中国传统绘画仍然保持着其独特的魅力和价值，成为连接中华民族与世界文化的桥梁和纽带。

## 二、中国传统美术的传承

### (一) 中国绘画的起源与发展

中国传统绘画的起源和发展，与华夏文明的演进息息相关，共同谱写了中华民族璀璨的文化篇章。在新石器时代，中原大地孕育了丰富的彩陶文化，而传统绘画的最初曙光，正是从这一时期的彩陶文化中透射出来的。

彩陶器皿的外壁或内壁上，绘制了大量的装饰图案。这些图案形象各异，有的具体而生动，如仰韶文化半坡型的鱼纹、鹿纹、人面鱼纹，庙底沟型的蛙纹、鹳鱼石斧纹，以及马家窑文化的舞蹈纹等。这些图案往往与当时的图腾崇拜紧密相连，反映了原始先民对自然界的敬畏与崇拜。而另一些装饰图案则呈现出纯抽象的几何纹样，如漩涡纹、波浪纹、锯齿纹、三角纹、网纹等。① 这些纹样的形成，经历了一个由具体逐渐过渡到抽象的复杂过程，展现了原始先民对美的追求和创造(图 3-1-4)。

图 3-1-4　舞蹈纹彩陶盆

除了彩陶文化，遍布南北各地的岩画也是史前绘画的重要遗迹。原始岩画以简明的轮廓和突出的特征，表现了人物或动物的形象，显示了一定的观察力和表现力。这些岩画不仅是原始先民生活场景的再现，更是他们精神世界和审美观念的反映。

### (二) 夏商周至秦汉时期的绘画

夏、商、周时期是中国传统绘画的一个重要过渡时期。在这一阶段，绘画逐渐由附属装饰转化为独立的艺术形式。《周礼 · 考工记》(图 3-1-5) 中已有关于专职绘画工匠的

① 张朋川：《黄河彩陶——华夏文明绚丽的曙光》，杭州：浙江人民美术出版社 2000 年版，第 29 页。

记载，说明当时绘画已经成为一种专门的技艺。壁画在这一时期获得了显著的发展，商、周的许多重要建筑绘有壁画，这些壁画以历史人物为题材，发挥着“成教化，助人伦”的社会功能。

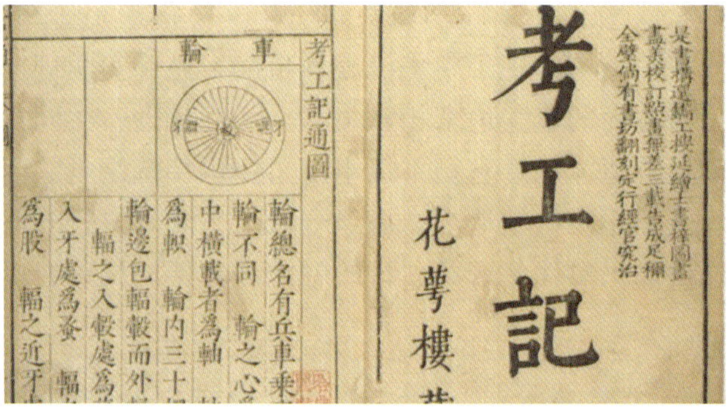

图 3-1-5　《周礼·考工记》版面

春秋战国时期，随着新兴贵族的享乐欲望极度膨胀，绘画艺术也得到了相应的推动。这一时期的绘画作品更加注重线条的表现力，如湖南长沙楚墓出土的《人物龙凤图》（图 3-1-6）和《人物驭龙图》（图 3-1-7）这两幅帛画，充分展现了线条的魅力。这些作品以毛笔勾线画成，线条劲健流畅，成功地表现了人物的体态神情。这种以线条为基本造型手段的传统，在中国绘画此后的创作实践中得到了长期的继承和延续。

图 3-1-6　《人物龙凤图》帛画

图 3-1-7　《人物驭龙图》帛画

秦代完成了统一大业，在艺术上也展现出非凡的气魄。从陕西咸阳秦宫遗址残存的车马仪仗出行壁画，可以推想当年宫室壁画的隆盛。到了汉代，绘画活动空前繁盛。无论是帝王宫殿还是贵族府邸，都绘有精美的壁画。这些壁画题材广泛，既有仙境与人间的综合描绘，也有历史与现实的贯通展现。同时，汉代帛画创作也有新的进展，出土于长沙马王堆汉墓等地的帛画作品，使我们对汉代绘画的题材和技法有了更全面的了解。

汉代绘画的总体风貌可以用丰满充实来概括。其画面繁复饱满，少有余地，却富于飞扬流动的气势；其造型粗率简略，不计细节，却生动感人。这些特点在汉代画像石、画像砖等作品中也有明显的体现。这些作品采用了雕刻的方法，但其平面的构图及形象又接近绘画，题材和艺术风格都与壁画、帛画相一致。

### (三)魏晋南北朝至隋唐时期的绘画

魏晋南北朝时期是中国绘画史上的一个重要转折点。这一时期，思辨哲学的复苏以及对人的个性的推崇和关怀，促使中国绘画走上了自觉发展的道路。

首先，文人画家的涌现是这一时期的显著特点。与以往的民间工匠不同，这些文化素养较高的知识分子投身绘画创作，有意识地利用绘画形式来抒情写意。他们的加入不仅提升了绘画的文化品位，还使绘画跻身“纯艺术”的行列。曹不兴、卫协、顾恺之等文人画家在这一时期崭露头角，他们在人物传神、线条表现力等方面都取得了显著成就。

其次，山水画的形成也是这一时期的重要贡献。在秦汉以前的绘画作品中，人物是主要的描绘对象，山水仅为陪衬。然而到了六朝时期，山水画开始获得初步的独立地位。宋元以后，山水画更是取代人物画而成为画坛的主流。

此外，绘画理论的成熟也是这一时期的重要标志。六朝时期产生了专门评论绘画的文章和著作，改变了以往零散并附属于其他领域的状况。顾恺之倡导的“传神”理念、宗炳的《画山水序》、王微的《叙画》以及谢赫的《古画品录》等著作和文章的出现，① 为后世的绘画理论奠定了坚实的基础。特别是谢赫提出的绘画“六法”，更是成为后世品评绘画的重要标准。②

隋唐时期是中国绘画史上的又一个高峰。隋代虽然国祚短暂，但却为唐代绘画的辉煌成就奠定了必要的基础。展子虔的《游春图》(图 3-1-8)是现存最早的山水卷轴画作品，为唐代山水画的发展奠定了基石。唐代作为封建社会发展的巅峰时期，促成了所有艺术的共同繁荣，绘画领域的成就尤为全面。

唐代人物画超越了前人，达到了一个新的艺术水准。阎立本、吴道子等画家以其精湛的画技和独特的艺术风格，成为唐代人物画的代表人物。他们的作品不仅展现了人物的外在形象，更注重传达人物的内在神情和气质。同时，唐代的山水画地位也逐渐上升。李思训、王维等画家在山水画领域取得了显著成就，他们的作品不仅技法精湛，更富有诗意和意境。

---

① 俞剑华：《中国画论类编》，北京：人民美术出版社 1957 年版，第 583~585 页。
② 卢辅圣：《中国书画全书》，上海：上海书画出版社 1993 年版，第一册，第 1~6 页。

图 3-1-8　展子虔《游春图》

此外，唐代的花鸟画也走向独立。薛稷、边鸾等画家以细腻入微的笔触和浓艳的色彩，描绘了自然界中的花鸟虫鱼等生动形象。这些作品不仅展示了画家的艺术才华，更反映了唐代社会的繁荣和富足。

唐代佛教绘画的盛况更是空前绝后。遍布城乡的众多寺庙绘有精美的佛教壁画，这些壁画不仅规模宏大、内容丰富，而且造型准确、色彩灿烂。甘肃敦煌的莫高窟就是一座真正的佛教艺术宝库，其中遗存的大量唐代壁画更是令人叹为观止。这些壁画以明艳和谐的色调和精湛的技艺，展现了歌舞升平的极乐世界和唐代富足祥和的社会现实。洛阳龙门石窟的全盛阶段也在唐代，完成于唐高宗上元二年(675 年)的奉先寺大卢舍那像龛，背倚山崖，前临伊水，规模宏伟(图 3-1-9)。一铺九尊石像，分布谨严。中间的卢舍那大佛坐像高逾 17 米，下部虽已残破，但整体造型博大庄严的气势却丝毫未减，尤其是面相丰满安详，“雕刻之精妙，光影之分配，足以表示一种内神均平无倚之境界”①。

图 3-1-9　龙门石窟

① 梁思成：《梁思成文集》，北京：中国建筑工业出版社 1984 年版，第三册，第 366 页。

### （四）五代至两宋时期的绘画

五代时期是中国绘画史上的一个重要过渡阶段。尽管中原地区动荡不安，但偏安的西蜀和南唐却先后创立了宫廷画院，汇聚了众多绘画人才。这些画家在人物画、山水画和花鸟画等领域都取得了显著成就。周文矩、顾闳中等画家以精湛的技艺和独特的艺术风格，描绘了宫廷或贵族生活的场景；荆浩、关仝等山水画家则发展了“全景山水”的技法，多表现崇山峻岭和层峦叠嶂的壮观景象；徐熙、黄筌等花鸟画家则分别运用水墨淡彩和细笔重彩的技法，生动描绘了自然界中的花鸟虫鱼等形象。

宋代是中国绘画史上的又一个高峰时期。在这一时期，画院规模得到了扩大，体制日益完善。作为官方的绘画机构，画院不仅集中了各地画家，推行了绘画教育，提高了绘画的社会影响力和社会地位，而且确立了正统的绘画审美标准。画院画家的画风大都偏于精密细腻、华贵富丽，具有造型准确、格法严谨、设色浓艳、技艺纯熟的共同特点。

然而，与此同时，宋代也孕育了一个文化底蕴深厚的文人阶层。这些文人画家依据自身的审美情趣进行创作，强调诗与画的内在联系，自觉与院体绘画分道扬镳。他们的作品大都简率古雅、平淡天真，主写意而超形似，重寄兴而去铅华。这种文人画的创作实践与创作思想对中国绘画的发展道路产生了深远的影响。

在各类绘画中，宋代山水画最为突出。从北宋的李成、范宽到郭熙，再到南宋的李唐、刘松年、马远、夏圭等画家，都展现了各自独特的山水画风貌（图 3-1-10）。他们不仅注重技法的创新和发展，更注重意境的营造和情感的表达。这些山水画作品不仅展示了宋代画家的艺术才华和审美情趣，更反映了当时社会的文化气息和审美风尚。

宋代的人物画虽然已不再主导画坛，但仍取得了显著成就。李公麟的白描人物画以其准确的人物形象和流畅的线条表现力而著称；梁楷的减笔人物画则以其粗笔蘸墨、急挥而就的技法而独具特色（图 3-1-11）。这些作品不仅展示了宋代人物画的多样性和丰富性，更反映了当时社会对人物画的审美需求和艺术追求。

宋代的花鸟画也很兴盛。北宋前期基本尚未摆脱黄筌的影响，但到北宋中叶以后，出现了新的变化。院体画家和文人画家分别以工笔重彩和水墨写意的方式处理花鸟题材，追求不同的艺术效果。这些作品不仅展示了宋代花鸟画的技艺水平和艺术风格，更反映了当时社会对花鸟画的热爱和推崇。

此外，宋代不仅在绘画艺术上取得了辉煌的成就，其瓷器制作也达到了极高的水平。尤其是宋代五大名窑——钧窑、官窑、汝窑、定窑、哥窑，更是代表了当时瓷器工艺的巅峰。

宋代五大名窑的瓷器各具特色，展现了宋代瓷器工艺的高超水平和独特的审美风格。汝窑位居五大名窑之首，以其“雨过天青”般的釉色著称。釉面莹润如堆脂，开片细密如“蟹爪纹”，胎质香灰，支钉烧制工艺精微。汝窑器物多素面无饰，仅以釉色与器形取胜，体现了宋代“极简即至美”的审美取向。南宋叶寘在《坦斋笔衡》中记载：“本朝以定州白瓷器有芒不堪用，遂命汝州造新窑器，故河北唐、邓、耀州悉有之，汝窑为魁。”

图 3-1-10　范宽《溪山行旅图》(局部)

图 3-1-11　梁楷《泼墨仙人图》

官窑分为北宋开封官窑与南宋杭州官窑，以“紫口铁足”和“冰裂纹”为标志。釉色粉青、月白，胎骨含铁量高。烧成后口沿釉薄处泛紫，底足露胎处呈铁褐色，形成色彩对比的哲学意蕴。宗白华在《美学散步》中指出：“官窑的‘紫口铁足’暗合阴阳之道，釉色之冷与胎骨之暖，恰似文人画中的虚实相生。”

钧窑以“入窑一色，出窑万彩”的窑变釉闻名于世，其釉色瑰丽，如玫瑰紫、海棠红，釉面自然呈现出“蚯蚓走泥纹”。钧窑突破了青瓷的传统，首创铜红釉技术，其不可复制的窑变效果被李泽厚赞誉为“技术缺陷向审美符号的升华”。

定窑是唯一以白瓷为主的名窑，其釉色白中泛黄，如象牙般温润。装饰技法以刻花、印花见长，纹饰涵盖花卉、禽鸟等多样题材。定窑瓷器上的“泪痕”与“竹刷丝纹”形成了独特的肌理美感。其世俗化倾向与院体画的精致风格相得益彰，展现了宋代艺术雅俗共融的特质。

哥窑以“金丝铁线”开片为标志，釉面大小纹片交错，粗者色黑如铁，细者色黄如金。其神秘的身世与残缺美学，恰似文人画中的“拙趣”。哥窑器物多仿青铜礼器，釉质如酥油般的光泽，其开片纹理被叶朗解读为“时间在器物上凝固的诗行”。

宋代五大名窑的瓷器不仅在当时享有盛誉，而且对后世的瓷器制作产生了深远的影响。这些瓷器以其精湛的工艺、独特的风格和丰富的文化内涵，成为中国陶瓷艺术史上的瑰宝。

宋代山水画的“可行可望可游可居”之境，与瓷器艺术的空间美学形成了跨媒介的对话。这种艺术互通性，根植于宋代“格物致知”的文化土壤。正如李泽厚在《美的历程》中所言：“宋瓷的理性秩序与典雅气质，映射着宋代士大夫对‘格物致知’的哲学追求。”①

① 李泽厚：《美的历程》，北京：生活 · 读书 · 新知三联书店 2009 年版，第 121 页。

### (五)元明清时期的绘画

元代是中国绘画史上的一个重要变革时期。在这一时期，文人画终于登上了画坛盟主之位，并对明、清绘画的面貌产生了直接影响。元初的赵孟頫诸体兼备，在倡导“古意”的同时，已经显露出写意的倾向。而被称为“元四家”的山水画大师黄公望、吴镇、倪瓒和王蒙，则代表了元代文人画的真正风貌。他们追求的是笔简而意足，借自然山水来建构体现道家和禅宗意识的超然境界。这些作品不仅展示了元代画家的艺术才华和审美情趣，更反映了当时社会的文化气息和审美风尚。

明代是中国绘画史上的又一个繁荣时期。这一时期的绘画局面纷繁复杂，风格迭变频繁。尽管中国封建社会已趋于衰落，但绘画艺术却在此时迎来了高潮，呈现出更加多样化的风格和创作手法。

明代初期，宋代的宫廷画风对绘画的影响仍占主导地位，宫廷绘画及戴进领导的浙派绘画继续保持着浓厚的院体传统。与此同时，以王绂等画家为代表的风格，则开始向元代画风看齐，逐渐形成了独特的风格。

进入明中期，吴门画派的崛起则为文人画的发展注入了新的活力。沈周、文徵明、唐寅、仇英等画家，继承了元代文人画的精髓，同时注重笔墨的表现力与气韵的传达，追求恬淡、闲雅、超逸的艺术风格(图 3-1-12)。他们的作品影响深远，对后来的绘画风格产生了深刻的影响。

图 3-1-12　仇英《汉宫春晓图》(局部)

明代后期，董其昌成为文人山水画的核心人物，尤其是在山水画理论方面，董其昌提出了“南北宗”理论，并且主张将士气融入绘画，推动了绘画风格的理论化与系统化。董其昌的作品以平淡而深远的意境著称，具有极强的艺术魅力。

进入清代，文人画的风格逐渐得到巩固与发展。尤其是“四王”与“四僧”的画派，成为清代画坛的重要力量。“四王”指的是王时敏、王鉴、王翚、王原祁，他们的作品继承了董其昌的山水画理论，力求笔墨精湛与形象优雅。与“四王”相对，“四僧”则代表了另一种画风。石涛、朱耷等画家不拘泥于传统技法，注重笔墨的挥洒与个人情感的表达，开创了大写意画的新篇章。

### (六)近现代中国绘画

进入 20 世纪以后，中国绘画在西方艺术的强烈冲击下，经历了前所未有的深刻变革。众多画家开始主动吸收西方艺术的技巧与理念，并将其与传统绘画形式相融合，探索出一条符合时代发展的新路径。齐白石、黄宾虹、徐悲鸿等一代绘画大师，不仅继承了中国传统绘画的精髓，还大胆地引入了新的艺术观念，有力地推动了中国画的现代化进程(图 3-1-13)。

徐悲鸿的“写实”画风、张大千的“泼墨”技巧、吴冠中的“中西融合”以及傅抱石、刘海粟等人的创新实践，都为中国绘画在传统与现代之间找到了完美的平衡(图 3-1-14)。他们不仅推动了中国传统绘画的转型，还使中国绘画走向国际舞台，为中国绘画的未来开辟了更加广阔的空间。

站在 21 世纪的门槛上回望，中国绘画史给予我们最重要的启示是：艺术的价值并不在于固守某种程式，而在于其能够持续回应人类精神的根本追问。当人工智能开始模仿文人笔意，当数字媒介重构人们的观看方式时，我们更需要从传统绘画中汲取智慧与灵感。这不是简单地复制青藤白阳的笔墨技巧，而是传承他们观照世界的独特眼光；并非仅仅临摹《千里江山图》的构图布局，而是要重获王希孟“天人合一”的胸襟。中国绘画史的长河依旧奔腾不息，它的未来并不局限于博物馆的玻璃展柜里，而是掌握在每个执笔者的手中。当水墨与代码相遇，当宣纸与屏幕对话时，这条河流将冲刷出新的河床，继续滋养人类对美的永恒向往与追求。

图 3-1-13　齐白石《蛙声十里出山泉》

图 3-1-14　吴冠中《新柳残荷》

# 第二节 西方美术的演变与流派

## 一、西方美术的演变

西方绘画凭借其多元的表现内容与丰富的艺术形式，堪称世界艺术宝库中的瑰宝。从表现内容来看，西方绘画主要分为人物画、风景画与静物画三大类。其中，人物画又可进一步细分为肖像画、历史画、宗教画、风俗画、军事画及人体画等，每一类别都蕴含着独特的文化与历史信息。在形式上，素描、油画、版画、水粉画及水彩画等技法各展风采，共同展现了西方绘画的多样魅力。

在西方绘画的历史长河中，古典主义与反古典主义是两股不可忽视的力量。古典主义崇尚永恒与自然理性，追求静穆、严峻而隽永的美学境界；而反古典主义则强调情感的释放，追求激情四溢、艳丽豪华的艺术效果。两者相辅相成，共同构筑了西方传统绘画的丰富面貌。

进入20世纪，现代主义思潮的兴起促使西方绘画发生了前所未有的变革。现代主义绘画强调艺术家主观情感的抒发，追求艺术的纯粹性与绘画语言的创新，重视画面的形式结构与超越现实的梦幻效果。在此背景下，野兽主义、立体主义、表现主义、超现实主义、抽象表现主义等流派应运而生，它们以开拓的热情与探索的勇气，不断拓展艺术的边界，展现了人类想象力与创造力的无限可能。西方现代主义绘画以其独特的艺术语言与深邃的精神内涵，铸就了艺术史上的一段辉煌篇章。

## 二、西方美术的流派

### （一）史前文明与上古艺术

西方史前与上古绘画作为人类艺术探索的初始篇章，展现了从博采广绘到美学典范的演变轨迹。史前岩画作为人类童稚期的创作，以其天真无拘的笔触，记录了原始社会的风貌。法国南部的拉斯科洞窟与西班牙北部的阿尔塔米拉洞窟，便是其中的杰出代表。前者以粗壮简练的线条，描绘了野牛、驯鹿等原始动物，展现出粗犷的原始气息与野性的生命力；后者则以长达2米的《受伤的野牛》（图3-2-1）壁画，震撼人心，成为史前艺术的瑰宝。

步入古代两河流域，我们见证了历史上最早兴起的绘画艺术。从苏美尔人的建筑、墙面镶嵌装饰，到亚述宫殿、巴比伦城的彩色陶砖动物图案，无不彰显着这一文明的辉煌。巴比伦时期的《汉谟拉比法典》石碑，用浮雕记录了庄重场面，成为法律与艺术的完美结合。而《乌尔军旗》（图3-2-2）则以贝壳、闪绿石等镶嵌出凯旋的画面，被誉为上古时代较早的绘画遗存之一，展现了古代两河流域绘画的独特魅力。

古代埃及绘画，则以其灵魂不灭、生命永恒、神秘崇高的来世艺术，震撼着后世。古埃及人将艺术创造与制作工艺应用于陵墓，对陵墓与木乃伊的装饰倾尽了创造力。法老陵墓的墓室壁画及木乃伊的制作，成为古埃及绘画的重要题材。其中，《群雁图》(图3-2-3)以其写实生动的刻画、和谐设色、匀称构图与流畅线条，成为古王国时期墓室壁画的代表作。

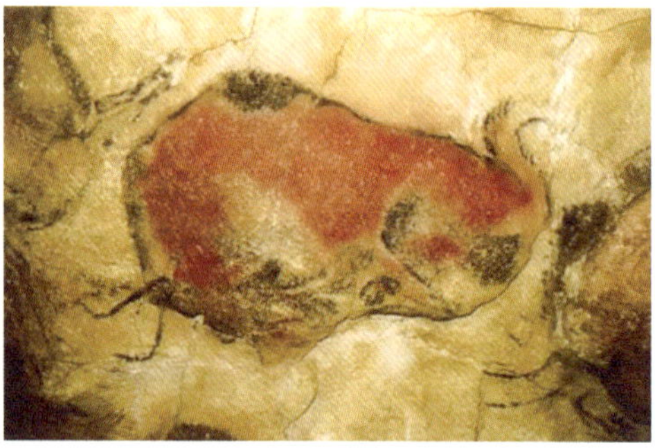

图 3-2-1 《受伤的野牛》

图 3-2-2 《乌尔军旗》

图 3-2-3 《群雁图》

### (二)人性的璀璨：文艺复兴

14—16 世纪的意大利文艺复兴，标志着欧洲文明从蒙昧走向觉醒的关键转折点。随着地中海贸易的繁荣，佛罗伦萨、威尼斯等城市凭借丝绸、香料等贸易积累了巨额财富，新兴的商人阶层逐渐取代教会，成为艺术的主要赞助者。美第奇家族在佛罗伦萨修建图书馆，资助学者翻译古希腊文献；同时，古罗马废墟中出土的雕塑激发了人们对古典文化的重新发现。这种经济基础与文化氛围的双重变革，催生了以人文主义为核心的思潮——人们开始相信"人是万物的尺度"，古希腊哲学家普罗泰戈拉的这句箴言被赋予了新的诠释，艺术家不再只是工匠，而是成为探索自然真理与人性光辉的智者。正是在这样的背景下，达·芬奇、米开朗琪罗和拉斐尔三位艺术巨匠相继登上历史舞台，他们如同三棱镜一般，将时代精神折射成永恒的艺术之光。

达·芬奇堪称文艺复兴时期"全才"的典范。他随身携带的笔记本里既有飞行器的设计草图，也有对人体肌肉的解剖研究。在《最后的晚餐》中，他突破了传统湿壁画的技法，实验性地使用油彩与蛋彩混合颜料，以更精准地捕捉光线变化。画面中，基督说出"你们中有人要出卖我"的瞬间，十二门徒的表情从震惊到愤怒再到犹疑，构成了一幅戏剧性的心理图谱。而透视法的运用，则让餐厅的墙壁仿佛向画外无限延伸。瓦萨里在《艺苑名人传》中感叹："达·芬奇让绘画从手艺升华为哲学，每一笔触都在探索可见世界与不可见真理的边界。”①

米开朗琪罗的艺术则迸发着雕塑家特有的雄浑力量。当教皇尤利乌斯二世强令他中断擅长的雕塑创作，去绘制西斯廷礼拜堂天顶画时，他在18米高的脚手架上躺了四年，用仰视透视法创造了《创世纪》(图3-2-4)的视觉奇迹。画中上帝与亚当指尖将触未触的瞬间，被艺术史家肯尼斯·克拉克誉为“人类想象力最伟大的时刻之一”。米开朗琪罗晚年创作的《最后的审判》壁画，扭曲的人体如风暴中的漩涡，既是对宗教改革的回应，也暗含了对人性困境的终极追问。

拉斐尔则以调和者的姿态，将文艺复兴推向典雅和谐的巅峰。他的《雅典学院》将柏拉图、亚里士多德等古希腊哲人汇聚在拱顶恢弘的建筑中。柏拉图手指天空，象征理念世界；亚里士多德手掌向地，代表经验研究。两人并行的姿态暗喻了理性与感性的平衡。画面中心的人物以达·芬奇和米开朗琪罗为原型，既是对前辈的致敬，也彰显了艺术与哲学的平等对话。

图3-2-4　米开朗琪罗《创世纪》

文艺复兴不仅是一场艺术的革新，更是一场思想的解放。它推动了欧洲从中世纪封建社会向近代资本主义社会的转变，深刻影响了近现代的历史进程。文艺复兴的丰硕成果，恰恰体现在一批绘画艺术的伟大杰作上。这些作品以其卓越的艺术成就，成为人类文化宝库中的璀璨明珠，照亮了后世的艺术探索之路。

### (三)19世纪艺术流派

新古典主义、浪漫主义、写实主义绘画以及巡回展览画派，共同构筑了19世纪艺术领域不断反思与探索的人文精神风貌。新古典主义作为对巴洛克和洛可可艺术的否定与反思，致力于复兴古希腊、古罗马艺术的经典传统，追求古典式的宁静、凝重与精确。法国画家雅克·路易·大卫与新古典主义大师安格尔，分别以《拿破仑加冕》(图

① [意]乔治奥·瓦萨里：《文艺复兴苑名人传：达·芬奇，米开朗琪罗，拉斐尔》，边静译，北京：化学工业出版社2002年版，第156~189页。

3-2-5）等作品和女性人体画，展现了新古典主义的艺术魅力，对欧洲艺术产生了深远影响。

图 3-2-5　雅克·路易·大卫《拿破仑加冕》

浪漫主义则强调艺术家的主观情感抒发和自我表现，以浪漫的幻想和超越现实的手法描绘历史场景。法国的德拉克洛瓦以《自由引导人民》等作品，将真实的战斗氛围融入浪漫气息，成为浪漫主义绘画的杰出代表。浪漫主义重视形式对比的美学观念，与古典主义的和谐至上形成了鲜明对比。

写实主义起源于法国，后波及欧洲各国。它反对僵化的新古典主义，也反对追求抽象理想的浪漫主义，主张真实地表现当代生活，尤其是底层人民的生活状况。古斯塔夫·库尔贝的《画室》（图 3-2-6）和《打石工》，以及杜米埃的《三等车厢》等作品，以深刻的社会洞察力和真实的艺术表现手法，揭示了当时社会的现实与人民的困境。

图 3-2-6　古斯塔夫·库尔贝《画室》

巡回展览画派则致力于打破沙皇皇室和贵族对艺术话语权的垄断，将美术作品送到更广阔的民间展出，让更多的人有机会欣赏。该画派以民主主义、现实主义为创作倾向，通过作品反映现实生活，批判专制制度和农奴制残余。克拉姆斯柯依的《无名女郎》、列宾的《伏尔加河上的纤夫》(图 3-2-7)、希施金的《松林的早晨》等作品，都是巡回展览画派的杰作。它们不仅展现了俄罗斯的自然风光和人民的生活状态，更深刻地反映了当时社会的现实与人民的呼声。

图 3-2-7　列宾《伏尔加河上的纤夫》

这些艺术家们，以各自独特的艺术风格和深刻的艺术表现，共同推动了 19 世纪艺术领域的发展和繁荣。他们不仅展现了艺术的多样性和丰富性，更通过作品传递了对人性、社会、历史的深刻思考和人文关怀。

### (四)印象主义至后印象主义

印象主义、新印象主义与后印象主义绘画，作为个性觉醒的现代艺术先驱，在西方绘画史上留下了浓墨重彩的一笔。印象主义，这一被誉为“外光派”的艺术流派，于 19 世纪六七十年代在法国崭露头角。它摒弃了古典画派的僵化与浪漫主义的矫揉造作，以独特的视角观察世界。通过画家群体的写生探索与相互影响，形成了截然不同的画风，并成功在法国画坛占据一席之地。印象主义画家们引入当时的光学理论与实践成就，开创了对“外光”及光色关系的探索与表现，将自然科学发现的规律与艺术创作紧密结合。他们走出画室，直面自然，以直接的感觉迅速把握瞬间的印象，使画面呈现出不同时间光线照耀下的生动感觉，这是对艺术创造的一大贡献。马奈、莫奈、雷诺阿等印象主义大师，通过他们的作品，如莫奈的《日出·印象》(图 3-2-8)和雷诺阿的《红磨坊的舞会》，将光色的瞬息万变定格为永恒，强调表现个人感觉，从而与传统艺术划清了界限。

随后，新印象主义作为印象主义的一个支派应运而生。它遵循科学的光色效应与严密的笔触，被称为“科学的印象主义”。新印象主义画家们将三原色或不同纯色的点以疏密不一的方式并列在画面上，通过视觉再调和形成中间色，获得了鲜明清新的色彩效果。乔治·修拉与保罗·西涅克等新印象主义代表，以原色点彩的方式，冷静理性地构建画面艺术形象。如修拉的《大碗岛的星期日下午》(图 3-2-9)，就展现出色光的闪烁与对比之美。

图 3-2-8　莫奈《日出·印象》

图 3-2-9　修拉《大碗岛的星期日下午》

然而，新印象主义对情感的舍弃，也为后印象主义的诞生埋下了伏笔。后印象主义从根本上扬弃了西方传统绘画的观念、格局和形式，由客观再现走向主观表现，被誉为现代艺术的先驱。后印象派艺术家们意识到艺术中自我的存在，致力于在作品中表现主观个性和强烈的情绪。如塞尚的《有苹果的静物》、高更的《两个塔希提妇女》以及凡·高的《麦田里的乌鸦》(图 3-2-10) 等作品，都体现了他们通过物象来传达自身内心主观感受的创作理念。塞尚追求心目中永恒性的表现，画面渐趋简单化和几何化，对后来的立体主义产生了深远影响；高更则倾向于凭记忆和感受作画，作品充满原始性、神秘性和抽象象征元素；而凡·高则以其炽热的情感和强烈的色彩表现力，成为表现主义绘画的先驱。

印象主义、新印象主义与后印象主义绘画，不仅推动了西方绘画技法的革新与发展，更为现代艺术的诞生奠定了坚实的基础。它们以独特的艺术语言和表现手法，展现了艺术家们对世界的独特理解与感悟，成为艺术史上不可磨灭的璀璨明珠。

图 3-2-10　凡・高《麦田里的乌鸦》

## (五)现代主义与后现代主义

现代主义与后现代主义绘画，作为西方艺术史上两个重要的篇章，深刻反映了 20 世纪以来西方社会的政治经济变革、科技革命以及精神文化的演进。现代主义绘画诞生于 20 世纪初，它是对传统艺术观念的挑战与突破，深受康德、黑格尔、尼采、弗洛伊德等现代哲学思潮的影响。画家们挣脱传统束缚，重视直觉与潜意识，追求内心的"自我表现"，开拓了新的艺术语言与表现领域，呈现出不羁与另类的特质。这一时期的艺术流派，如立体主义、野兽主义、抽象主义等，以其先锋意识、前卫特色和叛逆精神，颠覆了传统美术的规范。其中，毕加索的《亚威农少女》、马蒂斯的《舞蹈》以及康定斯基的《构成第八号》(图 3-2-11)等作品，成为现代主义艺术的经典之作。

图 3-2-11　康定斯基《构成第八号》

立体主义和野兽主义真正改变了艺术语言。前者以布拉克和毕加索为代表，强调几何体的分解与重构；后者则以马蒂斯为代表，追求单纯平面与形的纯粹，形成了新的装饰意味。抽象主义更是对具象表现的彻底颠覆，康定斯基和蒙德里安分别开创了热抽象与冷抽象的先河，用点、线、面的组合，将音乐语言转化为绘画语言，传达感觉和情绪。

后现代主义绘画，则是后现代社会(后工业社会、信息时代)科学技术革命的产物，也是对现代主义艺术的切割与否定。它摒弃现代主义的基本前提及规范，倡导艺术的大众化、通俗化，回归民众日常生活。后现代主义艺术在风格上并非单一，而是具有颠覆性和超越性的艺术表述。如超级写实主义、观念艺术、装置艺术、大地艺术等，都以其独特的艺术语言，开拓了新的审美范畴。这些艺术流派强调观者个人心理、情感的参与互动，期望观众在对作品的感受中保持最真实的自我，让艺术与生活浑然一体。例如，杰夫·昆斯的《悬挂的心》(图 3-2-12)就是一件典型的后现代主义雕塑作品，它以不锈钢和镜面材质打造出一颗巨大的心形，不仅挑战了传统雕塑的审美标准，还通过镜面的反射效果引发观众对自身和周围环境的思考。此外，辛迪·舍曼的《无题电影剧照》系列也是后现代主义摄影的代表作，她通过自我扮演和精湛的摄影技巧，探讨了身份、性别和社会角色的多重复杂性。这些作品，以及安迪·沃霍尔的《金宝汤罐头》(图 3-2-13)等波普艺术作品，共同构成了后现代主义艺术丰富多彩的画卷，展现了艺术家们对传统艺术形式的深刻反思和创新追求。

图 3-2-12　杰夫·昆斯《悬挂的心》

图 3-2-13　安迪·沃霍尔《金宝汤罐头》

后现代主义艺术的特征在于其发展的不确定性、多义性和歧义性。它倡导艺术表述的本真性，拒绝苍白平庸，追求原生态的艺术表达，直面自然。同时，后现代艺术也广泛运用大众传播媒介，将艺术回归到整个人类心灵的纯净土壤中，回归到民众日常生活中去。在创作手法上，后现代艺术突破了传统艺术的限定与规则，先解构而后建构，追求无主题或主题模糊的多元化，显示绝对个性化与无限扩张化的特征。此外，后现代艺术还强调一切偶发事件的意义和不可重复性，利用图像或影像进行整合，在拼贴、渗透、戏仿、并置和叠加中产生新的艺术形式。

后现代主义是现代主义在发展过程中的逆向运动，是对现代主义概念的颠覆和超越。它颠覆一切过时的文化，表现出不可抗拒的力量，成为人类文明进程中一股壮阔的思想浪潮。

如今，我们站在新的历史起点上，回顾西方艺术的发展历程，不禁感叹艺术的力量与魅力。它不仅是人类文明的瑰宝，更是我们理解世界、感悟生活的重要窗口。未来，艺术将继续伴随着人类文明的脚步，以更加多元化的形式，书写属于全人类的辉煌篇章。

## 第三节　中西美术审美差异的根源与融合

鲁迅曾言："凡有美术，皆足以表征一时及一族之思维，故亦即国魂之现象；若精神递变，美术辄从之以转移。"①美术，作为人类文明的瑰宝，不仅映射出一个民族的历史底蕴，更是时代和民族思维的直观反映，是民族精神的具象化呈现。中西方美术，如同两条并行不悖的河流，各自流淌着独特的艺术血脉，形成了鲜明而迥异的审美体系和艺术风格。深入探讨中西美术审美差异的根源及其融合，不仅有助于我们跨越文化的鸿沟，理解不同艺术表达背后的深层逻辑，还能促进全球艺术文化的交流与互鉴。

### 一、中西美术审美差异的根源

#### (一) 历史背景的不同：文化传承与宗教信仰的烙印

1. 文化传承的差异

美术是文化的表现形式，承载着一个民族的历史和哲学思想。"东方绘画之基础，在哲理；西方绘画之基础，在科学；根本处相反之方向，而各有其极则。"②东方绘画非常注重哲理和精神层面的表达。画家常常将道家、儒家、佛家等哲学思想融入作品，注重从内心感受和精神层面来理解和谐美，追求一种超越具体形象的精神境界。例如，中国山水画通过描绘山水来表达对自然、宇宙的理解和感悟，体现"天人合一"等哲学观念。作品中的山水意境常常寄托着抒情和哲思，具有深厚的文学性，强调的是画家内心的主观感受和对人生、世界的思考，以传达某种哲理或意境为重要目标。

在西方，美术与科学紧密相连。从古希腊时期起，就注重对人体比例、结构等物理属性的探究以寻求和谐之美。至文艺复兴时期，更是将解剖学、透视学等科学知识大量运用到绘画中，使画面能够更加逼真地再现客观世界。西方绘画更强调对客观事物的准确观察和描绘，以科学的方法来构建画面，追求视觉上的真实和准确。例如，米开朗琪罗的《大卫》(图 3-3-1) 雕塑便是这一时期极具代表性的作品。大卫是圣经中的英雄人物，米开朗琪罗塑造的这尊雕像选取了大卫准备战斗时的姿态，肌肉紧绷、眼神坚定且充满力量感。雕塑以精湛的技艺完美地呈现出人体的比例和动态，将大卫的英勇无畏和坚毅果敢展现得淋漓尽致。雕像对人体细节的精准刻画充分彰显了对现实中人体之美的赞颂，也体现了艺术家对人体结构的深入理解。

① 鲁迅：《鲁迅论美术》，北京：人民美术出版社 1956 年版，第 3 页。
② 潘天寿：《中国绘画史》，上海：上海人民美术出版社 1983 年版，第 300 页。

图 3-3-1　米开朗琪罗《大卫》(局部)

这种文化传承的差异使得中西方艺术表现出不同的审美倾向和技巧特点。比较中西，如果说中国古代哲人对和谐美的认识主要是侧重于审美之情的"心理"方面，那么西方古代哲人则侧重于审美之形的"物理"方面。① 两者虽风格迥异，却共同构成了人类艺术宝库中的璀璨明珠。

2. 宗教信仰的影响

宗教在中西方美术中扮演着不可或缺的角色。在中国古代，道教追求自然无为，佛教倡导慈悲为怀，儒家则强调伦理道德，这些思想共同作用于美术创作，使得作品往往蕴含着对自然、宇宙和谐共生的向往以及对人性美德的颂扬。如敦煌莫高窟的壁画不仅色彩丰富、形象生动，还深刻体现了佛教故事的哲理与道德寓意。而在西方，基督教是主流宗教，其艺术作品中频繁出现圣经故事、圣母子像等宗教题材。如米开朗琪罗的《创世纪》天顶画便通过宏大的场面和强烈的情感表达展现了基督教对人类救赎与希望的信仰。

### (二) 审美观念的差异：整体与个体、抽象与写实的碰撞

1. 整体与个体的差异

中国美术的核心理念是"天人合一"，强调人与自然的和谐共生。这种审美观念源自中国古代哲学思想，尤其是道家的"道法自然"理念和儒家的"中庸之道"思想。在中国传统艺术中，自然景致与人文情感往往融为一体，形成一种整体性的美感。

以五代荆浩的《匡庐图》为例(图 3-3-2)，这幅画描绘了庐山及周边的壮阔景色。画面中巨峰高耸、瀑布飞泻、溪流潺潺、树木葱郁，还有房舍和行人点缀其间。画家采用全景式构图，将高山大川的磅礴气势与丰富细节完美呈现，各个元素相互呼应、彼此依存，共同构建出一个宏大而和谐的自然世界。画中的房舍和行人在浩瀚的自然中显得渺小，但却与周围的山水相得益彰，充分体现了中国美术对整体和谐的追求。

---

① 孔新苗：《中西美术比较》，济南：山东美术出版社 2008 年版，第 29 页。

相比之下，西方美术更加强调个体的价值与外向探索。这种审美观念源自古希腊罗马文化中对人体的崇拜，以及文艺复兴时期对人性的重新发现。西方艺术家注重对个体形象的刻画，尤其是人体的完美比例与动态美。以法国画家安格尔的《莫特西埃夫人像》为例（图 3-3-3），这幅画通过对人物面部表情、服饰纹理和姿态的精细描绘，展现了莫特西埃夫人的优雅与高贵。画家不仅注重外在形象的写实，还通过细节传达出人物的内在精神特质。这种对个体的关注，体现了西方美术对人性与个性的深刻探索。

图 3-3-2 荆浩《匡庐图》

图 3-3-3 安格尔《莫特西埃夫人像》

2. 抽象与写实的差异

正如美学家周来祥在比较中西古典艺术时所指出的：“相对来说，西方是‘画’的故乡，而中国是‘诗’的国度。”①西方美术更注重对客观世界的真实再现，以精准地描绘和塑造客观对象为重要追求；而中国美术往往通过象征和意象高度概括，强调诗画一体的主体情感和内在精神，追求意境的营造与哲学的思考。中国传统美术善于运用抽象手法，以意象造型，追求“意在笔先”的艺术境界。这种审美观念源自中国古代哲学中的“道”与“气”的概念，强调艺术的精神内涵而非外在形式。以齐白石的虾画为例，画家虽用寥寥几笔，却能生动传达虾的灵动与生命力。画面中的虾并非对现实虾的完全复制，而是通过简练的线条和墨色的变化，表现出虾的神韵与动态。这种以少胜多的表现手法，体现了中国艺术的含蓄与深邃。此外，中国书法也是抽象艺术的典范。书法不仅是一种文字书写方式，更是一种艺术表现形式。书法家通过笔画的粗细、墨色的浓淡和结构的疏密，传达出情感与意境。例如，王羲之的《兰亭集序》（图 3-3-4），其行云流水的笔触和变化多端的字形，展现了书法艺术的抽象美与精神内涵。

① 周来祥、陈炎：《中西比较美学大纲》，合肥：安徽文艺出版社 1992 年版，第 173 页。

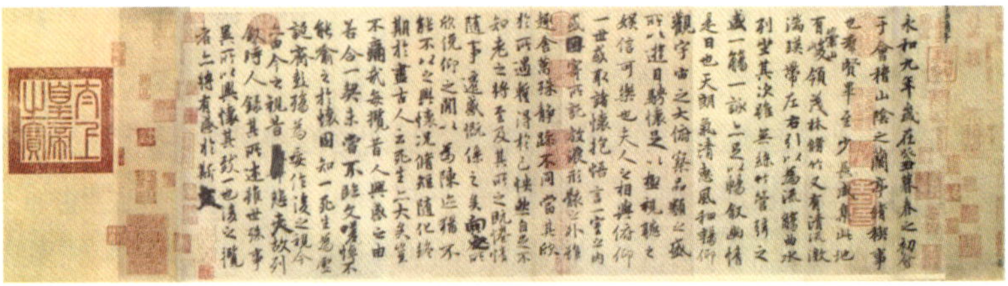

图 3-3-4　王羲之《兰亭集序》

西方美术自文艺复兴以来，逐渐形成了写实主义的传统，强调对客观对象的准确再现。这种审美观念源自古希腊罗马文化中对自然的观察，以及文艺复兴时期对科学与艺术的结合。以荷兰画家伦勃朗的《夜巡》为例(图 3-3-5)，这幅画通过对光影的精妙运用和人物表情的细腻捕捉，营造出强烈的场景感和戏剧性。画面中的每个人物都具有鲜明的个性特征，场景的细节也被刻画得栩栩如生。这种写实手法不仅展现了艺术家的高超技艺，也体现了西方美术对现实世界的深刻观察。与此同时，西方美术中的静物画也反映了写实主义的传统。例如，荷兰画家威廉・卡尔夫的静物画，通过对物体质感、光影效果和空间关系的精确描绘，展现了静物的真实感与美感。这种写实手法不仅是对客观对象的再现，也是对艺术家技艺的考验。

图 3-3-5　伦勃朗《夜巡》

## (三) 技术与媒介的不同：材料与工具、教育与制度的差异

1. 材料与工具的发展

中国传统美术以水墨、宣纸、绢帛为主要媒介，这些材料的选择与中国文化的哲学思想密切相关。水墨画是中国美术的代表形式，其核心在于“墨分五色”，即通过墨的浓淡变化表现丰富的层次与意境。水墨的流动性与宣纸的吸墨性，共同造就了水墨画的独特韵

味。以明代画家沈周的《庐山高图》为例，这幅画以浓淡不一的墨色勾勒出庐山雄伟壮阔的景致。画面中主峰巍峨耸立，云雾在山间弥漫环绕，山间飞瀑直下，树木葱郁繁茂(图 3-3-6)。画家通过水墨在宣纸上的渗透与晕染，使得画面远近层次分明，创造出一种虚实相生的意境，生动展现了庐山的雄浑气势，体现了中国美术对"气韵生动"的追求。

中国美术的材料与工具不局限于水墨与宣纸，还包括绢帛、瓷器、青铜器等。例如，唐代的唐三彩，以其鲜艳的色彩和生动的造型，展现了陶瓷艺术的独特魅力。这些材料与工具的选择，反映了中国美术对自然材料与手工技艺的重视。

图 3-3-6 沈周《庐山高图》

图 3-3-7 委拉斯凯兹《宫娥》

西方美术则偏爱油画颜料、画布或木板，这些材料的选择与西方文化对色彩与光影的追求密切相关。油画颜料色彩丰富、层次鲜明，能够长时间保持画面光泽，为艺术家提供了更多的表现空间。以 17 世纪西班牙画家委拉斯凯兹的《宫娥》(图 3-3-7)为例，画面中公主裙装的白色颜料通过多层薄涂，既保留了丝绸的轻盈质感，又通过细微的灰色调暗示了室内光线的漫反射效果；而镜中模糊的国王夫妇形象，则依赖于油画颜料的可覆盖性反复调整而成。这种媒介的物质属性，使得西方艺术家能够追求细节的精确与色彩的永恒性，进而形成对"完美再现"的技术崇拜。

西方美术的材料与工具还包括雕塑用的石材、青铜，以及版画用的铜版、木版等。以贝尼尼的《阿波罗与达芙妮》为例(图 3-3-8)，这尊雕塑以大理石为材料，刻画了太阳神阿波罗追求河神女儿达芙妮，而达芙妮在被追上的瞬间即将化作月桂树的场景。贝尼尼巧妙地利用大理石细腻的质地，将人物的肌肤、飘动的头发以及达芙妮身上逐渐生长出的枝叶都雕琢得栩栩如生，尤其是人物动态的表现极为生动，充满了戏剧性和动感，展现出雕塑艺术独特的魅力。这件作品充分体现了贝尼尼对大理石材料的卓越驾驭能力，也反映了西方美术对技术与材料的多样化探索。

图 3-3-8 贝尼尼《阿波罗与达芙妮》(局部)

2. 艺术教育与制度

中国古代的艺术传承更多地依赖于师徒制与自学。这种传承方式注重心传口授，强调对古人作品的临摹与自我感悟。例如，明代画家董其昌的艺术成就，便是通过长期临摹古人作品与自我感悟相结合而获得的。师徒制是中国古代艺术教育的主要形式，学徒在师父的指导下，通过临摹与创作，掌握绘画技巧与艺术理论。宋代画家郭熙在其著作《林泉高致》中，详细阐述了山水画的创作方法与理论，为后世画家提供了重要指导。此外，中国古代的艺术教育还注重文人的自我修养与艺术实践，许多文人画家通过读书、写字、绘画，提升自己的艺术修养。元代画家倪瓒的作品，以简洁的构图与深远的意境，展现了文人画的高雅与脱俗。

相比之下，西方的艺术教育体系历史悠久且结构完善。从文艺复兴时期的艺术家工坊到后来的美术学院，如巴黎美术学院，为艺术家提供了系统的训练和学习环境。这种教育模式强调理论与实践的结合，鼓励学生探索个人风格，促进了艺术创新。文艺复兴时期的艺术家工坊是西方艺术教育的重要形式，学徒在工坊中通过临摹大师作品与参与实际创作，掌握绘画技巧与艺术理论。达·芬奇曾在韦罗基奥的工坊中学习，通过长期的实践与观察，掌握了绘画、雕塑与工程等多方面的技能。19 世纪的巴黎美术学院则是西方艺术教育的典范，学院通过系统的课程设置与严格的考核制度，培养了众多杰出的艺术家。法国画家安格尔曾在巴黎美术学院学习，其作品以细腻的笔触与完美的构图，展现了学院派艺术的高超技艺。

## 二、中西美术的融合

### (一) 历史交融的表现

1. 丝绸之路的文化交流

丝绸之路，这条横贯欧亚大陆的古老商路，不仅是商品交易的通道，更是东西方文化交流的重要桥梁。自西汉张骞通西域以来，丝绸之路上的文化交流日益频繁，西方的绘画技法逐渐传入中国，与中国传统美术相融合，形成了独特的艺术风貌。

在明清时期，随着欧洲传教士的东来，西方的油画技法开始传入中国。这些传教士中不乏杰出的画家，如意大利传教士郎世宁。他不仅在宫廷中担任画师，还将西方的油画技法与中国传统绘画相结合，创作出了具有中西合璧特色的作品。郎世宁的绘画在色彩运用、光影处理、透视技法等方面都展现出了西方绘画的特点，同时又不失中国传统绘画的韵味和意境。以郎世宁的代表作《百骏图》为例(图 3-3-9)，这幅画描绘了一百匹姿态各异的骏马，画面构图宏大，细节精致。郎世宁运用了西方油画的写实技法，对马匹的肌肉、毛发和动态进行了细腻的刻画，同时融入中国绘画的线条勾勒与留白手法，使得画面既有西方艺术的立体感，又保留了东方艺术的空灵与意境。

图 3-3-9 郎世宁《百骏图》(局部)

2. 近现代的相互影响

进入近现代后，随着西方列强的入侵和西方文化的强势渗透，中国的传统美术受到了前所未有的冲击。然而，这种冲击也催生了中国美术的变革与创新。西方的现代艺术观念和技术相继进入中国，催生了现实主义、抽象艺术等现代美术流派。这些流派在借鉴西方艺术的同时，也融入中国传统文化的元素，形成了具有中国特色的现代美术风格。

与此同时，中国传统艺术也对西方艺术产生了深远的影响。尤其是日本艺术，作为东方艺术的代表之一，对西方印象派产生了重要的影响。印象派画家们从日本艺术中汲取灵感，将东方艺术的线条、色彩和构图等元素融入自己的作品，形成了独特的艺术风格。

## (二) 当代艺术的相互促进

1. 艺术家的跨文化交流

随着全球化的深入发展，跨文化交流已成为当代艺术发展的重要趋势。越来越多的艺术家通过跨文化合作，探索东西方艺术的融合与创新，为当代艺术注入了新的活力。著名艺术家吴冠中的作品便是这一趋势的杰出代表。他以其独特的艺术语言和跨文化视角，将中国传统艺术与西方当代艺术相结合，创造出具有深刻文化内涵的作品。以吴冠中的《春雪》为例(图 3-3-10)，在这幅作品中，他运用了西方绘画的色彩和构成原理，以大片纯净的白色来表现春雪，用浓淡相宜的墨色和彩色线条勾勒出树枝、房屋等轮廓。色彩的运用既具有西方印象派对于光影和色彩瞬间感受的捕捉特点，又蕴含了中国传统水墨画中留白的意境之美。在构图上，吴冠中借鉴了西方现代艺术的形式感，注重画面的点、线、面组合，使整个画面富有节奏感和韵律感。而树枝、房屋等元素的描绘又充满了中国传统绘画中对于意境和神韵的追求，展现出一种宁静、悠远的东方气质。《春雪》将西方绘画的表现手法与中国传统绘画的精神内涵完美融合，打破了东西方艺术的界限。观众在欣赏作品时，既能感受到西方绘画的视觉冲击力，又能品味到中国传统文化的深厚底蕴。这展现了东西方文化在艺术中的对话与碰撞，体现了吴冠中在跨文化交流背景下对艺术创新的独特贡献。

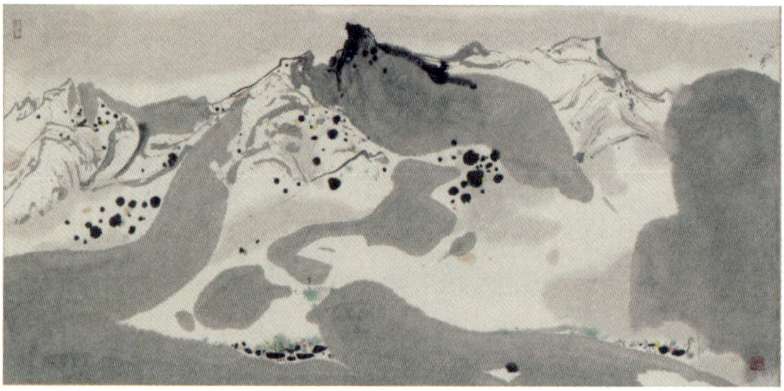

图 3-3-10　吴冠中《春雪》

2. 新媒体艺术的兴起

当代新媒体艺术的发展为中西美术的融合提供了新的平台。网络艺术、数字艺术等新形式使得艺术表现更加多元化和个性化。艺术家可以跨越地域和文化界限，进行更为丰富的艺术实验和创新尝试。这种跨文化的艺术实践不仅推动了艺术形式的多样化发展，也促进了中西美术文化的交流与融合。例如，美国艺术家劳伦斯·韦纳与中国艺术家蔡国强的合作作品《对话：东西方的轨迹》就利用了新媒体技术，将东西方文化元素巧妙地融合在一起。该作品通过虚拟现实技术构建了一个跨越时空的对话场景，让观众在欣赏作品的同时，能够感受到东西方文化的独特魅力和相互融合的美好愿景。

## 三、未来的发展方向

### (一) 中西美术互学互鉴

中西美术在审美和技法上的差异为双方提供了学习和借鉴的机会。中国艺术家可以通过学习西方的表现手法，提高作品的表现力和感染力；而西方艺术家也可以从中国传统文化中获得灵感和启示，发掘更多的表现形式和创作手法。这种相互学习和借鉴的过程，不仅有助于推动艺术的创新和发展，还有助于增进中西文化的交流与理解。

1. 中国艺术家借鉴西方技法

中国艺术家在创作过程中，可以借鉴西方绘画中的光影处理、色彩运用和透视技法等元素，使自己的作品更加生动逼真、富有立体感。例如，徐悲鸿作为中国现代美术的奠基人之一，在法国留学期间深入研究了西方绘画技法，尤其是素描与油画。回国后，他将西方写实主义与中国传统绘画相结合，在《田横五百士》中，徐悲鸿以西方古典油画的构图形式重构了中国历史题材(图 3-3-11)。画面中的人物群像通过精确的人体比例与动态解剖关系，展现出悲壮肃穆的氛围；而背景的云层与山石则运用中国传统水墨的渲染技法，虚实相生中烘托出苍茫的历史感。画面中心田横拱手告别的姿态，既通过明暗对比强化了人物形体的立体感，又以水墨线条勾勒衣纹褶皱，将西方写实技法与中国线描传统有机融合。这种“以中为本、以西为用”的实践，不仅打破了传统人物画程式化的局限，更赋予历史主题以强烈的戏剧张力。

图 3-3-11　徐悲鸿《田横五百士》

2. 西方艺术家借鉴中国元素

西方艺术家则可以从中国传统绘画中汲取灵感，借鉴笔墨技法、构图原则和意境营造等元素，使自己的作品更加具有文化内涵和艺术魅力。例如，法国画家亨利·马蒂斯在其晚年的创作中，深受中国剪纸艺术的影响。他通过简洁的线条与鲜明的色彩，创造出充满东方韵味的作品，如《蓝色裸女》系列(图 3-3-12)。这些作品不仅展现了西方现代艺术的创新，也体现了对中国传统文化的深刻理解。

毕加索是 20 世纪最具影响力的艺术家之一，他在晚年对中国传统绘画产生了浓厚兴趣。他曾说：“如果我生在中国，我会成为一名书法家。”毕加索在创作中借鉴了中国水墨画的线条与构图，尤其是齐白石的虾画，对他产生了深远影响。毕加索的《鸽子》系列作品，通过简练的线条与留白手法，展现了中国水墨画的意境之美，成为中西美术融合的经典作品。

图 3-3-12　亨利·马蒂斯《蓝色裸女》

### (二)对话与理解

中西美术的融合需要更为深入的对话与理解。艺术作品作为文化交流的桥梁和纽带，应成为促进不同文化背景人群沟通与理解的工具。通过欣赏和交流艺术作品，人们可以更加深入地了解彼此在文化传统、审美观念和价值观念等方面的差异和共同点，进而增进相互之间的理解和包容性。为了实现这一目标，我们可以举办各种形式的艺术展览和交流活动，邀请中外艺术家和学者共同探讨艺术的未来发展方向和文化交流的重要性。同时，我们还可以借助教育和媒体等渠道，加强艺术知识的普及和传播，提高公众对艺术的认识和欣赏水平。

### (三)建立共同的审美标准

在全球化的背景下，建立一种既能包容中西方审美又具备当代特征的共同审美标准，显得尤为关键。这种共同审美标准不仅有助于推动全球艺术的繁荣与发展，也有利于增进不同文化背景人群之间的相互理解和尊重。

为了实现这一目标，我们需要加强国际艺术交流与合作，共同探讨和制定符合时代要求的审美标准和评价体系。此外，我们还需要推动艺术教育的国际化进程，培养具有国际视野和跨文化交流能力的艺术人才。这些人才将成为推动全球艺术交流与融合的重要力量。

## 第四节　中西美术比较案例

在当代全球化交流的语境中，中西美术的传统品格与现代性表达所蕴含的人文品格与价值追求，成为我们关注的焦点。我们力求突破孤立、静态、概念化的概括方式，采用关联认识与深入探究的方法，审视中西美术的文化特征和现代性问题。在信息化、全球化的当今世界，对中西美术的比较思考，应依托比较思维的科学方法论，在现象与逻辑相统一、表层与深层相联系、静态与动态相结合、理性与感性相互动的系统辩证思维支撑下，融合比较美学、比较文化学、比较人类学的思想资源，全面、深入地理解和评价中西美术的传统与现代性，以适应中国艺术走向世界的现实需要。

中西美术都在人类社会历史演进的整体背景中发展，共享着某些艺术创造的基本规律和原则。然而，中西审美创造在演变过程中走出了不同的路径，形成了各自独特的艺术风格和审美观念。在当代全球化交流的语境中，中西美术的传统与现代性表达相互碰撞、融合，展现出新的人文品格与价值追求。将中西美术的比较研究推向新高度，对于推动中国艺术走向世界具有重要的现实意义。

中西美术的比较阐释是一个复杂而深刻的过程，需要综合运用多种方法论和思想资源，从历史与现实、共性与个性、静态与动态等多个角度进行深入分析。通过审美现代性的视角，我们可以更好地理解中西美术的传统与现代性表达，把握其人文品格与价值追求，为中国艺术走向世界提供有力的理论支撑。在纵横多层次、多维度的立体网络关系中，我们应科学地把握中西美术的美学、艺术学特性与审美文化创造价值。

## 一、古典艺术的和谐

中西古典艺术都产生于人类的古代社会，通过中西古典艺术所反映出来的古典审美理想，既具有民族的独特个性，又体现了人类文明史发展阶段的共性。

在对待艺术审美经验的一系列内在矛盾时，中西方并未绝对地拘于一端、囿于一极，而是普遍表现出偏尚统一、讲究兼顾的思维审美倾向，即在审美理想上都追求一个“和”字，都是“以和为美”的。然而，这个“以和为美”在中西方之间表现为具体多样或迥然异趣的内蕴。

“美是和谐”是一个十分古老的命题。和谐首先意味着在一个广泛的空间或系统中，对不同元素、不同存在价值的认可与尊重。这种认可超越了单一视角或一元论的独断，强调多元共存与相互补充。

“对一个文本或艺术品真正意义的发现是没有止境的，这实际上是一个无限的过程。不仅新的误解被不断克服，而使真义得从遮蔽它的那些事件中敞亮，而且新的理解也不断涌现，并揭示出全新的意义。”①

### （一）心理和谐与形式和谐

在艺术的审美创作和欣赏中，中国人主要通过艺术来彰显主体的“心理和谐”，以实现社会理想人格的塑造和人与大自然的心灵沟通。

心理和谐是指人的认知、情感、意志等内心活动处于平衡、协调的状态，并对外界事物持有平静适度、热情友善的态度。它主要表现为个体内部心理和谐、人事心理和谐以及人际心理和谐。

在东方艺术中，心理和谐被视为艺术创作的核心。艺术家通过作品来传达内心的和谐与平衡，追求一种超脱世俗、达到心灵自由的艺术境界。“心理和谐”在艺术创作中

① 胡经之等：《文艺学美学方法论》，北京：北京大学出版社 1994 年版，第 309 页。

表现为追求意境的深远和内涵的丰富，通过笔墨、色彩、线条等艺术语言来表达艺术家的主观情感和审美理想，使观者在欣赏过程中产生共鸣，达到心灵的净化与升华。

如果说东方儒家美学的情理统一是把艺术作为一种修身的途径，以实现对社会理想人格的塑造，那么道家美学的心物统一则是通过人与自然的和谐交流，以实现有限的个体心灵与宇宙生命节奏的审美交融，从而在一个更为广阔、更具超越性的审美境界中，实践了儒学以艺术成就人格的理想，主要是人与社会、人与自然的和谐统一。在美学的意义上，中国古代审美理想的最高境界就是儒道互补的情理相谐、心物相映的“心理和谐”，如赵孟頫的《松荫会琴图》(图 3-4-1)。

在西方艺术中，“形式和谐”被视为艺术创作的重要原则之一。艺术家通过精心构思和设计，使作品在形式上达到一种完美的和谐与统一。“形式和谐”是指艺术作品在形式上的完美与统一，包括比例、对称、节奏、韵律等方面的协调与平衡。它强调艺术作品的结构和形式美，追求一种客观、理性的审美标准。在视觉的理想美形式中体现创作主体对客观世界的把握。这种和谐强调的是外向的、物理的形式美，表现为对客观事物外在形式的精确刻画和严谨构图。

只有通过艺术的创作完成这一精神飞跃，才可能真正达到美的“形式和谐”的最高境界。这一境界便是“人神之和”——通过艺术创造活动，人与神合而为一，如拉斐尔的《椅中圣母》(图 3-4-2)所示。

图 3-4-1　赵孟頫《松荫会琴图》

图 3-4-2　拉斐尔《椅中圣母》

东方的“心理和谐”与西方的“形式和谐”虽然表现方式不同，但都体现了人类对美的追求和对和谐的理解。中西古代艺术都是追求美的艺术、和谐的艺术，即古典主义的艺术。从本质上看，中西古典艺术都是在诸对关系中求和谐的艺术，它们既有相似性，又有各自独特的差异性，共同构成了人类艺术古典美的历史形态。

### (二)“境生象外”与“类型典型”

中国美术创作在处理主观与客观、表现与再现、抒情与求真等关系时，较为强调主观、表现、抒情这些偏于创作主体的方面；而西方美术创作则相对强调客观、再现、求真等偏于对象客体的方面。①

“境生象外”指的是在艺术创作中，审美意境往往产生于所描写的物象之外，需要鉴赏者通过联想和想象去领悟其中的精神之美。“境”指作品所创造的审美意境，“象”是作品中所呈现出的具体物象。这一观点强调了艺术作品的深层意蕴和超越性。画家们追求“象外之象，景外之景”，通过笔墨的运用和构图的安排，营造出超越画面本身的审美情境。

中国古典绘画在千年的历史发展过程中，逐渐形成了独特的形象思维传统和绘画语言体系。一方面，它要求形与神相结合，景与情相映照；另一方面，它要求创作者以中国哲学文化所独具的眼光和心灵，运用中国笔墨艺术独特的语言形式去彰显深长隽永、诗意悠远的审美化境，达到一种“境生象外”的审美效果。中国艺术家会把主观情意与客观景物在笔墨语言的规范中，升华为一种“意象”式的审美图式。创作活动的特点表现为以主体构思的意境为中心，创作的过程是“实”(感性具体形象)的“虚”化(类型把握)、“象”(造型程式手法)的“意”化(审美情感化)，最后通过画面中笔墨之形韵，综合地营造出一个彰显形外之画、韵外之致、象外之境的绘画美境界。如王原祁《江乡春晓图轴》(图 3-4-3)即是如此。

图 3-4-3　王原祁《江乡春晓图轴》

“类型典型”是西方文艺理论中的一个概念，它指的是某一类事物或现象中具有代表性的个体或范例。“将‘理念’译作‘形式’，在某种程度上也是恰当的，因为在日常希腊语中，‘理念’即指现象、形状。”②在文学、艺术等领域中，它涉及对某一类事物或现象的共同特征和本质属性的概括与提炼。西方绘画在推重形式和谐与摹仿论的美学思想下，走的是一条创造“典型”美的道路。如尼古拉·普桑的《阿卡迪亚的牧人》(图 3-4-4)。“类型典型”强调事物的普遍性和代表性，认为通过分析和研究某一类事物中的典型个体，可以把握这一类事物的本质特征和普遍规律。这种观念在文学创作、艺术表现等方面具有广泛的应用价值。

西方古典绘画往往以古希腊罗马艺术为典范，追求人体的完美比例和动态平衡，通过精细的素描和淡雅的色彩来展现理想化的人体美。画家们通过巧妙的构图安排，使画面中的各个元素相互呼应、协调一致，营造出一种和谐的美感。在风格上，西方古典绘

① 孔新苗：《中西美术比较》，济南：山东美术出版社 2008 年版，第 32 页。

② ［古希腊］柏拉图：《文艺对话集》，朱光潜译，北京：人民文学出版社 1963 年版，第 67 页。

图 3-4-4　尼古拉·普桑《阿卡迪亚的牧人》

画保持了一种相对一致性和稳定性。虽然不同时期的艺术家在技法、色彩和构图等方面会有所不同，但他们都遵循着古典艺术的审美标准和原则，追求理想美、和谐美与庄重美。

“相对来说，西方是‘画’的故乡，古代的再现艺术比较发达，在雕塑、戏剧、小说等领域中取得了很高的成就；而中国是‘诗’的国度，古代的表现艺术比较发达，在书法、诗歌、乐舞等领域得到了长足的发展。”①

通过比较可见，中国古典绘画由内向外的“境生象外”特征，与西方古典绘画由外向内的“类型典型”特征，形象地体现了中西艺术创造特点与民族哲学文化观念的联系。同时，正如任何观念都是时代的、历史的，中西传统艺术的这一基本创作观念，也必然随着中西社会历史形态的变迁而发生变化。

## 二、近代艺术的创作演变

中西艺术在走出古代形态的过程中，展现出了鲜明的创造特点。在西方语言中，“现代的”与“近代的”是同一个词，都是“modern”。而在汉语中，“现代”与“近代”的划分，一般以社会政治意识形态变化为标准。在科技文明力量的推动下，人与自然、人与社会的关系发生了变化。在中西比较艺术的问题视域中，我们将“近代”视为描述中西艺术为走出古典形态而实践的对传统规范的“突破”阶段。

### （一）奇趣与世俗的和谐交汇

“奇趣”和“世俗”分别代表了不同的艺术风格和审美取向，而“和谐交汇”则意味着在变化过程中既存在融合与和谐，也存在差异和冲突。“奇趣”一词，通常用来形容艺术作品中那些突破传统、富有创新和个性的元素。

① 周来祥、陈炎：《中西比较美学大纲》，合肥：安徽文艺出版社 1992 年版，第 173 页。

自明代中叶以来，随着中国封建社会内部生产力和各种阶级矛盾的发展，古典和谐的艺术世界开始出现了裂隙。唐寅与沈周、文徵明、仇英被合称为“明四家”。在唐寅的笔下，呈现出一种文弱的“书卷气”与市民的“脂粉气”相融合的“怪趣”，如唐寅的《王蜀宫妓图》(图 3-4-5)。尤其是仕女的造型设计，水蛇腰、削肩膀、小眉小眼，无论工笔重彩还是水墨清淡，都无法掩盖其内在的衰颓气质。

扬州地区作为中国封建社会最早发展商业的特殊区域，使得扬州一带的艺术商品化达到了中国美术历史上的新高度。

在中国艺术史上，“扬州八怪”是“怪趣”艺术的典型代表。他们的作品突破了传统文人画的束缚，注重表现个人的生活之趣和情感体验，如郑燮的《竹石图》(图 3-4-6)。“扬州八怪”崇尚写意，追求笔墨的自由奔放和意境的深远。他们的作品还反映了当时审美趣味的分化，展现了文人墨客对社会现实的反抗和批判。“扬州八怪”之所以崛起，正是因为在那个历史时期，只有扬州才能集中具有新鲜审美趣味的众多欣赏者，也只有扬州才能提供以画为业的画家为表现新艺术“异趣”所必需的自由创作的文化氛围和生活条件。

图 3-4-5　唐寅《王蜀宫妓图》

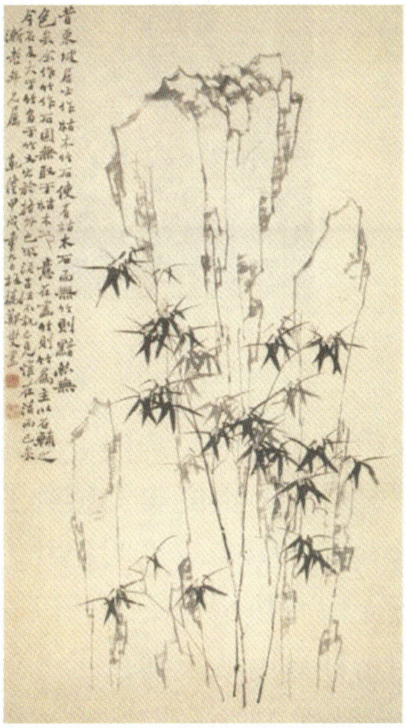

图 3-4-6　郑燮《竹石图》

## (二)从“风格”到“本能”的个性表达

在西方，从“风格”到“本能”的转变，主要体现在对古典形式美模式的解构和对个性价值的肯定上。这一过程与西方社会的历史变革紧密相关。随着资本主义的兴起和工业化进程的加速，西方社会经历了巨大的社会形态变革，这直接对艺术领域的发展产生了深远影响。

西方艺术中的“个性张扬”不仅体现在对传统形式的解构上，更体现在对个性价值的肯定上。艺术家们通过作品表达自己的思想、情感和观念，强调个人的独特性和创造性。随着西方人文主义思潮的发展，到了 17 世纪，关于油画的表现手法和艺术风格的讨论日益热烈。新一代的艺术家们要求摆脱古希腊流传下来的创造美的规范模式，更强调发挥光线和色彩的感性效果，漠视单纯的、严谨的空间平衡，偏爱复杂、动感的构图形式。

荷兰画家为了让自己的作品走向市场和一般市民家庭，多选择表现寻常的生活景象。因此，风景画和静物画在他们的作品中占了相当的比例(图 3-4-7)。在这些描绘日常生活场景和景物的作品中，艺术家们充分发挥了油画艺术的写实语言特点，展现了充满人情味的世俗生活情趣。

图 3-4-7　威廉·卡尔夫《龙虾、兽角酒器和玻璃杯》

关于浪漫主义艺术，法国著名作家雨果如此阐述：“浪漫主义艺术家感到万物中的一切并非都是合乎人情的美，感到丑就在美的身边，畸形靠近着优美，粗俗藏在崇高背后，恶与善并存，黑暗与光明相共。”①浪漫主义艺术以多重矛盾的对立冲突来激荡人的情怀，点燃人内心热情的火焰，以充满激情的浪漫图景超越传统文化和现实生活中各类规范对人的精神自由的束缚。

在西方审美文化中，它突出了创作者直面生活的犀利目光，揭示了人生的苦难和内在真实高于外在美的艺术格调。库尔贝用满身臭汗的石工形象(图 3-4-8)，颠覆了自古希腊以来“美”的传统价值。浪漫主义和现实主义的分向发展，作为与古典审美不同的艺术流派，标志着人类艺术从古代走向近代，审美趣味从和谐转向崇高，彰显了近代艺术家创作主体性的觉醒和个性的张扬。

1874 年印象主义画展所引起的震动，引发了油画语言形态的变革。印象主义画家在外光写生时，采用扁笔厚涂法、色彩并置法以及部分吸取东方绘画特点的平面处理形

---

① ［法］雨果：《雨果论文学》，柳鸣九译，上海：上海译文出版社 1980 年版，第 23、37 页。

象等绘画技法，开启了西方绘画从写实性向表现性的转变的先河。印象主义画家以一种借景抒情的笔法意趣，实现了艺术个性的绘画式表达，如莫奈的作品《亚嘉杜的罂粟花田》(图 3-4-9)。

图 3-4-8　库尔贝《石工》

图 3-4-9　莫奈《亚嘉杜的罂粟花田》

我们似乎能从莫奈的印象派作品与元代文人画家黄公望的《富春山居图》(图 3-4-10)中，察觉到某种心绪上的相似性——它们都流露出对自然的悠游之情，怀揣着才情而傲视世俗，笔墨色彩间尽显玩味。

进入 20 世纪，野兽派、未来派、表现主义、立体主义、原始派、超现实主义、抽象派等现代艺术流派相继涌现。这些流派一步步地通过对个体感性与理性的单一维度进行极端化强调，最终完成了对传统艺术规范和语言系统的彻底解构。

图 3-4-10　黄公望《富春山居图》

## 三、中西绘画表现方法的比较分析

中西美术在造型上存在显著差异，这些差异主要体现在线条运用、空间表现、题材选择以及色彩处理等多个方面。

### (一)造型手法

中国绘画强调“以线造型”，线条作为中国绘画的主要表现手段，承载着独特的东方美学。画家通过变化的笔法、力度和姿态，挥洒出独具东方特色的美感。在中国绘画中，线条不仅用于勾勒物体的轮廓，还巧妙地表现物体的质感、动态和节奏，交织出如音乐般的节奏美感，这便是所谓的“笔情墨趣”。中国绘画的白描技法，通过线条的提、按、顿、挫，表现出物体的形态和神韵。线条在中国绘画中不仅塑造形体，更传达情感和意境，讲究线条的力度和内涵。以韩幹的《牧马图》(图 3-4-11)为例，其用笔严谨，线条始终紧扣马的结构，顺着肌体顿挫起伏。运线的粗细、轻重，根据马体不同部位的质感而灵活变化，如腹部与臀部的线条，给人以如触肌肤般的弹性感，与蹄部线条完全不同。画面静中寓动，平中寓奇，细腻而寓有情趣，更充盈着诗意。正如苏东坡所言“少陵翰墨无形画，韩干丹青不语诗”。

元代永乐宫壁画《朝元图》(图 3-4-12)同样展现了线条的高度艺术表现力。壁画用线来描绘形体，对人物形象的塑造具有高度概括性，呈现出独特的表达效果。它超越了普通的临摹式勾画，形成了“不施丹青而光彩照人”的艺术形式。《朝元图》继承了唐代线条的严谨、宋代的顿挫，逐渐发展为圆润顿挫、刚遒有力的用线形式。在线条的运用中融入书法的笔意，使得线条更加流畅且富有层次感。

图 3-4-11　韩幹《牧马图》

图 3-4-12　永乐宫壁画《朝元图》(局部)

西方绘画虽然也使用线条，但线条往往被隐藏在光影、色彩和体面之中。西方绘画更注重通过光影效果、明暗对比和体面塑造来表现物体的三维空间和质感。西方绘画通过焦点透视来营造空间感，强调写实和立体感。西方画家利用光影和色彩的变化来模拟现实世界的物体和场景，追求形似和再现。如大卫的作品《拿破仑翻越阿尔卑斯山》(图 3-4-13)，通过精细的光影处理和明暗对比，创造出极具立体感的画面。伦勃朗的《自画像》(图 3-4-14)则以光影效果著称，他擅长运用三角光来勾勒人物轮廓，用黑暗绘就光明，这种处理方式不仅突出了人物的形象，还强化了画面的戏剧性和深度。

图 3-4-13　大卫《拿破仑翻越阿尔卑斯山》

图 3-4-14　伦勃朗《自画像》

### (二) 空间表现

中国绘画的空间表现更注重平面装饰性和意境的营造，画面中的景物往往按照画家的主观感受进行排列和组合。中国绘画在空间透视上独创散点透视法，通过线条的交织和疏密变化来表现画面的空间感和深度。画家的观察点不是固定在一个地方，也不受固定视域的限制，而是根据需要移动立足点进行观察，将各个不同立足点上所看到的东西组织进画面。这种透视方法称为"散点透视"，也叫"移动视点"。

元代画家赵孟頫的作品《鹊华秋色图》(图 3-4-15)便采用了平远构图，描绘了一片辽阔的泽地和河水，从近景一直延伸到远处的地平线。在这一望无垠的平远之景中，有两座高山，左方形如面包又似水牛脊背的是鹊山，右方呈三角形双峰笔直的是华不注山。在刚柔对比中，华不注山更显险峻奇突。中、近景则表现出一片辽阔苍茫的景象，房舍隐现。

西方绘画主要采用焦点透视法来营造空间感，使画面具有强烈的立体感和真实感。画面中物体的远近、大小和位置关系的处理，营造出强烈的空间感和纵深感。意大利画家拉斐尔的《雅典学院》(图 3-4-16)便采用了拱形圆屋顶作为背景，以高超的透视法增强了画面的空间立体感和深远感。气势恢宏、场面宏大，画中人物栩栩如生。

图 3-4-15　赵孟頫《鹊华秋色图》

图 3-4-16　拉斐尔《雅典学院》

荷兰画家霍贝玛的油画《村道》(图 3-4-17)运用了经典的焦点透视方法。画家精心安排了一条由近及远、笔直通向远方教堂的小路。道路两旁的树木随着视线的延伸逐渐变小，呈现出向画面深处汇聚的趋势，最终消失在远方的地平线上。这种透视效果使得画面具有强烈的空间感和深度感，仿佛观者可以沿着这条小路一直走进画中的世界。

画家还巧妙地运用了明暗对比和色彩变化来增强这种透视效果。近处的景物描绘得清晰、色彩明亮，而远处的景物则逐渐变得模糊、色彩暗淡。这种处理手法进一步强化了画面的空间感和层次感。《村道》是焦点透视技巧在油画创作中的一次成功运用，它展现了画家对透视原理的深刻理解和精湛技艺。

### (三)色彩处理

色彩作为绘画的重要元素，不仅是画面的重要组成部分，更是艺术家表达情感和思想的重要手段。中西方绘画在色彩运用上存在显著差异，这些差异源自不同的文化传统、审美意识和绘画技法。

中国绘画在色彩运用上强调"随类赋彩"，指根据描绘对象的类别和特性来运用色

图 3-4-17　霍贝玛《村道》

彩。这里的“类”指的是自然物象的类别，如山水、花鸟、人物等，同时也包括物象的季节变化、地域特征以及画家对物象的主观感受。而“赋彩”则是画家在色彩运用上的技巧和创意，通过色彩的搭配和对比，营造出独特的画面氛围和审美意趣。

中国传统工笔花鸟画在色彩运用上注重色彩的和谐统一和象征性。色彩整体上比较含蓄、雅致，既表现了自然物象的美丽，又传达了画家的主观情感和意境。画家会根据对象的自然属性“随类赋彩”，如用朱砂、曙红等表现花朵的艳丽，用花青、石绿来描绘叶子的青翠。例如，宋代李嵩的绢本设色画《花篮图》（图 3-4-18）就运用了多种绘画手法，包括重彩、粉彩、渲染、分染等，使得画面中的花卉和篮子都呈现出鲜明的色彩和细腻的质感。他以藤黄、胭脂、朱砂、石绿等颜色来表现花叶的鲜美，使得画面中的花卉既娇艳又生动。同时，他还通过精细的勾勒和渲染，将篮子的编织纹路和图案表现得淋漓尽致，完美展现了篮子的质感。

图 3-4-18　李嵩《花篮图》

西方绘画在色彩运用上则更加注重色彩的对比与和谐，以及色彩的科学性和真实性。西方绘画的色彩丰富多样，通过对色彩的分析和研究，使画面中的色彩更加准确、逼真。如莫奈的《鲁昂大教堂》系列(图 3-4-19)，画家通过对不同时间、光线下教堂色彩变化的捕捉，运用丰富的色彩层次和细微的色调变化来表现教堂的光影和氛围。在画作中，能够欣赏到金色的光影、紫色的幻影、宝石般的蓝色与翠绿色渐变，以及赭橙色的细腻过渡。这些色彩和光影的巧妙运用，使得画面中的实体焕发出勃勃生机。在印象派绘画中，画家们通过对光线和色彩的深入研究，使画面中的色彩更加明亮、鲜艳，从而表现出一种光与色的交织和变幻。

图 3-4-19　莫奈《鲁昂大教堂》

## (四)观念表现

中西绘画在艺术观念和审美标准上也有所不同。中国绘画深受儒、道、禅思想的影响，作品中往往渗透出“虚实相生”“知白守黑”和“见素抱朴”等哲学思想。中国画家注重表现内心的自然，强调写意，即寓情于景，通过绘画抒发自己的思想情感。

南宋时期的画家梁楷，受儒、道、释三教思想影响，书画创作不拘法度，其泼墨式作画风格独特，无形胜有形，用笔极简，充分展现了个人风采。其作品《李白行吟图》(图 3-4-20)，仅以数道墨痕，便勾画出李白的形象：方折的额头、劲直的发丝、微翘的胡须、略仰的下颌及背在身后的双手，诗仙豁达直率的个性跃然纸上。整幅画简洁至极，却异常生动，无一笔多余。

中国画以写意为主，注重气韵和意境的表达。画家追求意境和气韵的生动，通过巧妙的构图布局和笔墨运用，营造出画面的空间感和层次感。笔墨的干湿、浓淡、虚实等变化，营造出一种深远的意境，使观者在欣赏画作时能够感受到一种超越画面本身的情感与思想，让画面更加生动且引人入胜。画家通过笔墨的运用，将物象的形态、神韵以及自己的主观情感融为一体，形成独特的画面效果。此外，中国画还常常将诗、书、画、印融为一体，形成独特的艺术形式，进一步丰富了画面的文化内涵和艺术价值。

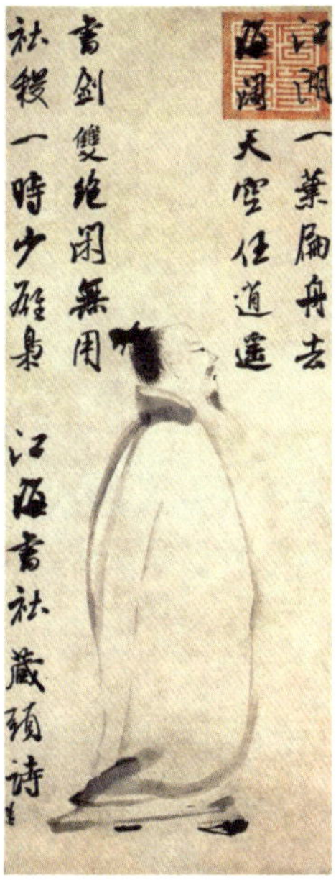

图 3-4-20　梁楷《李白行吟图》

图 3-4-21　达·芬奇《岩间圣母》(局部)

西方绘画的渊源可追溯至埃及、希腊的雕塑与建筑艺术，其观念认为人是自然的统治者，可以随心所欲地改造自然。西方绘画以科学理性为支撑，特别注重透视法、解剖学和光影凹凸的晕染，追求画面的立体感和真实性，更加注重形式之美和写实效果。画家们通过精心安排人物、景物和色彩的构成，使画面达到一种和谐、稳定的视觉效果。在文艺复兴时期，画家们通过对人体解剖学的研究，使人物的造型更加准确、逼真，如达·芬奇的作品《岩间圣母》(图 3-4-21)便是典范。而在印象派等现代艺术流派中，画家们则更加注重对光线和色彩的研究，使画面中的色彩更加明亮、鲜艳。

中西绘画在多个方面存在显著差异，这些差异共同构成了中西方绘画艺术的独特魅力和丰富内涵。在全球化的今天，我们应该以开放的心态去欣赏和学习不同的艺术形式，从中汲取营养，丰富自己的艺术创作。

## 课程思政

古今中外，有大量的艺术作品都值得我们去品味。我们应理解作品中蕴含的“天人合一”等哲学思想，探讨艺术家对社会的批判和对人性的思考。青年人应当立足时代、扎根人民、深入生活，树立正确的艺术观。深入挖掘艺术作品背后的历史背景、文化内涵和民族精神，积极弘扬中华美育精神，自觉传承和弘扬中华优秀传统文化，全面提高自身的审美和人文素养，增强文化自信。

## 智慧火花

- 经典艺术作品解读：选取不同时代、风格的艺术作品进行深度剖析，引导学生从形式、内容、情感等多维度理解作品的美学价值。

## 践美之行

- 学生能够对中西绘画进行比较赏析。

《油画里少女的秘密》，张方桐、吴波影、孔蓬物作品

### ◎◎◎推荐观看◎◎◎

《我在故宫修文物》：该片重点记录故宫书画、青铜器、宫廷钟表、木器、陶瓷、漆器、百宝镶嵌、宫廷织绣等领域的稀世珍奇文物的修复过程和修复者的生活故事。

### ◎◎◎书籍推荐◎◎◎

孙乃树：《艺术是什么：极简西方美术史》，上海：上海人民美术出版社 2021 年版。

# 第三篇　美育融合实践

# 导 语

在大学生美育的璀璨篇章中，“美育融合实践”犹如一座桥梁，连接着理论与实践的两岸。本篇将引领我们深入探索美育如何跨越不同学科、文化与生活领域的界限，绽放出独特的光彩。从艺术在生活中的多样呈现，到个人形象之美的塑造；从光影世界里的感知探索，到文学与艺术的深度交融；从科学与美学的奇妙碰撞，到社会实践中的美的创造，美育以其独特的方式，激发着我们的创造力与想象力。让我们一同欣赏这些融合之美，感受美育实践带来的深远影响，致力于提升我们的审美素养，优化我们的情感品位。

# 第四章
# 生活美学：探寻感觉魅力世界

生活，如同一幅未完成的画卷，每一笔、每一画都蕴含着无限的可能与惊喜。艺术，则是那把开启心灵之窗的钥匙，它让我们在平凡的日常中发现不凡，感受到生命的律动与美好。当我们谈论“艺术与生活”时，实际上是在探索一种将美学融入日常、滋养心灵的生活方式。

在这个快节奏的时代，人们往往忙于奔波，忽略了身边那些稍纵即逝的美好瞬间。然而，艺术却以其独特的视角和表达方式，提醒我们放慢脚步，用心去感受、去欣赏那些隐藏在日常生活中的诗意与远方。无论是晨曦初露的温柔光线，还是雨后清新的空气与泥土的芬芳，亦或是街头巷尾不经意间传来的悠扬旋律，都是生活赋予我们的艺术馈赠。

艺术与生活的关系是双向的、互动的。生活为艺术提供素材和灵感，而艺术则通过各种形式回馈生活，丰富人们的内心世界，提升生活品质。这种互动关系体现了艺术的本质——既是生活的反映，又是生活的升华。

## 心海绘生活

- 通过展示一系列日常生活中的艺术作品或照片(如街头涂鸦、自然风光、家居装饰等)，引导学生思考：艺术是否只存在于博物馆或画廊中，还是也存在于我们的日常生活中？
- 通过角色扮演的形式呈现本专业与艺术生活的关联性，激发同学们的兴趣和参与热情。
- 描绘一幅你想要的美好生活场景，旨在了解学生对于美好生活的个人理解和期望，以便教师更好地引导课堂讨论和教学活动。

# 第一节　艺术与设计

## 一、绘画艺术与设计

### （一）绘画艺术与设计的关系

在人类文明的长河中，绘画艺术与设计始终如影随形，共同推动着视觉艺术的发展。绘画，作为表达情感、记录历史、探索美学的媒介，其深厚的文化底蕴和丰富的技法语言，为设计提供了无尽的灵感源泉。而设计，作为实用与审美并重的创造性活动，则不断将绘画艺术的精髓融入其中，赋予其新的生命力和应用价值。

绘画艺术与设计在美学追求上有着天然的契合。无论是绘画中的色彩运用、构图原则，还是设计中的功能布局、视觉层次，都体现了对美的极致追求。同时，两者在技法上也存在着千丝万缕的联系。绘画中的笔触、色彩、光影等技法，往往能够巧妙地转化为设计中的元素和手法，为作品增添独特的艺术魅力。

在教育领域，绘画艺术与设计也呈现出融合的趋势。许多高校的艺术设计专业开设了绘画基础课程，旨在培养当代大学生的审美能力和技法基础。同时，设计课程也鼓励他们从绘画艺术中汲取灵感，将艺术元素融入设计，以实现艺术与设计的完美结合。

### （二）绘画艺术与设计的融合

1. 绘画艺术对设计灵感的启发

绘画艺术作为设计灵感的无尽源泉，其深远的影响力在无数设计作品中得到了淋漓尽致的展现。在艺术与设计的交汇点上，设计师们从绘画作品中汲取灵感，将色彩、构图、主题等创意元素巧妙地融入设计，从而赋予设计作品以独特的艺术韵味和深刻的文化内涵。

在绘画领域，凡・高的《向日葵》无疑是绘画艺术的典范之一。著名时尚设计师伊夫・圣・罗兰（Yves Saint Laurent）深受这幅作品的色彩和笔触的启发，通过绘画与设计的结合，将向日葵的黄色调和独特的笔触风格融入服装设计。在 1988 年春夏高级定制系列中（图 4-1-1），他推出了致敬凡・高系列服装。这些服装在色彩上鲜明而富有冲击力，在细节处理上也体现了凡・高画作的精髓，使得每一件作品都如同一幅流动的画布，充满了艺术的气息。这一案例深刻地揭示了绘画艺术中的色彩和笔触等元素如何被转化为设计元素，为设计作品增添了独特的艺术魅力。

同样，圣罗兰品牌推出的“蒙德里安裙”也是绘画艺术影响设计的又一力作（图 4-1-2）。蒙德里安的抽象画作以其独特的几何构图和鲜明的色彩对比而闻名于世。伊夫・圣・罗兰从中汲取灵感，将几何图形和对比色彩巧妙地融入裙装设计，创造出了一系列具有强烈现代感和视觉冲击力的作品。这些裙装不仅展现了蒙德里安画作的精髓，更在时尚界掀起了一股几何美学的潮流，证明了简洁的几何构图和鲜明的色彩对比可以创造出极具现代感和艺术感染力的设计作品。

图 4-1-1　Yves Saint Laurent 1988 年春夏高级定制系列

图 4-1-2　Yves Saint Laurent “蒙德里安裙”

艺术家风格对设计的影响同样不容忽视。毕加索的立体主义风格以其独特的几何形态和断裂的视觉效果而著称，这种风格不仅深刻影响了绘画艺术的发展，更在家具设计等领域找到了新的表现形式。如巴塞罗那椅等经典作品，不仅具有实用功能，更在形态上体现了立体主义的精髓，成为现代家具设计的典范。毕加索的立体主义风格证明了独特的几何形态和断裂的视觉效果可以与设计完美结合，创造出既实用又具有艺术感的作品。

跨领域合作更是推动了绘画艺术与设计融合的进程。波洛克作为抽象表现主义绘画大师，其滴画法和自由笔触为时尚设计带来了新的灵感。例如，著名时尚品牌候司顿(Halston)借鉴波洛克的作品设计了“波洛克裙”，以自由流动的线条和丰富的色彩层次为特点，展现了波洛克画作的精髓与时尚设计的完美结合(图 4-1-3)。这一案例不仅拓宽了设计的边界，更促进了艺术与设计的相互渗透和共同发展，证明了抽象表现主义画作中的自由笔触和色彩层次可以被巧妙地转化为时尚设计元素，为设计作品增添独特的艺术魅力。

图 4-1-3　Halston“波洛克裙”

绘画艺术对设计作品的影响是深远而广泛的。从色彩、笔触到构图、风格，绘画艺术成为设计无尽的灵感源泉。设计师们通过巧妙地运用这些元素，将绘画艺术的精髓融入设计，创造出一系列具有独特艺术韵味和深刻文化内涵的设计作品。这些作品不仅展现了设计师的才华和创造力，更在艺术与设计的交汇点上绽放出耀眼的光芒。

2. 绘画技法在设计中的应用

手绘元素在平面设计中具有独特的魅力，能够赋予设计作品温暖、亲切且个性化的特质。以可口可乐的经典标识为例(图 4-1-4)，该标识以其独特的手绘字体而著称，这种字体风格鲜明，在视觉上具有强烈的辨识度。手绘字体的应用，使得可口可乐的品牌形象更加鲜明、个性化，使消费者能够在众多品牌中一眼认出。这种设计手法不仅加深了品牌印象，还有效地传达了品牌的独特魅力和亲和力。

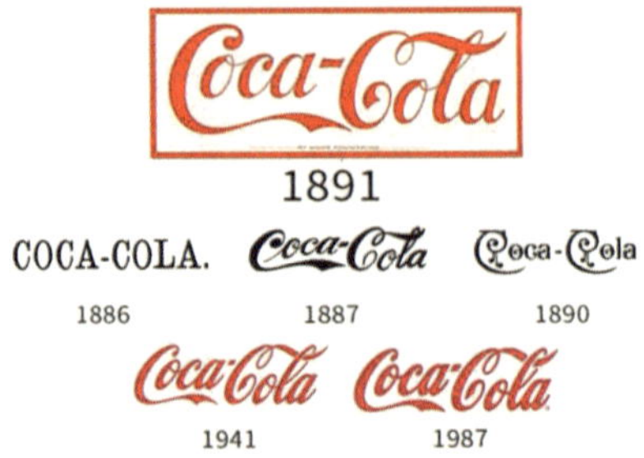


图 4-1-4　可口可乐商标迭代

油画技法在产品质感表现中也有着广泛的应用。油画以其丰富的色彩层次和细腻的笔触，能够生动地表现出产品的质感和细节。在汽车设计中，油画技法被用来模拟汽车表面的质感和光泽。设计师们通过细腻的笔触和丰富的色彩层次，将汽车表面的金属光泽、皮革质感等细节表现得淋漓尽致。例如，法拉利跑车的设计中，就常常运用油画技法来展现其车身的流线型和光泽感。这种细腻的表现手法不仅提升了汽车产品的视觉吸引力，也增强了消费者对产品的认知和购买欲望(图 4-1-5)。

图 4-1-5　法拉利 308 GTB

数字绘画技术在视觉传达设计中的创新应用更是令人瞩目。随着数字化技术的发展，数字绘画已经成为设计师们不可或缺的创作工具。在电影海报设计中，数字绘画技术被广泛应用。如《大圣归来》《长安三万里》《哪吒之魔童闹海》等“国漫”的数字绘画海报设计，更是引爆网络，掀起一片“国漫热”。这些作品充分展示了数字绘画技术的魅力。设计师们通过数字绘画技术，将电影中的场景和角色完美地呈现在海报上，创造出了具有独特风格和强烈视觉冲击力的作品。这不仅为电影宣传增添了色彩和活力，也吸引了更多观众的关注和期待。数字绘画技术在视觉传达设计中的应用，不仅提升了作品的吸引力和影响力，还为设计师们提供了更广阔的创作空间和可能性。

### (三)绘画艺术与设计在当代的实践

1. 数字化与智能化背景下的设计创新

在数字化与智能化背景下，设计领域正经历着前所未有的变革。数字化技术不仅改变了设计的创作方式，还拓展了设计的表现形式和应用领域。

AI 绘画技术的崛起为建筑设计师带来了一场数字化革命。在生态之屋的设计过程中，AI 技术的应用使设计师能够更加精确地模拟自然元素与建筑结构的融合，从而实现了更加生态和谐的设计成果。这种创新性的应用不仅提高了建筑设计的效率和精度，还推动了建筑设计的可持续发展。AI 绘画技术在建筑设计中的充分应用，展示了数字化技术在设计领域的巨大潜力和创新价值。未来，随着技术的不断发展，数字化技术将在设计领域发挥更加重要的作用。

2. 跨界合作与跨界艺术项目的兴起

跨界合作与跨界艺术项目的兴起，为设计领域注入了新的活力与创意。例如，BMW Individual by Designworks 与艺术家的合作堪称典范(图 4-1-6)。作为 BMW 的高端定制部门，BMW Individual by Designworks 巧妙地将艺术作品融入汽车设计，不仅为客户提供了个性化的内饰选择，还采用了艺术家的图案和色彩方案，同时通过艺术化的外观设计，将车身涂装转变为艺术作品的一部分。此外，设计中还融入不同文化的艺术元素，为汽车注入了新的文化内涵。

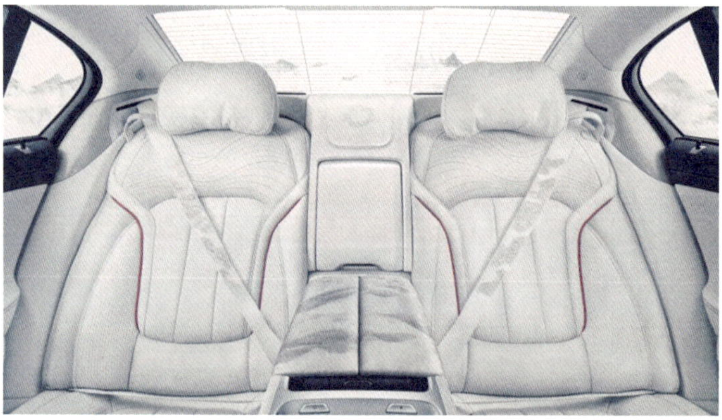

图 4-1-6　宝马 7 系华彩辉耀典藏版(内饰)

这些跨界合作的案例，不仅展示了数字化技术在设计领域中的创新应用，也凸显了跨界合作在推动艺术与设计融合方面的重要作用。它们共同创造了新的价值和体验，为设计领域的发展注入了源源不断的动力。

绘画艺术与设计之间相辅相成的关系，不仅体现在美学追求和技法融合上，更体现在当代社会的实践与创新中。在快速变化的现代社会中，持续探索绘画与设计融合的重要性不言而喻。相信在不久的将来，会有更多充满创意和美感的设计作品涌现出来，为人类社会的繁荣发展增添新的光彩。

## 二、雕塑艺术与设计

### (一)雕塑艺术与设计的关系

1. 雕塑艺术与设计的基础关联

雕塑艺术与设计，虽看似为两个独立的领域，实则紧密相连，互为启发。雕塑艺术，作为三维空间中的造型艺术，以其独特的形态、材质与空间感，展现着艺术家的创造力与审美追求。而设计则更加注重实用性与功能性的结合，旨在通过创意构思与技术手段，满足人们的物质与精神需求。在艺术创作与实用功能的双重维度上，雕塑艺术与设计展现出显著的互补性。例如，设计师查尔斯·伊姆斯(Charles Eames)和雷·伊姆斯(Ray Eames)共同设计的“云朵椅”，设计灵感来源于法国雕塑家加斯顿·拉雪兹

(Gaston Lachaise)的雕塑作品《漂浮的人物》。该椅流畅的线条与优雅的形态，无疑受到了雕塑艺术的深刻影响。这些设计作品不仅具有极高的舒适度与实用性，更以其独特的艺术美感，成为现代家居设计中的经典之作(图 4-1-7)。

图 4-1-7 Charles Eames 和 Ray Eames“云朵椅”

2. 雕塑艺术与设计结合的价值探索

雕塑艺术与设计的结合，不仅为设计领域注入了新的活力，更推动了雕塑艺术的多元化发展。在雕塑艺术的启发下，设计师们得以打破传统思维的束缚，探索出更加新颖、独特的设计理念与表现手法。同时，设计领域的快速发展也为雕塑艺术提供了更为广阔的表现空间与创作灵感。如著名建筑师扎哈·哈迪德(Zaha Hadid)的作品，她的建筑设计常常借鉴雕塑艺术的造型手法，将流线型的曲线与几何形态巧妙结合，创造出令人震撼的视觉效果(图 4-1-8)。这些作品不仅展现了雕塑艺术在建筑领域的独特魅力，更推动了建筑设计风格的革新与发展。

图 4-1-8 Zaha Hadid 北京大兴机场内部

图 4-1-9　ISSEY MIYAKE 2021 秋冬系列

3. 雕塑艺术对设计理念的启迪

雕塑艺术中的创意构思与表现手法，对设计思维具有显著的启发作用。雕塑艺术家们通过独特的视角与表现手法，将抽象的概念具象化，使观众在欣赏作品的同时，能够感受到艺术家所传达的思想与情感。这种创意构思与表现手法，为设计师们提供了宝贵的灵感来源。例如，日本品牌三宅一生(ISSEY MIYAKE)的服装设计，常常借鉴雕塑艺术的立体造型手法，通过折叠、扭曲等手法，创造出独特的服装形态。这些设计作品不仅具有极高的艺术价值，更以其独特的穿着体验，赢得了消费者的广泛赞誉(图 4-1-9)。

## (二)设计原则在雕塑艺术中的渗透

1. 设计原则的具体应用

在雕塑艺术创作中，设计原则的应用极为广泛。功能性原则要求雕塑作品不仅要具备审美价值，还需满足特定的实用需求。美观性原则强调雕塑作品在形态、色彩、材质等方面的和谐统一，以展现最佳的艺术效果。经济性原则要求艺术家在创作过程中充分考虑成本因素，合理利用资源，从而实现艺术与经济的双重效益。而创新性原则是雕塑艺术发展的动力源泉，它鼓励艺术家们打破传统束缚，探索新的表现手法与创作理念。例如，美国艺术家亚历山大・考尔德(Alexander Calder)的动态雕塑(图 4-1-10)，他的作品常常利用金属丝与薄板等材质，通过巧妙的构造设计，使雕塑作品能够随风摇曳，展现出独特的动态美感。这种创新性的表现手法不仅丰富了雕塑艺术的表现形式，更为观众带来了全新的审美体验。

图 4-1-10　Alexander Calder 动态雕塑

2. 雕塑艺术与设计风格的交融互鉴

雕塑艺术与设计风格的交融互鉴，是推动两者共同发展的重要动力。古典主义雕塑以其严谨的造型与细腻的表现手法，为现代设计提供了宝贵的审美借鉴。现代主义雕塑则以其抽象的形态与简洁的线条，为设计领域带来了全新的创作理念。后现代主义雕塑则更加注重多元文化的融合与跨界合作，为设计领域注入了新的活力。法国艺术家奥古斯特·罗丹(Auguste Rodin)的雕塑作品《思想者》(图 4-1-11)，以其深刻的主题与细腻的表现手法，展现了古典主义雕塑的精髓。同时，他的作品也融入现代主义的抽象元素，为后来的雕塑艺术与设计领域提供了丰富的灵感来源。

图 4-1-11　奥古斯特·罗丹《思想者》

## (三)雕塑艺术在设计领域的拓展应用

在城市景观设计中，雕塑艺术扮演着举足轻重的角色。雕塑作品以其独特的形态与空间感，成为城市空间中的亮点与焦点。它们不仅丰富了城市景观的层次感与立体感，更以其深厚的文化内涵与历史底蕴，为城市注入了独特的文化气息。

在园林设计中，雕塑元素的应用广泛而深入。雕塑作品以其独特的造型与材质，与园林空间中的植物、水体、建筑等元素相得益彰，共同营造出和谐、优美的园林环境(图 4-1-12)。

同时，雕塑作品还常常承载着特定的文化寓意与象征意义，为园林空间增添了深厚的文化底蕴。如苏州狮子林，这座古典园林中的假山、雕塑小品等元素，与园林中的水体、植物等自然景观巧妙结合，共同营造出一种宁静、雅致的环境氛围(图 4-1-13)。这些雕塑作品不仅具有极高的艺术价值，更成为园林空间中的点睛之笔。

图 4-1-12 兰特庄园雕像

图 4-1-13 苏州狮子林(局部)

在室内设计中，雕塑艺术的应用同样独具匠心。雕塑作品以其独特的形态与材质，成为室内空间中的亮点与焦点。它们不仅丰富了室内空间的层次感与立体感，更以其深厚的文化内涵与艺术美感，为室内空间注入了独特的艺术气息。例如，著名建筑师弗兰克·盖里(Frank Gehry)设计的古根海姆博物馆，这座建筑中的雕塑元素与建筑空间巧妙结合，共同营造出一种充满艺术氛围的空间环境(图 4-1-14)。这些雕塑作品不仅展现了艺术家的创造力与审美追求，更为观众带来了全新的艺术体验。

在产品设计领域，雕塑理念的应用同样广泛且深入。设计师们常常借鉴雕塑艺术的造型手法与表现手法，将雕塑元素融入产品设计，使产品呈现出独特的艺术美感与实用功能。这种设计理念不仅丰富了产品的形态与功能，更提升了产品的附加值与市场竞争力。例如，苹果公司的产品设计常常借鉴雕塑艺术的简洁线条与流畅形态，使产品呈现出一种简约而不失优雅的美感。这种设计理念不仅赢得了消费者的广泛赞誉，更为苹果公司赢得了极高的品牌声誉与市场地位(图 4-1-15)。

图 4-1-14　Frank Gehry 古根海姆博物馆

图 4-1-15　Apple Magic Mouse（图片来源：Apple 官网）

雕塑艺术以其独特的形态、材质与空间感，为设计领域提供了宝贵的灵感来源与创意构思。而设计则以其实用性与功能性的结合，为雕塑艺术提供了更为广阔的表现空间与创作灵感。在两者的相互启发与推动下，雕塑艺术与设计领域得以不断前行与发展。展望未来，雕塑艺术与设计领域将继续保持蓬勃发展的态势。随着科技的进步与社会的变迁，雕塑艺术与设计将更加注重跨界合作与技术创新。同时，随着人们对美好生活的向往与追求，雕塑艺术与设计也将更加注重文化传承与艺术创新。在未来的发展中，雕塑艺术与设计领域将为我们带来更多令人惊艳的作品与惊喜。

## 三、书法艺术与设计

书法艺术是中华传统文化中极具文化积淀的艺术门类。历经中华五千年的演变与积累，它是中华文化变迁的象征，同时也是中华文化精神的传承。书法艺术是追求表达内心情感与自然之美的艺术表达形态，蕴含了中华文化的哲学思想、人文精神、道德观念，体现了中华民族的价值取向与审美意趣。书法艺术的起源最早可追溯到新石器时期的彩陶器物纹样。这个时期的纹样更多具有记录事件的功能，并未与语言相融合，也不能称之为文字，但具备了文字的雏形。在距今五六千年前的仰韶文化时期发现了类似文字的符号，再到殷商时期的甲骨文，象形文字与人们的社会生产、祭祀活动逐渐演变，形成了形象化、简单化且承载一定寓意的特征，后又与壁画、石器、青铜器等实用器具相结合，这便是文字与器物结合的最早表现形式。①

中国书法艺术历经甲骨文、金文、篆书、隶书等字体的演变，最终形成独立的美学体系。这一发展历程中，甲骨文、小篆与隶书的变革尤为关键。甲骨文开启文字系统化的先

① 部珍：《字体设计》，北京：北京师范大学出版社 2012 年版，第 38 页。

河，小篆确立官方书写规范，隶书的简省化改革则为后续书体奠定基础。在此脉络下，楷书逐步发展为实用书写的主流范式，而行书与草书则更侧重于艺术表现力的探索。①

秦代推行篆书标准化，将其确立为官方文字体系，既延续了象形文字的意象特征，又通过“圆转笔势”与“六书构字”原理形成严谨的文字结构。随着社会需求变迁，篆书经简化改良演变为隶书，字形变宽扁、横纵比例重构，用笔讲究“蚕头燕尾”“一波三折”的韵律表达②，实现了书写效率与审美价值的平衡。汉代隶书体系的成熟催生草书的发展雏形。魏晋南北朝时期是书法艺术走向自觉学习的标志之一，形成了巅峰之势。草书特点为字形结构简省、笔画连绵，有章草、今草、狂草之分。唐代书法发展进入全盛期，在国家文化政策推动下，书学教育被纳入科举体系，以书为教、以书取士、立书学博士，专立书学的传统制度标志着书法学科的正式形成。这一时期，楷书在隶书基础上完成法度化构建，形成结构端严、笔法规整的书写体系，其标准范式至今仍是汉字手写体的重要参照。行书则是作为楷草之间的过渡形态，既保持楷书的可辨识度，又融入草书的连贯性，分化出行草与行楷两种风格。前者笔势跌宕，放纵流动近于草书；后者字迹端正平稳，近于楷书。两者共同构成书法艺术中“形”与“势”的辩证统一。

书法艺术能够历经千年传承而生生不息，其核心生命力源于自身独特的属性。作为一种视觉化的艺术语言，书法通过严谨的笔法形态、成字规律与章法构成形成高度的体系化规范。这种具有明确指向性的艺术特征与音乐、舞蹈十分相似，因此欣赏者往往能从静态的书法中感受到节奏韵律之美。书法艺术极其重视“以形写象”，在抽象的笔画、结构和章法中描绘出自然的大美。其中，书法对自然美的要求体现在两方面：首先从作品的形体中联想到自然界中的事物；其次，楷隶文字通行后，自然美的描述更多体现在了深层次的精神与气韵中。艺术是人创造的，书法艺术与其他艺术一样，必然反映创造主体的心态、性情、修养和技术等方面，这就是书法艺术追求的“书为心画”。③

历代不同的字体形式和书法家对笔画线条的风格把控与处理方式，在字体设计的点画结构上都能给予无限的启发。字体设计的背后始终有书法艺术的身影，而书法艺术也能借助数字化技术的新型手段实现更好的创新与传播。

在书法创作实践中，创作者通过笔墨轨迹实现情感外化与精神对话。从商周青铜铭文的庄重典丽，到魏晋尺牍的率性洒脱，不同历史阶段的字体演变实质是文化观念的外显。④ 在文字不断追求美的变化过程中，经历了由具象到抽象的变化。在这个过程中，书法也逐渐体现出“设计”的意味，其书写意识与设计思维越来越趋同。

书法艺术从某种程度上来讲，也可以视作一种设计艺术。书法创作的过程就是设计的过程。例如，在书法创作中，作品中的章法、线条以及材料等构成要素，都可以视为设计的形式语言。书法作品和设计作品一样，都是通过人的视觉系统来进行艺术性传

---

① 唐兰：《中国文字学》，上海：上海古籍出版社 2023 年版，第 168 页。
② 王晓光：《秦简牍书法研究》，北京：荣宝斋出版社 2010 年版，第 73 页。
③ 王镛：《中国书法简史》，北京：高等教育出版社 2004 年版，第 186 页。
④ 解正明：《汉字国学》，长春：吉林文史出版社 2019 年版，第 37 页。

达。因此，书法作品创作与设计艺术之间有着极为重要的联系。书法艺术讲究在书写过程中“提按顿挫”，形成粗细、虚实、快慢的对比，还讲究“虚实相生”“计白当黑”的美学原理。即书法创作中的空白并非无意义的虚空，而是通过精心设计的布局与对比，成为整体构图中不可分割的有机部分。这一理论体现了东方哲学中“虚实相生”“有无相成”的辩证思维，在书法与设计中均具有深刻的实践意义。

中国唐代时期狂草艺术的巅峰之作——怀素的《自叙帖》，画面采用大量留白与密集墨迹并置，如卷首与卷尾的疏朗对比，暗合道家“有无相生”的哲学，体现了书法艺术中“虚实相生”的美学理念(图 4-1-16)。而日本著名设计师浅叶克己将中国传统书法艺术融入其作品，这是他设计的重要特征之一。水墨的独特韵味使他的设计具有飘渺的东方意境。水墨笔画与黑体笔画相比为虚，虚实相间使同一个字形以及字形与字形之间形成了充满节奏韵律的虚实空间关系。在其挂幅作品《阿蘭陀》中(图 4-1-17)，水墨笔画的融入使得水墨肌理的飘渺与黑体字笔画的横平竖直形成质感对比，留白的卷面与笔画之间形成黑、白、灰的空间层次。文字与文字之间的虚实变化经过设计之后，使画面充满节奏韵律感与诗意氛围。传统的水墨笔画与现代黑体的碰撞，融合出其不意的平静和谐。尽管水墨在与其融合产生的虚实关系层次上稍显平淡，但在设计思路上与书法艺术有异曲同工之妙。

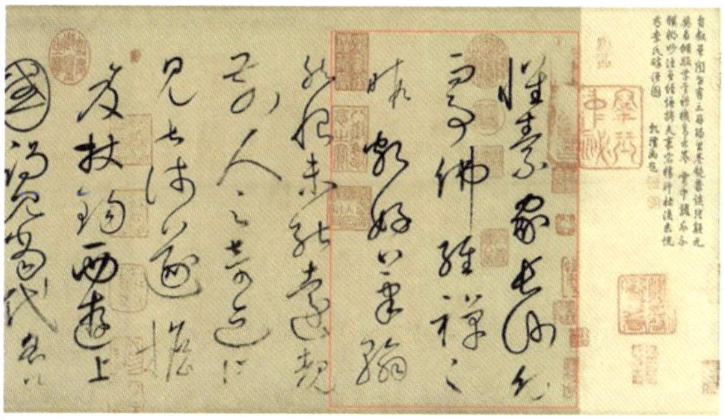

图 4-1-16　怀素《自叙帖》

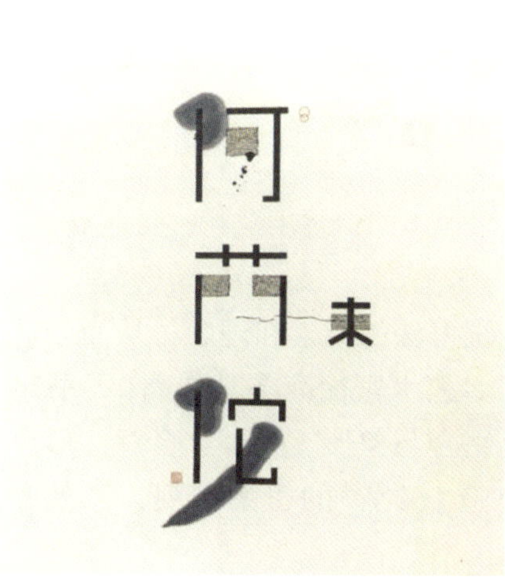

图 4-1-17　浅叶克己《阿蘭陀》

书法艺术的创作理念和方法也可以为设计提供有益的借鉴。书法艺术注重气韵生动、意境深远，这种理念可以引导设计师在创作中注重整体氛围的营造和情感的表达。同时，书法艺术的创作方法，如笔法、结体和章法等，也可以为设计师提供新的创作思路和技巧。如中国当代著名设计师靳埭强在《文字的感情》(图 4-1-18)系列中，大量体现了书法艺术中的笔法精髓。他将中国传统水墨书写的“山、水、风、云”四字与文房四宝的形象结合，提炼出“字与笔，恩重如山”“字与纸，如鱼得水”“字与墨，如沐春风”“字与砚，闲逸如云”四种意象表达。海报中汉字的笔画常以毛笔的“提按顿挫”呈现，墨色的浓淡干湿模拟书法飞白效果。如“山”字的侧锋扫笔边缘辅以毛笔皴擦肌理；“水”字的流动曲线使静态的字体具有动态的书写感；“风”字以干笔飞白扫出螺旋轨迹；“云”字上半部虚化融入背景，下半部实笔稳定如瓶，保留篆书弧线。这种处理不仅保留了书法的“骨力”，还通过现代设计手法强化了视觉张力。该设计以物我融情的哲学思想为指导，将中国传统美学与现代设计相结合，生动诠释了汉字的丰富情感与灵动韵味。同时，也与书法艺术中所讲究的“计白当黑”不谋而合。通过留白与实形的对比，形成虚实相生的空间层次，呼应王羲之《笔势论》中“疏密得宜”的章法原则①，达到了平衡功能与美学、优化信息传递的目的。

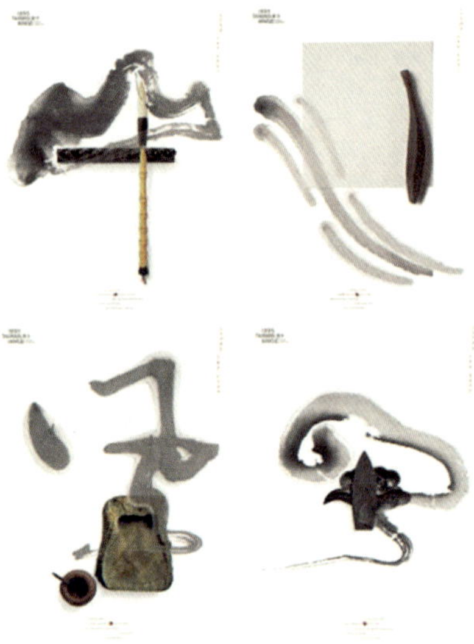

图 4-1-18　靳埭强《文字的感情》

设计可以借鉴和融合传统书法的元素和理念，从而创造出具有独特韵味和文化内涵的设计作品。如中国当代著名艺术家徐冰在其作品《天书》中创造了 4000 余个“汉字”，这些字符严格遵循偏旁部首组合与象形、指事、会意、形声、转注、假借的六书汉字造字法(图 4-1-19)。作品中自造“汉字”的密集排列，意外呼应了傅山“四宁四毋”的美

① 邱振中:《书法的形态与阐释》，北京：中国人民大学出版社 2005 年版，第 13 页。

学——宁拙毋巧；活字模块的机械感，则暗合欧阳询楷书“纤浓得中”的理性控制。徐冰的《天书》与书法艺术是一场充满张力的文化对话——它既是对书法传统的彻底解构，又是对文字美学的当代转译。这种关系并非简单的继承或否定，而是通过颠覆性实验揭示书法作为文化权力系统的本质，并在解构中重构文字艺术的哲学可能性。通过传统书法艺术的语言，并对其解构与重构，也为传统书法艺术在数字时代的当下发展与传承提供了新思路、新视角、新思考。

图 4-1-19　徐冰《天书》

作为承载文明的视觉符号系统，汉字通过书法艺术实现了实用功能与审美价值的双重升华。在全球化语境下，书法艺术的数字化转化与国际化传播，不仅是文化传承的重要路径，更是构建人类文明共同体的独特资源。通过深入挖掘书法艺术中蕴含的东方智慧，并通过跨媒介创新推动其当代转化，使这门传统艺术在新时代焕发持久生命力，实现传统智慧与现代创新的对话。

## 第二节　艺术与时尚

时尚，作为一种社会文化现象，触及生活的方方面面，包括艺术、商业、消费、技术、人体、身份、现代性、全球化、社会变化、政治和环境。① 因此，它不仅仅是服装、配饰等外在的装饰，更是一种表达个性、审美和时代精神的艺术语言。时尚的表现形式丰富多样，从时装秀场上的奢华服饰到街头巷尾的潮流穿搭，从家居装饰的时尚风格到电子产品的外观设计，无一不体现着艺术与时尚的融合。这些时尚现象如同生动的审美教材，潜移默化地塑造着我们的审美观念。

### 一、时尚的定义与演变

时尚，狭义而言，常被视作特定时段内盛行的服饰风格与装扮样式；广义来讲，则是一种渗透于生活各个角落的文化现象，涵盖行为模式、生活方式以及各类物质产品所

① ［英］玛尼·弗格：《时尚通史》，陈磊译，重庆：重庆出版社 2020 年版，第 7 页。

展现出的独特风格走向与发展态势。时尚宛如一条奔腾不息的长河，始终处于动态变化之中，其演变轨迹恰似一部丰富多彩的社会文化史诗。

大约 1.1 万年以前，人类脱离了渔猎采集的生活方式，开始了更为静态的生活，诸如住、吃和穿等基本需求也就转变为具有文化和艺术意义的形式。① 举例来说，冰河时期人们所披的兽皮衣物，需要通过鞣制工序的精心处理才能软化，贴合人体曲线，而有眼针的出现，无疑宣告了裁剪新纪元的开启，引导了时装现象的萌芽。

在古代社会，不同文明皆绽放出别具一格的时尚之花。如古埃及法老与贵族们的服饰、配饰以及妆容，无疑是当时时尚舞台上的耀眼明星。法老的头饰奢华至极，且蕴含着特定的宗教与权力象征意义；其眼影所采用的独特黑色颜料，不仅是为了增添美感，更被视作具有抵御邪恶力量的神奇魔力。在中国古代，唐朝时期的时尚风貌可谓是光彩夺目。女性以丰腴为美，高腰襦裙、袒胸露臂的服饰款式尽显开放豁达与华丽高贵；加之精美绝伦的丝绸面料、绚丽多彩的印染工艺以及华丽精致的金银配饰，如摇曳生姿的步摇、小巧玲珑的香囊等，无一不是时尚的关键元素。男性服饰则多以长袍、幞头为主，其色彩与图案也生动彰显出当时的审美标准与身份地位。这些时尚元素犹如一面镜子，不仅映射出当时繁荣昌盛的社会经济状况，更深刻体现出开放包容的文化氛围，成为古代文明中璀璨夺目的时尚瑰宝。

步入近代，工业革命犹如一颗重磅炸弹，在时尚演变的进程中掀起了惊涛骇浪，成为关键的转折点。随着纺织技术的革新与大规模生产模式的蓬勃兴起，服装材质变得愈发丰富多样，价格也逐渐亲民，不再是少数人的专属。如在 19 世纪的欧洲，缝纫机的发明犹如一场及时雨，使服装制作效率实现了质的飞跃，中产阶级由此开始追逐款式更为新颖独特的服装。女性裙摆逐渐增大，裙撑和蕾丝等装饰元素被广泛运用，这种时尚潮流既反映出当时社会对女性形象的审美观念，也凸显出工业技术进步对时尚产业的强大推动作用，成为近代时尚发展史上的重要里程碑。在男性服饰方面，西装逐渐崭露头角，成为主流服饰。其剪裁愈发合身得体，面料选择更为多元化，从传统毛料拓展到新兴的棉质混纺等；颜色上也不再局限于深沉的色系，开始出现清新淡雅的色调。这无疑体现出当时社会在传统与变革之间的微妙平衡与积极探索，为现代时尚的发展奠定了坚实基础。

迈入现代，时尚演变的速度令人眼花缭乱，犹如一场瞬息万变的时尚魔术秀。20 世纪 20 年代的“爵士时代”，女性服饰风格发生了翻天覆地的变革。在当时社会思潮的强力驱动下，女性勇敢追求独立与自由，服饰风格也随之变得更加简洁明快、轻便舒适。短发、直筒裙和低腰设计犹如时尚界的新生宠儿，引领潮流。这种风格转变不仅是时尚审美层面的重大变革，更是女性社会地位提升在服饰上的生动写照，成为女性解放运动在时尚领域的鲜明旗帜。男性服饰也深受其影响，休闲风格开始崭露头角，如宽松裤子与针织衫的搭配组合，打破了传统西装的固有束缚，展现出男性在时尚追求上的多元与自由。而在 20 世纪 60 年代的“摇摆伦敦”时期，青年文化如同一股汹涌澎湃的浪潮，蓬勃兴起。迷你裙、彩色图案服装以及夸张配饰成为时尚舞台上的绝对主角，引领时尚潮流。② 这些服饰

---

① ［英］玛尼·弗格：《时尚通史》，陈磊译，重庆：重庆出版社 2020 年版，第 8 页。
② 李红梅：《20 世纪时装设计艺术》，上海：东华大学出版社 2011 年版，第 23~24 页。

鲜明地反映出当时年轻人对传统束缚的强烈反抗以及对个性表达的渴望，成为青年文化的时尚代言。男性则流行起摩登风格服饰，修身西装外套搭配窄领带，裤子也更加修身，同时还伴有带有波普艺术元素的衬衫等单品，尽显时尚与个性的完美融合。

在现代时尚演变进程中，时尚的范畴已成功突破服饰领域的藩篱，延伸至更为广阔的天地。建筑风格的变迁便是时尚演变的生动例证之一。如现代主义建筑风格的兴起，其简洁流畅的线条、注重功能性的设计理念，深刻影响了众多建筑的外观与内部空间布局。无论是温馨的住宅还是宏伟的商业建筑，这种风格都宛如一颗璀璨的时尚之星，成为当时城市建设与发展进程中的时尚标杆。汽车设计领域同样如此，从早期的复古造型逐步向流线型、充满科技感的设计风格华丽转变。汽车的外形颜色、内饰材质与风格等都成为时尚元素的有机组成部分，彰显出不同时期消费者的审美偏好与时代精神特质，成为现代时尚文化中不可或缺的重要组成部分。

## 二、艺术对时尚的影响

### （一）艺术运动为时尚提供灵感源泉

众多艺术运动在时尚的浩瀚长河中留下了深刻而独特的印记，宛如璀璨星辰照亮了时尚的天空。以印象派为例，其对光影和色彩的细腻捕捉与独特表现手法，为时尚界源源不断地输送着灵感。在时装设计领域，我们常能看到一些独具慧眼的品牌巧妙借鉴印象派画作中朦胧而绚丽的色彩搭配，精心雕琢出富有艺术感染力的服装系列。比如，Marchesa 在 2018 年推出的春夏系列，其灵感恰似源自莫奈的睡莲系列画作。服装上巧妙运用了柔和的粉色、蓝色、绿色等色彩，并通过细腻的渐变和晕染手法，营造出宛如睡莲在静谧水中悠然摇曳的光影效果(图 4-2-1)。这让我们在欣赏时装的同时，也能深切感受到印象派艺术的独特魅力，仿佛置身于艺术与时尚交融的梦幻之境。

图 4-2-1　Marchesa2018 春夏系列

现代艺术中的立体主义同样对时尚产生了别具一格的深刻影响。立体主义大胆打破传统的造型观念，其将物体分解、重构的创新创作手法被广泛应用到时尚设计的广阔天地之中。一些勇于创新的服装设计师大胆地将立体主义的几何形状和多角度视觉效果融入服装廓形与图案设计。在 Viktor & Rolf 2024—2025 秋冬高定系列上，设计师将立方体、三角形和球体等抽象几何图形与上半身设计巧妙结合，创造出如模特身体被包裹在不同缎面盒子里的效果，迷你裙外套的巨大肩部悬挂在剃刀形状的梯形结构上，以及蝴蝶结褶皱波点衬衫像巨大气球等独特造型，展现出立体主义与人体美学的大胆实验(图 4-2-2)。

图 4-2-2　Viktor & Rolf 2024—2025 秋冬高定系列

## (二)艺术家与时尚品牌的跨界合作

艺术家与时尚品牌之间的跨界合作日益频繁，宛如一场精彩绝伦的时尚与艺术的双人舞，成为艺术影响时尚的重要桥梁与纽带。例如，日本艺术家村上隆及草间弥生都与时尚品牌路易威登(Louis Vuitton)有过成功的合作，在时尚界传为佳话。村上隆极具标志性的色彩被巧妙运用到路易威登的手袋、服饰、生活用品等产品上(图 4-2-3、图 4-2-4、图 4-2-5)。这些产品一经推出，便如同一颗颗重磅炸弹，在全球时尚界引发了巨大的轰动。其魅力不仅在于独特的艺术图案为时尚单品增添了浓郁的艺术气息，更在于这种合作成功打破了艺术与商业之间的无形壁垒，使艺术作品能够以时尚产品的形式走进更多人的生活。消费者购买这些联名产品，不仅仅是为了获取一件时尚物品，更是在某种程度上拥有了一件可穿戴的艺术品，实现了艺术与时尚在消费层面的深度融合，成为时尚与艺术跨界合作的典范。

草间弥生以其独特的波点艺术闻名于世。在与路易威登的合作中，她将标志性的波点元素遍布路易威登的手袋、服饰以及配饰上(图 4-2-6)。此次合作不仅让草间弥生的艺术作品得到了更广泛的传播，也为路易威登注入了新的艺术活力，吸引了大量追求时尚与艺术融合的消费者，在全球范围内掀起了一股购买热潮，进一步巩固了路易威登在时尚与艺术跨界合作领域的领先地位。

图 4-2-3　路易威登×村上隆合作系列包袋

图 4-2-4　路易威登×村上隆合作系列钢笔

图 4-2-5　路易威登×村上隆合作系列滑板

图 4-2-6　路易威登×草间弥生合作系列

古驰(Gucci)与来自巴塞罗那的年轻艺术家 Ignasi Monreal 合作过多个数字创意项目，在古典艺术背景中融入灵巧多思的数字化元素，呈现出充满超现实主义风格的作品。2015 年，Monreal 创作的数字创意作品围绕预言家与天气播报员这一主题，这些作品被用作古驰 2018 早春系列 T 恤的印花图案。最具代表性的是古驰 2017 假日献礼系列，Monreal 发挥想象，描绘出一个满是众神与泰坦的奇妙世界。他绘制的假日献礼图册，带我们走进了一个交织着希腊神话与中世纪炼金术，在幻境和现实之间穿梭的独特异想世界。之后，Monreal 又从经典艺术名作里汲取灵感，为古驰 2018 春夏系列广告形象大片打造出了充满诗意的超现实古驰幻境。在这个幻境中，那些充满奇思妙想的人们身着色彩斑斓、带有印花设计的服装，对诸多经典画作进行了重新演绎(图 4-2-7)。

图 4-2-7　Gucci 2018 春夏 CAMPAIGN

## 三、时尚中的艺术元素

### (一) 服装中的艺术元素

服装作为时尚的核心载体，犹如一座艺术宝藏，蕴含着丰富多元且精彩纷呈的艺术元素。从服装的剪裁来看，高级定制服装常常巧妙借鉴雕塑艺术的手法，通过精准细腻的剪裁塑造出立体的廓形，从而完美地展现人体的优美曲线，宛如将人体化作一件流动的雕塑艺术品。例如，法国高级定制品牌巴尔曼(Balmain)的服装以其独特的肩部设计和紧身束腰的剪裁而闻名。其肩部设计犹如雕塑作品中的硬朗线条，有力地强调肩部的宽度和立体感；而束腰部分则紧密贴合人体腰部曲线，将女性的身材比例修饰得更加完美无瑕(图 4-2-8)。整体造型宛如流动的人体雕塑，彰显出强大的气场和独特的艺术魅力，实现了服装剪裁与雕塑艺术在美学层面的有机融合，成为服装艺术的经典之作。

图 4-2-8　巴尔曼 Pre-Fall 2025 系列

在服装图案方面，各种艺术风格的图案在时尚服装的舞台上争奇斗艳。伊夫·圣·

罗兰在 1965 年推出的“蒙德里安裙”堪称时尚与艺术结合的经典之作。该系列服装直接汲取了荷兰抽象艺术家蒙德里安的绘画风格，将其标志性的三原色(红、黄、蓝)以及黑色线条的构成运用到了服装设计之中。裙子的剪裁简洁流畅，以大面积的色块拼接呈现出蒙德里安画作中的几何抽象美感(图 4-2-9)。这种设计不仅在当时的时尚界引起了巨大轰动，还成为时尚史上的标志性作品，被众多时尚爱好者和艺术收藏家所铭记。它成功地将蒙德里安的艺术理念转化为可穿着的时尚单品，让人们在日常生活中也能展现出对艺术的独特品味与追求，同时也为后续的时尚与艺术融合设计提供了极为重要的灵感源泉与范例。

图 4-2-9　Yves Saint Laurent 秋冬时装“蒙德里安”系列

此外，在一些高级礼服设计中，还会融入传统的刺绣艺术，宛如在时尚的画卷上添上浓墨重彩的一笔。2024 年 5 月，设计师兰玉举办了“诗韵霓裳”展览，其中的礼服作品融合了苏绣传统工艺与现代时尚设计。如作品《玉兰花》展现了兰氏苏绣独创的“顺色绣”，将一根线劈成 64 根丝线，通过不同针法与丝理错综交叠，呈现出绣品的立体和层次感(图 4-2-10)；《斗鱼》系列则彰显了苏绣手工卓绝的技艺，将鱼尾、鱼鳍的灵动和鱼眼的气韵生动展现得淋漓尽致。这些作品还配有中国古代诗词，实现了苏绣技艺、诗词文化与现代时尚礼服设计的完美融合(图 4-2-11)。

图 4-2-10　《玉兰花》(图片来源：中国美术馆官网)

图 4-2-11 《斗鱼》系列(图片来源：中国美术馆官网)

2023 年，La Koradior 拉珂蒂苏绣高定系列礼服以“La-China Classical 艺游未尽”为主题，联合苏绣代表性传承人姚建萍、品牌设计顾问 Albino Damato，以蝴蝶兰花绘图为灵感，在经典斗篷裙的基础上打造了苏绣高定系列礼服。其在传统细平绣基础上融合现代手法，为体现蝴蝶兰灵动美感，在配色上由深至浅甄选了 18 种颜色，使礼服极具珍藏价值，展现了东方精美的气质与西方现代服装文化的融合(图 4-2-12)。

图 4-2-12 La Koradior 拉珂蒂苏绣高定系列礼服

## (二)配饰中的艺术元素

时尚配饰同样是艺术元素的重要展示平台，宛如一个个小巧玲珑的艺术舞台。以珠宝首饰为例，许多珠宝品牌的设计灵感源于艺术作品或自然艺术形态，宛如从艺术的花园中采撷灵感的花朵。例如，宝格丽(Bulgari)的 SERPENTI 系列，其设计灵感源自古希腊神话中的蛇的形象以及雕塑艺术中的蛇形造型。通过精湛绝伦的珠宝工艺，将蛇的灵动与优雅以钻石、宝石和贵金属完美呈现。蛇身的造型、眼睛部位的宝石镶嵌以及鳞片的细腻刻画，都展现出极高的艺术水准(图 4-2-13)。佩戴者仿佛将一件微型的艺术雕塑佩戴在身上，彰显出奢华与艺术品位，体现了珠宝设计对艺术与自然元素的精妙融合与创新演绎。

手袋作为时尚配饰中的关键组成部分，常常融入艺术元素，宛如一个精致的艺术容器。如迪奥(Dior)的手袋设计，常常借鉴建筑艺术的理念，打造出独具魅力的时尚单品。其经典的 Lady Dior 手袋，外形方正，线条简洁流畅，手柄与包身的比例协调，恰似一座精致的微型建筑(图 4-2-14)。手袋上的金属扣饰、刺绣图案以及色彩搭配等细节之处，也都体现了艺术与时尚的完美融合，手袋成为众多时尚爱好者竞相追捧的对象。这展示出手袋设计在艺术与时尚交融过程中的独特魅力与创意表达，使其成为时尚配饰中的经典之作。

图 4-2-13 宝格丽 SERPENTI 系列

图 4-2-14 Lady Dior 手袋

此外，时尚也在融入现代年轻人的潮流文化。如潮流品牌 CASETiFY 与萨尔瓦多·达利的联名系列，其设计灵感就源自达利的多个超现实主义经典作品，如融化的时钟、解构的人体面部五官等元素。产品类型涵盖了 iPhone、谷歌手机、MacBook、iPad 和 AirPods Pro 系列保护壳和 Apple Watch 表带等科技配件，还推出了异形手机壳、Apple Watch 表带、手机挂链、AirPods 保护壳、异形背带卡等独特产品。在艺术呈现上，该系列以潮流科技为载体，通过大胆的设计语言，将达利艺术中的超现实意象巧妙融入科技画布(图 4-2-15)。如“融化的时钟”异形手机壳呈现出超现实的梦幻意境，双唇造型珍藏款 AirPods 保护壳将艺术与趣味完美结合，眼睛图案的异形背带卡营造出奇幻个性的艺术氛围。这一合作系列让消费者在使用手机配件的同时，能够领略到达利的超现实主义艺术的独特魅力，也为手机配饰领域注入了全新的艺术活力，进一步拓展了时尚配饰与艺术结合的多元性与创新性空间，成为时尚与艺术跨界合作在数码配件方面的典范。

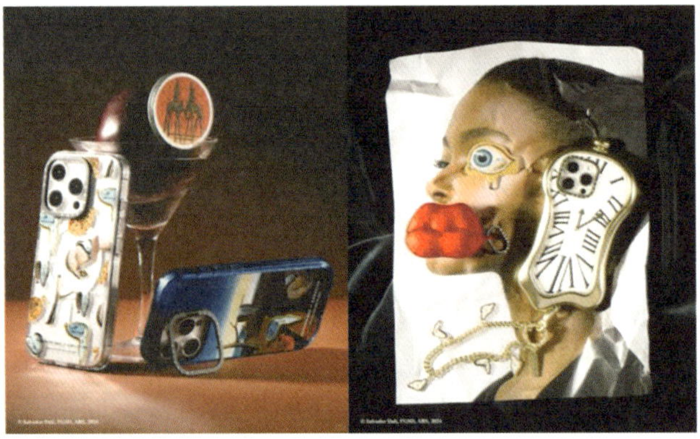

图 4-2-15　CASETiFY 与萨尔瓦多·达利联名系列

## (三) 时尚妆容与发型中的艺术元素

时尚妆容和发型同样是时尚中不可忽视的艺术体现，宛如时尚舞台上的灵动画笔。在妆容方面，不同的艺术风格和文化传统为其提供了丰富的灵感源泉，宛如一座灵感的宝库。例如，在一些高级时装秀场或时尚杂志拍摄中，常能看到受超现实主义艺术影响的妆容。在 Maison Margiela 2024 春夏巴黎高定秀中，创意总监 John Galliano 与化妆师 Pat McGrath 合作打造的妆容极具特色与艺术价值。模特呈现出瓷娃娃般的造型，皮肤表现为蜡质、釉面质感，眉毛纤细如铅笔勾勒，眼部经过精心修饰更引人注目，营造出强烈的超现实艺术氛围(图 4-2-16)。此妆容充分展现了二者的创意与对艺术的深刻理解，将超现实主义艺术与时尚完美融合，不仅强化了 Maison Margiela 品牌的独特形象，使其在时尚界脱颖而出，提升了其艺术价值与文化内涵，还在互联网上引发广泛关注与热议，催生了众多杂志分析和社交媒体教程，引领了当下时尚潮流与审美趋势，为时尚界提供了新的妆容参考与创作方向，成为时尚与艺术深度融合的典范。

图 4-2-16　Pat McGrath 妆容设计

发型设计同样如此，宛如时尚天空中的多变云朵。从复古风格发型到现代先锋发型，都蕴含着艺术元素。复古的盘发造型常常借鉴古典绘画中女性的发型样式，如古希腊时期的发髻或文艺复兴时期的卷发盘发。这些发型通过现代的手法重新演绎，加入了一些时尚元素，使古老的发型焕发出新的时尚魅力，展现了时尚发型设计在传承与创新古典艺术元素方面的多元探索与实践成果，成为时尚发型艺术的经典传承与创新范例。而现代先锋发型则可能受到当代艺术中的解构主义影响，将头发进行不规则的剪裁、拼接或染色，创造出一种打破常规、极具个性的发型效果。这展现了时尚与艺术在发型设计上的大胆创新与融合，彰显了当代时尚发型设计对现代艺术理念的积极回应与创意转化，成为时尚发型艺术的前沿探索。如日本艺术总监吉田ユニ(Yuni Yoshida)在艾杜纱2023春季系列“Flowery Layared”的发型设计中，就充分展现了其对自然元素与时尚发型融合的独特创意与精湛技艺。该系列主题是“花层叠”，在发型塑造过程中，她将模特原本的头发作为创作的基础画布，创造出压花图案的发型，将自然的花朵色彩与发型完美融合，营造出春意盎然的感觉。模特在走动间，头发上的花朵图案若隐若现，随着光线的变化闪烁着灵动的光泽，营造出一种如梦似幻、春意盎然的美妙氛围，成功地将春天的气息通过发型传递给每一位观众，使我们深切感受到时尚与自然的完美融合(图4-2-17)。同样，在艾杜纱2023秋季系列“Dusty Fantasy”发型设计中，为配合秋季美妆透明感的肌肤和梦幻般的色调主题，吉田设计了类似针织物的发型来表达秋季的感觉，赋予了发型独特的质感和温暖氛围，使模特更显优雅与时尚(图4-2-18)。吉田ユニ创造出的这些打破常规、极具个性且视觉冲击力极强的发型效果，充分展现了时尚与艺术在发型设计上的大胆创新与融合，彰显了当代时尚发型设计对现代艺术理念的积极回应与创意转化，成为时尚发型艺术的前沿探索。

图4-2-17　艾杜纱2023春季系列　吉田ユニ发型设计

图4-2-18　艾杜纱2023秋季系列　吉田ユニ发型设计

## 四、艺术与时尚的联动

### (一)时尚秀场中的艺术呈现

时尚秀场是艺术与时尚联动的重要舞台。许多时尚品牌在秀场布置、表演形式等方面融入大量的艺术元素，打造出一场场视觉与艺术的盛宴。例如，香奈儿(Chanel)在巴黎时装周的秀场布置常常令人惊叹。香奈儿2018年秋冬大秀的秀场被布置成一个充满艺术氛围的森林场景，秀场内使用了大量真实的树木、花卉，还采用了特制的光影效果。模特们身着以自然元素为灵感设计的服装，在这个森林秀场中穿梭，仿佛是森林中的精灵(图4-2-19)。整个秀场不仅展示了服装的时尚魅力，更给观众带来了沉浸式的艺术体验，让观众深刻感受到时尚与艺术在空间、情境营造上的完美结合。

图4-2-19　香奈儿2018年秋冬大秀

范思哲(Versace)的秀场表演常常借鉴舞台艺术的手法。范思哲Versace-polis Spring/Summer 2021秀场的主题以失落的亚特兰蒂斯为灵感，打造了一个海底城市的场景。该秀场将观众带到了水下世界，舞台被设定为神秘海底王国的入口，采用了大量海洋元素，如巨型贝壳、神话雕塑、珊瑚礁群等。地面利用特殊材质模拟海底质感与光影，构建出斑斓的海底花园。模特们伴随着低沉的音乐和富有戏剧性的灯光效果，穿梭其中，展示了色彩鲜艳、带有精致褶边装饰、印有海星和水母等海洋生物图案的服装，宛如海洋女神降临，将时尚与神话完美融合(图4-2-20)。同时，这也是范思哲首次采用大码模特的秀场，体现了时尚的包容性。这种时尚秀场与舞台艺术的结合，使观众在欣赏服装的同时，也能领略到古希腊文化与艺术的魅力，极大地提升了时尚秀场的艺术感染力。

### (二)时尚与艺术展览的互动

时尚与艺术展览之间的互动日益密切。一方面，时尚品牌常常赞助艺术展览，将时尚元素融入艺术展览的空间布置和宣传推广。例如，迪奥在2024年11月7日至10日于上海举办的“DIOR LADY ART #9”艺术家限量合作系列展览，作为ART021上海“廿

图 4-2-20　范思哲 Versacepolis Spring/Summer 2021 秀场

一当代艺术博览会”的一部分。展区外立面由绚丽华美的“彩色光影”(COLORAMA)装饰，这一标志性艺术装置携 LADY DIOR 手袋的经典立体廓形，于外墙缤纷诠释迪奥风格精髓，宛如一幅动人画卷徐徐展开，欢迎参观者到来(图 4-2-21)。该展览展出了众多中外艺术家以 LADY DIOR 手袋为媒介创作的具有艺术收藏价值和商业价值的匠心之作。另一方面，艺术展览也为时尚提供了展示和交流的平台。许多时尚设计师会从艺术展览中获取灵感，并将其融入自己的设计作品，从而进一步推动艺术与时尚之间的交流与融合。

图 4-2-21　“DIOR LADY ART #9”艺术家限量合作系列展览(图片来源：活动观察团)

## 第三节　艺术与城市

在人类文明的宏大叙事中，艺术与城市始终紧密相连，它们的关系犹如一条奔腾不息的河流，贯穿历史的各个阶段。城市，作为人类群居生活的重要载体，不仅满足了人们的物质需求，更寄托着精神追求；而艺术，则如同城市灵魂深处流淌出的灵动音符，为城市注入无尽的活力与魅力，使其超越了单纯的地理空间概念，升华为饱含情感与记忆的文化家园。

回溯历史，诸多古老城市的兴衰荣辱皆与艺术的发展脉络息息相关。古希腊时期的雅典，凭借其辉煌灿烂的建筑、雕塑与戏剧艺术，构筑起西方文明的精神高地。帕特农神庙的壮美柱式(图4-3-1)、菲狄亚斯的精湛雕刻，以及埃斯库罗斯、索福克勒斯等戏剧大师的不朽剧作，共同彰显着这座城市对智慧、美与人性的崇高追求，吸引着四方贤能汇聚于此，推动着城邦的繁荣昌盛。同样，在中国古代，长安(今西安)作为多朝古都，以其雄浑大气的城市规划、美轮美奂的宫殿建筑和繁荣兴盛的诗词文化，展现出华夏文明的磅礴气度。“九天阊阖开宫殿，万国衣冠拜冕旒”的豪迈景象，正是艺术与城市交相辉映的生动写照。彼时的长安不仅是政治经济中心，更是文化艺术的渊薮，对周边乃至世界文化发展都产生了深远影响(图4-3-2)。

图4-3-1　帕特农神庙(Steve Swayne　摄)

图4-3-2　西安大唐不夜城

步入现代社会，艺术与城市的融合愈发深入，呈现出多元且绚丽的姿态。一方面，城市为艺术提供了广阔的展示舞台。从街头巷尾的涂鸦壁画到宏伟壮观的城市博物馆，从熙熙攘攘的商业广场到静谧清幽的公园绿地，艺术作品无处不在，渗透进城市生活的每一寸肌理。如纽约的时代广场，霓虹闪烁，巨幅广告与街头艺人表演交织，构成了极具视觉冲击力的“艺术奇观”。这里既是全球商业潮流的风向标，也是当代流行艺术的汇聚地(图 4-3-3)。另一方面，艺术也成为塑造城市品牌、提升城市竞争力的关键力量。通过独特的创意表达与文化内涵，艺术赋予城市鲜明的个性标签。巴塞罗那凭借高迪建筑的奇幻魅力，从西班牙的众多城市中脱颖而出。圣家族大教堂如梦如幻的哥特式尖顶(图 4-3-4)、米拉之家灵动流畅的曲线外壁，让巴塞罗那在全球城市之林中拥有了独一无二的辨识度，成为艺术与城市完美融合的典范。

图 4-3-3　纽约时代广场(Don Ramey Logan　摄)

图 4-3-4　圣家族大教堂(Canaan　摄)

## 一、建筑——城市的立体诗篇

建筑，堪称城市中最具代表性的艺术形式。它以空间为载体，将实用功能与艺术审美完美融合，宛如凝固的乐章，奏响着城市的独特旋律。城市建筑宛如一首首凝固的史诗，镌刻着时代的印记，诉说着城市的往昔与今朝。它们不仅满足着人们居住、工作、社交等多元需求，更是艺术的具象表达。凭借独特的造型、材质与空间布局，建筑展现出城市的美学追求与文化底蕴，成为城市风貌最直观、最震撼的展现。

悉尼歌剧院无疑是建筑艺术史上的璀璨明珠。它坐落于澳大利亚悉尼港的便利朗角，宛如一组扬帆起航的巨型帆船，又似绽放在碧海蓝天间的璀璨贝壳。其灵感源自对自然形态的精妙捕捉与对悉尼港周边环境的深刻洞察，打破了传统建筑的固有模式，开创了现代建筑艺术的全新风格(图 4-3-5)。歌剧院内部功能布局精巧合理，声学设计更是巧夺天工，确保每一位观众都能沉浸于无与伦比的视听盛宴之中。自 1973 年建成以来，悉尼歌剧院不仅是悉尼这座城市的地标象征，更是澳大利亚文化艺术走向世界的前沿阵地。它为城市带来蓬勃的文化活力与丰厚的旅游收益，成为艺术与建筑完美融合、功能性与美学高度统一的典范。

图 4-3-5　悉尼歌剧院(Bernard Spragg. NZ　摄)

与悉尼歌剧院遥相呼应，在古老的东方大陆，北京故宫宛如一部恢宏的史书，沉稳地矗立在北京中轴线的中心位置。故宫旧称紫禁城(图 4-3-6)，作为明清两代帝王的皇宫，始建于明朝永乐四年(1406 年)，占地面积约 72 万平方米，建筑面积约 15 万平方米，拥有近万间房屋，是世界上现存规模最大、保存最完整的木质结构古建筑群。故宫的建筑布局严格遵循中轴线对称原则，外朝以太和、中和、保和三大殿为中心，庄严肃穆，彰显着皇权的至高无上；内廷以乾清宫、交泰殿、坤宁宫为核心。宫殿建筑上的每一片琉璃瓦、每一根朱红立柱、每一处精美的木雕、石雕、彩绘，都凝聚着古代工匠们

图 4-3-6　北京故宫(Pixelflake　摄)

的精湛技艺与无穷智慧。它们无声地诉说着历史的沧桑变迁，见证了王朝的兴衰更替。故宫不仅是建筑艺术的巅峰之作，更是中华民族传统文化的瑰宝，蕴含着深厚的历史底蕴、哲学思想与审美意趣。

由华裔建筑大师贝聿铭精心打造的苏州博物馆新馆，是传统与现代交织的建筑杰作(图 4-3-7)。该馆选址于苏州古城核心区域，毗邻拙政园等古典园林。建筑整体色调素雅，以黑白灰为主色调，与苏州传统建筑色彩一脉相承，彰显出江南水乡温婉内敛的气质。在外观设计上，贝聿铭巧妙借鉴了苏州传统民居的马头墙元素，运用现代几何手法进行抽象演绎，打造出高低错落、层次分明的墙体，既保留了古韵，又充满了创新活力。在材质选用上，他将玻璃、钢材等现代材料与传统的灰砖、瓦片巧妙地组合在一起，营造出通透明亮又不失古朴典雅的空间氛围。苏州博物馆新馆不仅是文物收藏展示的场所，更是传承苏州历史文化、展现城市独特魅力的文化客厅，让古老与现代在同一空间内和谐对话，为城市建筑如何传承地域文化提供了卓越范例。

图 4-3-7　苏州博物馆(图片来源：苏州博物馆官网)

漫步于杭州富阳的富春山馆，墙上的旧砖瓦承载着富阳的历史记忆。该建筑设计借鉴了传统山水画的构图与意象，建筑整体如同从大地生长而出(图 4-3-8)。王澍，这位

图 4-3-8　富春山馆(王澍 设计)

荣获普利兹克奖的建筑大师，以画为蓝本，将美术馆、博物馆、档案馆巧妙融合在一起。建筑群错落有致，主山、次山、远山相依，呈现出“三远”的意境。砖石竹瓦等原生材料，质朴而典雅，与周边山水无缝衔接。无论是室内光影变幻下的展陈空间，还是室外曲径通幽的廊道，都让观者沉浸于自然与艺术交织的氛围之中，体悟到古典与现代碰撞的魅力。

## 二、景观——城市的活力脉搏

城市景观作为城市风貌的直观展现，犹如一幅徐徐展开的山水画卷，巧妙融合自然之美与艺术匠心，为城市居民营造出宜居宜游的诗意空间，成为城市魅力不可或缺的源泉。

在世界各地，无数别具匠心的城市景观设计都在以各自独特的方式诠释着这一理念。如芝加哥湖滨水岸(图 4-3-9)，它脱胎于往昔的工业码头区。设计师们独具匠心，将 18.5 英里水系中的 1.5 英里重塑为线性公园，设有供人静享湖光山色的咖啡雅座、举办户外音乐会的活力广场，以及展示先锋雕塑的艺术角落。多元功能交织，为市民与游客呈上丰富的休闲盛宴。夏日傍晚，华灯初上，湖滨步道满是慢跑者、骑行者与散步家庭的身影。清风拂面，城市喧嚣渐远，人与自然、艺术在此相融。

图 4-3-9　芝加哥湖滨水岸(Christian Phillips　摄)

作为城市滨水空间更新的典范，波兰的 Paprocany 湖东岸景观(图 4-3-10)基于河岸边交替蜿蜒于湖面和地面的木制长廊设计，步道与背面的行人和自行车道相连，并延伸到湖面。主要使用自然材料，强调该地区的自然特性，为人们提供了不同的空间体验。

无论是清晨阳光洒落的滨水步道，还是夜幕下灯火辉煌的城市广场，城市景观都在潜移默化中塑造着人们的情感记忆与归属感。如西安中央文化商务区(CCBD)(图 4-3-11)，它坐落于城市的历史中心南侧。商务区中的商业裙楼设有供人行走攀登的街道及露台，与露天广场、办公楼、住宅楼、酒店、绿色空间以及一处纵向公园相互融合，带来多元体验。设计并非简单地放置几栋建筑，用铺装和绿植填充其中的空间，而是在多个层次打造前所未有的立体城市景观。市民可以在这里穿行环游，见面交流。整体项目的目标是以愉悦、现代的方式对西安市的深厚历史底蕴做出回应。

图 4-3-10 RS+ Robert Skitek《Paprocany 湖东岸景观》

图 4-3-11 Heatherwick studio《西安中央文化商务区》

在华夏大地众多城市景观中，杭州西湖风景名胜区以其无与伦比的魅力，成为中国城市景观融合自然与人文的典范(图 4-3-12)。西湖历史源远流长，可追溯至秦汉，唐宋时期得以大规模疏浚与开发，明清时期进一步完善，逐渐形成现今“一山、二塔、三岛、三堤、五湖”的格局。西湖景观设计充分考量自然山水特质，苏堤、白堤横卧湖面，划分水域空间，增添景观层次；湖中三岛鼎立，以桥相连，仿若蓬莱仙境。西湖植物景观既营造优美视觉效果，又承载深厚文化内涵。湖畔诸多历史建筑如雷峰塔、岳王庙、灵隐寺等，与湖光山色相映成趣，诉说着杭州的历史传奇。

城市景观，作为城市的灵动名片，以其独特的魅力与深厚的内涵，承载着城市的历史记忆与未来的期许。它不仅是自然与人工的精妙对话，更是艺术与生活的和谐共鸣。通过精心雕琢的每一处细节，城市景观为居民勾勒出舒适惬意的生活蓝图，也为远方来客铺展了充满魅力的游览画卷。在城市的蓬勃发展进程中，优质的城市景观必将持续绽

图 4-3-12　杭州西湖风景区“雷峰塔”

放光彩，成为城市吸引人才、推动发展、提升品质的核心竞争力。它让城市在岁月长河中始终保持独特韵味与无限活力，成为人们心中永恒向往与眷恋的美好家园。

## 三、公共艺术——城市的灵动音符

公共艺术（Public Art）是一个外来词，指在公共空间中展示的、民众共同参与的艺术，又被称为公众艺术或社会艺术。它不隶属于某一类艺术流派或艺术风格，也不单指某一类艺术形式，而是存在于公共空间并为公众服务，体现了公共空间中文化开放、共享、交流的一种精神与价值。公共艺术与城市环境相融合，与城市发展共生。作为城市艺术的重要呈现形式，公共艺术镌刻在城市的大街小巷、广场公园等各个角落，与市民的日常生活紧密交织，成为城市文化内涵与精神气质的鲜活表达。它突破了传统艺术仅供少数人欣赏的局限，以开放、包容的姿态面向大众，让每一位路过的行人都能驻足品味，感受艺术的熏陶。

### （一）装置艺术

装置艺术以其临时性、实验性与强互动性，为城市注入灵动活力。装置艺术分为互动性和主题性两大类别。

互动体验式装置艺术以其独特的魅力，让市民能够亲身参与其中，带来前所未有的新奇体验，使城市空间焕发出勃勃生机与强大吸引力。如立陶宛艺术家 Benediktas Gylys 的《传送门装置》作品（图 4-3-13），如同一座梦幻般的桥梁，将纽约与都柏林两座城市紧密相连。纽约的第五大道与第 23 街交会处的熨斗大厦南公共广场，以及都柏林市中心的奥康奈尔街，这两个地标性的地点，如今都拥有了一扇通往异城的“传送门”。这两扇“传送门”不仅是科技与艺术的完美结合，更是一种全新的文化交流方式。它们利用实时直播技术，打破了地理的界限，让身处纽约的人们能够与都柏林的居民实时互动，共同分享彼此的文化、风土人情和生活点滴。这种跨越时空的交流，不仅丰富了人们的文化体验，也促进了两座城市之间的相互理解和友谊。

图 4-3-13　Benediktas Gylys《传送门装置》

在成都的 IFS 外，那只闻名遐迩的《I Am Here》装置则是另一番趣味(图 4-3-14)。憨态可掬的大熊猫以俏皮攀爬姿态攀附高楼，将国宝形象与潮流艺术无缝融合，不仅为繁华商圈添一抹萌趣亮色，更展现了当地闲适包容的城市调性。

图 4-3-14　Lawrence Argent《I Am Here》

优秀的装置艺术能够成为一个区域或城市的地标、文化中心，成为城市居民可以“诗意栖居”的公共空间。建成于 2004 年的芝加哥千禧公园便是典型案例之一。千禧公园的闻名，离不开经典的公共艺术作品《皇冠喷泉》。《皇冠喷泉》的主体为黑色花岗岩制成的倒影池，两侧是以玻璃砖建成的建筑体。艺术家将芝加哥市民的面孔利用现代技术投射在 15.2 米高的 LED 屏幕上(图 4-3-15)，两个大型影像屏幕每小时相继变换 6 个芝加哥市民的面部表情特写，并通过新媒体技术营造出喷泉从市民口中喷出的幻象。《皇冠喷泉》的创作过程也颇具代表性：为了采集这些影像资料，设计者乔玛·帕兰萨(Jaume Plensa)采用了样本采集的方式，他邀请 1000 位芝加哥市民做模特，分别拍摄记录下他们的表情，并将这些动态表情投射到玻璃砖砌成的建筑物表面，喷泉的水流量也会随着画面的变化而发生相应地改变。位于南北方向的两座塔楼遥相呼应，成为互动媒体公共艺术的优秀案例。

图 4-3-15　Jaume Plensa《皇冠喷泉》

主题性景观装置艺术紧密围绕城市的特质与发展需求，以艺术的形式传递特定的理念和价值观，为城市的艺术发展助力。草间弥生自 1966 年创作《自恋庭园》以来，这位日本传奇艺术家再次带着大量的镜像球体重返纽约。草间弥生将 1500 颗不锈钢镜像球体散布在位于 Fort Tilden 的废弃军事基地中(图 4-3-16)。银色的金属球表面反射出这座工业建筑的破旧状态和涂满了涂鸦的墙面，呼吁大家重视因飓风桑迪而受到进一步破坏的相关地区的重建工作。

图 4-3-16　草间弥生《自恋庭园》

在世界诗歌的璀璨星空中，日本俳句以其独特的形式和深邃的意境独树一帜，而装置艺术创作常常从这种古老文化中汲取灵感，实现跨领域的精彩融合。如设计师盐田千春最新创作的大型装置《One Thousand Springs》(图 4-3-17)，根据“俳句”这一特色文化，在空间中垂下了无数鲜红色的线，红线上挂着 5000 首来自世界各地的俳句，唤起人们对自然世界的想象。

图 4-3-17 盐田千春《One Thousand Springs》

装置艺术常以独特的表达形式，为人们搭建起与历史对话的桥梁。如柏林犹太人博物馆中有一永久性的装置艺术，是为纪念第二次世界大战时期犹太人“最终解决方案”事件而设。以色列艺术家马纳舍·卡迪希曼（Menashe Kadishman）用厚度三厘米的钢制作了一万个不同的、粗糙的、象征性的、双眼和嘴都是打开的面孔，铺满整个地面，并允许访客行走其上。这个展览被称为《落叶》（图 4-3-18），走在这条铺满面孔的作品上，常常深刻地引起观者的省思与感触，提醒人们珍惜和平与统一。这些主题性景观装置不仅成为柏林独特的城市景观，更承载着城市的历史记忆和文化精神，促进了市民对城市历史的认知和反思。

图 4-3-18 《落叶》（局部）

### （二）雕塑

城市雕塑，宛如立体的史诗，以其独特的艺术语言承载着城市的精神内核，成为城市不可或缺的标志性符号，不断丰富着城市的文化内涵。

纽约的《自由女神像》（图 4-3-19），无疑是举世闻名的经典雕塑。这座由法国雕塑家弗雷德里克·奥古斯特·巴托尔迪创作的宏伟作品，于 1886 年正式矗立在纽约港的自由岛上。女神身着古希腊风格的长袍，头戴光芒四射的冠冕，右手高举象征自由的火

图 4-3-19 《自由女神像》

炬，左手捧着刻有《独立宣言》签署日期的铭牌，脚下是断裂的锁链。她不仅是一件雕塑艺术品，更是美国独立、自由精神的象征，吸引着来自世界各地的目光，成为纽约乃至美国的重要标志，向世人传递着自由、民主的理念。

新加坡被誉为“花园城市”，是东南亚重要的金融中心和旅游胜地，其独特的历史发展使其兼具多元文化融合的特征。鱼尾狮雕塑是新加坡的象征，融合鱼身与狮头的形象。鱼身代表新加坡从渔村起步的历史，狮头则源于新加坡的古称“狮城”。雕塑坐落在新加坡河口，向世人讲述着城市的发展历程，成为吸引全球游客的打卡点，彰显新加坡既尊重历史又积极进取的城市风貌。雕塑以混凝土打造，表面覆盖着陶瓷鳞片，身躯庞大且造型生动。鱼尾狮口中源源不断地喷出清水，落入下方水池，水花飞溅，增添灵动之感(图 4-3-20)。

图 4-3-20　林浪新《鱼尾狮》

丹麦哥本哈根的“小美人鱼”雕塑(图 4-3-21)，也为这座城市增添了一抹浪漫而神秘的色彩。它是根据安徒生童话《海的女儿》创作的，由丹麦雕塑家爱德华·艾瑞克森设计，于 1913 年落成在哥本哈根朗厄里尼港的一块礁石上。小美人鱼静静地坐在那里，神情略带忧伤，凝望着大海，仿佛在思念着她的王子和海底的家园。这座小巧精致的雕塑，以其唯美的形象和动人的故事，成为哥本哈根的标志性景观，吸引着无数游客前来观赏，让人们感受到这座城市的浪漫情怀与童话气息。

图 4-3-21　《小美人鱼》

《成吉思汗雕塑群》(图 4-3-22)是全球较大的青铜雕塑群之一，是内蒙古鄂尔多斯市为弘扬中华民族精神，纪念成吉思汗称汗 800 周年，提升城市文化品位而策划的宏大的主题性、纪念性、历史性艺术工程，被誉为“新时代的雕塑奇迹”。整个雕塑群共有五组，分别是《闻名世界》《一代天骄》《草原母亲》《海纳百川》和《天驹行空》。各组雕塑都有其深厚的含义：如《闻名世界》歌颂了成吉思汗戎马一生的辉煌成就，寄托着深深的民族自豪情怀；《一代天骄》寓意着成吉思汗传奇一生经历的磨难，烘托出坚韧不拔、百折不挠的精神；《草原母亲》借传统故事表达团结奋进的精神；《海纳百川》渲染出成吉思汗广阔的胸怀和气度；《天驹行空》巧借成吉思汗的两匹骏马，象征着和平与自由，还预示着鄂尔多斯经济的腾飞。该雕塑群以文化为主脉，以雕塑为载体，将地域特色、人文特色、民族特色、文化特色融为一体，展现中华民族团结、一往无前的气势和大无畏的民族精神，寄托着对鄂尔多斯美好未来的憧憬与向往。

图 4-3-22　何鄂《成吉思汗雕塑群—海纳百川》

### (三)壁画

壁画，以城市的墙面为广袤画布，生动地展现着城市的历史文化，宛如一部部无言的史书，为城市街区注入了鲜活的生命力，凝聚着社区的深厚情感。

美国费城被誉为“壁画之城”，拥有数量众多且风格各异的壁画。其中，加州肖像画家 Kent Twitchell 创作了一幅足有三层楼高的巨型肖像画，画的是穿着西装、外号“Dr. J”的篮球巨星 Julius Erving(图 4-3-23)。费城壁画中充满了各种抽象与具象相结合的图案、符号和人物形象，仿佛在诉说着费城的历史变迁、多元文化以及社区居民的生活故事。这些壁画不仅美化了城市环境，还成为社区凝聚力的象征，吸引着居民和游客前来欣赏，促进了社区的文化交流与发展。

图 4-3-23 Kent Twitchell《Dr. J》

敦煌莫高窟，作为世界上现存规模最大、内容最丰富的佛教艺术圣地，其壁画更是中华民族艺术宝库中的璀璨明珠。莫高窟的壁画跨越了十多个朝代，历经千年的岁月的洗礼，依然色彩绚丽、栩栩如生。壁画内容涵盖了佛教故事、经变画、尊像画、供养人画像以及建筑、服饰、音乐、舞蹈等各个方面，生动地展现了古代中国社会的风貌和人们的宗教信仰、生活方式。如《鹿王本生图》(图 4-3-24)以连环画的形式讲述了九色鹿舍己救人的故事，画面线条流畅，色彩明快，寓意深刻。敦煌壁画不仅是艺术的杰作，更是研究古代历史文化、宗教艺术的重要资料，它承载着中华民族的智慧与精神，吸引着全世界的目光，让敦煌这座城市成为文化艺术的胜地。

此外，巴西圣保罗的蝙蝠侠胡同(图 4-3-25)，也是壁画艺术的典范之地。这条原本普通的小巷，经过众多艺术家的涂鸦创作，变成了一个充满创意与活力的露天画廊。胡同两侧的墙壁上布满了各种风格的壁画，从政治讽刺画到流行文化元素，从抽象艺术到写实肖像，应有尽有。这些壁画反映了巴西的社会现实、文化特色以及艺术家们对生活的感悟，吸引了大量游客前来参观，成为圣保罗独特的文化名片。同时，这些壁画也带动了周边地区的经济发展，让这个街区焕发出新的生机与活力。

图 4-3-24　敦煌莫高窟壁画《鹿王本生图》(来源：敦煌研究院官方网站)

图 4-3-25　巴西圣保罗的蝙蝠侠胡同

## (四) 大地艺术

大地艺术，作为一种将艺术与自然环境紧密结合的艺术形式，在城市空间中展现出独特的魅力与影响力。它以大地为画布，利用自然材料或结合特定场地的地理特征进行创作，为城市带来别具一格的景观体验。位于美国内华达州黑石沙漠的“火人节”，因其独特的大地艺术作品而闻名于世。每年，来自世界各地的艺术家和参与者汇聚于此，在沙漠中创造出各种临时性的大地艺术装置。其中，《燃烧的人》雕塑是整个活动的核心标志(图 4-3-26)。这座高大的木质人形雕塑，在活动的最后一晚被点燃，熊熊烈火照亮整个沙漠，寓意着自我毁灭与重生，象征着人们对自由、创造和社区精神的追求。节日期间，沙漠中还分布着各种风格迥异的艺术作品，有的是巨大的金属结构，有的是利用灯光营造出奇幻氛围的装置，它们与广袤的沙漠景观相互融合，构成了一个充满奇幻色彩的艺术世界。“火人节”不仅是一场艺术盛宴，更吸引了大量游客和媒体关注，一定程度上提升了内华达州的知名度，为城市周边地区带来了独特的文化旅游体验。

图 4-3-26　1990 年的火人节(C. Nick Lynch 摄)

在英国威尔特郡的索尔兹伯里平原上，屹立着神秘的巨石阵(图 4-3-27)。虽然巨石阵的建造年代和用途至今仍是未解之谜，但它无疑是一件伟大的大地艺术作品。这些巨大的石头按照特定的排列方式矗立在平原上，有的石头重达数吨，与周围的自然景观相互映衬，营造出一种神秘而庄严的氛围。巨石阵的存在，不仅成为英国历史文化的重要象征，吸引着来自全球的游客和考古学家，也为威尔特郡增添了深厚的文化底蕴。围绕巨石阵展开的各种研究、旅游活动，让这一地区与这一古老的大地艺术作品紧密相连，使其在世界文化版图中占据独特的位置。

图 4-3-27　威尔特郡巨石阵(Garethwiscombe 摄)

而在日本北海道的青池(图 4-3-28)，大地艺术与自然景观完美融合。青池原本是一处因建设水电站而形成的人工湖，后经艺术家巧妙设计，利用湖底的矿物质和周围的自然环境，打造成一个宛如梦幻世界的大地艺术景观。在不同的季节和天气条件下，青池的湖水呈现出不同的颜色，有时是深邃的蓝色，有时是碧绿的色调，与周围的山峦、森林相互呼应。湖畔还设置了一些简单而富有创意的艺术装置，如木质的观景台、造型独特的指示牌等，这些装置与自然景观相得益彰，既方便游客欣赏美景，又增添了艺术氛围。青池的成功打造，不仅为北海道的旅游业增添了新的亮点，也让当地因这一独特的大地艺术景观而闻名遐迩，成为人与自然和谐共生的典范。

图 4-3-28　日本北海道的青池(来源：日本国家旅游局官方网站)

大地艺术在城市中的呈现，不仅为市民和游客带来了独特的视觉享受，还促使人们重新审视自然与城市、艺术与生活的关系，为城市的文化发展和生态建设注入了新的活力。

## 四、交融——艺术与城市的双向奔赴

艺术与城市的双向奔赴，宛如一场盛大而美妙的交响乐，奏响了新时代美育的激昂旋律，为人们的美育生活开辟了广阔无垠的新天地，注入了源源不断的活力与内涵。

### (一)城市更新中的艺术

在城市更新的进程中，艺术发挥着独特而重要的作用。将艺术元素融入城市更新项目，不仅能够改善城市的物质环境，还能唤起城市的历史记忆，提升城市的文化品质，实现街区的复兴与重生。

巴塞罗那市的哥特区更新改造设计中，艺术家们通过壁画、雕塑等公共艺术形式，将该区域的历史故事和文化传统生动地展现出来。成都的宽窄巷子也是城市更新与艺术融合的典范(图 4-3-29)。宽窄巷子由宽巷子、窄巷子和井巷子平行排列组成，是成都

图 4-3-29　成都宽窄巷子(设计：清华大学建筑学院)

遗留下来的较成规模的清朝古街道。在宽窄巷子的改造过程中，充分挖掘了成都的传统文化元素，并将其与现代艺术设计相结合。巷子里的建筑保留了传统的川西民居风格，同时在建筑装饰、店铺招牌等细节处融入了现代艺术手法。宽窄巷子通过艺术与城市更新的有机结合，成为成都的文化名片，吸引了大量国内外游客，提升了成都的城市形象和文化影响力。

### (二)艺术助力城市经济

艺术作为城市经济的重要组成部分，不仅能够创造可观的经济效益，还能带动相关产业的发展，为城市提供大量的就业机会，同时提升城市的知名度和影响力。

好莱坞，作为全球电影产业的核心地带，位于美国洛杉矶(图 4-3-30)。好莱坞拥有世界顶尖的电影制作公司、电影明星和电影技术人才，每年制作出大量高质量的电影作品，在全球范围内获得了巨大的票房收入，并带动了周边一系列相关产业的繁荣，例如，电影周边产品开发、电影主题旅游等。迪士尼公司以其制作的动画电影为基础，开发了大量的周边产品，包括玩具、服装、文具等，这些产品在全球范围内热销，创造了巨大的经济效益。同时，好莱坞的电影主题旅游也十分火爆，环球影城等主题公园吸引了大量游客前来体验电影中的场景和故事，为洛杉矶的旅游业发展作出了重要贡献。好莱坞凭借其强大的艺术产业，成为洛杉矶这座城市的经济支柱之一，同时也让洛杉矶在全球范围内享有极高的知名度。

图 4-3-30　好莱坞标志(Thomas Wolf 摄)

横店，中国的“影视之都”(图 4-3-31)，位于浙江金华。横店影视城拥有庞大的影视拍摄基地，涵盖不同历史时期的建筑风格和场景，吸引了众多影视剧组前来拍摄。每年有大量的影视作品在横店诞生，不仅推动了中国影视艺术的发展，也为当地带来了显著的经济效益。横店的影视旅游产业发展迅速，游客可以在这里参观影视拍摄场景，体验影视拍摄过程，感受影视文化的魅力。横店通过发展艺术产业，实现了从一个普通小镇到知名影视城市的华丽转身，成为中国艺术助力城市经济发展的成功范例。

图 4-3-31　横店影城中的乾清宫(图片来源：横店影视城官方网站)

## 第四节　艺术与日常生活

### 一、日常之美：发现平凡中的不凡

在日常生活的琐碎与平凡之中，隐藏着无数令人惊叹的美好瞬间。这些瞬间，宛如散落于生活画布上的璀璨珍珠，等待我们去发现、去珍惜。当我们以美育的视角去审视生活，便会发现，即使是最为普通的场景，也能散发出独特的艺术魅力。

日常之美无处不在，它隐藏于生活的每一个细节之中，等待着我们去发现、去欣赏。这些平凡中的美好，成为滋养我们心灵的源泉。让我们珍惜这些美好瞬间，用心去感受生活的魅力与美好。

艺术与日常生活紧密相连，两者之间的界限在某些方面已然模糊。从衣食住行的每一个细微之处，都能深刻体会到日常生活艺术美学的独特韵味与无穷魅力。以下将从日常生活中的衣、食、住、行这四个维度，对日常生活艺术美学进行细致描绘与深入探索。

#### (一)衣——服饰中的艺术灵魂

在服饰领域，艺术美学不仅体现在设计、材质、色彩和搭配的巧妙运用上，更在于其背后所承载的文化底蕴和个性表达。现代服装设计在追求实用性的同时，更加注重个性化和审美价值的体现。设计师们匠心独运，将艺术元素巧妙融入服装，使其不仅成为遮体保暖的工具，更成为展现个人品位、审美观念和文化身份的重要载体。中国的旗袍、刺绣、蜡染等传统服饰，深刻体现了服饰艺术的独特魅力。它们不仅蕴含着深厚的文化底蕴，还通过精致的工艺和独特的风格，展现出不同地域、不同民族的文化特色和美学追求。

近年来，国潮品牌的崛起尤为显著。许多品牌通过融合传统文化元素与现代设计理念，打造出一系列具有独特韵味的服饰、配饰等。例如，三寸盛京这一备受明星青睐的东方美学品牌，将中国传统的刺绣、印花、图案等元素融入现代服装设计，既保留了传统文化的精髓，又赋予其新的时尚内涵(图 4-4-1)。这些国潮服饰不仅在国内受到年轻人的追捧，也在国际时尚舞台上崭露头角。中国元素与青年文化潮流的深度交融，总能带来令人耳目一新的风格面貌。无论是宋代水墨与摇滚的结合，三星堆文化与街头潮流的碰撞，非遗植物染与牛仔学院风的融合，山海经神兽与多巴胺穿搭的创意，还是苗族纹

图 4-4-1　三寸盛京品牌时装发布会

样、马面裙、马褂、唐装、旗袍与青年文化潮流的混搭，都能展现出潮而不俗的效果。

### (二)食——烹饪中的味觉盛宴

饮食艺术作为日常生活艺术美学的重要组成部分，其魅力在于烹饪过程中的创意与匠心。厨师们不仅精心挑选食材，更通过巧妙的色彩搭配和口味调配，将一道道菜肴变成美味的艺术品。从精致的法式甜点到充满地域特色的中国菜系，每一道菜都蕴含着烹饪艺术的独特韵味。此外，餐桌布置、餐具选择等细节也体现了人们对饮食美学的极致追求。一个优雅的就餐环境、一套精美的餐具，能让人们在品尝美食的同时，享受到视觉和心灵的双重愉悦。例如，GREEDY 牙签罐，这款牙签罐的设计灵感来源于食物，取名“馋”，与“禅”谐音，寓意着对美食的渴望和对生活的热爱(图 4-4-2)。其设计不仅实用，还通过独特的造型和色彩搭配，成为餐桌上的艺术点缀。

图 4-4-2　GREEDY 牙签罐(设计师：SOMO)

在产品设计领域，美学代表阿莱西(Alessi)是一个源自意大利米兰的传奇品牌。自1921年由乔瓦尼·阿莱西创立以来，阿莱西便以其独特的设计理念和精湛的工艺享誉全球。从最初的金属加工车间到如今拥有多元化产品线的国际品牌，阿莱西始终秉持着创新与艺术结合的核心价值，将实用性与趣味性巧妙地融合于每一件家居用品和厨房用具之中。其设计作品不仅令人眼前一亮，更富含深意，让日常生活在不经意间焕发出艺术的光芒。在阿莱西品牌的设计作品中，荷兰设计师马塞尔·万德斯(Marcel Wanders)设计的“马戏团”主题餐具(图4-4-3)堪称典范。这一系列中，每款产品都用环状排列的几何形态装饰，其中还有彩条和圆锥形顶等标志性元素。所用色彩多为黑色、白色、黄色、红色和金色，这些色彩搭配图案能够唤起人们儿时第一次跨入高大的马戏团帐篷时那种奇妙有趣的感觉。设计师大胆地将马戏团内常见的色彩与刺激感融入餐具设计，仿佛在一系列餐具和家居配件中注入了魔力。这一系列还包括五个限量款产品，每款限量产品分别代表着马戏团的一个重要角色，分别是“小丑”(图4-4-4)“大力士”(图4-4-5)“舞蹈家”(图4-4-6)“马戏团主”(图4-4-7)和“糖果人”(图4-4-8)。每款产品均采用长菱形、圆形和尖角等几何图案，并用黑色、白色、黄色、红色、金色与银色相互搭配，达到完美的色彩平衡。

图4-4-3　马戏团主题餐具(设计师：马塞尔·万德斯)

图4-4-4　“小丑”开瓶器(设计师：马塞尔·万德斯)

图 4-4-5 “大力士”核桃夹(设计师：马塞尔·万德斯)

图 4-4-6 “舞蹈家”音乐盒(设计师：马塞尔·万德斯)

图 4-4-7 “马戏团主”头目桌铃(设计师：马塞尔·万德斯)

图 4-4-8 “糖果人”糖罐(设计师：马塞尔·万德斯)

日常的美食也是一门值得欣赏的艺术。从选材到烹饪，每一个环节都蕴含着创作者的匠心与情感。当我们品尝一道美食时，不仅是在满足口腹之欲，更是在品味创作者对生活的热爱与追求。那些色香味俱佳的佳肴，就像一幅幅生动的画作，让人在品尝的过程中感受到生活的丰富多彩。

### (三)住——家居中的温馨空间

居住环境是艺术美学的又一重要展现舞台。家具的选择与布置、室内装饰的风格等，反映了主人的个性和审美。简约现代的设计、复古优雅的风格或充满民族特色的装饰，能让家成为一个温馨而富有艺术气息的空间。灯具为生活空间美学提供了不可或缺的元素，它不仅是照明工具，更是塑造空间氛围、展现个人品位和生活态度的艺术品。例如，丹麦设计师保罗·汉宁森以独特的灯具设计而闻名，其设计理念重视光源与观看的关系，强调光线的控制和分配。他不仅关注灯具设计的功能性，还重视其美学价值和用户体验。通过对光线的巧妙运用和材质的精心选择，他将灯具变成艺术品，为日常生活空间增添了艺术魅力。PH 系列灯具的设计灵感来源于自然界的光线分布，通过精巧的光学设计，将光线分散，避免直接照射产生的眩光，完美体现了设计师对光影关系的独特理解和“柔光美学”的设计理念(图 4-4-9)。

座椅在居住空间中扮演着至关重要的角色，它不仅是日常休息和活动的必需品，更是塑造空间氛围、提升居住品质的关键因素。人的一天中大部分时间要与椅子打交道，椅子的色彩、造型等各种因素都会影响我们的心情，进而影响到我们的生活或工作状态。一把独特造型且舒适的椅子，不仅可以给我们带来居住的舒适性，还能为我们的家居环境增添独特美感。例如，潘顿椅是由丹麦设计师维纳尔·潘顿创作的现代家具杰作，以其独特的“S”形曲线、流畅的雕塑感和多彩的设计而著称。它采用轻质高强度的塑料材料制成，完美融合了艺术美感与人体工学，成为现代家居和公共空间的标志性装饰(图 4-4-10)。

图 4-4-9 PH 灯(设计师：保罗·汉宁森)

图 4-4-10 潘顿椅(设计师：维纳尔·潘顿)

### (四)行——出行中的视觉享受

在出行方面，艺术美学同样无处不在。无论是公共交通工具的设计，还是私家车的外观和内饰，都体现了设计师们的匠心独运。一些城市还通过打造艺术街区、涂鸦壁画等方式，为市民提供了更加丰富多彩的出行体验。这些艺术作品不仅美化了城市环境，还通过独特的视角和表达方式，反映了社会现实、文化潮流和人们的思想情感，成为城市文化的重要组成部分。例如，成都公交携手国际知名时装轻奢品牌连卡佛，联合打造了一辆粉色双层巴士，将文化与时尚完美结合，成功增强了品牌形象和目标受众的契合度(图 4-4-11)。在提升品牌内容质量和创意性的基础上，利用社交媒体策略提高其市场反响，促进品牌与消费者之间的互动，建立反馈机制，为成都的街头增添了一抹梦幻的“芭比粉”风景。

图 4-4-11　成都公交集团粉色双层巴士

艺术与日常生活紧密相连，从衣食住行的各个方面深刻体现了日常生活艺术美学的独特魅力。这些艺术元素不仅让我们的生活更加丰富多彩，还提升了我们的审美水平和文化素养。因此，我们应该学会欣赏和创造生活中的艺术美学，让艺术成为我们生活的一部分，共同营造一个更加美好、和谐且充满艺术气息的社会环境。

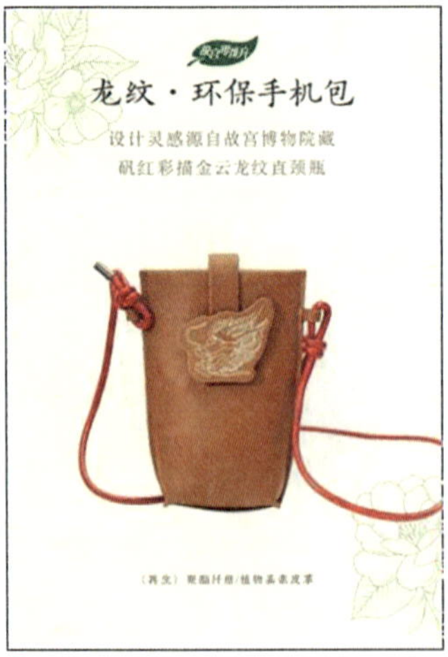


图 4-4-12　龙纹·环保手机包
（图片来源：故宫博物院官网）

## 二、文创之美：产品的日常美学

文创之美，通过创意手段将文化元素、艺术形式与现代设计巧妙融合，创造出既具艺术价值又具实用功能的产品或服务。中华优秀传统文化以其深厚的人文内涵，成为文创设计的灵感来源。以文化为基石、以创意为核心的文创产品，成为连接传统与当代、文化与生活的桥梁和纽带。这些产品不仅促进了传统文化的传播，还展现了传统美学的广阔发展空间，同时也是当代人们生活方式的全新诠释。例如，故宫文创推出的“龙纹·环保手机包”(图4-4-12)，采用苹果榨汁后的残余物制成的“苹果皮革”，这种皮革具备与动物皮革相似的特性，但其生产过程与动物无关。产品灵感来源于故宫博物院的矾红彩描金云龙纹直颈瓶，将传统文化与环保理念完美融合。

故宫博物院的“零废弃项目”从2020年启动以来，通过回收故宫每日产生的废弃物，制成环保文创产品。如利用回收的矿泉水瓶制成的雨衣和防晒服，用咖啡渣和茶叶渣制成的茶具、雕塑等。这些产品不仅减少了垃圾的产生，还提升了产品的文化价值和环保意义。2021年，故宫博物院联合万科公益基金会、韩美林艺术基金会共同推出“福牛辞‘旧’”废弃物再生雕塑展，旨在让公众在创新型的艺术氛围中感受废弃物变废为美的价值，倡导更多人在生活中践行零废弃理念，减少垃圾产生，尽可能物尽其用，共同创造洁净美好的生活环境。在中国古典文化中，牛象征着勤劳奋进、风调雨顺、国泰民安。福牛辞旧，万象更新，此次展出的《福牛辞“旧”》废弃物再生雕塑(图4-4-13)，其创作材料92%均来源于故宫博物院分类出的废弃物，共计0.32吨。艺术制作团队将这些收集到的物品经过消毒、修剪、打磨、拼接等工序，实现了废弃物的“变废为美”。按照韩美林先生设计的视觉形象，用废旧钢材搭建骨架，将废弃塑料制品填充、黏合、拼接于骨架之上，最后塑造成型。观众在直观视觉中不仅能感受到“零废弃”的美学魅力，还能在创新型的艺术氛围中深入了解“零废弃”的理念内涵，同时对零废弃的3R原则——“源头减量、循环利用、分类回收”有更加深刻的体会。

图4-4-13　《福牛辞“旧”》废弃物再生雕塑(图片来源：故宫博物院官网)

2024年，文创冰箱贴大热，其中以杭州博物馆镇馆之宝“影青釉里红高足瓷杯”为原型的冰箱贴(图4-4-14)同样“一杯难求”。冰箱贴均为手工上色，具有便携性、价格亲民、纪念意义强等特点。该产品不仅是一个冰箱贴，更是一件微型的文化艺术品，满足了人们对文物细节的欣赏和收藏的需求。

冰箱贴还满足了部分消费者的“收藏欲”，有人甚至利用冰箱贴将中华五千年历史“搬”回了家(图4-4-15)。他们按照新石器时代、夏商周、秦汉等中国古代的历史时期顺序，将博物馆文物冰箱贴分门别类地进行收藏。

图 4-4-14　“影青釉里红高足瓷杯”冰箱贴（图片来源：杭州博物馆官网）

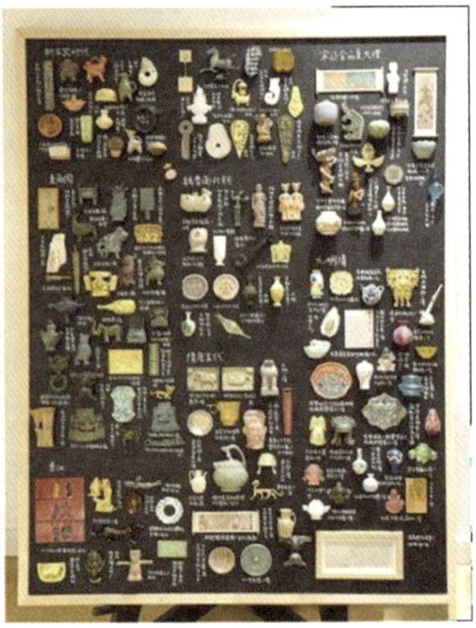

图 4-4-15　冰箱贴收藏（Konoe　摄）

## 课程思政

通过引导同学们发现并欣赏日常生活中的艺术元素，培养其热爱生活、积极向上的价值观。这一过程不仅是对美的追求，更是对大学生社会责任感与人文关怀的深刻启迪，鼓励我们将个人审美融入社会实践，以艺术之眼洞察生活之美，促进心灵的净化与品德的提升。

## 智慧火花

- 了解同学们对艺术、生活以及设计创作的兴趣和基础。遵循自愿原则，将具有不同专业背景和创意能力的同学们分成小组，确保每组都有多样化的视角和思维方式。在小组内分配角色，如引导者（负责带领小组讨论和创意激发）、记录员（负责记录讨论过程和创意点）、发言人（负责代表小组展示成果）等，以促进团队合作和创意碰撞。
- 使用思维导图工具，引导我们围绕“艺术与生活”的主题进行头脑风暴，记录与主题相关的关键词和想法。
- 通过随机词汇联想游戏，如“词语接龙”“创意词汇卡片”等，激发同学们的想象力，产生新的创意点。
- 设定与“艺术与生活”相关的情境，如“设计一个社区艺术墙”“策划一场线上艺术展览”等。小组成员进行角色扮演，模拟情境中的不同角色，通过互动和讨论，深化对艺术与生活关系的理解，并产生具体的创意方案。

## 践美之行

- “寻找美好”摄影比赛：同学们可分组在校园或社区内寻找具有艺术感的美好瞬间，并用相机记录下来。每组选出最佳照片，并在课堂上展示和分享拍摄背后的故事和感受。
- 艺术创作工作坊：提供多样化的艺术材料和工具，如颜料、画笔、纸张等。同学们可分组进行艺术创作，形式可以是绘画、雕塑、拼贴等，主题围绕“艺术与生活”。鼓励同学们发挥想象力和创造力。
- “艺术与我”主题演讲：同学们准备一段关于“艺术与我”的演讲，分享自己对艺术的理解和感悟，促进交流和互动。

《青春未命名》，黄月寒、谷芯汝、曾怡旋作品

### ◎◎◎书籍推荐◎◎◎

吴鸿宇：《中国历代流行服饰》，南京：江苏人民出版社 2024 年版。

### ◎◎◎网站资源◎◎◎

中国国家博物馆数字展厅：提供丰富的在线展览，涵盖考古成果、艺术成就和历史文物，适合进行艺术鉴赏和学习。

# 第五章
# 形象塑造：雕琢多维自我形象

在浩瀚的人类文明长河中，美如同一盏璀璨的明灯，照亮着人类前行的道路。它不仅是一种外在的观感享受，更是一种内在的精神追求。形象之美，作为美的重要表现形式之一，不仅关乎个体的外貌与气质，更深刻地影响着我们的内心世界与社交生活。当我们谈论形象之美时，不仅是在讨论如何穿着打扮、如何修饰容颜，更是在探讨如何通过外在的形象塑造，展现内在的品质与修养。一个拥有良好形象的人，往往能够散发出独特的魅力，让人心生敬意与好感。这种魅力，既来自精致的外表，更源自内心的善良、正直与自信。

### 心海映形

- 通过审美观念调查问卷，询问同学们对美的定义、对形象美的看法以及他们认为哪些因素构成了形象美。
- 让同学们描述自己目前的形象特点，包括外貌、着装、言行举止等方面。询问他们是否对自己的形象满意，以及希望在哪些方面进行改进。
- 了解同学们是否有意愿通过学习化妆技巧、着装搭配、言行举止规范等来改善自己的形象，并进行评估。

## 第一节　个人形象美学的重要性

### 一、个人形象美学的定义与内涵

个人形象美学是从美学角度对人的整体形象进行系统化研究与解析，从色彩和风格的角度探索内在规律，实现和谐统一的审美理念。它倡导科学的美、整体的美和量身定制的美，个人可以通过学习自我形象管理技能来找到适合自己的形象定位。

## 二、大学生个人形象美学的重要性

大学生个人形象美的重要性不言而喻。它不仅影响学生在校园内的表现，更对未来职业生涯有着深远影响。整洁的外表、礼貌的行为、积极乐观的态度、诚实守信的品质、广泛的爱好以及善于交流的能力，共同构成了大学生个人形象美的关键要素。这些要素不仅增强了学生的自信心与自我效能感，使他们在学习和社交中更加自信，敢于挑战，积极参与；同时，也促进了人际关系的建立与维护，为他们提供了更多的学习和成长机会，增强了团队合作与社交能力。此外，良好的个人形象还能提升领导力与影响力，使他们在校园组织中脱颖而出，成为领导者，并在团队中发挥重要作用。最终，这些特质将为他们未来的就业奠定坚实基础，使他们在求职市场上更具竞争力，更容易获得心仪的工作机会。

## 三、个人美学形象与心理健康

个人美学形象与心理健康之间存在着双向影响。从美学形象对心理健康的积极作用来看，当我们精心打造个人美学形象，会收获外在的积极反馈，比如他人的赞美，这直接增强了自我认同感。这种认同感使我们在内心深处肯定自己的价值，从而提升自信心。在工作会议上，穿着得体、妆容精致的我们，会因他人投来的欣赏目光，更加自信地表达观点，展现出自身能力。

同时，个人美学形象的塑造也是一种有效的情绪调节方式。当心情低落时，换上一件多巴胺色彩服饰(图 5-1-1)，或者精心化一个妆，能从视觉上带来愉悦感，转移对负面情绪的注意力，进而改善情绪状态。心理学研究表明，改变外在形象可以刺激大脑分泌内啡肽，这种物质能够带来快乐和满足感，帮助我们缓解压力与焦虑。

图 5-1-1　多巴胺色彩服饰(图片来源：《服饰前沿》)

心理健康对个人美学形象也有着重要的影响。内心积极健康的人，其美学形象往往更具感染力和亲和力。而处于心理困境中的人，可能会忽视个人美学形象的维护。长期抑郁的人可能会变得不修边幅、穿着随意，这不仅是外在形象的改变，更是心理状态的一种外化表现。这种恶性循环会进一步影响心理健康，导致自我价值感降低，社交退缩。

为了促进个人美学形象与心理健康的良性发展，我们可以在日常生活中采取以下措施：

(1)积极形象促进心理健康。个人美学形象对心理健康的影响是一个复杂而深远的过程。积极的美学形象不仅能提升自尊和自信，还能显著改善整体心理健康状况。

(2)自尊水平的提升。积极的美学形象能够显著提高个体的自信水平。当人们对自己的外貌和整体形象感到满意时，更容易形成积极的自我认知，从而增强自信感。这种自信的提升不仅限于社交场合，还会渗透到日常生活的方方面面，形成一种持续的积极心理状态。

(3)情绪调节能力的增强。良好的美学形象还能增强个体的情绪调节能力。当我们认为自己外表吸引人时，更倾向于采用积极的情绪应对策略，如重新解读负面事件或专注于积极方面。这种积极的情绪调节方式有助于减少焦虑和抑郁症状，提高整体幸福感。

(4)社交互动质量的改善。积极的美学形象还能改善社交互动的质量。当我们对自己的外貌有信心时，更倾向于主动参与社交活动，建立和维护人际关系。这种积极的社交行为不仅能满足归属感的需求，还能提供情感支持，从而进一步促进心理健康。

(5)应对压力能力的提升。积极的美学形象还能提高个体应对压力的能力。当我们认为自己外表吸引人时，更倾向于采取积极的问题解决策略，而不是回避或否认问题。这种积极的应对方式有助于减少压力感，提高抗压能力。

(6)内在修养与外在形象的统一。积极的美学形象对心理健康的促进作用应建立在内在修养与外在形象统一的基础上。单纯追求外在美而忽视内在素质的发展可能会适得其反，导致自尊的脆弱性和心理健康问题。因此，在塑造积极美学形象时，应注重全面发展，平衡内在修养与外在形象。通过这些机制，我们可以看到积极的美学形象如何成为一个强有力的工具，不仅影响个体的自我认知和情绪状态，还能促进社交互动和压力管理能力的提升，从而全面促进心理健康的发展。

## 第二节　服饰搭配与色彩学

### 一、服饰搭配的基本原则

服饰搭配，即“Fashion Coordination”，蕴含搭配、调配之意，指的是服饰形象的整体设计、协调和配套。它主要涉及款式、颜色上的协调，力求达到美观、得体、大方的整体效果。服饰搭配不仅与服饰本身紧密相关，还与服饰的穿着者、周围环境等因素息息相关。总体而言，服饰搭配涵盖了服装款式要素、服装色彩要素、服饰配件要素以及个人条件要素等，这些要素相互交织，共同影响着整体的着装风貌。服饰搭配是一门综合性的艺术，它包括服装、配饰、发型以及化妆等因素的组合关系，其中还涉及造型、色彩、肌理、纹饰等诸多要素。因此，服饰搭配不能脱离一定的环境、时间背景，也不能脱离着装的主体。

## （一）颜色搭配

1. 同色系

同色系搭配，简单来说，就是在同一色系下，通过不同深浅的颜色来做搭配，也称为色彩明度与彩度的变化。这种看似简单的方式，实际上需要依靠不同种类的同色单品来搭配。最简单的方式就是全黑、全白或全灰，这三种颜色属于明度变化而无彩度的色彩，且易于与其他颜色融合。同色系搭配通常会给人带来增高的视觉效果，因为同色调的连贯性会产生延伸效果，从而拉长身高比例。如杂志《Fudge》上的模特身着灰、棕、白等同色系穿搭，简约大气，视觉效果统一和谐(图 5-2-1)。

图 5-2-1　《Fudge》2025 年 2 月号

2. 相近色

相近色在色环中易于推断，选择一个颜色，其邻近的颜色就是可以相互搭配的色彩。例如，蓝色与黄色可以混合成绿色，这三个颜色就能搭配得很好，视觉上会非常舒适。当然，在配色上建议不要超过三种颜色，否则容易显得杂乱。Fendi 2025 春夏秀场模特身着相近色的服饰，通过不同颜色的叠穿，使整体穿搭氛围活泼俏皮(图 5-2-2)。

图 5-2-2　Fendi 2025SS

3. 对比色、互补色

穿着对比色时，如果选择彩度高的颜色会显得抢眼；

如果使用明度高、彩度低的颜色，则会显得更为精致。模特身着对比色的服饰，随性且优雅。由于人体下肢的视觉面积大于上身，所以下装一般会选择明度或饱和度较低的颜色，这样整体效果会生动且柔和(图 5-2-3)。

4. 面积对比

面积大小不同的色彩并列放置时，大面积色彩容易形成整体色调，而小面积色彩则容易突出成为视觉焦点。为了达到色彩平衡，一般用色彩强度弱的色彩占大面积，色彩强度强的色彩占小面积。在服装搭配中，通常用亮色作为点缀色。品牌 Lerobe 的画报中，模特身着色彩感强的针织衫、外套等，为穿搭起到点睛作用，整体复古且吸睛(图 5-2-4)。

图 5-2-3 SHUSHU TONG 2025 SPRING

图 5-2-4 Lerobe 2024 AW

## (二)版型搭配

服装是人们日常生活中不可缺少的一部分。穿着舒适合身的衣服，不仅能彰显我们对美好生活的追求，还能展示自身的个性。而版型则是决定服装对身体包裹程度的关键因素。选用合适的版型，即与自身身体维度、身体条件相匹配的版型，是我们在选择服装时不得不考虑的重要因素。例如，日本时尚杂志将服装版型分为 I、X、Y 三种类型（图 5-2-5）。I 型服装适合遮盖一些身材上的小问题，如臀部较宽、手臂较粗、有小肚子等。可以选择具有 I 型视觉效果的服装，但注意不可选择全身都比较肥大的衣服，否则会显得身材过于臃肿。X 型服装搭配适合腰细的女性，搭配重点在于使用皮带收腰，收腰可以使得整体身材看起来更纤瘦，凸显身材。Y 型是最普遍的搭配类型，也是日常生活中使用较多且视觉效果较好的类型，适配度高，可以突出腿部线条，修饰身形。

图 5-2-5　杂志《BAILA》2024 年 11 月号

## 二、季节色彩与服饰选择

在生活中购物时，我们时常纠结于挑选什么颜色的衣服适合自己。简洁低调的黑、白、灰可能会是大多数人的选择。然而，在选择衣服前，我们可以先尝试了解自己适合什么颜色。根据每个人的天生条件，都有适合自己和不适合自己的颜色，那么，如何选对自己的颜色呢？

四季色彩理论是根据人的天生肤色、发色（包括瞳孔色、唇色等），运用色彩学理论进行分类，最终形成以最佳色彩展示人与色彩和谐搭配的规律。它主要依据人的自然体色，将人们分为“春”“秋”（暖色系）和“夏”“冬”（冷色系）四个季节类型（图5-2-6）。这种理论不仅能够帮助个人找到最适合自己的颜色，还能够提升个人的整体形象。

### （一）春季型

春季型人具有浅象牙色、暖米色、细腻且有透明感的肤色特征，眼睛像玻璃球一样明亮发光，眼珠为亮茶色、黄玉色，眼白呈湖蓝色。发色呈现明亮如绢的茶色、柔和的棕黄色或栗色，且发质柔软。

图 5-2-6　四季色彩理论示意图

春季型人的搭配原则是选择最适合自己的颜色，要点是颜色不能太旧、太暗。春季型人的服饰基调属于暖色系中的明亮色调，在色彩搭配上应遵循鲜明、对比的原则，以突出自己的俏丽(图 5-2-7)。春季型人适用范围最广的颜色是黄色，选择红色时，以橙红色、橘红色为主。对春季型人来说，黑色是最不适合的颜色，过深、过重的颜色会与春季型人白皙的肌肤、飘逸的栗色秀发产生不和谐感，使春季型人看上去显得暗淡。春季型人的特点是明亮、鲜艳，用明亮、鲜艳的颜色打扮自己，会比实际年龄显得年轻。

图 5-2-7　春季型穿搭(丁娅妮　摄)

## (二)夏季型

夏季型人具有粉白色、乳白色皮肤，或带蓝色调的褐色皮肤、小麦色皮肤。目光柔和，整体感觉温柔，眼珠呈焦茶色、深棕色。发色轻柔，为黑色、灰黑色，或柔和的棕色、深棕色。

在搭配原则上，夏季型人常拥有健康的肤色、水粉色的红晕、浅玫瑰色的嘴唇和柔软的黑发，给人以非常柔和优雅的整体印象。夏季型人适合以白色、蓝色、绿色为基调的柔和淡雅的颜色，这样才能衬托出她们温柔、恬静的个性(图 5-2-8)。夏季型人适合穿深浅不同的各种粉色、绿色、蓝色和紫色，以及有朦胧感的色调。在色彩搭配上，最好避免反差大的色调，适合在同一色相里进行浓淡搭配，颜色一定要柔和、淡雅。夏季型人不适合穿黑色，藏蓝色等过深的颜色，这些颜色会破坏夏季型人的柔美。可以用一些浅淡的灰蓝色、蓝灰色、紫色来代替黑色。夏季型人穿灰色会非常高雅，但注意选择浅至中度的灰色。

### (三)秋季型

秋季型人有着瓷器般的象牙色皮肤，肤色可能呈现深橘色、暗驼色或黄橙色。他们的眼睛多为深棕色、焦茶色，眼白为象牙色或略带绿的白色，头发则呈现出褐色、棕色、铜色或巧克力色。

秋季型人是四季色彩中最成熟而华贵的代表。在搭配色彩上，他们最适合的颜色是金色、苔绿色、橙色、褐色等深邃而华丽的颜色。选择红色时，一定要选择砖红色或与暗橘红色相近的颜色。秋季型人的服饰基调属于暖色系中的沉稳色调，浓郁而华丽的颜色能够衬托出他们成熟高贵的气质，越浑厚的颜色越能彰显他们陶瓷般的皮肤质感(图 5-2-9)。秋季型人选择适合自己的颜色的要点是：颜色要温暖且浓郁。穿黑色可能会使皮肤显得发黄，因此可用深棕色、深驼色来代替黑色。

图 5-2-8 夏季型穿搭(丁娅妮 摄)

图 5-2-9 秋季型穿搭(丁娅妮 摄)

### (四)冬季型

冬季型人的肤色特征为青白或略带橄榄色，有时呈现带青色的黄褐色，冷调肤质，几乎看不到红晕。他们的眼睛黑白分明，目光锐利，眼珠为深黑色或焦茶色。发色多为乌黑发亮，或呈现黑褐色、银灰色、深酒红色。

冬季型人最适合纯色，各国国旗上使用的颜色都是冬季型人最适合的色彩。在选择红色时，他们可选正红、酒红和纯正的玫瑰红。在四季颜色中，只有冬季型人最适合使用黑、白、灰这三种颜色(图 5-2-10)，藏蓝色也是冬季型人的专属色彩。然而，在选择深重颜色时，一定要有对比色出现。冬季型人选择适合自己的颜色的要点是：颜色要鲜明，光泽度高。冬季型人着装时一定要注意色彩的对比，只有通过对比搭配，才能展现出惊艳、脱俗的效果。

图 5-2-10　冬季型穿搭(柳苑　摄)

## 三、肤色与服饰色彩匹配

根据四季色彩理论，亚洲人的肤色主要介于黄色相和红色相之间的橙色区域，且在这一区域内存在多种变化，从而呈现出不同的视觉印象。有的偏黄，如棕色、象牙色、驼色等；有的则偏红，如粉红色、杏色、栗色等(图 5-2-11)。一般来说，肤色的色调由明度和纯度共同决定。明度指的是肤色的深浅程度，即我们日常生活中常说的“白”或“黑”。纯度则是指肤色色相的饱和度。

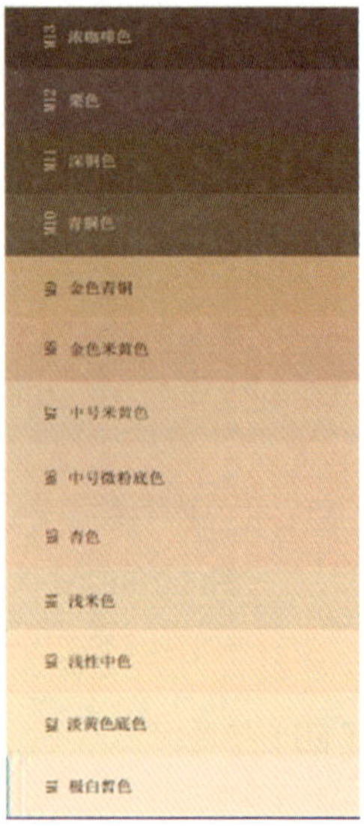


图 5-2-11　肤色分类示意图

M1～M3 浅白色型：这类人肤质细腻，皮肤白皙且具有透明感。适合穿着颜色明快、轻快的色彩，如米白色、暖灰色、亮褐色、浅蓝色、桃粉色、黄绿色等(图 5-2-12)。在全身搭配时，主色和点缀色应形成对比，但避免选择对比过于强烈的颜色。浅白色型女性在化妆时，可以选择暖色调或粉色调，以营造轻盈、通透的感觉。

图 5-2-12　Thirty Three 2025 春夏

M4～M6 亮粉白型：这类人的皮肤明显偏暖(偏红肤色)，是大多数亚洲女性的肤色特征。皮肤多呈现为象牙色、深橘色、橙红色。适合穿着具有厚重感的颜色，在全身搭配时，尽量避免强烈的对比，多采用相同色系或邻近色系的浓淡搭配。可利用不同服饰的材质来区分搭配的层次感，颜色上可选用驼色、暖棕色、卡其色等大地色系(图5-2-13)。女生在化妆时也可以选择一些较沉稳的暖色调颜色，如肉桂色、金棕色等。

图 5-2-13　棕色系穿搭

M7～M9 棕黄色型：这类人肤色较暗，气色有力，明度较低，如小麦色。适合穿着以蓝色为基调的颜色，如深紫蓝色、淡绿松石蓝色、紫丁香色、天空蓝色等(图5-2-14)。在全身搭配中，可用不同深浅的灰色、紫色以及浅粉色进行搭配，效果最为和谐。也可以选择色彩纯正、有光泽的颜色形成强烈的视觉对比，如红、黄、蓝、绿等鲜艳颜色。但这类肤色不适合咖啡色系，因为肤色偏黄且暗，咖啡色系会弱化对比，使脸色显得更加不好。

图 5-2-14　蓝色系穿搭

## 四、服饰搭配与个性表达

个性表达是通过服装来展现个人独特性格的一种方式。这不仅仅关乎外观，更在于个人如何通过服装来传达自己的个性、价值观和生活方式。在穿搭中，个性表达允许人们通过颜色、图案、面料和款式的选择来创造独特的个人风格，从而在视觉上展现自己的个性。一个人的穿着打扮，往往能够反映很多基本信息，如职业、性格、情感以及消费习惯等，甚至由此延伸出了服饰心理学这一概念。

### （一）极简风（Clean Fit）

基础款，顾名思义，就是款式设计简约，不追赶潮流，看不到任何复杂的设计和其他的装饰。在颜色上，多以基础色为主，如黑白灰、蓝色、咖色、米色。这类服装在面料选择上，多以羊毛、羊绒、真丝、棉麻等天然面料为主。以基础款作为服饰搭配主要元素的 Clean Fit 极简风为代表，地域上以瑞典、丹麦、韩国等国家为典型。该风格凭借着干净、合身又实用的特点，掀起了一阵风潮。从穿搭整体感上来说，保持着简约、随性、干净的风格。在极简风穿搭中，几乎看不到明显的 Logo，更显简约高级。以百搭基础款为主，让经典单品有更多组合的可能性。配色简单，多以黑白灰、米咖棕为主，偶有彩色也以低饱和度为主（图 5-2-15）。极简风强调的是版型合体，以确保穿着的舒适性和得体性。

图 5-2-15　极简风穿搭

## (二)法式风

法式风源自法国，以其简约而不简单、慵懒自然、浪漫优雅的特点著称，深受全球时尚爱好者的喜爱。与法国人的生活方式和审美哲学一样，法式风不仅仅是一种穿搭风格，更是一种生活态度的体现。法式风格的精髓在于：Effortless Chic(不费力的时髦)。法式风格整体保持着简约自然的款式，以经典黑白灰、卡其色、深蓝色为主色，单品也多以西装外套、针织背心、丹宁为主，并搭配丝质、棉质衬衫。剪裁利落合身，看似不张扬、不起眼，却很有精致感。但在一些细节上会有比较特别的体现，如外套纹路多见格纹、千鸟格、人字纹等；衬衫上有蝴蝶结、飘带、花边等点缀，增添了浪漫俏皮感(图 5-2-16)。在鞋履搭配上，可能会搭配粗跟皮靴、小猫跟鞋、玛丽珍鞋、穆勒鞋、乐

图 5-2-16　法式风穿搭

福鞋等款式，也有可能是帆布鞋、德训鞋。在法式风中，穿着宽松的衣服时，腰带是至关重要的一点，既能收腰，又能展现腰线。此外，蕾丝、碎花等元素在法式风中也很常见，这种设计元素既具有法式乡村的气息，又能给人一种文艺复古的迷人魅力。法式风也很注重细节的装饰，如丝巾、胸针、耳环、头饰等，能起到点睛作用，使整体搭配散发出别样的优雅味道。

### （三）美式风

美式风是以美国文化为代表的服饰穿搭风格。这类服饰强调个人风格和自我表达，服饰穿搭潮流通常受到流行文化的影响，包括音乐、电影、电视剧和社交媒体等，人们会追随流行偶像或流行文化中的时尚趋势。美式风的主要特点是多变、张扬、色彩丰富、目的性强（分场合）、时尚、个性鲜明、休闲、随意。风格又能细分为美式休闲、美式街头、美式复古、美式校园等。

美式休闲与运动风在美国青少年中非常流行，但当下不仅限于青少年，在全球范围内各年龄段都很风靡。这一类风格以穿着舒适的衣物为主，如牛仔裤、T 恤、运动鞋、连帽衫、棒球帽等（图 5-2-17）。这种风格强调轻松自在和活力。

图 5-2-17　美式休闲风穿搭

美式街头风格深受美国时尚中街头文化的影响，包括涂鸦、滑板和嘻哈文化等。这些元素在他们的穿搭中屡见不鲜，如宽松的运动服、涂鸦风格的印花 T 恤和滑板鞋，还会搭配铆钉夹克、迷彩飞行夹克、渐变毛织开衫等单品（图 5-2-18）。

美式复古风格中，一个热门分支是美式校园风。20 世纪七八十年代的校园穿搭，如今成为模仿的范本。它虽然与英伦制服共享一些元素，如格纹、长筒袜、乐福鞋等（图 5-2-19），但相较于后者的严谨讲究，美式校园风更具休闲特色。这源于历史原因，美式风格具有强烈的“休闲”基因。在单品选择上，多采用复古图案、做旧字母图案、针织马甲、帽衫卫衣等元素。

图 5-2-18 WHOOSIS 2024 秋季 LOOKBOOK

图 5-2-19 《独领风骚》剧照

美式复古风格中，还有以美国著名时尚品牌 Ralph Lauren(拉夫劳伦)为代表的 Old Money Aesthetic(老钱风)。该风格融合了幻想、浪漫、创新、古典及美国乡村的灵感，所有的细节都建立在一种不被时间淘汰的价值观上。设计灵感来源于上流社会的运动、传统庄园生活以及美国西部的牛仔文化。它同时具备松弛与矜贵的优雅感，在日常正装中还会融入度假风情。松弛的线条随风飘动，极简与浪漫在此相融合，不刻意张扬，但举手投足中散发出迷人的贵气感(图 5-2-20)。

图 5-2-20 Ralph Lauren 2025 Lookbook

## (四)新中式

近年来，新中式穿搭掀起了一股热潮。它不仅是一种风格，更是一种文化态度和生活哲学。新中式继承了东方的优雅与古典美，同时融入现代设计的创新与灵感，展现出一种独特的当代贵气感。它兼具大气与静谧的东方美学特质，也蕴含着民族的、写意的韵味。新中式风格常采用宽松的款式体现潇洒之感，色彩运用上会采用水墨渲染、自然色系以及民族色系(图 5-2-21)。面料的考究是其一大亮点，多选用丝绸、亚麻、缎等天然材质，这些材质带来舒适的触感与良好的透气性。通过流畅的廓形线条、繁复花纹来体现高贵典雅之感。在颜色选择上，一般倾向于高饱和度的有彩色、金色等奢华色彩(图 5-2-22)。

图 5-2-21 HUI 2025 春夏秀场

图 5-2-22　花木深 Lookbook

## 五、服饰搭配与场合考量

穿搭是一种语言，不仅能展示个人风格，还能体现对场合的尊重与理解。在不同场合中，如何挑选合适的服饰，是每个人都需要掌握的一项技能。无论是正式的商务会议，还是轻松的社交聚会，合适的穿搭能够提升个人形象，增强自信。因此，了解不同场合的穿搭要求，选择与活动性质相符的服饰，是现代人必备的能力。

### (一) 正式场合

正式场合通常对穿着有较为严格的要求，这类场合要求人们展现出得体、专业与严谨的形象。在商务会议、公司年会、职业讲座或商务宴会等场合，穿着得体能够提升职业形象，传递出对工作的重视与对他人的尊重。

对于男性来说，西装和领带几乎是标准选择。西装的颜色最好选取深色调，如黑色、藏蓝色或灰色，这些颜色既显得稳重又具有权威感。领带则应与西装相协调，尽量避免过于花哨的款式，选择简单的条纹或纯色款式是比较稳妥的做法(图 5-2-23)。鞋子应选择黑色或棕色皮鞋，保持鞋面光洁。整体搭配应给人一种整洁、专业的印象。

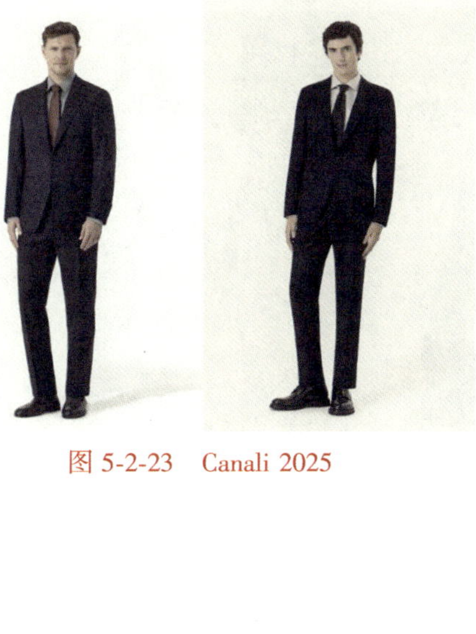

图 5-2-23　Canali 2025

女性在正式场合的穿搭则更多样化，但同样要求简洁、得体。可以选择一套优雅的职业裙装或套装，颜色上尽量避免过于鲜艳的颜色，黑色、灰色、深蓝色等稳重色调会是不错的选择(图 5-2-24)。如果选择裙装，长度最好保持在膝盖附近，避免过短或过长。配饰方面应保持低调，可佩戴一款简约的手表或首饰，避免过于夸张的配饰。

图 5-2-24　杂志《Oggi》2023 年 7 月刊

## (二)休闲场合

与正式场合不同，休闲场合的穿搭更加自由和轻松。在日常出行、朋友聚会、周末休闲等场合，舒适和个性是选择服饰的主要考虑因素。

女性在休闲场合可以选择更多样化的搭配，如宽松的衬衫配牛仔裤，或者连衣裙配平底鞋。配饰可以根据个人风格进行搭配，既可以选择简约的项链，也可以搭配一些个性化的耳环或手链。整体风格不必拘谨，舒适性和自我表达才是最重要的考量(图 5-2-25)。

图 5-2-25　女士休闲穿搭(Joli Choose 2025FW Lookbook)

男性可以选择 T 恤、牛仔裤或者休闲裤，搭配一双简洁的运动鞋或休闲鞋。色彩上可以大胆尝试，如亮色系、印花图案等，都能展现出活力与个性。如果天气较冷，可以加上一件夹克或外套，选择简约而不失设计感的款式，既能保暖又不失时尚感（图 5-2-26）。

图 5-2-26　AURALEE 2025 春夏系列

## （三）晚宴与派对

晚宴和派对等场合通常要求穿搭既要出色又不失优雅，这类场合的着装通常会有一定的奢华感，但也要避免过于浮夸，确保穿搭的高雅与品位。

女性在晚宴或派对上可以选择一件优雅的晚礼服，颜色上可以尝试深色系的经典款，或者一些有珠光效果的亮面布料，展现高贵感。礼服的设计可以根据个人身形挑选，A 字裙、鱼尾裙或者修身裙都是不错的选择（图 5-2-27 和图 5-2-28）。搭配高跟鞋，不仅能拉长身形，还能增加整体的精致感。配饰方面，钻石项链、耳环和手镯等精致珠宝能进一步提升整体气质。

图 5-2-27　Self-Portrait 2024 Lookbook

图 5-2-28　Zac Posen 2012 Spring

男性可以选择一套精致的西装或者晚礼服，搭配简约的领结或领带，黑色皮鞋是晚宴的标配(图 5-2-29 和图 5-2-30)。需要注意的是，西装的剪裁和细节设计要精致，过于普通的款式往往无法凸显品位。在配饰方面，可以佩戴一款高级手表或简单的袖扣，尽量避免过于显眼的配饰。

图 5-2-29　Ralph Lauren 2020 Fall

图 5-2-30　DUNHILL 2025SS Menswear

### (四)户外活动

户外活动，如爬山、露营、远足、旅行等，对穿搭有着特殊的要求。舒适与实用是首要任务，同时也不应忽视时尚感，以应对不同的环境和天气变化。男性在参与户外活动时，需要关注衣物的功能性。防风、防水和透气性是选择衣物时的重要考虑因素。运动裤、速干 T 恤以及户外运动鞋都是不错的选择。在寒冷的环境中，户外夹克或者羽绒服能够提供有效的保暖。此外，选择一些色彩鲜艳的衣物不仅能增加运动的活力感，还便于在群体中辨认。背包和帽子等配件也可以提升整体造型的完整性。女性在户外活动时，舒适性同样是首要考虑的因素。可以选择运动套装或者登山裤搭配速干衣，确保活动时的灵活性和舒适性。运动鞋是最佳选择，能够保证长时间行走时不会感到不适。此外，搭配一款运动背包或防水外套，不仅能够应对突如其来的天气变化，还能保持整体造型的时尚感(图 5-2-31)。

图 5-2-31　AIGLE 2024 秋冬 Harmony 系列

# 第三节　仪态与礼仪

## 一、仪态之美的塑造

在个人形象美学的范畴中，仪态之美犹如一首无声的诗，通过身体的姿态、动作和表情，向外界传递着一个人的内在修养、气质与精神风貌。良好的仪态不仅能够增强个人的自信与魅力，更是在社交场合和日常生活中赢得他人尊重与好感的重要因素。

### （一）身体姿态

身体姿态是仪态美的基础，涵盖了站姿、坐姿、行姿等多个方面。

1. 站姿

正确的站姿应体现出挺拔、端庄与优雅。双脚并拢或微微分开，女性两脚呈 45°，男性两脚呈 45°~60°，与肩同宽，膝盖自然伸直，收腹，挺胸，双肩自然下垂，头部保持正直，目光平视前方(图 5-3-1 和图 5-3-2)。这样的站姿能够给人以自信、稳重之感，宛如一棵苍松，坚韧而有力量。

图 5-3-1　女性标准站姿
（出镜：刘惠君　柳苑　摄）

图 5-3-2　男性标准站姿
（出镜：杨军　柳苑　摄）

2. 坐姿

坐姿同样有着严格的规范与要求。入座时要轻缓，坐在椅子的三分之二处，背部挺直，膝盖并拢或微微分开，双手自然放在膝盖上或椅子扶手上。女性的坐姿可以更加优雅，如正位式坐姿，需在保持上述基本坐姿的基础上，将双腿并拢，双脚的脚跟、脚掌均并拢在一起，脚尖向前。双手自然地放在膝盖上，手指轻轻相扣或自然舒展(图5-3-3)。此时，整个身体呈现出一种端庄、大方的姿态，给人以沉稳、干练之感。而男性则以稳重、大气的坐姿为主，双腿可适当分开(图5-3-4)。

图5-3-3　女性正确坐姿
(出镜：刘惠君　柳苑　摄)

图5-3-4　男性正确坐姿
(出镜：杨军　柳苑　摄)

3. 行姿

行姿要求步伐稳健、轻盈且有节奏感。行走时，双脚交替前进，步幅适中，手臂自然摆动，摆动幅度以30°~40为宜。身体保持正直，目光平视，面带微笑(图5-3-5和图5-3-6)。行走的姿态应展现出活力与自信，如行云流水般自然流畅。

图5-3-5　女性标准行姿(出镜：刘惠君　柳苑　摄)

图 5-3-6　男性标准行姿(出镜：杨军 柳苑 摄)

## (二)表情管理

表情是心灵的窗户，能够直观地反映出一个人的情绪与内心世界。在仪态之美中，表情管理扮演着至关重要的角色。

首先，眼神是面部表情中最具感染力的元素之一。在与他人交流时，眼神要专注、真诚且友善。避免眼神游离、飘忽不定或长时间盯着其他地方，以免给人以不尊重或心不在焉的感觉。其次，微笑是世界上最美丽的语言，它能够瞬间拉近人与人之间的距离。真诚、自然的微笑能够传递出温暖、亲和力和乐观向上的态度。微笑时要精神饱满、神采奕奕，展现出亲切的气质。无论是在初次见面时的问候，还是在日常交往中，微笑都应始终挂在脸上(图 5-3-7)。

图 5-3-7　微笑姿态

除了眼神和微笑，其他表情如皱眉、撇嘴、瞪眼等也应适度控制。这些表情如果过度使用，可能会给人以负面的印象，如不耐烦、生气或不友好。在不同的场合和情境中，我们要根据实际情况恰当地运用表情，以展现出自己的优雅与从容。

### (三)手势运用

手势是仪态之美的重要补充，能够增强语言表达的效果，使交流更加生动、形象。

在日常交流中，常用的手势有抬手、伸手、摆手、鼓掌等。抬手时，手臂应自然伸直，手掌向上，动作要轻柔、舒缓；伸手可用于引导、指示方向，手指并拢，掌心向上，指向目标(图5-3-8)；摆手表示否定、拒绝或告别，动作幅度不宜过大；鼓掌则用于表示赞赏、欢迎或祝贺，掌声要响亮、整齐且有节奏。

图5-3-8　引导手势(出镜：刘惠君　柳苑　摄)

在运用手势时，我们要注意避免一些不良手势，如用手指指人、双手交叉抱胸、不停地摆弄手指或物品等。用手指指人是一种不礼貌的行为，容易让人产生被冒犯的感觉；双手交叉抱胸则会给人以防御、冷漠的印象；而不停地摆弄手指或物品则显示出个人的紧张与不安。在正式的商务谈判或社交场合中，我们尤其要注意这些细节，以免影响自己的形象与交流效果。

## 二、礼仪之韵的彰显

礼仪是人类文明的重要标志，它体现了社会的道德规范和人际交往的准则。在个人形象美学中，礼仪之韵的彰显能够使一个人在社交场合中如鱼得水，游刃有余，从而建立起良好的人际关系网络。

### (一)社交礼仪

社交礼仪是人们在社会交往活动中应遵循的基本礼仪规范，它涵盖了见面礼仪、交谈礼仪、拜访礼仪等多个方面。

1. 见面礼仪

见面是人际交往的第一步，恰当的见面礼仪能够给对方留下良好的第一印象。在见面时，通常要遵循问候、握手、介绍等礼仪程序。问候要热情、真诚，根据不同的时间和场合选择合适的问候语，如“早上好”“下午好”“晚上好”等。

握手是一种常见的见面礼节。握手时要注意姿势正确：身体前倾，伸出右手，四指并拢，拇指张开，与对方的手轻轻握住，力度适中，时间不宜过长或过短，一般以3~5秒为宜(图5-3-9)。在介绍他人时，要遵循尊者优先了解情况的原则，先将晚辈介绍给长辈，将下级介绍给上级，将男士介绍给女士等。

图5-3-9　握手礼(出镜：杨军、刘惠君　柳苑　摄)

2. 交谈礼仪

交谈是社交活动中最主要的交流方式，良好的交谈礼仪能够使交流更加愉快、顺畅。在交谈时，要注意语言文明、礼貌，避免使用粗俗、冒犯性的语言。要尊重对方的观点和意见，不轻易打断对方的发言；如有不同看法，可在对方发言结束后委婉地提出。同时，要注意倾听，保持专注的眼神和适当的点头、微笑等回应，让对方感受到自己的重视与关注。

3. 拜访礼仪

拜访他人是一种常见的社交活动，无论是商务拜访还是私人拜访，都要遵循一定的礼仪规范。拜访前要提前预约，告知对方拜访的时间、目的和人员等信息，以便对方做好准备。拜访时要准时到达，如因特殊情况不能按时到达，要提前通知对方并表示歉意。进入对方的场所后，要遵守其内部规定，如脱鞋、换鞋等。在与主人交谈过程中，要注意举止得体，不随意翻动主人的物品。拜访结束后，要适时告辞，并对主人的接待表示感谢。

### (二)商务礼仪

商务礼仪是在商务活动中遵循的礼仪规范，对于塑造企业形象、促进商务合作具有重要意义。

1. 商务会议礼仪

商务会议是企业内部沟通和对外交流的重要场合。会议礼仪要求参会人员着装得体、准时到场、遵守会议秩序。在会议过程中，应将手机调至静音或关机状态，不随意接听电话或中途离场。发言时要简洁明了、条理清晰，尊重他人的发言权。

2. 商务宴请礼仪

商务宴请是商务活动中常见的社交形式。在宴请过程中，要注意餐桌礼仪。座位安排要遵循尊卑有序的原则，一般以正对门的位置为上座，由主人或主宾就座。用餐时要注意餐具的使用规范，如使用筷子时不随意翻动菜肴、不将筷子插在饭中；使用刀叉时要按照从外到内的顺序依次取用。同时，要注意饮酒的礼仪，适量饮酒，不强行劝酒，尊重不同人的饮酒习惯。

3. 商务谈判礼仪

商务谈判是商务活动的核心环节，谈判礼仪直接影响到谈判的结果。在谈判前要做好充分准备，了解对方的背景、需求和谈判风格等信息。谈判时要保持冷静、理智，态度诚恳、友善，不使用威胁、恐吓等手段。在语言表达上要准确、严谨，避免模糊不清或产生歧义。同时，要注意肢体语言的运用，保持良好的仪态和表情，展现出自信与专业。

### (三)餐饮礼仪

餐饮礼仪是在餐饮活动中体现个人修养和文化素养的重要方面。

1. 中餐礼仪

作为中华民族传统文化的璀璨明珠，中餐有着悠久的历史和丰富的文化内涵，中餐礼仪也颇为讲究。在正式的中餐用餐场合，餐桌上的每一个细节都承载着特定的意义和尊重。当大家围坐在餐桌旁时，首先要遵循的重要礼仪便是等待主人或长辈率先动筷。

如今，为了保障公共卫生和健康，使用公筷已成为中餐礼仪中不可或缺的一部分。在夹取菜肴时，务必使用公筷，绝不能将自己用过的筷子直接伸进菜肴中随意翻找。这种行为不仅会影响他人的食欲，还被视为一种极不礼貌和缺乏修养的表现。我们应秉持着谦逊、礼貌的态度，用公筷夹取适量的食物。

进食过程中，细嚼慢咽是关键。这不仅有助于食物的消化吸收，更是优雅用餐仪态的重要体现。进餐时应避免发出大声的咀嚼声和吞咽声，以免干扰到周围的人，破坏用餐的和谐氛围。保持安静、从容的进食节奏，既能更好地品味美食，也能展现出自己的优雅气质。

同时，餐桌仪态也不容忽视。在夹菜时，要注意手臂的伸展幅度，切不可将手臂伸得过长，以免影响到旁边的人。而且，随意将食物残渣吐在餐桌上是绝对不允许的。如果口中有食物残渣需要吐出，应当用纸巾轻轻遮挡住嘴巴，将残渣吐在纸巾上，然后妥善放置在餐盘的一角，保持桌面的整洁干净。

2. 西餐礼仪

西餐礼仪与中餐礼仪在诸多方面存在着较大的差异。西餐的餐具摆放、使用顺序以及用餐方式都有着极为严格的规定，这些规定背后同样蕴含着丰富的西方文化底蕴(图

5-3-10）。用餐前要先将餐巾铺在腿上，刀叉的使用要从外向内依次进行。切割食物时要用叉子按住食物，用刀切割成小块后再用叉子送入口中。饮用葡萄酒时要先观色、闻香、品味，酒杯的使用也有特定的讲究。通常，我们要用手指握住酒杯的杯柄，而不是直接握住杯身，这样既能避免手部温度影响酒的口感，又能展现出优雅的姿态。

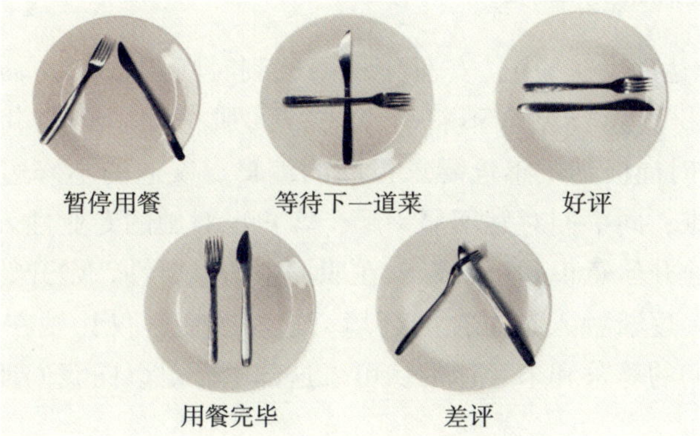


图 5-3-10　刀叉摆放含义

## 三、形象之美的持续修炼

提升形象之美并非一蹴而就，而是一个需要持续修炼的过程。它不仅仅是外在的修饰与表现，更是内在修养与精神境界的不断提升。在日常生活中，我们应时刻保持自我反思的意识，关注自己的仪态和礼仪表现，及时发现存在的问题并加以调整。例如，在与他人交谈时，我们应注意自己的站姿是否挺拔，有无弯腰驼背的情况；坐姿是否端正，是否会出现随意跷二郎腿或者瘫坐在椅子上的不雅姿态；在餐桌上用餐时，是否遵循基本的用餐礼仪，餐具的使用是否规范。

一旦发现自身存在这些问题，我们绝不能视而不见，而是要迅速行动起来加以调整。为了更好地改进自己的不足之处，我们可以积极借鉴多种有效的方法。一方面，我们可以仔细观察身边那些拥有良好仪态和优雅礼仪的人。他们就如同生活中的榜样，从他们与他人礼貌的交流方式，到在各种场合中大方得体的举止，都值得我们用心去学习和模仿。另一方面，我们可以向专业人士请教。这些专业人士凭借深厚的专业知识和丰富的实践经验，能够一针见血地指出我们在仪态和礼仪方面存在的深层次问题。他们可以帮助我们从商务礼仪到社交礼仪，从国际礼仪到传统礼仪，全方位地了解和掌握正确的行为准则。在他们的指导下，我们可以更加高效地提升自己的形象，避免在追求形象之美的道路上走弯路。

仪态与礼仪在个人形象美学中占据着重要的地位。通过对仪态之美的塑造、礼仪之韵的彰显以及形象之美的持续修炼，我们能够塑造出更加完美的自己。在社交、商务和日常生活等各个领域中，我们将展现出独特的魅力与风采，提升个人的生活品质和社会影响力。深入理解和掌握仪态与礼仪知识，不仅有助于我们个人的成长与发展，更是为构建和谐、文明的社会环境奠定了坚实的基础。

## 第四节　个人形象与职业发展

### 一、个人形象与职场首秀

在电影《穿普拉达的女王》中，安迪(Andy)初到时尚杂志《*Runway*》工作时，对时尚一窍不通，穿着打扮随意，完全不符合杂志社的风格(图 5-4-1)。她的老板米兰达(Miranda)是一位对时尚极其敏感且要求极高的编辑。安迪的不修边幅很快就让她在工作中遇到了重重困难，同事们对她不屑一顾，客户也对她的专业性表示怀疑。然而，随着故事的发展，安迪开始意识到个人形象在职场中的重要性。她开始改变自己的穿着打扮，学习时尚知识，逐渐融入杂志社的环境。这一改变不仅让她在工作中更加得心应手，还赢得了同事们的尊重和米兰达的认可。这部电影足以向我们证明个人形象在职场中的重要性。

图 5-4-1　《穿普拉达的女王》剧照

职场首秀是个人进入新环境、新团队或新职位时，向同事、上级和下属展示自己的第一次机会。个人形象，包括穿着打扮、言行举止、态度气质等，都会在这一刻形成第一印象。良好的个人形象能够争取更多的职业机会，特别是在竞争激烈的工作环境中。一个专业、自信、有活力的形象更容易赢得他人的信任和尊重，从而为自己争取到更多的合作机会和职业发展空间。同时，职场首秀也是建立职场关系的重要时刻，积极、开放、友好的形象有助于与他人建立良好的第一印象，为后续的合作和交流打下基础。如何准备一场成功的职场首秀呢？一般需要从如下几个方面来提升自己。

一是了解职场文化。在进入新职场之前，了解公司的企业文化、价值观、行为规范等是至关重要的。这有助于我们更好地融入新环境，避免在言行上触犯公司的底线或引起他人的不满。

二是精心准备着装。穿着打扮是职场首秀中最为直观的个人形象体现。我们应根据公司的文化和职位特点选择合适的着装风格，既要符合职业要求，又要展现我们的个性和品位。

三是熟悉工作内容。在职场首秀之前，应熟悉自己的工作内容、职责范围以及公司的业务流程。这有助于我们在工作中表现出自信和专业，赢得他人的认可和尊重。

四是保持积极态度。职场首秀中，态度决定一切。我们应保持积极、乐观、主动的态度，展现出热情和活力，这有助于与他人建立良好的关系，并为后续的工作打下坚实的基础。

五是注重细节。细节决定成败。在职场首秀中，我们应注重自己的言行举止、仪态仪表等细节，做到礼貌、得体、大方。这有助于提升个人形象，给人留下深刻的印象。

六是主动沟通与交流。在职场首秀中，主动与同事、上级和下属进行沟通与交流是非常重要的。这有助于我们更好地了解公司的文化和团队氛围，同时也能够展示我们的沟通能力和团队合作精神。

个人形象在职场首秀中扮演着至关重要的角色。通过了解职场文化、精心准备着装、熟悉工作内容、保持积极态度、注重细节以及主动沟通与交流等方式，我们可以为自己打造一场成功的职场“首秀”，为职业生涯的顺利发展奠定坚实的基础。

## 二、职业角色与形象需求

职业角色与形象需求之间存在着紧密的联系。不同的职业角色对形象有着不同的要求，这些要求不仅体现了职业的专业性和规范性，还影响着个人在职场中的表现和职业发展。以下将详细探讨职业角色与形象需求的关系。

### (一)职业角色对形象需求的影响

首先，职业角色需要展现专业性。不同的职业角色因其行业特性，需呈现出不同的专业形象。例如，医生(图 5-4-2)、律师等职业，需展现出严谨、专业的形象，以彰显其职业的专业性和权威性。这种形象需求通常体现在着装、举止、言谈等方面。

图 5-4-2　医生形象

其次，职业形象需符合行业规范。每个行业都有其特定的规范和标准，这些规范往往对从业人员的形象有着明确的要求。例如，金融行业通常要求从业人员穿着正式、得体，以体现其行业的稳健和诚信；而创意行业则可能更加注重个性化和时尚感，以展现其行业的创新和活力。

最后，职业角色不仅能代表个人的职业身份，还能塑造个人的品牌形象。打造符合职业角色的形象有助于提升个人在职场中的知名度和影响力，为个人职业发展奠定坚实的基础。

### (二)不同职业角色的形象需求

1. 金融行业

金融行业的从业人员通常需要穿着正式、得体，以深色系为主，如西装、套装等(图5-4-3)。这种形象需求体现了金融行业的稳健、诚信和专业等特性。同时，金融行业对从业人员的仪表、谈吐也有着较高的要求，从业人员需要展现出严谨、专业的态度。

2. 教育行业

教育行业的从业人员，特别是教师(图5-4-4)，通常需要穿着整洁、得体，避免过于花哨或夸张的装扮。同时，教师的形象还需要体现出亲和力、耐心和责任心，以更好地与学生和家长建立良好的关系。

图5-4-3　金融行业形象

图5-4-4　教师形象(图片来源：南方报业传媒集团)

3. 传媒行业

传媒行业的从业人员形象需求较为多样，既需要展现出专业性和严谨性，又需要具备一定的时尚感和亲和力。在着装方面，传媒行业可能更加注重个性化和创意性，以展现其行业的创新和活力。如中央电视台主持人龙洋，以其清新自然、专业严谨又不失时尚亲和的主持风格，在观众心中留下了深刻的印象(图5-4-5)。

图 5-4-5　主持人龙洋(图片来源：凤凰网娱乐)

4. 商务领域

在商务谈判、会议等商务场合(图 5-4-6)，从业人员需要展现出沉稳、干练的形象。这通常体现在着装得体、举止大方、言谈得体等方面。这种形象有助于提升个人在商务场合中的影响力和谈判技巧。

图 5-4-6　商务会谈

5. 创意行业

创意行业的从业人员通常更加注重个性化和时尚感。他们可能穿着更加前卫、时尚的服装，以展现其行业的创新和活力。同时，创意行业的从业人员还需要具备一定的艺术素养和审美能力，以更好地满足客户的需求和期望。

职业角色与形象需求之间存在着紧密的联系。不同的职业角色对形象有着不同的要求，这些要求体现了职业的专业性和规范性。为了塑造符合职业角色需求的形象，我们需要了解职业特点、选择合适的着装、注重言行举止以及不断提升个人素养。

## 三、个人形象与职业规划

个人形象与职业规划之间存在着密切的联系。个人形象作为职业规划中的重要组成部分，不仅影响着个人的职业发展轨迹，还反映了个人的职业素养、态度和价值观念。如何通过有效管理个人形象来促进职业规划的实现，是我们需要进行探究和学习的首要任务。

### （一）如何通过管理个人形象促进职业规划

在职业规划中，我们首先需要明确自己的职业定位和目标。通过深入了解职业的特点和要求，确定自己在职场中的发展方向以及期望达成的职业成就。在此基础上，有针对性地进行形象管理，塑造出符合职业定位的形象，具体需要做到以下几点：

1. 塑造良好的外在形象

根据不同的职业和工作场合，选择得体的服装，保持良好的仪表。配饰的选择应恰到好处，能为整体形象增色，但需注意适度和搭配原则。例如，佩戴一块简约的手表可以彰显我们的时间观念和品位；选择一条合适的领带或丝巾能为服装增添亮点。然而，应避免佩戴过于夸张或过多的配饰，以免给人留下浮夸的印象。

2. 培养优雅的行为举止

在工作场合中，始终保持礼貌和尊重是非常重要的。我们应使用礼貌用语，如“请”“谢谢”“对不起”等，尊重他人的意见和观点，认真倾听他人说话，不打断他人发言，以此展现出我们的修养和素养。良好的沟通是职业发展的关键，我们应清晰、流畅地表达自己的想法和观点，注意语速和语调的适中，避免过于急促或拖沓。同时，要学会倾听他人的需求和反馈，积极回应，保持眼神交流和微笑，展现出我们的亲和力和专业态度。此外，还应了解并遵守各种社交礼仪规范，如商务宴请的座次安排、敬酒礼仪，以及与不同文化背景的人交往时的特殊礼仪等。在社交场合中，能够自如地应对各种情况，给他人留下良好的印象，有助于拓展职业人脉。

3. 提升内在修养与专业形象

持续学习与自我提升是塑造专业形象的关键。我们应不断学习专业知识和技能，提升自己的业务能力。同时，关注行业动态和最新趋势，参加培训课程、研讨会等，保持对新知识的敏感度。通过持续学习，我们不仅能够在工作中表现得更加出色，还能在与他人交流时展现出自己的专业深度和广度。此外，我们还应明确自己的职业定位和核心价值，打造独特的个人品牌。例如，如果我们是一名市场营销人员，可以在社交媒体上分享自己对市场趋势的见解、成功的营销案例分析等，从而在行业内树立专业形象。通过个人品牌的建立，让他人对我们产生更深刻的印象，并对我们的专业能力给予认可。同时，我们应保持乐观、积极的心态，面对工作中的挑战和困难时，能够以冷静、沉稳的态度应对。在团队中，传递正能量，营造良好的团队氛围，展现出我们的领导力和团队协作精神。

### (二)管理个人形象职业规划案例

案例一：销售经理王明拥有丰富的销售经验，擅长深度商务谈判与高效销售推广。他凭借敏锐的市场洞察力和卓越的沟通技巧，为客户提供定制化的解决方案。王明注重个人形象的塑造，无论何种场合均着装得体、举止大方，对细节处理细致入微，因此赢得了客户的信任与尊重。他深知形象与业务能力同等重要，通过塑造专业形象提升了谈判说服力，显著提高了销售业绩，并在团队中树立榜样，获得了晋升与培训机会，推动了职业发展的进程。

案例二：公关经理吴玲是业界颇具影响力的职业女性。她经常出席各种社交活动和商务场合，以其独特的魅力和专业素养赢得了广泛的关注。吴玲非常注重个人形象的塑造，她穿着得体、举止优雅，总是能用恰当的言辞和礼节与他人交流，展现出良好的职业素养。这样的专业形象使她在社交圈中得到了广泛的认可，不仅提高了她的职业声誉，还为她赢得了更多的职业机会。正是凭借这一专业形象，吴玲在公关活动中更加游刃有余，为公司赢得了众多的关注和赞誉，成为公司不可或缺的公关人才。

案例三：创业者林强在创业的道路上始终保持着高度的热情和坚定的信念。他深知，作为创业者，个人形象是赢得投资人和合作伙伴信任的关键。因此，林强非常注重自己的仪表和穿着，时刻保持整洁干净的形象，展现出一种专业且自信的风采。在与投资人和合作伙伴的沟通中，林强的专业形象使他更加受到重视和尊重。他的形象不仅增强了他人对他的信任感，还为他的创业项目带来了更多的机会和资源。这一形象优势无疑为林强的创业之路奠定了坚实的基础，助力他的项目成功推进。

案例四：互联网技术员王力毕业于计算机科学与技术专业，专攻软件开发与项目管理，拥有着扎实的编程基础和深厚的理论知识。毕业后，他凭借优异的成绩和丰富的实习经验，顺利进入一家知名互联网公司，担任技术员一职。在这里，王力积极参与项目开发，不断学习和实践，迅速掌握了多项前沿技术。他勤奋好学，对待工作一丝不苟，始终保持对技术的热情和追求。随着经验的积累，王力逐渐展现出卓越的技术能力和团队协作精神，成功晋升为技术主管，后又凭借出色的表现晋升为公司的技术总监。他注重与团队成员的沟通协作，以身作则，展现出卓越的领导力和决策能力，赢得了上司和同事的广泛认可和尊重。

# 第五节　社交媒体时代的个人品牌塑造

## 一、社交媒体与个人品牌

近年来，以互联网和信息技术为基础的新媒体快速发展，在融媒体趋势的推动下，社交媒体也在不断发展。在当今社会，社交媒体已成为大众日常信息资讯中不可或缺的重要组成部分，标志着社交媒体时代的到来。在这一时代背景下，我们需要充分认识到社交媒体的社交、互动等基础属性，并准确把握社交媒体时代舆论生态、媒体格局以及传播方式的变化。

### (一)社交媒体的兴起

“社交媒体”一词源于英文“Social Media”，中文也译作“社会化媒体”。其发展历程可追溯至20世纪70年代，当时的新闻组(Usenet)、阿帕网(ARPANET)和网络论坛(BBS)可视为其雏形。1979年，Usenet的诞生，正式拉开了社交媒体发展的序幕。作为全球首个电子公告板系统，Usenet(图5-5-1)允许用户发布和阅读新闻文章，为用户间的信息交流提供了初始平台。1997年，Six Degrees网站的出现，标志着第一个真正具有社交媒体概念的社交网站诞生。用户可以在该网站上创建个人资料、添加好友并与他人互动，这一创新模式为后续社交媒体的发展奠定了坚实的基础。

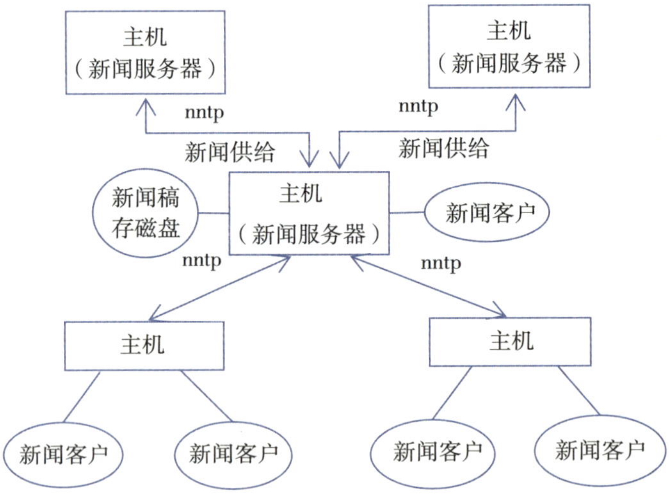

图5-5-1　Usenet

随着互联网的多元化和社会化进程加速，以Myspace、QQ空间为代表的第二波社交媒体浪潮汹涌而至。Myspace凭借其高度个性化的页面定制功能，吸引了大量年轻用户，他们可以自由展示音乐喜好、照片和个人动态；QQ空间则依托腾讯庞大的用户基础，在国内迅速流行，用户不仅能分享生活点滴，还能通过装扮空间展示独特个性。

2004年，Facebook上线，以其简洁的界面和强大的社交功能，迅速风靡全球，成为人们维系现实社交关系的重要平台。2005年，YouTube建立，开启了视频分享的新时代，使每个人都能轻松成为内容创作者。2006年，Twitter创办，其独特的短信息发布和即时互动模式，使信息传播变得更加迅速和便捷。2009年，新浪微博推出，结合了中国本土特色，成为国内用户获取资讯、表达观点的重要阵地。2011年，微信诞生，集社交、通讯、支付等多种功能于一体，进一步改变了人们的社交和生活方式(图5-5-2)。

图 5-5-2　Myspace、QQ 空间、Facebook、YouTube、Twitter、微博、微信

这些平台的出现，标志着第三波真实化社交媒体网站的兴起，成功实现了现实世界的线上社交互动。社交媒体之所以能够蓬勃发展，得益于互联网技术的飞速进步，使信息传输更加高效；人们日益增长的社交需求，渴望与更多的人建立联系、分享生活；以及信息传播方式的深刻变革，从传统的单向传播转变为双向互动。社交媒体打破了时空限制，让人们无论身处何地，都能随时随地与他人沟通交流、分享信息。

### （二）个人品牌的定义

“品牌”（Brand）一词源自古挪威语“brandr”，意为“烙印”，古人以此方式标记私有家畜。① 中世纪，欧洲手工艺人开始采用烙印方法在产品上作标记，以便购买者区分和识别，这标志着最早的商标的诞生，也是现代品牌概念的起源。

个人品牌，是个人外在形象与内在涵养所传递出的独特、鲜明、确定且易被感知的信息集合体。它不仅限于简单的形象塑造，更拥有一种强大的力量，足以引发群体消费认知的转变，甚至改变消费模式，具有整体性、长期性和稳定性的显著特性。李开复作为人工智能领域的专家，通过持续输出前沿技术观点（如著作、演讲）、参与行业论坛及社交媒体互动等方式，成功塑造了“AI 布道者”的个人品牌。其品牌特色在于将专业深度与大众化传播结合，如通过微博普及 AI 知识，吸引了科技从业者与普通公众的双重关注。

### （三）社交媒体对个人品牌的影响

1. 提供了广阔平台

传统媒体时期，个人品牌的传播受地域、渠道等因素限制，传播速度慢且覆盖面窄。在社交媒体时代，凭借精心策划的内容，借助平台算法推荐和用户分享转发，信息能够在短时间内迅速扩散至全球。微信朋友圈成为人们分享生活日常的温馨角落，公众号则为个人深度输出专业知识和观点提供了优质平台；微博凭借其强大的话题性和即时性，使个人能够迅速发布动态，紧跟热点潮流，吸引志同道合的关注者；抖音以短视频

① 徐浩然、徐玉贞：《重新定义个人品牌：社交媒体时代个人品牌经营最佳解决方案》，北京：中国经济出版社 2017 年版，第 3 页。

形式，通过生动有趣的画面和富有创意的内容，为个人展示独特技能和魅力提供了机会。同时，社交媒体极大增强了个人品牌与受众的互动性。在传统媒体环境下，个人品牌与受众的沟通基本是单向的，难以及时了解受众反馈。但在社交媒体上，个人品牌所有者可以实时收到粉丝的评论、私信，了解他们的喜好、需求和建议，进而根据反馈及时调整品牌策略。此外，社交媒体降低了个人品牌塑造的门槛。过去，打造个人品牌需要大量资金、资源和专业团队支持，而今，只需一部智能手机和网络，任何人都可以在社交媒体上分享自己的内容，展现个人魅力，逐步积累粉丝，塑造个人品牌。

2. 传播的强大助推器

在这个信息爆炸的时代，社交媒体平台以其独特的传播速度和广度脱颖而出。一条有价值、有吸引力的内容，能够瞬间突破地域和人群限制，像病毒一样迅速扩散。通过持续不断地输出优质、有特色的内容，并充分借助社交媒体强大的传播力量，个人品牌能够将想要传达的理念精准传递给更多人，使个人品牌的知名度和影响力呈指数级增长。随着个人品牌影响力的提升，社交媒体能够吸引众多品牌和商家的关注，为个人带来丰富的商业合作资源。如今，小红书、抖音等平台上的各领域博主凭借自己的专业知识和庞大粉丝群体，与相关商业品牌展开合作，进行产品推广。这种合作不仅为博主带来了经济收益，还进一步提升了个人品牌的知名度和专业性，形成了良性循环。

3. 为互动与反馈搭建了便捷的桥梁

在传统媒体时代，个人品牌与受众的互动是滞后且单向的，难以实现及时沟通与反馈。个人品牌想要了解受众看法，往往需要花费大量的时间和精力进行问卷调查、访谈等工作，而且反馈速度慢、时效性差。而社交媒体的出现，使二者之间的互动变得及时且双向。个人可以与粉丝、关注者进行实时互动交流，这种互动既能让个人及时了解受众的需求、疑惑、意见和建议，又能让受众感受到个人的关注和重视。

4. 带来机遇和挑战

社交媒体的发展加剧了个人品牌的同质化现象。网络上信息过载且竞争激烈，社交媒体上内容繁杂，每天都有海量信息发布，大量用户在社交媒体上分享内容，很容易出现相似的主题和风格，导致个人品牌难以脱颖而出。同时，虚假信息和虚假人设也难以识别。为了追求流量和关注度，会出现夸大事实或塑造虚假形象的现象。一旦不实信息与个人品牌相关联，会严重损害个人品牌的声誉。要在众多竞争对手中吸引并留住受众的注意力，需要持续输出高质量、独特的内容，这对个人品牌所有者的创意和精力都是巨大的考验。此外，部分用户在网络上发表攻击性言论，引发网络暴力，给个人品牌所有者带来心理压力和名誉损失。随着社交媒体平台的规则和算法不断变化，个人品牌也需要时刻关注并适应这些变化，否则可能导致账号权重下降、曝光量减少等问题，最终影响品牌传播效果。

## 二、社交媒体个人品牌塑造的原则

### （一）独特性原则

社交媒体上信息爆炸，竞争激烈，个人品牌要想脱颖而出，必须具备独特性。明确个人定位是首要且关键的一步，如同在茫茫大海中航行，必须先确定目的地。只有明确了自己想要成为什么样的人，在哪个领域或方向上树立个人品牌，才能有的放矢地进行内容创作和品牌建设。要做到这一点，需要对自己进行全面而深入的剖析，挖掘真正的兴趣所在，梳理自身的优势和特长，同时深入思考自己的价值观，因为这些将成为个人品牌的核心驱动力。

#### (二)真实性原则

真实是个人品牌能够长久立足的根本基石。在社交媒体这个虚拟的数字世界里，虽然人们可以通过各种方式进行自我展示，但刻意塑造一个虚假的形象最终只会让自己陷入困境。只有真实地展现自己，包括自己的优点和不足，才能让受众感受到真诚和可信。当个人品牌以真实的形象展现时，无论是分享成功的喜悦，还是倾诉失败的苦恼，都能让受众感受到那份真诚。

#### (三)价值性原则

为受众提供有价值的内容是塑造个人品牌的核心关键。价值的体现形式多种多样，可以是专业知识的传授，帮助受众提升专业技能；可以是实用技巧的分享，解决受众在生活或工作中的实际问题；可以是引发情感共鸣，给予受众心灵上的慰藉和鼓励；还可以是提供娱乐，让受众在忙碌的生活中获得放松和愉悦。

#### (四)持续性原则

社交媒体和市场环境如同变幻莫测的海洋，时刻都在发生变化。要想在这片海洋中始终保持个人品牌的竞争力，就需要像一艘不断升级装备的船只，持续学习和创新。要密切关注行业动态和最新趋势，不断充实和提升自己的专业知识和技能，积极尝试新的内容形式和传播方式。

### 三、社交媒体个人品牌塑造的策略

#### (一)选择合适的社交媒体平台

不同的社交媒体平台如同各具特色的舞台，拥有不同的特点和用户群体。根据自己的个人定位和目标受众，精准选择与之匹配的平台进行重点运营至关重要。可以通过匹配用户画像(如职场精英、年轻Z世代、高知人群等)、内容形式适配(如视觉创意、知识输出、实时互动等)、商业化路径对齐(如电商变现、广告合作等)来选择平台。例如，抖音以其短视频的形式和强大的娱乐属性，吸引了大量年轻Z世代群体，他们追求新鲜、有趣、潮流的内容。通过创意、有趣的视频，能够快速吸引这部分用户的目光，实现个人品牌的快速传播。而微信公众号则以其深度内容分享和强社交属性吸引了大部分高知人群，适合那些希望通过长篇幅、有深度的文章来传递专业知识、个人观点和故事的创作者。用户可以通过关注公众号，与创作者建立长期稳定的连接。

### (二)打造专业而个性的账号形象

在如今的社交媒体平台上，精心打造个人账号形象是塑造独特名片的关键。选择一张清晰、能够代表自己品牌形象的头像至关重要。例如，专注于美食领域的博主可以选择自己在厨房中专注烹饪的照片作为头像，以展现对美食的热爱和专业。同时，撰写富有吸引力和个性的简介也必不可少，需用简洁明了的语言介绍自己的身份、定位和特色，让用户在第一时间了解博主的价值所在。此外，设置符合品牌风格的封面也尤为重要。旅游博主可以将自己在世界各地拍摄的绝美风景照片拼接成封面，吸引用户进入账号后即刻感受到浓厚的旅游氛围。这些元素共同构成了用户对个人品牌的第一印象，能够有效吸引他们关注并留下深刻印象。

### (三)制定内容策略

规划好内容的主题、类型和发布频率是持续吸引受众的关键。内容主题应紧密围绕个人品牌定位，确保所有内容都在一个核心框架内，形成一个有机、统一的整体。内容类型可以多样化，以满足不同用户的喜好和需求(图 5-5-3)。

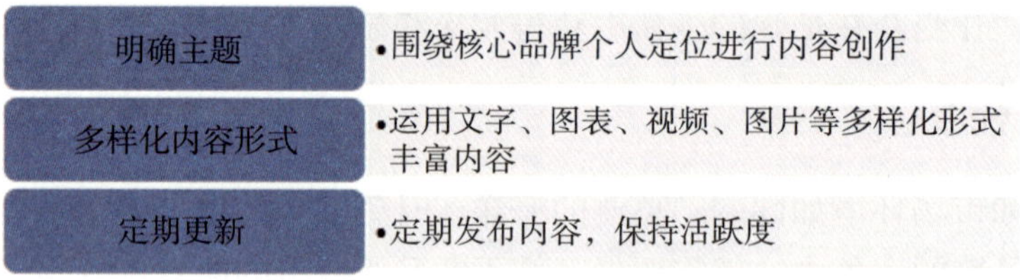


图 5-5-3　制定内容策略

### (四)积极互动与社交

社交媒体的核心在于互动。积极回复粉丝的评论和私信，让粉丝感受到你的关注和重视，是增强粉丝黏性的重要方式。同时，参与相关话题的讨论，展示自己的专业知识和独特见解，也能吸引更多粉丝的关注。此外，与其他博主或意见领袖进行互动合作，通过互相推荐、合作创作内容等方式，能够扩大自己的社交圈子和影响力。

### (五)利用数据分析优化策略

借助社交媒体平台提供的数据分析工具，我们可以更加深入地了解用户行为和需求。通过分析粉丝的增长趋势，了解在不同时间段、不同内容发布后粉丝数量的变化，可以找出最能吸引新粉丝的内容和发布时间。同时，分析内容的阅读量、点赞数、评论数等数据，能够直观地了解用户对不同类型内容的喜好程度。根据这些数据分析结果，我们可以及时调整内容策略和运营方式，不断优化个人品牌的塑造效果。

## 四、社交媒体个人品牌塑造案例

### （一）小米集团创始人雷军——从技术天才到“霸总”企业家

雷军，小米集团创始人、董事长兼 CEO，是中国科技行业的标志性人物（图 5-5-4）。1987 年，他进入武汉大学计算机系学习，仅用两年时间就完成了四年的课程，并因获得 2000 元奖学金而立志“万倍回报母校”。2023 年，雷军向自己的母校武汉大学捐赠了 13 亿元人民币，这一捐赠不仅刷新了武汉大学建校以来单笔最大捐赠额的纪录，也成为全国高校收到的最大一笔校友个人现金捐赠。作为连续创业者，雷军带领小米从一家初创公司发展成为全球前三的智能手机厂商（2024 年市场份额为 13.8%），并跨界布局智能汽车、AIoT 等领域。2024 年，小米汽车总交付量超过 13.5 万辆，截至 2025 年 1 月，SU7 连续四个月交付超过 2 万辆，部分月份销量甚至超越特斯拉 Model 3，成为新能源市场的头部车型。在此过程中，雷军的个人形象也从“劳模”演变为兼具“科技极客”与“接地气企业家”特质的“霸总”，成为品牌与用户情感连接的核心纽带。

图 5-5-4　雷军（图片来源：澎湃新闻）

1. 从“企业家”到“用户的朋友”

雷军通过社交媒体构建了多维度的人设。他以专业权威的形象，以“技术专家”的身份解读行业趋势，亲自讲解小米汽车的技术突破；同时，他也以亲民互动的方式，在抖音等平台发布生活化内容（如制作糖葫芦、冰面炒酸奶），年涨粉超过 2500 万，影响力超越众多娱乐明星。此外，他还以幽默自嘲的态度，贴上“打工人”“爽文男主”等标签，有效打破了公众对企业家存在距离感的刻板印象。

2. 爆款制造与用户需求的精准匹配

雷军通过高频爆料，提前透露新品信息（如小米 15Ultra 手机水印泄露），成功引发用户的讨论与期待。他采用故事化传播策略，结合个人经历强化品牌价值观，如讲述武大求学经历，与 13 亿元捐赠形成情感呼应。同时，他坚持数据驱动，通过用户评论提炼内容选题，如针对用户对小米汽车续航的焦虑，推出春节免费道路救援服务，有效提升了品牌信任度。

3. 公益与社会责任

2023 年，雷军向武汉大学捐赠 13 亿元，创下中国高校单笔校友现金捐赠纪录，强化了“感恩母校”的公众认知。在西藏地震中，小米捐赠 100 万元却遭质疑，但雷军通过公开发票和后续解释，强调了“行动比数字更重要”的价值观，有效化解了救灾争议。

4. 从流量到商业价值的转化

雷军的个人品牌直接推动了小米产品的市场表现。小米 SU7 销量神话般崛起，2024 年销量突破 13.5 万辆，创下“230 天交付 10 万辆”的行业纪录。2025 年 2 月，小米市值突破万亿港元，成为全球首家市值破万亿的智能硬件生态企业。其中，雷军的个人 IP 贡献了约 30%的品牌溢价。通过“米粉节”直播、社交媒体互动等方式，小米用户复购率提升至 68%，高端手机用户占比突破 40%。

企业家个人品牌的成功不仅是流量游戏，更是价值观、用户洞察与战略定力的综合体现。其核心逻辑在于将个人特质转化为品牌符号，通过社交媒体实现“人-货-场”的深度绑定，从而实现品牌价值的最大化。

### （二）Papi 酱——从“草根网红”到“商业女帝”的范式转型

Papi 酱（本名姜逸磊）是中国自媒体领域的标志性人物。她凭借独特的短视频内容风格和精准的品牌运营策略，自 2015 年走红以来，成功塑造了兼具“幽默犀利”与“专业深度”的个人品牌形象，并实现了从网红到企业家的商业转型（图 5-5-5）。其中，她向母校捐赠 2200 万元的行为，不仅是其个人品牌塑造的里程碑，更揭示了社交媒体时代个人品牌建设的深层逻辑。

图 5-5-5　Papi 酱（图片来源：搜狐网）

1. 以反差感打破“网红”刻板印象

Papi 酱通过多维标签构建差异化人设。作为“高学历创作者”，她拥有中央戏剧学院导演系硕士背景，以“集美貌与才华于一身”的自嘲口号，既消解了人们对网红依赖颜值的刻板印象，又强化了专业背书。作为“邻家吐槽达人”，她聚焦代际冲突、职场焦虑等社会痛点(如“春节催婚”“女性生存现状”)，用幽默犀利的语言引发年轻群体共鸣，形成了“真实可信”的平民化形象。作为“公益践行者”，她将首次广告拍卖所得的 2200 万元捐赠给母校中央戏剧学院，用于设立“初心奖学金”、冠名“勿忘剧场”等，体现了“感恩母校”“回馈社会”的价值观。

2. 从娱乐爆款到价值沉淀

通过垂直领域的深耕，Papi 酱早期以 3~5 分钟的短视频为主，采用“快节奏剪辑+分饰多角”的形式吐槽社会现象，如“双十一剁手指南”等话题引爆流量。她成立 MCN 机构 papitube，签约创作者，构建自媒体矩阵，从个体创作者转型为生态孵化者。

3. 公益与商业的平衡艺术

Papi 酱通过广告拍卖与捐赠的联动，将 2200 万元广告收入捐赠给母校，是其品牌升级策略。这一举动强化了她的“不爱财”人设，同时为后续商业合作铺路(如吸引更多广告主信任)。她探索了多元变现模式，包括广告代言(与雅诗兰黛、美图手机等品牌合作，强调内容与调性契合)、知识付费(推出喜马拉雅 FM 课程，拓展深度内容)、电商与生态协同(通过 papitube 平台尝试趣味电商，如“世界前十的方便面”1 小时内售罄 200 套)，整合泰洋川禾资源实现影视投资与艺人管理的协同。此外，她的母公司泰洋川禾获得 1.2 亿元 A 轮融资，推动了个人 IP 向机构化、平台化转型。

4. 打破“网红生命周期”魔咒。

通过教育公益，Papi 酱的捐赠资金不仅用于硬件建设，更通过“初心奖学金”支持学生创作，反哺行业人才储备，将个人成功与公共价值绑定。她的这一举动具有行业标杆意义，推动了短视频内容从“低俗娱乐”向“知识化”“正能量”转型，其“内容为王”的理念被写入《中国品牌报告(2018)》。作为女性角色的示范，她以“兼顾事业与家庭”的形象(如高效育儿、拒绝全职妈妈标签)，成为女性独立与自我实现的象征。

Papi 酱的案例表明，社交媒体个人品牌的塑造需超越流量逻辑，通过价值观输出(如公益捐赠)、生态构建(如 papitube 平台)和持续创新(如内容形式迭代)实现从“网红”到“社会价值创造者”的跃迁。其核心在于将个人特质转化为可复制的社会影响力，在商业利益与公共责任之间找到动态平衡。

## 课程思政

本课程深入探讨各种形象所蕴含的独特美感，以及形象背后的文化内涵和社会价值。从古典雕塑的雄浑壮美到现代艺术的抽象奇谲，每一种形象都承载着特定的历史记忆和文化符号，映射出人类文明的多样性和丰富性。在教学过程中，我们鼓励同学们以批判性的眼光审视这些形象，挖掘其背后的深层意义，并思考它们如何与当代社会相联系。同时，我们也注重培养同学们的爱国情怀和社会责任感，引导他们将个人审美追求与国家、民族的命运紧密相连。

## 智慧火花

❑ 仪表美：讲解服装搭配、发型设计、化妆技巧等内容，组织同学们进行形象设计分析。

- 人品美：讨论真诚友善、自信谦逊、待人如己、团结合作等品质的重要性，引导学生进行自我审视与真诚反思。
- 语言美：分析文明沟通技巧，讲究形式的语言美要求，通过角色扮演、情景模拟等活动开展教学。
- 行为美：介绍品行素养、习惯爱好和待人接物等方面的行为美表现，组织同学们进行实践演练。

## 践美之行

- 化妆造型体验：教授基础化妆技巧和不同场合的妆容设计，让同学们尝试为自己或同伴打造独特的造型。

《润发如水，润泽青春纤》，陈虹、何为、田晨、鲁天乐作品

- 模拟面试环节：设计模拟面试场景，让同学们扮演面试官和应聘者，通过角色扮演体验不同职业角色的形象要求。面试结束后，组织学生反馈讨论，分析各自在形象塑造方面的优点和不足，提出改进建议。
- 角色扮演活动：除了模拟面试外，还可以设计其他角色扮演活动，如商务洽谈、团队协作、客户服务等，让同学们在实践中体验不同职业场景下的形象要求。通过角色扮演，同学们可以更直观地理解职业形象的重要性，并学会如何根据具体情境调整自己的形象。
- 个人形象规划：引导同学们制定个人形象规划，包括职业定位、目标设定、形象塑造策略等。要求同学们结合自己的职业兴趣和职业目标，分析自己的优势和不足，制定具体的形象提升规划。通过定期检查和评估计划的执行情况，帮助同学们逐步建立起符合职业要求的个人形象。

### ◎◎◎书籍推荐◎◎◎

海英：《礼仪中国》，北京：北京师范大学出版社 2021 年版。

### ◎◎◎网站资源◎◎◎

1. 中国美育网：该网站包含丰富的美育资讯、教学资源及专家讲座，涉及形象之美、自然美、社会美等多个方面。学生可以通过浏览网站，了解美育领域的最新动态，拓宽视野。

2. 中国大学 MOOC：形象管理与美学素养课程围绕形象观的建立、色彩观的建立、个人着装风格的建立、社交礼仪的建立、饰品搭配的使用、国际审美观的训练、自媒体的社交礼仪等主题展开，帮助同学们建立形象管理观念，掌握形象塑造的方法论。

# 第六章
# 影像艺术： 定格光影叙事魅力

影像艺术以其独特的光影语言与叙事魅力，搭建起技术与美学、个体与社会之间的桥梁。本章将从电影艺术的发展脉络、电影语言与叙事技巧、影像作品的批评与分析、影像作品与文化传播、影像艺术作品与社会价值观五个维度，系统探讨影像艺术的美学特质、文化功能与社会意义。通过对影像艺术的深度剖析，我们不仅能够领略其作为艺术形式的独特魅力，更能洞察其在文化传播与价值观塑造中的深远影响。

电影艺术的发展脉络是理解影像艺术的基石。从19世纪末卢米埃尔兄弟的《火车进站》到20世纪好莱坞的黄金时代，再到当代数字电影的崛起，电影艺术经历了从技术实验到艺术表达的华丽蜕变。这一历程不仅是技术的演进史，更是人类对视觉叙事不断探索与创新的见证。电影艺术的发展史，如同一幅波澜壮阔的画卷，记录着技术的进步、文化的变迁与社会的演进。通过对电影史的梳理，我们得以窥见影像艺术如何从一种新兴媒介，逐渐演变为一种全球性的文化现象，成为人类共同的精神财富。

电影语言与叙事技巧是影像艺术的灵魂所在。影像艺术通过镜头语言、剪辑技巧、声音设计等手段，编织出独特的叙事结构与情感体验。例如，蒙太奇手法通过镜头的拼接与对比，传递出超越画面本身的意义；长镜头则通过时间的延展，增强了叙事的真实感与沉浸感。这些技巧不仅是影像艺术的技术基石，更是其美学价值的核心体现。通过对电影语言与叙事技巧的深入学习，我们能够更深刻地理解影像艺术如何通过视觉与听觉的交织，激发观众的情感共鸣与理性思考。

影像作品的批评与分析是探索影像艺术本质的重要途径。通过对经典影像作品的解读，我们能够揭示其背后的美学逻辑与文化意义。例如，通过对《公民凯恩》的镜头语言分析，我们可以理解其如何通过深焦摄影与非线性叙事，塑造出复杂的角色形象与主题表达；通过对《卧虎藏龙》的视觉风格分析，我们可以探讨其如何将中国传统文化与现代电影语言相结合，创造出独特的东方美学。影像批评不仅是对作品的评价，更是对影像艺术本质的深度探索，是对其美学价值与文化意义的再发现。

影像作品与文化传播的关系也是一个值得深思的重要议题。影像艺术不仅是文化的记录者，更是文化的传播者。纪录片通过真实影像的呈现，传递了历史与社会的多样性；动画电影则通过虚构的世界，展现了不同文化的想象力与创造力。影像艺术在跨文化交流中扮演了重要角色，它不仅能够打破语言与地域的界限，还能通过视觉语言传递文化的核心价值。通过对影像作品与文化传播的研究，我们能够更好地理解影像艺术如何在全球化的背景下，促进文化的对话与融合，成为连接不同文明的纽带。

影像艺术作品与社会价值观的关系是我们美育的最终落脚点。影像艺术不仅是美学的表达，更是社会价值观的传递者。我们通过影像艺术作品感知对社会现实的关注和讨论，影像艺术作品中的叙事与符号化表达将抽象的价值观念具象化，使观众在情感体验中潜移默化地接受这些价值观。通过对影像艺术作品与社会价值观的研究，我们能够更深入地理解影像艺术如何在社会变革中发挥其独特的作用，成为推动社会进步的重要力量。

### 心海观影

- ❑ 通过观看与讨论《如果国宝会说话》《数智纪》等影像作品，引导同学们对作品内容进行思考。
- ❑ 通过小组讨论和影评撰写，了解同学们对影像艺术作品的分析能力。
- ❑ 挑选一部适合大学生群体观看的影像艺术作品，深入分析其文化传播方式与社会价值观。

## 第一节　电影艺术的发展历程

自电影诞生之初，它便如同一束光，照亮了社会大众的日常生活，成为我们生活中不可或缺的灵魂伴侣。多样化的电影类型，就像是一场场精彩绝伦的盛宴，让观众们在光影的世界里自由穿梭，尽情享受。从悬疑惊悚到浪漫爱情，从科幻奇幻到历史传记，每一部电影都是一道独特的风景线，为我们的艺术体验添上浓墨重彩的一笔，同时也为我们的娱乐生活增添了无尽的乐趣。

在全球化的浪潮中，电影艺术更是迎来了前所未有的发展机遇。它不仅成为一种跨文化的交流工具，促进了世界各地文化的相互理解和融合，还通过光影的艺术手法，深刻地影响着人们的精神世界。电影以其直观、生动的表现形式，展现了人类社会的多样性，探讨了人性、情感、道德等深刻主题，激发了观众对于生活、自我以及周围世界的深刻思考。

### 一、电影艺术的诞生

电影的萌芽阶段始于 19 世纪 60 年代的技术革命浪潮，彼时光学装置与化学显影技术的突破为动态影像的诞生埋下了伏笔。1867 年，法国光学工程师路易斯 · 杜克隆成功研制出早期彩色影像记录装置，通过旋转式三色滤镜系统实现了对动态物体的色彩捕捉。这一超前于时代的发明虽因技术限制未能产业化，却如同普罗米修斯之火，首次向世人证实了连续动态影像记录的可能性。这种将时空切片重构为连贯叙事的理念，直接启发了后续爱迪生活动电影放映机等里程碑式发明，最终促成了“第七艺术”——电影的正式诞生。

### (一)电影的起源

1888 年，美国发明家托马斯·爱迪生发明了第一台可以记录和播放动态影像的运动照相机，这被认为是电影的起源。① 这台运动照相机，宛如一台穿梭时空的魔法盒，首次将动态影像定格为永恒，实现了影像的记录与回放。这一创举不仅震撼了科学界，更为电影艺术的诞生奠定了坚实的基础。爱迪生的这项发明，如同一束破晓之光，穿透了技术迷雾，照亮了电影技术发展的崭新道路。从此，静态的图像开始跃动，历史的画卷缓缓展开，宣告了电影作为一种新兴艺术形式的正式起航。

### (二)电影之父的出现

1895 年 12 月 28 日被公认为电影的诞生日。这一天，法国卢米埃尔兄弟在巴黎大咖啡馆地下室首次公开放映《火车进站》《水浇园丁》等短片，他们改进的放映设备将动态影像投射至银幕，让观众集体观看(图 6-1-1)。这场仅 33 人购票观看的放映，以生活化的场景捕捉和流畅的投影技术，标志着电影从实验室发明正式转变为大众艺术形式，宣告了电影时代的诞生。②

图 6-1-1　《火车到站》剧照

法国卢米埃尔兄弟被誉为“电影之父”。这两位电影艺术的奠基者，其贡献不仅仅在于首次公开放映影片，更在于他们将电影从一种实验性的技术转变为一种全新的艺术形式。他们手中的摄像机，如同时间的画笔，捕捉着生活中的每一个瞬间，将平凡化为神奇，将瞬间化为永恒。他们的作品，不仅仅是技术的展示，更是对人类情感、生活、自然的深刻洞察与表达，为电影艺术注入了灵魂。这种将技术器械转化为人文表达载体

① 崔金泰、崔玉屏、海虹：《电影史》，沈阳：辽宁少年儿童出版社 2002 年版，第 15 页。
② 周隽：《电影课》，南京：江苏人民出版社 2021 年版，第 1 页。

的开创性实践，如同在硝酸胶片上镌刻下第七艺术最初的基因图谱，至今仍在每个电影创作者的血脉中流淌。

作为电影艺术的先驱，卢米埃尔兄弟不仅开创了电影的新纪元，更为后世的电影人树立了榜样。他们勇于探索、敢于创新的精神，激励着无数电影人不断前行，追求更高的艺术境界。

## 二、默片时代的探索与突破

19 世纪末至 20 世纪初，电影进入默片时代。这一时期，电影制作者开始探索电影的表现手法和艺术特性。默片时代堪称电影艺术的视觉启蒙运动，电影本身没有声音，只有画面。在缺乏同期声技术的条件下，先驱者们以胶片为画布，创造出独特的电影视觉语言。由于声音与画面完全脱节，电影的声音元素主要依靠背景音乐或现场音乐伴奏来烘托氛围。默片时期的电影创作者们积极创新，探索剪辑、特效等电影技术，使电影画面更加生动、有趣。然而，由于技术上的限制，默片在声音和色彩方面存在明显的不足。

### （一）科幻电影的鼻祖

1902 年，法国导演乔治·梅里爱拍摄了《月球旅行记》（图 6-1-2），这部电影被公认为是电影史上最早的科幻片。他发明了“停机再拍”技术，首次将戏剧元素引入电影，极大地提升了电影的娱乐性和艺术魅力。① 这部电影以其独特的创意、丰富的想象力和创新的技术手法，对电影艺术的发展产生了深远的影响。

图 6-1-2　《月球旅行记》海报

乔治·梅里爱被誉为“特效之父”，他在电影中运用了多种创新的特技和特殊效果技术。例如，通过多层曝光和手绘涂色技术，他呈现出月球的表面和月亮的形象。电影中的太空舱击中月球上“脸”的镜头，是已知最早的定格动画。影片中的月球被拟人化，拥有眼睛和表情。天文学家们在月球上遇到了各种奇异的生物和景象，构成了一个充满幻想的世界。

乔治·梅里爱的革命性在于，他将电影从卢米埃尔兄弟的“现实复制机”升格为“造梦引擎”。他确立的叙事规则（三幕剧结构、15 分钟标准时长）与特效工具箱（淡入淡出、叠化转场），为后来的格里菲斯与爱森斯坦等电影大师铺就了蒙太奇之路。其开创的童话改编（《灰姑娘》）、政治讽喻（《德雷福斯案件》）等类型片模

① 崔军：《外国电影史》，武汉：华中科技大学出版社 2018 年版，第 3 页。

式，至今仍在好莱坞回响。乔治·梅里爱证明了电影的本质不仅仅是记录现实，更是将想象力投射为可触摸的光影奇观。

### (二)电影的故事片之父

1903 年，美国导演埃德温·鲍特拍摄了《火车大劫案》，这是电影史上第一部西部片，开创了西部片的先河。① 影片中的劫掠过程惊心动魄，使观众第一次在银幕上感受到了西部的刺激和魅力。此后，西部片逐渐繁荣起来，成为好莱坞电影的重要类型之一。

这位爱迪生公司前摄影师突破性地将 14 个场景碎片重组成时空连续体，首次在电影中使用了多场景剪辑，形成了时空的跳跃与转换，标志着电影叙事手法的初步形成。通过“视点匹配剪辑”让观众同时感知车站内的胁迫与铁轨上的危机，这种“同时性叙事”比格里菲斯的蒙太奇理论早了整整十年。片中牛仔们策马穿越峡谷的仰拍镜头，以及劫匪对着镜头开枪的“第四墙”突破，彻底颠覆了当时固定机位的“舞台纪录片”模式。这部电影镜头的运用与剪辑、机位的选择、视角的变化都具有创造性，这种无头无尾的镜头可以通过剪辑组合在一起，采用平行蒙太奇的处理方式，让观众在同一时间明白正在发生的两件事情，这也是早期蒙太奇的方法之一。

## 三、有声电影与彩色电影的突破

有声电影的兴起是电影艺术发展史上的一次重大革命。随着技术的不断进步，电影从最初的默片形式逐渐演变为能够同步播放声音和画面的有声电影，这一变革极大地丰富了电影的表现力，使观众能够更加身临其境地感受电影的魅力。有声电影的兴起不仅改变了电影的制作方式，也推动了电影产业的蓬勃发展，为全球观众带来了全新的视听体验。

### (一)第一部有声电影

早期电影没有声音，也没有色彩，曾被人们称为“伟大的哑巴”。直到 1927 年，美国人阿兰·克劳斯兰德拍摄了《爵士歌王》这部电影(图 6-1-3)，尽管只有几句台词和一首歌曲的同步声音，但这部电影所带来的轰动效应是空前的，影片逼真的声音效果带给观众的是前所未有的观看体验。②

图 6-1-3 《爵士歌王》海报

这一突破使电影从纯视觉媒介升级为视听综合艺术，直接推动了有声技术的革新，促使配音、音效等技术飞速

① 曹毅梅：《世界电影史概论》，开封：河南大学出版社 2010 年版，第 24 页。
② 张燕、谭政：《世界电影史》，北京：高等教育出版社 2024 年版，第 5 页。

发展。这场声学革命引爆了电影产业的链式反应。华纳兄弟凭借此片扭转颓势，短短两年间，全美超过90%的影院完成了有声设备改造，默片制作体系迅速崩塌。电影产业从此迈入声画结合的新纪元，彻底改变了创作与观影模式。

### (二)第一部彩色电影

色彩融入电影可以看作是电影发展中的第二次革命性创新。1935 年问世的电影《浮华世界》是世界上第一部全彩色故事长片。这部由鲁本·马莫利安执导的影片，首次将Technicolor 三色技术完整应用于故事长片。该技术通过分光棱镜将光线分解为红、绿、蓝三原色，分别记录在三卷胶片上，最终合成出饱满的彩色影像。影片以 19 世纪英国社会为舞台，用深红天鹅绒礼服象征欲望，用军装的钴蓝色暗喻阶级权力，使色彩成为叙事语言本身。这种突破不仅让观众惊叹于视觉奇观，更证明了色彩能够强化戏剧张力与主题表达(图 6-1-4)。

图 6-1-4　《浮华世界》海报

该片的成功推动了彩色电影工业化进程。Technicolor 公司为此研发的特制摄影机重达 300 千克，拍摄时需三卷胶片同步运转，灯光强度更是黑白片的 5 倍。尽管制作成本高昂，但《浮华世界》展现的商业潜力促使好莱坞加速技术改良。到 1940 年，更轻便的单条彩色胶片问世，色彩从此成为主流电影的标配。这场光学革命不仅扩展了银幕的色域，更让导演得以用色彩构建心理空间，为电影艺术开辟了全新的创作疆域。

## 四、数字电影时代的到来

数字电影时代的到来，是电影技术和艺术发展史上的一个重要里程碑。数字电影指的是在电影的拍摄、后期加工以及发行放映等环节，部分或全部以数字处理技术代替传统光学、化学或物理处理技术，用数字化介质代替胶片的电影。它融合了计算机成像、数字调色、数字剪辑等多种数字技术，为电影制作带来了前所未有的创新和变革。

### (一)数字电影的萌芽阶段

1977 年，《星球大战》的诞生掀起了电影工业的数字化浪潮(图 6-1-5)。乔治·卢卡斯突破性地将计算机编程引入特效制作，通过精准控制飞船模型的运动轨迹，使太空战斗场景首次呈现出流畅的动态真实感。影片大量使用蓝幕合成技术，将实拍片段与手绘宇宙背景无缝融合，构建出包含外星沙漠、星际基地等奇幻场景的完整银河系。这套技术体系不仅创造了震撼的视觉奇观，更证明了计算机技术能够将人类想象力转化为可信的银幕现实。

这场技术革命彻底改写了电影工业的规则。卢卡斯为此创立了工业光魔公司，将原本分散的特效技术整合为标准化生产流程，为后来的《侏罗纪公园》《阿凡达》等数字电影奠定了基础。更深远的是，《星球大战》开创的“沉浸式宇宙”理念，让观众意识到电影不仅是故事载体，更是可无限延伸的文化体验。从电子游戏到主题乐园，这个 IP 通过跨媒介叙事构建出庞大的科幻帝国，至今仍在重塑全球流行文化的 DNA。

图 6-1-5　《星球大战》海报

## (二) 数字电影的正式崛起

1993 年，《侏罗纪公园》的震撼登场，彻底改写了特效电影的定义。该片大量使用计算机生成画面，标志着数字电影的正式崛起，世界电影进入全新的数字时代，为电影特效领域树立了新的标杆(图 6-1-6)。

斯皮尔伯格团队通过计算机生成图像与机械模型的完美配合，首次让恐龙以近乎真实的形态跃上银幕。从腕龙悠然进食的庞然身躯，到霸王龙在暴雨中撕裂车辆的狂暴姿态，每个细节都挑战着观众对虚拟生物的认知边界。影片中恐龙追击人类的惊悚场景，将数字技术的想象力与动作片的节奏感融为一体，让观众首次体验到技术创造的“活生生”的史前世界。

图 6-1-6　《侏罗纪公园》海报

《侏罗纪公园》是一部经典的科幻冒险电影，以其创新的特效技术、深刻的科技伦理探讨、紧张刺激的情节和精彩的演员表现赢得了观众的喜爱和赞誉。该片不仅取得了商业上的巨大成功，还在电影史上留下了浓墨重彩的一笔，更推动好莱坞进入数字特效主导的新纪元。它证明计算机技术不仅能还原现实，更能构建超越人类经验的视觉奇观。

## （三）数字电影的普及与成熟

20 世纪末，电脑技术的飞速发展彻底改变了电影行业。过去，剪辑电影需要手工剪切胶片，调色得用化学药水，如今这些工作全被电脑软件替代。从设计逼真的恐龙到打造奇幻的宇宙场景，电影制作的每个环节都能借助数字技术进行精细调整，甚至连演员的表情都能用电脑捕捉并重塑。

到了 21 世纪初，新技术已经能够让导演实时预览特效画面，极大地缩短了后期制作时间。数字技术不仅让好莱坞大片更具震撼力，也推动了全球电影产业的崛起。中国的《哪吒之魔童降世》用 3D 动画技术重现神话世界，其续作《哪吒之魔童闹海》更是将火焰特效与水流模拟精度提升到新高度，每秒角色动作需渲染数百万根毛发；印度的《摔跤吧！爸爸》用高清镜头拍出贫民窟的真实质感；韩国的《寄生虫》通过声音设计让观众感受地下室的潮湿感。这些电影借助新技术突破了文化隔阂，在流媒体平台上引发了全球观影热潮。如今，从手机短视频到巨幕影院，数字技术正在重塑人们对电影的理解，让世界各地的好故事都能被看见。

《哪吒之魔童闹海》的诞生，是中国文化自信在数字时代的璀璨绽放。影片深度挖掘《封神演义》等典籍精髓，将“我命由我不由天”的东方哲学内核注入当代叙事。哪吒冲破天命桎梏的成长轨迹，暗合《周易》“穷则变，变则通”的千年智慧。制作团队以敦煌飞天的流云纹饰重构混天绫的动态美学，将青铜器饕餮纹转化为魔丸的能量图腾，甚至敖丙的冰霜战甲上也暗藏着《山海经》中的异兽浮雕。这种创造性转化，让年轻观众在 IMAX 银幕的视觉冲击中，触摸到了中华文明的精神根系（图 6-1-7）。

图 6-1-7　《哪吒之魔童闹海》海报

这部电影不仅彰显了国产动画工业问鼎世界巅峰的实力，更成为新时代中国文化软实力的超级符号。当哪吒脚踏风火轮跨越太平洋时，世界看到的不再是古老东方的神秘符号，而是数字时代文明对话的璀璨火炬。

纵观电影艺术百年进化史，其本质是一部技术革新与人文精神交织的动态画卷。从无声银幕的机械震颤到数字宇宙的比特洪流，从好莱坞片厂流水线到 Netflix 算法工厂，这门第七艺术始终在科技齿轮与文化基因的咬合中蜕变重生。它不仅是光影雕刻时间的艺术载体，更是全球化时代最具穿透力的文化货币。《阿凡达》的 3D 浪潮重塑了全球院线标准，《哪吒》系列则让东方神话借由云计算漂洋过海，走向世界。

站在元宇宙门槛上的电影工业，正孕育着更激进的形态嬗变。虚拟制片技术将导演的想象国界拓展至量子级精度，LED 虚拟影棚使沙漠风暴与星际穿越在实景中即时呈现；碳中和摄制组的出现，让《流浪地球 3》的太空史诗与光伏供电系统达成了生态平衡。当脑机接口开始解析观众的多巴胺分泌曲线，电影可能进化为一种可交互的神经漫游体验。但无论载体如何迭代，那些震颤心灵的叙事内核——无论是《长津湖》中冰雕连的集体意志，还是《哪吒 2》对天命桎梏的东方哲思，终将证明：电影作为人类文明的对话装置，永远是现实与幻想、个体与集体、传统与未来的量子纠缠场，在数字洪流中持续重构着文明认知的万花筒。

## 第二节　电影语言与叙事技巧

### 一、电影语言的定义

#### (一) 从构成元素角度

电影语言是由一系列视听元素构成的，包括画面、声音和蒙太奇等。画面是电影语言的基础，它涵盖场景、人物、道具等视觉内容。例如，在电影《泰坦尼克号》中，宏伟的泰坦尼克号邮轮画面，从船头到船尾的全景镜头，展现了其奢华和庞大，让观众对这艘“永不沉没”的巨轮有了直观的认识。声音则包括对白、音乐、音效等。对白是人物之间交流的工具，如《老炮儿》中六爷和儿子的对话，体现了父子之间的情感和价值观的冲突；音乐可以营造氛围，如《辛德勒的名单》中那悲伤而庄重的配乐，烘托出纳粹大屠杀下犹太人的悲惨命运(图 6-2-1)；音效则增强画面的真实感，如战争片中的枪炮声、爆炸声，让观众仿佛置身于战场之中。蒙太奇是电影语言的灵魂，它是指通过镜头的组接来创造新的意义。比如在《公民凯恩》中，通过一系列快速切换的镜头，展示了凯恩童年被送往寄养家庭的场景，从母亲签字、凯恩在雪地中的玩耍到他被带走，这些镜头的组接深刻地刻画了凯恩童年的孤独和被遗弃感，为他成年后的性格形成埋下伏笔。

图 6-2-1 《辛德勒的名单》剧照

### (二)从叙事功能角度

电影语言是用来讲述故事、塑造人物、传达情感和思想的工具。它通过画面、声音和蒙太奇的有机结合，将一个故事以生动、形象的方式呈现给观众。比如在电影《三傻大闹宝莱坞》中，通过一系列充满活力的画面(如校园生活场景、考试场景等)、欢快的音乐和巧妙的蒙太奇(如将主角兰彻的创新学习方法和传统教育模式的对比镜头组接)，讲述了一个关于追求梦想、挑战传统教育体制的故事，同时塑造了兰彻这个充满智慧和勇气的人物形象，传达了对教育本质的深刻思考(图 6-2-2)。

图 6-2-2 《三傻大闹宝莱坞》剧照

## 二、电影语言的特点

### (一)电影语言的直观性

电影语言具有直接作用于观众感官的特性。观众通过眼睛可以观察到画面中的色彩、光影、人物动作等视觉元素，通过耳朵可以听到各种声音。例如，在电影《阿凡达》中，潘多拉星球上绚丽多彩的植物、奇异的生物，以及人物在飞行、战斗时的动作，这些画面生动逼真地呈现在观众眼前，使观众仿佛身临其境，置身于一个奇幻的世界。同时，影片中的各种音效，如飞船的轰鸣声、外星生物的叫声等，也直接刺激观众的听觉神经，使观众能够直观地感受到电影所营造的氛围和情境。

### (二) 电影语言的时空自由性

电影语言在处理时间和空间方面具有极大的自由度。在时间上，它可以进行压缩、扩展、倒叙、插叙等多种处理。比如在电影《盗梦空间》中，梦境中的时间与现实时间的比例是不同的，在梦境的最深层，时间被极度压缩，一分钟可能相当于现实中的几小时甚至更久。这种对时间的独特处理方式为影片的叙事增添了复杂性和神秘感。在空间上，电影可以通过镜头切换在不同的场景之间自由转换。如在《指环王》系列电影中，镜头可以在中土世界的各个角落自由穿梭，从夏尔的宁静村庄到魔多的黑暗火山，通过电影语言的巧妙运用，观众可以在短时间内领略到广阔而多变的空间环境。

### (三) 电影语言的象征性和隐喻性

电影语言往往具有象征和隐喻的功能。画面、声音等元素可以承载深层的意义。例如，在电影《霸王别姬》中，京剧舞台上的戏服、道具等画面元素具有丰富的象征意义。戏服的华丽与破旧象征着人物命运的起伏跌宕，而霸王别姬这出戏本身也隐喻了程蝶衣和段小楼之间复杂的情感和他们所处时代的变迁。在声音方面，一些电影中反复出现的特定音乐主题也可以作为隐喻。如《星球大战》中的帝国进行曲，其雄壮而略带阴森的旋律象征着帝国的强大力量和邪恶本质。每当这个音乐响起，观众就会自然而然地联想到帝国的威胁和压迫。

### (四) 电影语言的综合性和协同性

电影语言是多种元素的综合运用和协同作用。画面、声音和蒙太奇相互配合，共同构建电影的整体效果。以电影《教父》为例，画面中昏暗的色调、精致的服装和场景布置，共同营造出黑帮家族的神秘和奢华氛围；声音方面，低沉的音乐、人物富有磁性的嗓音和紧张的枪声等音效，增强了影片的紧张感和戏剧性；蒙太奇的运用，如将教父在教堂受洗的画面与家族复仇的血腥场景交叉剪辑，深刻地揭示了教父在宗教仪式的神圣外表下隐藏的罪恶本质。这些元素协同作用，使得《教父》成为一部经久不衰的经典之作(图 6-2-3)。

图 6-2-3　《教父》剧照

## 三、电影语言的构成要素

### (一)电影语言的画面

构图是画面的基础，它决定了画面中各个元素的布局和位置关系。常见的构图方式有对称构图、三角形构图、黄金分割构图等。对称构图能够营造出庄重、稳定的氛围，如在电影《英雄》中，许多场景采用了对称构图，如秦军士兵整齐排列的画面，展现出秦军的强大和威严。三角形构图具有稳定性和立体感，比如在一些家庭场景中，父母和孩子形成一个三角形的站位，可以突出家庭的和谐与稳固。黄金分割构图则契合人的审美习惯，能够使画面更加和谐美观，如在拍摄风景时，将地平线置于画面的黄金分割线上，可以使天空和地面的比例更加协调，从而增强画面的美感。

色彩在电影画面中起着至关重要的作用。它可以传达情感、营造氛围、塑造人物形象等。不同的色彩具有不同的象征意义。暖色调(如红色、橙色、黄色)通常给人以温暖、热烈、兴奋的感觉。例如，在电影《大红灯笼高高挂》中，大红灯笼的红色象征着喜庆、欲望和压抑下的反抗情绪。冷色调(如蓝色、绿色、紫色)则往往营造出冷静、沉思、神秘的氛围，如在科幻电影《星际穿越》中，大量的蓝色调画面，如宇宙空间的场景，让人感受到宇宙的神秘和未知。此外，色彩的对比和搭配也很重要。高对比度的色彩搭配可以突出画面的重点，吸引观众的注意力；而和谐的色彩搭配则可以使画面更加舒适、自然。

光影是塑造画面立体感和营造氛围的关键因素。光线的方向、强度和软硬程度都会对画面产生影响。顺光可以使被摄物体的细节清晰呈现，色彩鲜艳，常用于表现人物的正面形象和美好的场景。逆光则能够勾勒出物体的轮廓，营造出神秘、梦幻或悲壮的氛围，如在电影《卧虎藏龙》中，李慕白和玉娇龙在竹林中打斗的场景，逆光的运用让竹林若隐若现，人物的轮廓在光晕中显得格外飘逸，增强了画面的艺术感染力。侧光可以产生明暗对比，增强画面的立体感，常用于表现人物的面部表情和物体的质感。光影的变化也可以推动剧情的发展，如在惊悚片中，突然出现的阴影或者光线的明暗交替，可以制造紧张和恐怖的气氛。

景别是指画面中包含的场景范围大小，常见的景别有远景、全景、中景、近景和特写。远景可以展现广阔的场景，如山川、河流、城市等，用于交代故事发生的环境背景。例如，在电影《指环王》中，展现中土世界辽阔大地的远景镜头，让观众对这个世界有了宏观的认识。全景则能够完整地呈现人物的全身动作和所处的环境，常用于表现人物之间的关系和环境的整体情况。中景主要突出人物的上半身，注重表现人物的表情和动作，适合表现人物之间的对话和交流。近景可以更细致地展现人物的面部表情和情感变化，使观众能够更深入地了解人物的内心世界。特写则是对人物的某个局部(如眼睛、手等)或者物体的细节进行放大拍摄，可以强调细节的重要性和情感的强烈程度，如在悬疑片中对一把带血的刀的特写镜头，能够增强悬疑感和紧张感。

### (二)电影语言的声音

对白是电影中人物之间交流的语言，它能够直接传达人物的思想、情感和性格特点。对白的风格多种多样，有的幽默诙谐，如在喜剧电影《人在囧途》中，徐峥和王宝强饰演的角色之间的对白充满了搞笑元素，通过对白制造笑点；有的严肃深沉，如在历史题材电影《霸王别姬》中，程蝶衣和段小楼的对白体现了他们对艺术、对情感的执着和无奈。对白的节奏也很重要，快速的对白可以营造出紧张、激烈的氛围，如辩论场景或者动作片中的快速对话；而缓慢的对白则可以表现出人物的沉思、悲伤或者庄重的情感。

音乐在电影中具有烘托氛围、表达情感、推动剧情发展等多重作用。电影音乐可以分为主题音乐、场景音乐和背景音乐。主题音乐是贯穿整部电影的核心音乐，往往与电影的主题或者主要人物紧密相关。例如，在电影《哈利·波特》系列中，那熟悉的主题音乐每当响起，就会让观众联想到魔法世界、霍格沃茨学校和哈利·波特的冒险经历，增强了观众对电影的记忆和情感共鸣。场景音乐是根据具体场景的氛围和情感来创作的音乐，如在浪漫爱情场景中，会使用轻柔、优美的音乐来营造甜蜜的氛围；在战争场景中，则会使用激昂、悲壮的音乐来表现战争的残酷和战士们的英勇。背景音乐则相对比较低调，它在画面背后轻轻流淌，为画面提供一个情感的底色，使画面更加生动且富有感染力。

音效是指电影中除音乐和对白之外的各种声音效果，包括自然音效、动作音效、特殊音效等。自然音效如风声、雨声、鸟叫声等，能够增强画面的真实感和环境氛围。例如，在电影《后天》中，逼真的暴风雪音效让观众仿佛置身于恶劣的天气环境中。动作音效如脚步声、开门声、打斗声等，可以突出人物的动作和行为，使画面更加生动。特殊音效则是为了创造特定的效果或者氛围而设计的声音，如科幻电影中的激光发射声、外星生物的叫声等，这些音效能够激发观众的想象力，增强电影的奇幻色彩。

### (三)电影语言——蒙太奇

叙事蒙太奇是按照故事的发展顺序和逻辑关系来组接镜头，主要用于讲述故事、推动剧情的发展。常见的叙事蒙太奇手法有连续蒙太奇、平行蒙太奇和交叉蒙太奇。连续蒙太奇是按照时间的先后顺序，将一系列镜头依次组接起来，使观众能够清晰地了解故事的来龙去脉。例如，在一部侦探电影中，通过连续的镜头展现侦探发现线索、调查案件、最终破案的过程。平行蒙太奇是将两条或者多条同时发生的情节线索并列展开，通过镜头的切换来交替展现。如在电影《当幸福来敲门》中，一边展现克里斯在街头卖骨密度扫描仪的艰辛，一边展现他的妻子在家中照顾孩子、为生活奔波的情景，两条线索相互交织，突出了主人公家庭的困境和生活的不易。交叉蒙太奇则是将两条或者多条情节线索交替剪辑在一起，制造紧张、激烈的氛围。例如在动作片中，将警察追捕罪犯的镜头和罪犯逃跑的镜头交叉剪辑，让观众感受到紧张的追逐场面。

表现蒙太奇是通过镜头的组接来创造新的意义、表达情感、营造氛围等。常见的表现蒙太奇手法有对比蒙太奇、隐喻蒙太奇、象征蒙太奇和积累蒙太奇。对比蒙太奇是将两个相对立或者有差异的镜头组接在一起，通过对比来突出主题或者情感。例如，在电影《楚门的世界》中，楚门多次试图冲破窗户进入外面的世界，窗户在这里象征着楚门对自由的渴望和对现实世界束缚的抗争（图 6-2-4）。积累蒙太奇是将多个相似或者相关的镜头组接在一起，通过数量的积累来增强情感的表达或者氛围的营造。如在一些战争片中，通过多个士兵冲锋陷阵、倒下的镜头积累，展现战争的惨烈和士兵们的英勇无畏。

图 6-2-4　《楚门的世界》剧照

## 四、电影语言冲突的设置

### （一）定义与作用

冲突是指在电影中人物之间、人物与环境之间或者人物内心之间的矛盾对立。它是推动剧情发展的核心动力，能够展现人物的性格特点、价值观和情感变化。例如，在电影《肖申克的救赎》中，安迪与监狱长之间的冲突体现了正义与邪恶、自由与压迫的对抗。这种冲突贯穿整部电影，推动了安迪不断努力争取自由，也展现了他坚韧不拔的性格和对自由的渴望。

### （二）冲突的类型及设置方法

人物与人物之间的冲突可以是主角与反派之间的对抗，也可以是主角与身边人的矛盾。例如，在电影《复仇者联盟》系列中，超级英雄们与各种强大的反派之间的战斗是主要的冲突。这些冲突通过激烈的打斗场面、智慧的较量等方式展现，不仅推动了剧情的发展，还展现了超级英雄们的英勇无畏和团队合作精神。在一些剧情片中，人物之间的冲突可能更加细腻和复杂。如在电影《我的姐姐》中，姐姐与弟弟之间的冲突涉及家庭责任、个人追求等情感和价值观的碰撞，通过对话、行为等方式展现，让观众对人物的情感和选择产生共鸣。

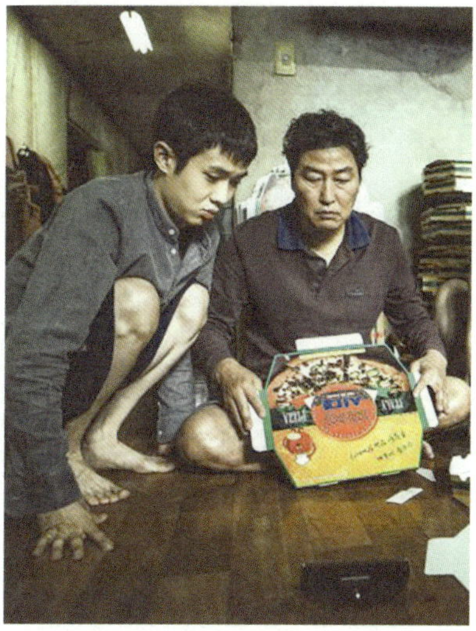

图 6-2-5 《寄生虫》剧照

人物所处的环境（如自然环境、社会环境等）对人物产生压力或者阻碍，从而形成冲突。例如，在电影《荒野猎人》中，主角在荒野中艰难求生，与恶劣的自然环境（寒冷、饥饿、野兽等）进行斗争。这种冲突通过展现主角在荒野中的种种遭遇，如在冰天雪地中艰难行走、与熊的搏斗等场景，让观众感受到主角的顽强生命力和对复仇的执着。在社会环境方面，如电影《寄生虫》中，贫穷家庭与富裕家庭之间由于社会阶层差异而产生的冲突，通过对比两个家庭的生活环境、价值观等，展现了社会的不平等和人性的复杂，引发观众对社会问题的思考（图 6-2-5）。

人物内心的矛盾和挣扎也是重要的冲突来源。例如，在电影《霸王别姬》中，程蝶衣内心的冲突十分深刻。他对京剧艺术的执着与现实的无奈、对段小楼的爱与恨、对传统与现代的困惑等，这些内心的冲突通过他的言行举止、眼神表情等展现出来。在电影中，人物内心的冲突可以通过独白、梦境、回忆等方式来呈现，让观众深入了解人物的内心世界，增强电影的情感、思想的深度。

## 第三节　影像作品的批评与分析

影像作品是视觉艺术与影视艺术的统称，涵盖摄影、电影、电视、纪录片、广告以及各种新媒介影像等。它们犹如一面面镜子，映射出我们生活的世界以及我们内心的想象。这些作品都在默默地讲述着故事、传递着情感、引发着思考。它们不仅仅是简单的视觉呈现，更是一种融合了艺术、文化、技术等多方面因素的复杂表达形式。对影像作品的批评与分析是一种对其进行深入考察和评估的思维活动，涉及理解、评估、解释、比较、批判和论证。它要求我们基于背景知识和标准对作品进行评价，挖掘其意义和影响，并提供证据支持观点。这一过程不仅增强了我们对复杂思想和作品的理解，还培养了批判性思维和独立判断力，在美学领域至关重要。①

### 一、静态摄影作品的批评与分析

#### （一）静态摄影作品的评价基础标准

在摄影艺术的领域中，静态摄影作品承载着摄影师的情感与思考，它们以凝固的画面讲述着独特的故事。评价一幅静态摄影作品的优劣，有四个重要的基础标准，即基础

① 戴锦华：《电影批评》，北京：北京大学出版社 2015 年版，第 56~60 页。

构图、光线、色彩、主题与意境，它们彼此关联，共同决定了作品的艺术价值(图6-3-1)。

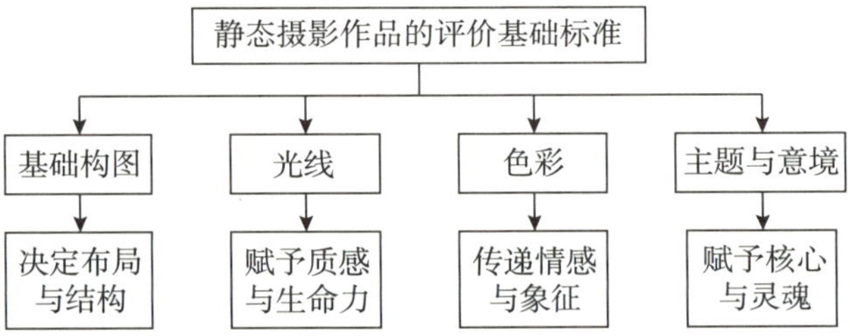


图 6-3-1　静态摄影作品的评价基础标准

基础构图是构建摄影作品的基石，它决定了画面中元素的布局与结构。构图需遵循简洁原则，去除繁杂冗余，让主体清晰醒目。例如，在拍摄城市地标时(图 6-3-2)，应避开周围杂乱的建筑与电线，以简洁的天空为背景，突出地标的宏伟轮廓。同时，构图的平衡感也至关重要。对称构图能营造庄重、稳定的氛围，常用于拍摄古老的宫殿、庄严的教堂，展现其肃穆之感；非对称构图则充满动感与活力，比如拍摄街头奔跑的孩子，通过孩子在画面中的偏侧位置，搭配周围虚化的环境，体现出动态的韵律。

光线是摄影的灵魂画笔，它赋予画面以生命力与质感。顺光均匀照亮主体，能美化呈现效果(图 6-3-3)。逆光常被用于创造独特的视觉效果，如拍摄树木时，逆光下树干的轮廓被勾勒得格外清晰，树叶也呈现出半透明的质感，营造出梦幻般的氛围。侧光则在主体上形成鲜明的明暗对比，增强立体感与层次感(图 6-3-4)。在拍摄人物时，侧光可勾勒出脸部轮廓，凸显五官的立体感。

图 6-3-2　建筑摄影(柳苑　摄)

图 6-3-3　逆光花卉(柳苑　摄)

图 6-3-4　建筑摄影(柳苑　摄)

色彩是摄影作品传递情感的有力工具。不同色彩蕴含着不同的情感与象征意义。红色代表热情、活力与喜庆，在拍摄春节场景时，红灯笼、红对联的红色元素能充分展现节日的热闹氛围；蓝色象征宁静、深邃，在拍摄大海时，湛蓝的海水能传递出大海的辽阔与神秘。色彩的搭配也很重要，对比色搭配如红与绿、黄与紫，能产生强烈的视觉冲击，吸引观众目光，常用于表现充满活力与激情的场景；而相邻色搭配，如黄与橙、蓝与紫，过渡自然和谐，给人以舒适、柔和的感觉，适合营造温馨、宁静的氛围(图 6-3-5)。

图 6-3-5　街头摄影(柳苑　摄)

主题与意境是摄影作品的核心与灵魂。一个明确的主题能赋予作品深度与内涵，引发观众的思考与共鸣。它可以是对社会现象的关注，如拍摄城市中的打工者，展现他们的辛勤；也可以是对自然之美的歌颂，如拍摄壮丽的山川、绚烂的星空。意境则是在主题基础上的升华，通过画面的氛围、元素的组合以及独特的视角营造出一种超越画面本身的精神境界。例如，拍摄秋天的树林时，金黄的树叶、透过枝叶洒下的阳光以及静谧的氛围，共同营造出一种宁静、祥和的意境，让观众感受到大自然的美好与生命的轮回。

一幅优秀的静态摄影作品，必然是在基础构图上精心布局，运用光线勾勒形态，通过色彩渲染氛围，借由主题与意境触动心灵。摄影师需要熟练掌握这些要素，不断实践与探索，才能创作出具有感染力与思想深度的作品，让观众在欣赏时，不仅能领略到画面的美感，更能感受到其中蕴含的丰富情感与深刻意义。

## （二）基于评价标准的案例分析

安塞尔·亚当斯的《月升》无疑是摄影史上的经典之作（图 6-3-6）。从基础构图来看，亚当斯巧妙地运用了三分法，将画面一分为三：地平线处于下方三分之一处，上方的天空与下方的大地、村庄各占三分之一。这种构图方式让画面看起来极为平衡与和谐。地平线的水平线条也增强了画面的稳定感，同时引导观众的视线自然地落在画面的重点——月亮上，使月亮成为视觉中心。

图 6-3-6　《月升》

在光线运用方面，《月升》堪称一绝。该作品拍摄于黄昏时分，此时光线柔和且具有丰富的层次感。低角度的光线为前景的村庄和山脉勾勒出清晰的轮廓，使它们在黑暗中凸显出立体感；而远处的月亮则在天空中明亮夺目，与暗部的景物形成鲜明对比。这种强烈的明暗对比不仅营造出了神秘的氛围，也增强了画面的视觉冲击力。亚当斯通过精确控制曝光，让月光洒在大地上的细腻瞬间被完美捕捉，展现出他对光影的卓越掌控能力。

在色彩运用方面，《月升》是一幅黑白摄影作品，摒弃了色彩的干扰，仅以黑、白、灰三种色调构建画面。黑色的夜空占据了大半个画面，蕴藏着大自然神秘的伟力，体现出摄影家深沉的情思；白色的月亮在黑色背景衬托下，显得格外皎洁、明亮，象征着希望与光明；灰色的山脉和村庄在两者之间过渡，增强了画面的层次感与质感。

在主题与意境方面，《月升》传达出对自然的敬畏与赞美。月亮的升起象征着希望与新生，而背景中的村庄则代表着人类的渺小与自然的伟大，引发了观者对人类与自然关系的深刻思考。亚当斯通过这幅作品，不仅展现了自然的壮美，更呼吁人们关注和保护自然环境。

再看布列松的《巴黎圣拉扎尔车站背后》(图6-3-7)。在基础构图方面，布列松采用了一种看似随意却又极具张力的构图方式。人物的跳跃与身后墙壁上的海报、周围的环境形成了有趣的呼应关系：海报上的舞者与跳跃的人物相呼应，梯子周围水坑的涟漪模仿着附近弯曲的金属碎片，让整个画面充满了美感。

图 6-3-7　布列松《圣拉扎尔火车站背后》

在光线运用方面，布列松捕捉到一个平常而又独特的光线瞬间。自然光从画面的上方射进来，照亮了水面，使人物的轮廓更加清晰，增强了画面的生动性。

在色彩构成方面，虽然是黑白摄影作品，但布列松通过对光线和对比度的精准把控，使黑白灰层次分明。黑色的人物在白色的水面背景和灰色的环境衬托下显得格外突出，这种色彩对比进一步强化了画面的视觉效果。

在主题与意境方面，这张照片被视为布列松“决定性瞬间”理论的典型例证。它捕捉到生活中一个稍纵即逝的瞬间，展现了生活的不确定性和趣味性。通过人物的跳跃动作，传达出一种生命的活力和对自由的追求，引发观者对生活中那些平凡而又美好的瞬间的关注和思考。

## 二、动态影视作品的批评与分析

### (一) 动态影视作品的评价基础标准

在动态影视作品的艺术领域中，存在多个维度的基础标准，包括画面语言、声音元素、叙事结构、主题思想与内涵。这些标准共同构建起了作品的质量与价值体系，它们相互交织、相互影响，缺一不可(图6-3-8)。

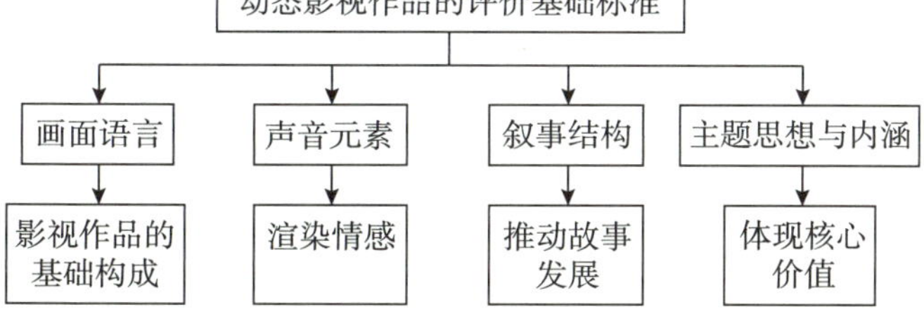

图 6-3-8　动态影视作品的评价基础标准

画面语言是动态影视作品最直观的表现形式，犹如建筑的基石。镜头运动、镜头角度与画面构图是其中的关键要素。从影视画面语言的角度来看，《布达佩斯大饭店》的镜头运动、镜头角度与画面构图极具特色(图 6-3-9)。在镜头运动方面，快速的平摇拍摄是其一大特点。这种看似随意，实则精心计划的拍摄方式，为影片增添了独特的节奏感。此外，影片还运用了大量的平移和摇镜头来实现镜头转场与剧情推进，如门童与古斯塔夫坐缆车的场景，镜头一直追随着演员的动作，让观众仿佛身临其境(图6-3-10)。同时，导演还会根据不同场景和情节的需要，使用如摇臂长镜头、跟踪镜头、移动镜头及慢动作镜头等，丰富影片的视觉效果，增强故事的表现力和感染力。

图 6-3-9　《布达佩斯大饭店》剧照

图 6-3-10　《布达佩斯大饭店》剧照

在镜头角度的运用方面，导演常运用平视的角度，使画面呈现出一种清晰朴实的风格，让观众能够更全面地了解故事背景和人物关系。

画面构图是影片的一大亮点。其中最突出的是对称构图，影片中大量的建筑场景、人物布局等都采用了这种构图方式，使画面显得庄严肃穆，如布达佩斯大饭店的外观及内部装修布置等。同时，导演还将均衡式构图与对称式构图巧妙结合，在对称中制造出一些“破开的地方”，增加了画面的趣味性和故事性。除此之外，影片中还出现了对角线构图、X形构图、中心式构图等多种构图模式。这些构图方式的运用使得画面更具动感、延伸感和层次感，充分展现了导演对构图的极致追求和独特的艺术审美。

声音元素为影视作品渲染情感。在《海上钢琴师》中，钢琴声是影片的灵魂。1900与爵士乐大师杰利较量的三个回合中，1900通过三首不同的曲子来展示自己的水平。音乐展现了1900淡泊名利、宁静随和的内心(图6-3-11)。同时，杰利所选的爵士乐则体现出他急于求胜、追名逐利的庸俗心态。影片中的对白也十分出彩，如丹尼与1900关于“母亲”这一话题的问答，直接体现出两人之间的亲情。音效方面，在晕船的那一段，Max在船上十分晕眩，1900将他带到放有钢琴的大厅并弹奏钢琴。背景音乐配合着晃动不已的轮船画面，体现出1900镇定、悠然自得的内心。声画结合将主人公的性格表现得淋漓尽致。

图6-3-11　《海上钢琴师》剧照

叙事结构是动态影视作品的骨架，推动整个故事发展。《疯狂动物城》采用顺序叙事结构，将兔子朱迪为实现自我价值、成为警察并侦破食肉动物失踪案的故事一点一点展开，让观众更好地去理解和接受(图6-3-12)。影片的叙事结构虽简单易懂，但其立意和内在细节却向观众呈现了一个引人入胜的故事。同时，影片运用动物城来影射现实社会中存在的种族冲突现象和观念上的偏见，引导观众摒弃种族歧视观念。

### (二)基于评价标准的案例分析

《泰坦尼克号》在画面语言上展现了经典的艺术表达魅力。在影片开头，运用远景镜头展现泰坦尼克号在大海中航行的场景，巨大的船体与浩瀚的海洋形成鲜明对比，凸显出船的宏伟以及人类在自然面前的渺小。在男女主角的感情戏中，大量使用特写镜头，如杰克为露丝作画时，对露丝的面部表情、眼神进行特写，细腻地展现出她内心的情感变化。而在泰坦尼克号撞上冰山后，通过快速切换的镜头展现混乱的场景，营造出紧张、绝望的氛围，让观众仿佛身临其境。

图 6-3-12　《疯狂动物城》剧照

在声音元素方面，配乐为影片增色不少。主题曲《*My Heart Will Go On*》旋律悠扬，不仅在男女主角爱情升温时出现，强化情感表达，在船沉没时再次响起，将那种生死离别的悲伤情绪推向高潮。影片中的音效也十分逼真，船身断裂的声音、海水涌入的声音，配合画面，增强了灾难的真实感。人物对话也极具表现力，比如露丝在与杰克相处时，语言中流露出对自由生活的向往；而她与未婚夫的对话，则充满了压抑与无奈，展现出不同人物的性格与心境。

在叙事结构方面，影片采用回忆与现实交织的方式。老年露丝的回忆串联起整个故事，从泰坦尼克号的起航，到她与杰克的相遇、相爱，再到船难的发生，情节跌宕起伏（图 6-3-13）。这种叙事方式既能让观众了解故事全貌，又能通过现实与回忆的对比，增添故事的沧桑感与悲剧色彩。

影片的主题思想与内涵深刻，它不仅是一部爱情片，更是对人性、命运和社会的深刻思考。杰克和露丝跨越阶层的爱情，展现了爱情的伟大与纯粹。在灾难面前，人们的勇敢、自私、善良等不同的人性也被展现得淋漓尽致，同时也反映出当时社会的阶层差异和对命运的无力感。

图 6-3-13 《泰坦尼克号》剧照

而韩国电影《寄生虫》，其画面语言极具特色（图 6-3-14）。影片开头，通过低角度镜头拍摄主角一家居住的半地下室，昏暗的光线、潮湿的环境，展现出他们生活的窘迫。在基宇一家进入富人朴社长家后，运用大广角镜头展现豪宅的宽敞明亮，与地下室形成了鲜明对比。在表现人物关系时，镜头的运用也十分巧妙，比如在一家人讨论如何进入朴社长家工作时，采用近景镜头，将人物的表情、动作清晰呈现，突出他们的小心思。

图 6-3-14 《寄生虫》剧照

在声音元素的选择方面，导演刻意使配乐贴合剧情。在基宇一家谋划进入朴社长家时，音乐节奏轻快，带有一丝紧张感，暗示着他们的计划充满不确定性；而当事情败露，冲突爆发时，音乐变得急促、激烈，加剧了紧张的氛围。在音效方面，雨水打在窗户上的声音、地下室里的诡异声响，增强了影片的真实感和惊悚感。人物对话也蕴含深意，如朴社长对金司机身上“味道”的嫌弃，直接体现出阶级之间的隔阂。

在叙事结构方面，影片采用三幕剧形式。第一幕展示基宇一家的贫穷生活以及他们如何进入朴社长家工作；第二幕是事情败露，原管家和她丈夫的出现，引发了两家人的冲突；第三幕是冲突升级后的结局，父亲金司机躲进地下室，儿子基宇立志赚钱救出父亲。这种叙事结构层层递进，将社会阶层的矛盾逐步展现。

在主题思想与内涵方面，《寄生虫》深刻地揭示了社会阶层的固化和贫富差距的问题。基宇一家像寄生虫一样寄生在朴社长家，而原管家的丈夫也同样寄生在地下室，这反映出底层人民生活的艰难和对富人的依赖。同时，影片也展现了人性在这种环境里的扭曲，以及阶级之间难以逾越的鸿沟，引发观众对社会现实的深刻反思。

## 第四节　影像作品与文化传播

在全球化的大背景下，影像作品作为文化传播的媒介扮演着至关重要的角色。它们不仅能够迅速跨越地理和文化界限，还能在不同文化之间架起沟通的桥梁。通过视觉和听觉的直观表达，影像作品使复杂的文化信息得以简化和普及，从而在全球范围内进行传播和交流。影像作品的重要性在于其强大的叙事能力和引发情感共鸣的能力，它们能够以故事的形式展现文化特色，使观众在情感上产生共鸣，进而理解和接受不同的文化价值。此外，影像作品的跨媒介特性使其能够通过电影、电视、网络等多种渠道传播，增强了文化的影响力。

在传递多元文化价值方面，影像作品通过呈现不同文化背景下的人物、事件和环境，展现了文化的多样性。它们能够捕捉和表达不同文化的独特性和普遍性，使全球观众能够体验到不同的生活方式和思维模式。

### 一、影像作品的文化传播机制

在全球化的文化交流中，影像作品以其独特的魅力，成为文化传播的重要载体。它通过色彩、构图、镜头语言等视觉元素，以及情节设置、角色塑造等叙事手法，跨越语言和地域的界限，将丰富的文化信息传递给观众(图 6-4-1)。①

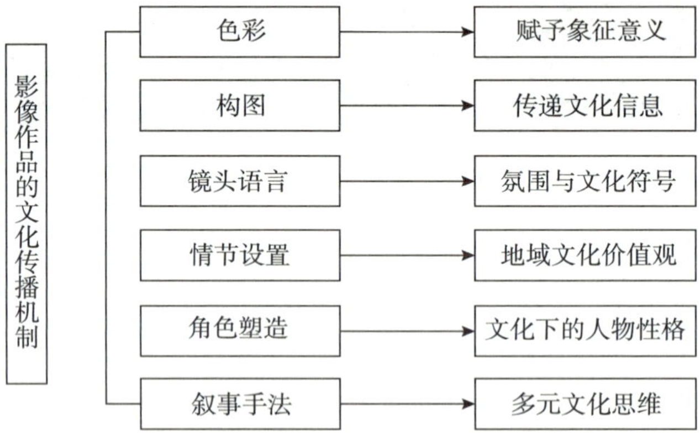


图 6-4-1　影像作品的文化传播机制

色彩是视觉元素中极具表现力的部分，不同文化赋予色彩独特的象征意义。在一些西方影视作品中，黑色常象征着神秘、死亡与邪恶，频繁用于营造惊悚、悬疑的氛围；

① 戴锦华：《电影批评》，北京：北京大学出版社 2015 年版，第 56~60 页。

而在中国文化里，红色代表喜庆、吉祥，常用于庆典、节日场景，传递出热烈与美好的情感。色彩的搭配组合也蕴含深意，和谐的色彩组合能营造出宁静、舒适的氛围，对比强烈的色彩则可制造紧张、冲突感，以此传递特定文化情境下的情感与价值观。

构图是影像的框架结构，通过画面布局传递文化信息。对称构图往往体现出庄重、稳定与秩序感，常见于展现东方文化中对平衡、和谐的追求，如传统建筑的对称布局在影像中的呈现；非对称构图则打破常规，赋予画面动态、活泼之感，契合西方文化中对个性、自由的崇尚，在一些追求创新与突破的影像作品中较为常见。

镜头语言是影像独特的表达工具。长镜头能完整连贯地记录场景，让观众沉浸式地感受画面中的氛围与情感，在展现东方文化的含蓄、内敛时效果显著；特写镜头聚焦于细微之处，如人物的表情、物体的纹理等，通过突出细节来传递深层情感与文化内涵，常用于挖掘人物内心世界或强调文化符号。

情节设置是叙事的核心动力，通过故事的起承转合传递文化信息。不同文化背景下的故事有着不同的发展模式和价值取向。东方故事常强调集体利益、家族观念，通过人物在困境中的抉择展现对道德、伦理的坚守；西方故事则多围绕个人成长、英雄主义展开，凸显个人对命运的抗争与自我价值的实现。

角色塑造是文化的生动体现，成功的角色形象能反映特定文化背景下的性格特征、行为模式和价值观念。东方文化塑造的角色往往谦逊、内敛，注重人际关系与社会和谐；西方文化中的角色则更具冒险精神、独立意识，敢于挑战权威、追求自由。

叙事手法也极为关键。线性叙事按照时间顺序依次展开，逻辑清晰，易于观众理解，常被用于讲述具有明确时间线和因果关系的故事，传递传统、稳定的文化观念；非线性叙事打破时间顺序，采用倒叙、插叙等方式，增强故事的悬念与趣味性，更能体现现代文化中多元、复杂的思维方式，引发观众对故事深层含义的思考。

影像作品通过视觉元素与叙事手法的有机结合，跨越文化与地域的界限，将丰富的文化信息传递给全球观众，促进文化的交流与融合。《卧虎藏龙》是一部成功利用东方美学与武侠元素向世界展示中国传统文化的经典之作。在“竹林打斗”片段中，李慕白与玉娇龙在翠绿的竹林间飞檐走壁、你来我往。李安导演运用大量的全景和中景镜头，展现了人物与竹林融为一体的优美姿态，翠竹的挺拔与人物的灵动相互映衬，既体现了中国传统武侠文化中武功的飘逸与潇洒，也展现了人与自然和谐共生的哲学思想(图6-4-2)。在“月下盗剑”片段里，玉娇龙和俞秀莲在屋顶的瓦脊与飞檐上追逐打斗，月色清冷，以广阔苍凉的古老建筑为背景，配以亦紧亦缓的鼓声，营造出一种独特的东方美感，将中国传统建筑之美与武侠的侠义精神相结合(图6-4-3)。

在叙事手法上，影片情节融入中国传统武侠文化和哲学思想，围绕青冥剑展开的江湖恩怨情仇，生动诠释了中国人对“侠”的定义——行侠仗义、扶危济困。在角色塑造上，李慕白体现了儒家的道德准则与道家的无为思想；玉娇龙的叛逆与对自由的追求，映射出中国传统文化对个性解放的思考。

图 6-4-2　《卧虎藏龙》剧照

图 6-4-3　《卧虎藏龙》剧照

影像作品通过丰富多元的视觉元素与叙事手法，将文化信息生动地传递给观众。《卧虎藏龙》融合东方美学与武侠元素，让世界领略到中国传统文化的独特魅力，成为文化传播的典范，为不同文化背景的人们搭建起一座沟通与理解的桥梁。

## 二、影像作品的多元文化表达

影像作品的多元文化表达，是指在影视创作中融合多种文化元素，通过影像、故事和角色展现不同文化背景、价值观和生活方式，以促进文化间的理解与交流。在全球化背景下，文化的交融与碰撞日益频繁，影像作品作为一种强大的文化传播载体，承载着多元文化表达的使命。

以《卧虎藏龙》为例，影片中对武侠场景和人物动作的设计，蕴含着浓厚的东方哲学思想。李慕白与玉娇龙在翠绿的竹林间飞掠穿梭，竹影摇曳，构成一幅充满诗意的画面。李慕白的动作行云流水，看似轻柔却暗藏力量，这种招式体现了道家“无为而治”的思想。他不刻意追求刚猛的力量和速度，而是顺应自然，与周围环境融为一体，在和谐之中寻找制胜之机。玉娇龙的动作则充满锐气，展现出年轻人的冲劲，但在与李慕白的交手过程中，她逐渐被道家思想所影响，内心也开始发生转变。这不仅是一场武术的较量，更是两种思想的碰撞，武打动作传递出东方哲学中对人性、自然以及自我修炼的独特见解。

而在科幻电影《盗梦空间》中，复杂的叙事和科技想象背后隐藏着深刻的西方现代哲学思考。影片围绕梦境与现实的界限展开，主角们在不同层次的梦境中穿梭，不断质疑和探寻真实的存在。这反映出西方哲学中对“存在”与“认知”的探讨：人们如何确定自己所处的世界是真实的？我们的感知是否可靠？主角柯布一直被梦境困扰，难以分清梦境与现实，这正是西方哲学中怀疑论的体现，即人们对所感知到的世界持有怀疑态度，追求对真实世界的准确认知。

东西方影像风格差异的根源在于文化传统和哲学观念的不同。东方文化注重人与自然的和谐统一，强调内心的修炼和精神的升华。这种文化传统反映在影像作品中，就是通过优美的画面、含蓄的情感表达和对自然与人性的赞美，展现出一种宁静、悠远的审美意境。而西方文化更强调个体的价值和对世界的探索，注重理性思维和逻辑推理。其影像作品往往通过复杂的情节、强烈的冲突和对未知领域的想象，引发观众对人性、社会和宇宙的深入思考。

影像作品的多元文化表达丰富了电影艺术的内涵，让观众能够透过银幕领略世界各地的文化风貌，感受不同文化的魅力与力量。这种多元化的表达促进了文化的交流与融合，在全球文化的大舞台上发挥着重要作用。

## 三、跨越文化桎梏的纽带

在全球化的浪潮中，影像作品宛如一座桥梁，跨越文化的界限，促进不同文化间的理解与交流。它们不仅输出本土文化价值观，还通过引入外来优秀影像丰富本土文化生态，成为连接不同文化的重要纽带。

以《流浪地球 2》为例，这部影片深刻地展现了中国文化背景下的价值观。当地球面临太阳危机，即将走向毁灭时，人类没有选择逃离，而是团结一致，共同为拯救地球而努力。这种集体主义精神与西方个人英雄主义形成鲜明对比，彰显了中国文化中重视集体、团结协作的价值观。在面对灾难时，全球各个国家和地区的人们齐心协力，共同建设行星发动机，制订救援计划，没有一个国家或个人置身事外，充分诠释了“人类命运共同体”的理念。

此外，《流浪地球 2》还蕴含着浓厚的家园情怀。中华农耕文明使中国人对土地和家园有着深深的眷恋，影片中人类为了拯救地球家园，不惜付出巨大的代价，历经 2500 年，100 代人的接力，带着地球一起流浪。这种对家园的执着守护，与西方科幻作品中常见的放弃家园、寻找新星球的情节截然不同，展现了中国传统文化中“故土难离”“落叶归根”的观念，让世界看到了中国人对家园的深厚情感。

而日本动画电影《千与千寻》在文化共通性和艺术创新方面，对丰富本土文化生态有着重要意义。从文化共通性来看，影片讲述了千寻在神秘世界的冒险经历，其中关于成长、勇气、友情和人性的主题，能够引起全球观众的共鸣。千寻在困境中成长，从一个胆小依赖他人的孩子，变成勇敢独立、懂得感恩和付出的少女，这种成长历程是人类共通的情感体验，让不同文化背景的观众都能从中找到自己的影子，感受到温暖和力量，从而促进了不同文化间的情感连接。

在艺术创新上，《千与千寻》的画面精美细腻，充满奇幻色彩，构建了一个独特的神隐世界。影片中对日本传统文化元素的运用，如神道教中的神灵、日本传统建筑和服饰等，与现代动画技术相结合，创造出全新的视觉效果。这种将传统文化与现代艺术形式融合的创新方式，为本土文化的传承和发展提供了新的思路，也让本土文化以更具吸引力的方式展现在世界面前，丰富了本土文化的表现形式和内涵。

《流浪地球2》和《千与千寻》这两部影片，一个输出了中国文化价值观，一个在文化共通性和艺术创新上发挥了重要作用，它们都证明了影像作品在跨越文化桎梏、促进文化交流与融合方面的重要性。它们让不同文化背景的观众能够相互理解、欣赏，共同感受文化的魅力，为全球文化的多元发展作出了贡献。

## 四、当代摄影作品的文化传播

在信息爆炸的当代社会，摄影作品凭借其直观、生动的特性，已成为文化传播的重要载体。一张优秀的摄影作品，不仅能定格瞬间之美，更能穿越时空的界限，传递丰富的文化内涵。① 以史蒂夫·麦凯瑞拍摄的《阿富汗少女》(图6-4-4)为例，我们便能深刻感受到摄影作品在记录历史、折射社会价值观以及引发全球关注与情感共鸣方面的强大力量。

图6-4-4　《阿富汗少女》(史蒂夫·麦凯瑞　摄)

在当代摄影领域，《阿富汗少女》无疑是一幅具有深远影响力的作品。这张照片不仅在视觉上极具冲击力，更在文化传播方面发挥了重要作用。从创作过程、社会价值观的传播到国际舆论等多个维度，都值得我们深入探讨和分析。

从创作过程与图片视觉效果来看，《阿富汗少女》诞生于1984年。当时，史蒂夫·麦凯瑞在巴基斯坦白沙瓦的难民营中邂逅了这位身着传统服饰的阿富汗少女莎巴特·古拉。

① 顾铮：《世界摄影史》，杭州：浙江摄影出版社2020年版，第208~215、276~284页。

麦凯瑞被她那如绿宝石般深邃且充满故事的眼睛吸引，迅速按下快门，捕捉到了这一经典瞬间。照片中，少女直视镜头，眼神中透露出恐惧、迷茫、警觉，同时又夹杂着一丝对未来的渴望。她的瞳孔大而明亮，仿佛能洞察人心；微微张开的嘴唇，似乎想要诉说些什么，却又欲言又止。背景的模糊处理，使得少女的面部成为视觉焦点，突出了她的神情和气质。这种简洁而有力的构图方式，加上强烈的明暗对比，使得这张照片具有了极强的视觉冲击力，能够瞬间抓住观者的目光，引发人们对照片背后故事的好奇和思考。

在社会价值观传播方面，《阿富汗少女》传递了丰富而深刻的内涵。它反映了阿富汗在战争背景下，普通民众尤其是女性所遭受的苦难。少女的眼神中流露出的恐惧和迷茫，是对战争的无声控诉，让人们深刻认识到战争给人类带来的巨大伤痛。同时，照片中少女的坚韧和对未来的渴望，也展现了阿富汗人民在困境中不屈不挠的精神风貌。这种对人性光辉的展现，激发了人们内心的同情和正义感，促使更多人关注阿富汗难民的生存状况，推动了国际社会对人道主义救援的重视。这张照片成为一个象征，提醒着人们珍惜和平、尊重生命。

从国际舆论的角度来看，《阿富汗少女》产生了广泛而深远的影响。1985 年，这张照片登上了《国家地理》杂志的封面，迅速引起了全球范围内的广泛关注。它成为阿富汗战争的标志性影像，让世界各国人民对阿富汗的局势有了更直观的认识。在国际舆论场上，这张照片引发了关于战争、难民、人权等问题的广泛讨论。许多国家的媒体纷纷转载和报道，进一步扩大了其影响力。它促使国际社会对阿富汗难民问题给予更多的关注，推动了一系列人道主义救援行动的开展。同时，这张照片也让人们开始反思战争的意义和价值，对全球安全问题产生了新的思考。

《阿富汗少女》以其独特的创作过程、震撼的视觉效果，成功地传播了深刻的社会价值观，并在国际舆论中引发了广泛的关注和讨论。它不仅是一幅优秀的摄影作品，更是文化传播的有力载体。通过影像的力量，跨越了国界和文化的差异，让世界更加了解阿富汗的历史、文化和人民的生活状况，对促进国际社会的交流与合作、推动人道主义事业的发展起到了积极的作用。

## 第五节　影像艺术与社会价值观

### 一、影像艺术的社会功能与价值观表达

#### (一)影像艺术是社会现实的镜像

影像艺术作为一种视觉化的表达形式，始终与社会现实紧密相连。它通过作品记录、再现和批判社会现实，不仅反映了社会价值观的变迁，还成为推动社会变革的重要力量。在欣赏影像艺术作品时，我们能从其功能中感受社会现实与社会价值观的变化。

1. 影像艺术的真实性功能是记录社会现实

影像艺术最基础的功能是记录社会现实。它借助镜头捕捉社会生活中的真实场景，

将复杂的社会现象转化为直观的视觉图像。当然，影像艺术的真实性功能兼具机械复制的客观性与意义生产的主观性，其对社会现实的记录，既是档案式的实证留存，也是文化阐释的起点，为社会学、人类学研究提供了可验证的视觉文本。例如，“中国白族百村百人”大型影像工程以图片记录为主(图 6-5-1)，并辅以视频和文字记录等方法，对以大理地区为重点的白族聚居区进行了一次系统性的影像记录，这是从民俗学和社会学角度展开的。这项工程无论是对白族文化的保护传承，还是对促进民族团结进步，都具有十分重要的历史和现实意义，是一项具有里程碑意义的民族文化工程。该工程虽以民俗学田野调查方法确保素材的真实性，但拍摄者的取景框选择仍隐含着主观价值判断，体现为“主客位互渗”的记录策略。这种“建构的真实”表明，影像艺术的记录功能既依赖于技术媒介的客观性，也受制于社会认知框架的规训，形成了一种“协商式真实”的辩证关系。这种真实记录不仅让我们看到社会的发展，还为社会政策的制定提供了重要依据。

图 6-5-1　“中国白族百村百人”大型影像工程摄影作品

此外，由国家广电总局策划的系列纪录片《这十年·幸福中国》，以真实影像记录中国古今多领域的发展进程。该作品以鲜活故事反映大国重器、绿色生态、智能制造等时代话题，通过跨时空对话的方式，讲述中国这十年各行各业的发展与巨变；同时，通过记录普通人的日常生活，展现了中国社会十年来的巨大变化，反映了人民幸福感的提升(图 6-5-2)。① 这种真实记录不仅让我们看到社会的发展，还为社会政策的制定提供了重要依据。

2. 影像艺术的多维视角可以再现社会现实

影像艺术的多维视角能够再现社会现实，彰显其作为复杂叙事媒介的独特功能。从符号学与视觉文化理论视角审视，影像并非单一视角的机械复制，而是借助多层次的视觉编码，如构图、色彩、剪辑等，构建社会现实的“协商式再现”。影像艺术通过艺术

① 庄春华、宋春颖：《从〈这十年·幸福中国〉看网络纪录片叙事策略创新》，《传媒》2024 年第 24 期，第 48~50 页。

图 6-5-2　《这十年 · 幸福中国》剧照

化手法再现社会现实，为我们提供多维视角。例如纪录片《道路 · 生活》生动再现了人民民主在基层实践中的丰富样态（图 6-5-3）。该纪录片以“美 · 红树林”“畅 · 翠叶道”“爱 · 无障碍”“路 · 全过程”四个篇章构建起多层次的叙事结构，从生态治理、社区协商、民生保障到制度监督，全方位呈现了民主实践的“协商式再现”。纪录片借助看得见、听得到、靠得住、行得通的“小窗口”故事，让观众从深圳基层人大代表身上感知到中国人共同追求民主的“大气象”。

图 6-5-3　《道路 · 生活》宣传照

影像装置艺术作品在再现社会现实方面同样发挥着独特作用。艺术家黄君辉的“时代镜像”展览，通过影像装置艺术与综合材料绘画的结合，再现了城市化进程中人与人之间的情感疏离以及文化认同的重塑。其作品聚焦个人与集体、传统与现代之间的关系，凸显了艺术在社会生活中的反思与表达功能，促使观众深入思考社会与个人的关联。

3. 影像艺术反映社会价值观的变迁

影像艺术作为社会价值观变迁的视觉载体，借助视觉符号系统动态记录、诠释并重构特定历史语境下的集体意识与伦理取向。从文化研究视角审视，影像不仅是社会价值观的“记录仪”，更是其“催化剂”。它既被动映射时代的意识形态流变，又主动参与价值观的协商与重塑。这一过程涉及符号学、视觉社会学及媒介记忆理论的多维交叉。影像艺术通过记录、再现和批判社会现实，深刻反映社会价值观的变迁。影像艺术的纪实性使其能够凝固特定历史阶段的价值观形态。例如，中央电视台播出的纪录片《话说长江》，从长江源头顺流而下，逐步介绍长江的千姿百态以及流域的山水风光、历史文化、风土人情，还有古往今来的发展变化(图 6-5-4)。《话说长江》采用主持人出场“话说”的形式，将自身对长江的环境、历史、文化的感受传递给观众，使其成为一部里程碑式的作品，主持人也因此成为许多人“长江记忆”里的声音。该作品通过自然景观叙事，强化了集体主义与民族自豪感。

图 6-5-4　《话说长江》片头

影像艺术作为社会现实的镜像，在记录、再现社会现实的过程中，深刻反映社会价值观的变迁。它不仅让我们看到社会现实的多样性，更让我们感受到社会价值观的深刻变化。通过研习影像艺术，我们可以更好地理解社会、思考社会问题，进而推动社会进步。

### (二)影像艺术是价值观的建构工具

影像艺术不仅是社会现实的镜像，更是社会价值观的建构工具。影像艺术能够借助叙事、符号和隐喻等手段，深刻塑造并传播社会价值观，进而影响观众的思想与行为。

1. 影像艺术通过叙事结构传递社会价值观

影像艺术通过叙事结构传递社会价值观，将抽象的价值观念融入具体的故事，引发观众的情感共鸣。影像艺术中叙事的力量在于其能把价值观融入情节发展，使观众在情感体验中理解价值观。依据叙事学理论，影像通过情节逻辑、人物关系、时空组织等要素构建特定的认知框架，潜移默化地传递意识形态。主旋律电影常采用“个人成长—集体认同”的叙事模式。例如，《我和我的父辈》采用多位导演联合执导的方式制作主旋律类型的献礼片，各短片在时间维度上彼此关联，在艺术风格上互补(图6-5-5)。该片通过增强当代中国新主流电影中短片集锦的形式美感，在制作和观看上构建起延续性。在文化全球化视野中，经过对同主题影像叙事的比较与观照，有助于构建更加开放的格局，激发更为流动的新生文化活力。①

图 6-5-5　《我和我的父辈》剧照

2. 影像艺术通过视觉化符号表达社会价值观

影像艺术借助符号系统，将抽象的价值观转化为具体的视觉形象，以便观众更易理解和接受。例如纪录片《我在故宫修文物》，通过器物特写与工匠身体画面的并置，运用视觉符号的编码与组合，将抽象的“工匠精神”价值观具象化，使其成为可感知的文化认同载体。在影片中，特写镜头聚焦于文物修复的微观细节，如钟表齿轮的精密调试、书画破损处的笔触修补等；同时穿插工匠双手操作的近景，形成“物—人”互文的视觉结构。例如，青铜器组修复师王有亮擦拭文物的手部特写，与器物纹饰的细腻刻画并置，使“专注”“精益求精”等价值观通过触觉化的影像语言自然流露(图 6-5-6)。这种符号组合不仅强化了工匠与文物的共生关系，更将“工匠精神”从抽象概念转化为可触摸的“身体实践”。②

图 6-5-6　《我在故宫修文物》剧照

① 杨俊蕾：《开放而流动的同主题影像叙事——从〈我和我的父辈〉思考短片集锦的形式美感、延续性和文化全球化》，《电影新作》2021 年第 5 期，第 71～76 页。

② 张娜：《匠心永流传——〈我在故宫修文物〉创作特色探析》，《明日风尚》2018 年第 19 期，第 236 页。

3. 影像艺术通过隐喻方式建构社会价值观

隐喻是影像艺术建构价值观的重要手段，它借助象征性表达，将复杂的社会问题转化为易于理解的视觉语言。如纪录片《数智纪》运用视觉化的隐喻，以温暖动人的人文故事为内核，创新性地将中国传统文化中六艺的概念延伸至数智化技术的应用领域(图6-5-7)。该纪录片将礼、乐、射、御、书、数这一3000年前的兴国之道，延续到当下，从文化自信的视角讲述科技创新的故事。

图 6-5-7　《数智纪》海报

影像艺术通过叙事、符号和隐喻等手段，成功地将社会价值观融入视觉表达，成为价值观建构的重要工具。它不仅反映社会现实，还通过艺术化表达，引导观众思考与行动，推动社会价值观的传播。

## 二、影像艺术对价值观的影响与塑造

### (一) 影像艺术对个体与群体价值观的影响

影像艺术作为一种强大的视觉表达形式，不仅能够反映社会现实，还能通过情感共鸣、角色认同等方式，深刻影响个体和群体的价值观。在此过程中，影像艺术的正面价值观传播尤为重要。

1. 情感共鸣：影像艺术的情感传递与价值观内化

影像艺术借助情感共鸣，将积极价值观融入观众的情感体验，使其在潜移默化中接受这些价值观。情感共鸣指观众在观看影像作品时，因角色的喜怒哀乐而产生相应的情感反应，仿佛身临其境。这种情感共鸣能够深化观众对人生和社会的理解，进而对价值观的形成产生积极影响。

影像艺术通过故事情节、角色塑造、音乐与视觉效果等手段，引发观众的情感共鸣。情感共鸣不仅能增强观众对作品的认同感和归属感，还能促使他们将作品中的情感带入现实生活，影响其情绪、态度和行为。

2. 角色认同：影像艺术的榜样示范与价值观塑造

影像艺术通过角色认同，将积极价值观融入观众的行为模式，使其在模仿和学习中接受这些价值观。角色认同指观众在观看影像作品时，因角色的经历和成长而产生共情，进而模仿其行为和价值观。

角色认同不仅能够帮助观众拓展视野，提升审美趣味和人文素养，还能促使他们在现实生活中模仿角色的行为和价值观。影像艺术通过情感共鸣和角色认同，成功地将积极价值观融入视觉表达，成为价值观建构的重要工具。它不仅反映社会现实，还通过艺术化表达，引导观众思考与行动，推动社会价值观的传播与深化。对于当代大学生而言，优秀的影像艺术作品能够帮助大学生树立正确的价值观，培养社会责任感和文化认同感。

## （二）影像艺术的正面价值观传播

1. 影像艺术具备传递积极价值观的叙事力量

影像艺术借助叙事结构，将积极价值观融入故事情节，使观众在情感体验中潜移默化地接纳这些价值观。叙事的力量在于其能够将价值观融入情节发展脉络，让观众在情感沉浸中自然地接受价值观的熏陶。例如，文博题材纪录片常通过创新叙事展现中华文化的深厚底蕴，传递文化自信与历史责任感。以《如果国宝会说话》为代表的影像艺术作品（图 6-5-8），采用“文物+故事”的叙事结构，将历史文物与现代叙事有机融合，赋予文物以鲜活的生命力和强烈的情感共鸣。该纪录片每集以 5 分钟的微纪录片形式，聚焦一件文物，通过画外音引导和影像化再叙述，深入挖掘文物背后的历史故事与文化价值。① 这种叙事方式不仅打破了传统纪录片的说教模式，还运用拟人化、多视角叙事手

图 6-5-8　《如果国宝会说话》海报

① 高倩：《历史文化类纪录片的叙事探析——以〈如果国宝会说话〉为例》，《新闻研究导刊》2018 年第 9 期，第 126、142 页。

法，让文物“开口说话”，拉近了观众与历史之间的距离。①

影像艺术作品在价值观传播过程中会采用多样的叙事方式。例如，上述两部纪录片通过生动的叙事和视觉呈现，将文化自信与历史责任感融入情节发展。《如果国宝会说话》借助数字技术还原文物细节，结合现代音乐与视觉特效，营造出跨越时空的对话，使观众在感官体验中领略文物的艺术之美与文化精神。《国家宝藏》则通过戏剧化演绎和专家解读，将文物背后的历史意义与社会价值具象化，进一步强化了观众对中华文化的认同感。观众在观看过程中，不仅被文物的艺术魅力吸引，更被其中蕴含的文化精神感染。这种潜移默化的价值观传递，使观众在情感体验中接受并内化文化自信与历史责任感，从而彰显了影像艺术在弘扬传统文化中的独特作用。

2. 影像艺术通过符号化表达强化积极价值观

影像艺术借助符号系统，将抽象价值观转化为具体的视觉符号，使其更易于被观众理解和接受。符号化表达是影像艺术中一种重要的叙事手段，它通过视觉符号（如色彩、光影、构图等）和叙事符号（如情节、人物、场景等）传递深层次的意义。符号化表达不仅能够增强作品的艺术性，还能通过隐喻和象征强化主题，使观众在情感体验中接纳作品所传递的价值观。

影像艺术通过叙事、符号化等手段，将积极价值观融入视觉表达，成为价值观建构的重要工具。它不仅反映社会现实，还通过艺术化表达，引导观众思考与行动，推动社会价值观的传播与深化。在大学生美育教育中，影像艺术的正面价值观传播具有重要意义，能够帮助大学生树立正确的价值观，培养社会责任感和文化认同感。

### （三）影像艺术创作的社会功能与社会责任

影像艺术创作的社会功能与社会责任体现在其对文化传承、社会反思与价值观传递的多重作用中。作为一种视觉化表达形式，影像艺术不仅能够记录社会现实，还能借助叙事、符号和隐喻等手段，深刻影响受众的价值观，推动社会进步与文化保护。以纪录片《留住手艺》为例，该片通过细腻的镜头语言与叙事结构，将传统手工艺的精湛技艺与文化记忆进行符号化呈现，展现了工匠精神的核心内涵。这种影像表达不仅记录了濒临消失的手工艺技术，更以视觉化方式唤起了观众对传统文化价值的认同与尊重，彰显了影像艺术在文化传承中的独特作用。其次，该纪录片通过对工匠生活状态与社会环境的真实呈现，揭示了现代化进程中传统手工艺面临的困境与挑战，引发观众对工业化、城市化背景下文化多样性保护的深刻反思。这种批判性视角使影像艺术超越了单纯的记录功能，成为推动社会问题讨论的重要媒介。同时，纪录片借助工匠们坚守技艺、精益求精的精神，传递了积极的社会价值观，如敬业、专注与责任感，这些价值观在当代社会中具有重要的教育意义。此外，在电影《当幸福来敲门》中，同样能观察到影视艺术在文化传承、社会反思与价值观传递方面的作用。深入探讨影像艺术如何通过视觉语言

---

①　陈凝、邓仟、杨洋：《〈如果国宝会说话〉后现代叙事特征研究》，《新闻传播科学》2024 年第 12 期，第 935~938 页。

与叙事策略实现其社会价值，能够为影像艺术的社会功能研究提供新的理论视角与实践案例。

影像艺术作品的创作者在创作过程中，应当对社会和环境承担相应的义务与责任，包括维护社会公平正义、保护环境资源、促进可持续发展等方面。影像艺术创作者应通过作品传递积极价值观，以推动社会进步。影像艺术具备记录社会现实、传递积极价值观、推动社会进步等功能。

## 课程思政

在引导学生对纪录片《留住手艺》进行分析时，可聚焦其细腻的镜头语言。从作品中展现的传统手工艺的精湛技艺与文化记忆入手，传递工匠精神的核心内涵。引导学生思考影像艺术在文化传承中的作用，理解中华优秀传统文化的价值，进而增强文化自信。基于此，教师可引导同学们思考：影像艺术如何通过视觉语言传承文化记忆？工匠精神对当代社会的意义是什么？

## 智慧火花

- 根据前测结果，遵循自愿原则，将同学们分成小组，确保每组都有不同背景和创意能力的同学。在小组内分配角色，选取一部经典电影片段(如《肖申克的救赎》中安迪在雨中重获自由的场景)，让同学们分组进行角色扮演，模拟电影中的情境和对话。通过亲身体验角色，深入理解电影中的人物心理、情感表达以及影像艺术如何通过光影、构图和音乐传递人文内涵。
- 使用思维导图、随机词汇联想、角色扮演等创意激发工具，引导同学们产生新想法。
- 鼓励同学们讨论思考影像艺术如何通过视觉语言(如光影、色彩、构图)增强情感表达？电影中的场景设计对角色塑造和主题表达起到了什么作用？

## 践美之行

**主题设定**：围绕学生关心的热门话题，设定创作主题，如“寻找身边的影像之美“、“记录你我身边的故事”等。

《别让纳爱斯》，吉雨淋、刘森、刘晓璇、李慧珍、诸葛思颖作品

### ◎◎◎书籍推荐◎◎◎

李力，梁明：《电影色彩学》，北京：北京联合出版社2021年版。

### ◎◎◎网站资源◎◎◎

500PX：这是一个国际知名的摄影分享平台，用户可以在上面浏览和上传高质量的风光、人像、街拍等摄影作品。网站还提供详细的拍摄参数和技巧分享，帮助初学者快速掌握摄影技术，同时激发他们的创作灵感。

# 第七章
# 艺术人文：开启跨学科美育思辨

在浩瀚的人类文明长河中，艺术与人文犹如两颗璀璨的明珠，交相辉映，共同编织着人类精神世界的华彩篇章。艺术作为情感的抒发、思想的载体和审美的表达，不仅记录着历史的变迁，也映照着人类内心的波澜；而人文则是对人性、价值、道德及存在意义的深刻探讨，关乎人类的精神世界、文化传承和社会进步。当艺术与人文相遇，一场关于美的思辨便悄然展开，引领我们穿越时空的界限，探寻生命的意义与世界的真谛。

艺术与人文，两者相辅相成，不可分割。艺术是人文精神的直观体现，它以独特的形式和语言，将人类对世界的认知、对生活的感悟、对理想的追求转化为可视可感的形象，触动人心，启迪智慧。无论是绘画中的色彩与线条，还是文学中的文字与叙事，都是艺术家们以人文关怀为基石，通过创造性劳动所凝聚的精神结晶。这些艺术作品，不仅展现了艺术家的个人情感和审美追求，更反映了特定时代的社会风貌、文化特质和民族精神，成为连接过去与未来、沟通心灵与世界的桥梁。

人文，则是艺术创作的源泉和灵魂。它关注人的存在状态、价值追求和精神需求，探讨人与自然、人与社会、人与自我之间的关系，为艺术创作提供了丰富的思想资源和深刻的主题内涵。在艺术作品中，我们可以看到对人性光辉的颂扬、对社会正义的呼唤、对生命意义的探寻，这些都是人文精神在艺术领域的生动体现。正是有了人文的滋养，艺术才能超越表面的形式美，引发共鸣，成为推动社会进步和文化发展的重要力量。

美的思辨，是艺术与人文交融共生的产物。它不仅仅是对美的感知和欣赏，更是对美的本质、美的价值、美的创造以及美与真、善、丑等关系的深刻思考。在艺术领域，美的思辨体现在艺术家对创作理念、表现手法、艺术风格的不断探索和创新上。他们通过艺术实践，挑战传统的审美观念，拓展美的边界，使艺术呈现出更加多元、开放和包容的面貌。这种对美的思辨，不仅丰富了艺术的表现形式，也深化了艺术的内涵，使艺术成为人类精神探索的重要领域。

在当今这个全球化、信息化的时代，艺术与人文的价值更加凸显。艺术，作为文化多样性的重要表现形式，不仅丰富了人们的精神生活，也促进了不同文化之间的交流和融合。它通过独特的艺术语言和表现形式，传递着人类的共同情感和价值追求，为构建人类命运共同体提供了重要的文化基础。同时，艺术还具有批判现实、启迪思想、激发创新的功能，鼓励人们勇于探索未知，挑战权威，为社会的进步和发展注入新的活力。在科技飞速发展的今天，人们面临着前所未有的精神困境和价值迷茫。人文精神的缺失，将导致一些社会问题的出现，如道德滑坡、精神空虚、文化同质化等。因此，弘扬人文精神，加强对人性、价值、道德等问题的探讨和研究，对于引导人们树立正确的世界观、人生观和价值观，促进社会的和谐稳定与持续发展，具有至关重要的意义。

### 心海融文

- 创意联想题：

  题目：如果艺术是一幅色彩斑斓的画卷，那么人文是什么？请用一个比喻来描述，并解释你的理由。

- 美的定义探索题：

  题目：美是主观的还是客观的？请结合你的个人经历和至少一个艺术作品的例子，阐述你的看法。

- 互动讨论题：

  题目：选取一件具有争议性的艺术作品，如现代抽象艺术或具有社会批判意义的作品，小组讨论其艺术价值与社会影响。

## 第一节 艺术与跨学科研究

艺术，作为人类精神世界的璀璨结晶，不仅与哲学思辨相辅相成，共同探索生命的意义与宇宙的奥秘；而且与文学携手并进，通过形象与语言的交织，共同绘就人类情感与思想的壮丽画卷。同时，艺术与科学相互启迪，科学以理性的眼光剖析世界，艺术则以感性的方式表达世界，二者在创意与想象的碰撞中，不断拓宽人类的认知边界，推动着知识的创新与发展。

### 一、艺术与哲学

在人类文明的长河中，艺术与哲学犹如两颗璀璨的明珠，交相辉映，共同照亮了人类探索世界、理解自我、追求真善美的道路。艺术与哲学，存在着不可分割的内在联系，它们相互渗透、相互影响，共同构成了人类精神世界的重要组成部分。

#### （一）艺术与哲学的内在联系

艺术与哲学，看似两个不同的领域，实则有着千丝万缕的联系。哲学，关注的是宇宙的本质、人生的意义、道德的准则等根本性问题。而艺术，则是人类情感的表达和审美的创造，它以形象化的方式，展现人类对世界的独特理解和感受。

哲学对艺术的影响是深远而持久的。哲学家们通过他们的思想体系，为艺术家们提供了丰富的创作灵感和深刻的思考维度。同时，艺术家们也在他们的作品中，以形象化的方式传达着哲学家的思想精髓。这种相互影响、相互促进的关系，使得艺术与哲学成为人类精神文化中不可或缺的两个部分。

### (二)典型哲学思想对艺术的影响

1. 古希腊哲学与艺术

古希腊哲学，作为西方哲学的源头，对后世艺术的发展产生了深远的影响。古希腊哲学家们强调理性与自然的完美结合，认为艺术应该真实地反映自然，并致力于追求形式与内容的和谐统一。在这一哲学思潮中，毕达哥拉斯学派、苏格拉底、柏拉图以及亚里士多德的哲学思想尤为突出，对艺术领域产生了深刻的启迪。

毕达哥拉斯学派认为，美在于和谐与比例。① 这一观点对古希腊雕塑和建筑艺术的发展产生了重要影响。在古希腊雕塑中，如米隆的《掷铁饼者》(图 7-1-1)等作品，都展现了完美的人体比例与和谐的姿态。在建筑艺术中，古希腊神庙的设计也严格遵循了对称、均衡等美学原则，体现了毕达哥拉斯学派的美学思想。

图 7-1-1　米隆《掷铁饼者》(局部)

苏格拉底强调“认识你自己”②。他认为艺术应该表现人的内在精神和道德品质。这一思想对古希腊戏剧艺术产生了深远影响。古希腊悲剧作家们通过塑造具有深刻内心世界和复杂性格的人物形象，展现了人性的光辉与阴暗面，引导观众思考人生的意义和价值。

---

① 李建群：《西方美术史 从原始美术到文艺复兴》，北京：北京大学出版社 2014 年版，第 67 页。

② ［英］A. E. 泰勒：《苏格拉底传》，赵继铨、李真译，北京：商务印书馆 2015 年版，第 85 页。

柏拉图主张存在着一个超越人类感性认识的真理世界，他认为艺术是对这个真理世界的模仿和再现。① 然而，由于艺术只能表现出物质世界的影像和表象，而无法触及真理世界的本质，因此柏拉图对艺术持有一种批评的态度。尽管如此，柏拉图的美学思想仍然对后世艺术理论的发展产生了重要影响。他关于艺术模仿说、灵感说等观点，为后世艺术家们提供了丰富的创作灵感和理论支持。

亚里士多德认为艺术是对现实的模仿和再现②，但这种模仿并不是简单的复制和拷贝，而是艺术家们根据自己的审美理想和创作意图，对现实进行选择和加工的过程。这一观点为后世现实主义艺术的发展提供了重要的理论支持。同时，亚里士多德还强调艺术的教育功能和社会作用，他认为艺术能够陶冶人的情操、提高人的审美素养和社会道德水平。

2. 德国古典哲学与艺术

德国古典哲学，作为西方哲学史上的重要篇章，对后世艺术的发展产生了深远的影响。这一时期的哲学家们强调理性与感性的统一、主体与客体的融合，为浪漫主义、现实主义等艺术流派的发展奠定了坚实的理论基础。其中，康德、黑格尔和尼采的哲学思想尤为典型。

康德认为，美是无目的的合目的性，即美的事物虽不具有任何实际效用，却能激发人们的愉悦和满足感。这一观点为审美主义艺术流派的发展提供了重要的理论支持。同时，康德还强调艺术的创造性和想象力，认为艺术是艺术家们根据自己的审美理想和创作意图，对现实进行超越和升华的过程。

黑格尔则提出，艺术是理念的感性显现，即艺术是理念与现实、主体与客体相互融合、相互转化的产物。这一观点为现实主义艺术流派的发展提供了重要的理论支持。此外，黑格尔还强调艺术的历史性和发展性，认为艺术是随着时代的发展和社会的变迁而不断演变和进步的。

尼采则认为，艺术是生命的最高表现形式，是艺术家们根据自身生命体验和创作意图，对现实进行超越和升华的过程。这一观点为表现主义、超现实主义等艺术流派的发展提供了重要的理论支持。同时，尼采还强调艺术的个体性和创造性，认为艺术是艺术家们表达自己独特生命体验和审美理想的重要途径。

3. 现代哲学与艺术

现代哲学，作为西方哲学史上的又一重要阶段，对后世艺术的发展产生了深远的影响。现代哲学家们强调个体性、创造性和多元性，为现代主义、后现代主义等艺术流派的发展提供了重要的理论支持。其中，存在主义、结构主义与后结构主义以及后现代主义的哲学思想尤为突出。

存在主义强调个体的存在和自由意志的重要性，认为艺术是艺术家们表达自己独特生命体验和审美理想的重要方式。这一观点为表现主义、超现实主义等艺术流派的发展

① ［古希腊］柏拉图：《理想国》，张造勋译，北京：北京大学出版社 2010 年版，第 240 页。

② ［古希腊］亚里士多德：《诗学》，陈中梅译，北京：商务印书馆 1996 年版，第 106 页。

提供了重要的理论支持。同时，存在主义还强调艺术的批判性和反思性，认为艺术应该对社会现实进行深刻的批判和反思。

结构主义则强调语言和符号的重要性。它认为，艺术是通过语言和符号来传达意义和价值的。这一观点为符号学、语言学等艺术理论的发展提供了重要的理论支持。德里达作为后结构主义的代表，通过对艺术作品多义性和开放性的强调，以及对语言和图像在艺术表达中作用的深入分析，对传统的艺术与哲学观点进行了解构。他认为，传统的艺术与哲学观点往往过于强调艺术作品的固定意义和普遍价值，而忽视了艺术作品的多样性和复杂性。德里达的这种解构式的解读方式，为艺术和哲学领域带来了新的思考方向和研究视角。①

后现代主义则强调多元性、相对性和不确定性。它认为，艺术是多元文化和多元价值观的体现。这一观点为多元文化主义、全球主义等艺术流派的发展提供了重要的理论支持。同时，后现代主义还强调艺术的批判性和反思性，认为艺术应该对社会现实进行深刻的批判和反思。

4. 中国古典哲学与艺术

中国古典哲学流派众多，其中儒家哲学、道家哲学和佛家哲学占据主流地位。儒家强调道德伦理、仁爱和社会秩序，注重教育和修身养性。

在艺术领域，儒家思想体现为对和谐、秩序和庄重的追求。例如，古代书法和绘画中展现的秩序感和整体和谐美，以及礼乐文化对艺术形式的影响，均彰显了儒家的审美理念。

道家哲学则强调“道法自然”和“无为而治”，追求自然与自由的状态。在艺术表现上，道家思想体现为对自然之美的追求和呈现。如山水画中描绘的自然景观，以及园林建筑中的自然布局和设计，都充分展现了道家的哲学思想。

佛家哲学注重空灵与超越，通过美的体验来达到内心的平静与觉悟。在艺术创作中，佛家思想体现为对禅境和空灵之美的追求。如唐代诗人王维的诗歌和绘画中蕴含的禅意，便是佛家思想在艺术中的生动体现。

北宋画家宋徽宗的《瑞鹤图》(图 7-1-2) 便体现了道家思想中的神秘色彩和自然美。清朝画家张大千的泼墨山水画《庐山图》，以大胆的笔墨和色彩表现了自然的磅礴气势，同时也反映了画家对自然深沉的感悟和“天人合一”的理念。

中国古典园林中的“一池三山”布局，以及苏州的拙政园、留园等，都是道家思想影响下的园林建筑典范。唐代诗人王维的诗歌和绘画中蕴含的禅意，深刻体现了佛家思想的影响；而杜甫的《登高》一诗，则巧妙融入了儒家“仁”的理念。

艺术与哲学是人类精神文化中不可或缺的两个组成部分，它们相互渗透、相互影响，共同铺就了人类探索世界、理解自我、追求真善美的道路。这些哲学思想不仅为艺术家们提供了丰富的创作灵感和深刻的思考维度，也为后世艺术理论的发展奠定了坚实

① [法]雅克·德里达：《绘画中的真理》，魏柯玲译，上海：上海文艺出版社 2024 年版，第 124 页。

图 7-1-2　宋徽宗《瑞鹤图》

的理论基础。在未来的发展中，艺术与哲学将继续携手并进，共同推动着人类精神文化的繁荣与进步。

## 二、艺术与文学

### （一）定义及基本特征

艺术通过视觉、听觉等感官体验，以直观的形式传达创意与情感。它运用色彩、线条、旋律、节奏等感官元素，直接作用于人的感官系统，引发观众的情感共鸣和审美体验。艺术作品是艺术家对现实世界的独特诠释和再创造，体现了艺术家的独特创意和个性表达。

文学则以文字为媒介，通过创作、叙述、描写、抒情等多种手法，传达作者的思想、情感和经验。它运用细腻的笔触描绘复杂的人物性格、丰富的情感世界和深刻的社会现象，使读者在阅读过程中产生共鸣，获得精神上的愉悦和启迪。语言文字的丰富性和表达的深刻性是文学的基本特征。

### （二）艺术与文学在人类文化中的地位与价值

文学与艺术在人类文化中的地位与价值举足轻重。它们不仅是人类精神生活的重要组成部分，更是推动社会进步与文化传承的重要力量。

在文化传承方面，文学与艺术扮演着不可替代的角色。它们是文化的重要载体，将一个民族的历史、传统、价值观等宝贵文化遗产代代相传。古老的神话传说、民间故事通过文学的形式得以保存和流传，成为民族文化的根基；而各种艺术形式，如传统的戏曲、手工艺等，则以其独特的魅力，传承着民族的精神。

在社会进步方面，文学与艺术同样发挥着重要作用。它们能够激发人们的创造力和想象力，为科技、经济等领域的发展提供源源不断的灵感。同时，它们还能够引导人们关注社会问题，引发对现实的深刻思考和反思，从而推动社会的变革与进步。例如，文学作品揭示社会的不公与黑暗面，激发人们对正义的追求；而艺术作品则通过独特的审美观念和表现手法，挑战传统的权威和观念，推动社会的创新和发展。

## (三) 艺术与文学的关系

1. 文学与艺术的历史渊源

文学与艺术在人类历史的长河中紧密相连，共同绘就了丰富多彩的文化画卷。古典时代，文学作品常成为艺术创作的重要灵感来源，而艺术作品也广泛借鉴文学元素，形成了紧密的共生关系。古希腊悲剧的剧情、人物和主题多取材于《荷马史诗》(图 7-1-3) 等文学作品，古典文学的描述与想象为艺术家们提供了丰富的创作素材。

古典文学对艺术形式的影响深远，不仅为艺术创作提供灵感，还以其独特的叙事手法和审美观念塑造艺术风格。中世纪欧洲的宗教艺术深受《圣经》(图 7-1-4) 故事和圣徒传记等文学作品的影响，从表现手法到主题内容都与之紧密相关。文学作品中的主题、情节和人物成为艺术创作的核心要素，丰富了艺术作品的内涵和表现力，使其能够跨越时空，与不同文化背景的观众产生共鸣。

图 7-1-3　《荷马史诗》

图 7-1-4　《圣经》

然而，随着近现代社会的快速发展，文学逐渐独立发展，文学体裁日益多样化，为创作提供了更广阔的空间。艺术革新也深刻影响了文学创作手法，如印象派绘画对光影和色彩的运用启发了现代主义作家的叙事创新。文学与艺术在不同历史阶段展现出不同的互动模式，共同推动着人类文化的不断进步。

2. 文学对艺术创作的影响

文学作品作为艺术创作的灵感源泉，其影响力不容小觑。许多艺术家在创作过程中会借鉴文学作品中的主题、情节和人物，以此为基础进行再创作。文学作品中的主题、情节与人物对艺术创作的影响深远，它们不仅为艺术家们提供了丰富的创作素材，还通过其独特的叙事手法和审美观念，对艺术风格的形成产生了重要影响。例如，现实主义文学作品强调对现实的客观描绘和对社会问题的深刻剖析，这种观念深刻影响了现实主义艺术的发展。法国画家米勒的《晚钟》就是一幅典型的现实主义绘画作品。这幅画描绘了一对农民夫妇在夕阳下，听到远处教堂钟声响起时，停下手中农活默默祈祷的场景。画面中，丈夫脱帽低头，妻子双手紧握胸前，神态虔诚而宁静。他们衣着简朴，脚下是简单的农具和土豆篮。米勒通过细腻的笔触，生动地刻画了夫妇二人在祈祷时专注而肃穆的神情，以及他们饱经风霜的面容和粗糙的双手等细节，真实地反映了 19 世纪法国农民在艰苦生活中对宗教信仰的虔诚。

文学风格对艺术表现手法的渗透同样显著。现实主义、浪漫主义等文学风格在艺术中得到了广泛体现。例如，浪漫主义文学作品追求个性解放和情感自由，这种观念也体现在浪漫主义艺术对色彩、线条和构图的独特运用上。法国画家雅克-路易・大卫的《拿破仑翻越阿尔卑斯山》(图 7-1-6) 就是一幅浪漫主义风格的绘画作品。这幅画描绘了拿破仑在翻越阿尔卑斯山时的雄姿，画面中的拿破仑骑在马上，目光坚定，背景是雄伟的山峦和翻滚的云雾。戈雅通过夸张的手法和富有诗意的构图，展现了拿破仑的英勇和伟大，同时也表达了对历史和英雄的崇敬之情。这与浪漫主义文学作品中的情感自由和个性解放观念相呼应。

图 7-1-5　米勒《晚钟》

图 7-1-6　雅克-路易・大卫《拿破仑翻越阿尔卑斯山》

3. 艺术对文学创作的作用

艺术形式对文学表达方式的拓展具有重要意义。视觉艺术、音乐、舞蹈等元素在文学作品中的运用，不仅丰富了文学作品的表现力，还使得文学作品能够跨越语言的界限，与不同文化背景下的读者产生共鸣。例如，现代主义文学作品常常借鉴视觉艺术中的构图和色彩运用，以此为基础构建出独特的叙事空间，增强了作品的艺术感染力。

艺术审美观念对文学风格的影响同样不容忽视。不同的艺术流派和审美观念的形成往往会对文学创作发挥重要的引领作用。

例如，现代艺术运动强调对形式和材料的创新探索，这种观念就深刻影响了现代主义文学对叙事手法和表现形式的创新。詹姆斯·乔伊斯创作的长篇小说《尤利西斯》(图7-1-7)中，作者通过意识流等创新叙事手法，深入展现人物内心的复杂世界，充分体现了作者对形式创新的追求。

现代艺术运动对现代主义、后现代主义文学风格的形成产生了重要影响。例如，立体主义绘画强调对空间和形式的几何化处理，这种观念启发了现代主义作家在文学作品中探索新的叙事结构和表现手法。而后现代主义艺术则追求对现实的多元解读和碎片化处理，这种观念也体现在后现代主义文学对叙事逻辑和人物塑造的颠覆性创新上。如大卫·福斯特·华莱士的《无尽的玩笑》(图7-1-8)，该作品借鉴后现代艺术对现实的多元解读方式，通过复杂的叙事层次、非线性时间叙述和碎片化的人物描绘，颠覆了传统的叙事逻辑和人物塑造方式。

图7-1-7 詹姆斯·乔伊斯《尤利西斯》

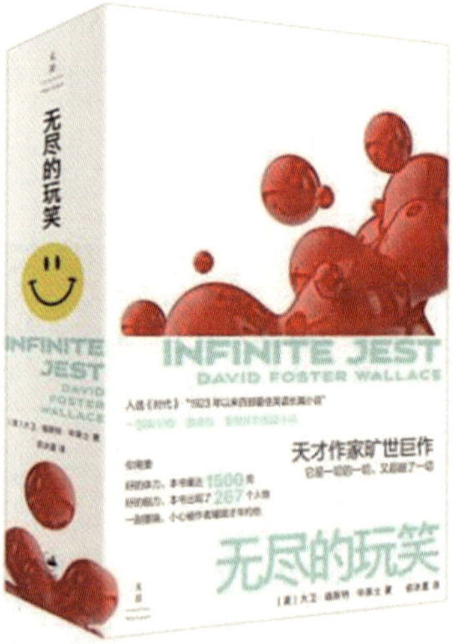


图7-1-8 大卫·福斯特·华莱士《无尽的玩笑》

4. 文学与艺术的交叉融合与创新

文学与艺术作为人类文明的两大瑰宝，自古以来便相互渗透、相互影响。随着时代的发展，这种交叉融合的趋势愈发明显，不仅丰富了艺术表现形式，更推动了新艺术形式的诞生与创新。它们的结合，不仅为文化景观增添了多样性，还推动了新的艺术形式的涌现。歌剧与音乐剧便是文学与音乐结合的典范，它们通过歌唱和表演，生动地展现了人类情感的复杂性和多样性。插画小说和概念艺术则是文学与视觉艺术完美融合的产物，图像与文字相互映衬，为读者提供了更加丰富的阅读体验。

文学与艺术的融合还推动了新艺术形式的探索与发展。数字文学和互动艺术等新兴领域的兴起，正是这一融合创新的生动体现。数字文学利用数字技术，以直观、互动的形式呈现文学作品，为读者带来了全新的阅读感受。而互动艺术则强调观众的参与和实时互动，为艺术创作提供了新的可能性和空间。这些新兴艺术形式展现了文学与艺术融合创新的无限潜力。

## 三、艺术与科学

### （一）艺术与科学的历史渊源

1. 早期文明中的共同萌芽

艺术与科学在人类早期文明中有着共同的起源，二者最初并未分离，而是交织在一起，共同服务于人类对世界的认知与表达。在古希腊时期，自然哲学与艺术表现密不可分。例如，古希腊哲学家毕达哥拉斯通过数学研究揭示了音乐中的和谐比例，认为宇宙的本质是数学的，而音乐则是数学的美学体现。这种思想不仅推动了科学的发展，而且深刻影响了艺术创作。古埃及的建筑师通过对数学比例与视觉规律的精确研究，建造出如古埃及金字塔（图 7-1-9）这样兼具科学精确性与艺术美感的建筑杰作。金字塔采用正四棱锥结构，底边为正方形，四个侧面为等腰三角形。这种设计不仅稳固，还体现了对几何比例的精确把握。部分金字塔的设计中体现了黄金比例，如侧面三角形的高与底边之比接近黄金分割，这种比例在视觉上具有和谐美感，体现了美学与数学的融合。例如，胡夫金字塔的底边长度与高度的比例接近圆周率的两倍，显示出建筑师对数学的深刻理解，体现了数学与美学的完美统一。此外，金字塔的四面准确对准东南西北四个方

图 7-1-9　古埃及金字塔

位，误差极小，这种精确的方位定位表明建筑师掌握了天文观测和几何测量技术。同时，金字塔的侧面并非完全平直，而是略微凸起，这种设计称为“凸肚效应”，旨在抵消视觉上的凹陷感，使建筑在视觉上更加完美，这种技术展示了建筑师对视觉规律的深刻理解。古埃及金字塔不仅是建筑杰作，更是科学与艺术融合的巅峰之作，展现了古代人类对理性与美的极致追求。此外，古希腊雕塑家还通过对人体比例的精确研究，创作出如《维纳斯》这样兼具科学精确性与艺术美感的作品。

2. 文艺复兴时期的深度融合

文艺复兴时期是艺术与科学深度融合的黄金时代，达·芬奇是这一时期的典型代表。他的艺术创作与科学研究相辅相成，体现了科学与艺术在实践中的统一性。他不仅是杰出的艺术家，还是卓越的科学家。达·芬奇通过对人体解剖学的深入研究，精确描绘了人体的肌肉、骨骼和运动规律，为艺术创作提供了科学依据。例如，他的名作《维特鲁威人》将人体比例与几何学完美结合，展现了人类身体与宇宙秩序的和谐关系。此外，达·芬奇在光学、力学和工程学领域的研究也深刻地影响了他的艺术创作。他在作品《蒙娜丽莎》中运用“渐隐法”，通过细腻的光影过渡创造出神秘的氛围，体现了他对光学原理的深刻理解。达·芬奇的跨学科实践不仅推动了艺术与科学的共同进步，也为后世提供了艺术与科学融合的典范。

3. 卢梭对艺术与科学关系的反思

卢梭在《论科学与艺术》一书中对艺术与科学的关系进行了深刻的哲学反思，其核心观点是艺术与科学在人类文明的早期是统一的，但随着社会的发展，二者逐渐分离，甚至走向对立。① 卢梭批评科学和艺术的进步并未真正促进人类的道德提升，反而导致了虚荣与奢侈的滋生。他认为科学追求理性与真理，而艺术追求美感与情感表达，二者的分离使人类失去了对自然与自我的完整认知。然而，卢梭也提出，艺术与科学的重新融合可能为人类文明带来新的希望。他在书中的反思也提醒我们，在现代社会中，艺术与科学的分合关系需要重新审视，二者的互补性可以为解决复杂问题提供新的思路。②

### （二）艺术与科学的思维方式与表达方式

科学与艺术，作为人类文明的两大支柱，以不同的方式探索世界、表达思想，并共同推动社会进步。科学以理性为核心，依托逻辑推理和实证研究，揭示自然规律；艺术则以感性为主导，通过直觉和情感，表达人类深层体验。在当代社会，科学与艺术的融合日益紧密，为人类文明的进步开辟了新的可能性。

① ［法］卢梭：《论科学与艺术》，上海：上海人民出版社 2007 年版，第 39~48 页。

② 沈致隆：《科学与艺术——沈致隆美育演讲精选录》，上海：华东师范大学出版社 2018 年版，第 34~52 页。

1. 理性科学与感性艺术

科学与艺术在思维方式上存在显著差异。科学秉持理性精神，强调逻辑推理、客观分析和实证研究。例如，牛顿借助数学公式阐述了万有引力定律，爱因斯坦通过相对论诠释了时空的奥秘。科学家们通过观察、实验和数学模型，揭示自然规律，追求知识的普遍性和可验证性。相比之下，艺术则更注重感性表达，倾向于直觉、情感和主观体验。例如，凡·高的《星空》以强烈的色彩和笔触，抒发了内心的激情与孤独；贝多芬的《命运交响曲》则通过音符的组合，传递了对命运的抗争与希望。尽管思维方式不同，但科学与艺术都是人类探索世界的重要途径，前者揭示客观规律，后者探索主观体验。

在表达方式上，科学与艺术也呈现出鲜明的对比。科学通过实验数据、理论模型和数学公式来表达发现，追求精确性和可重复性。例如，达尔文的进化论依托大量生物标本和地质证据；门捷列夫的元素周期表则通过系统性分类，揭示了化学元素的内在规律。科学的表达方式强调客观性和普遍性，旨在构建可靠的知识体系。而艺术则通过视觉、听觉、触觉等感官媒介，表达情感和思想，注重个性化和多样性。① 毕加索的立体主义绘画以几何形状重构现实，打破了传统绘画的透视规则；中国书法则通过笔墨的浓淡、线条的粗细，传达书写者的情感与境界。艺术的表达方式注重主观体验和审美价值，旨在激发观众的情感共鸣。

科学与艺术在目标追求上各有侧重，但都致力于推动人类文明的进步。科学的目标是揭示真理，解决实际问题，推动技术进步。医学研究通过基因编辑技术治疗遗传疾病，航天技术通过探测器探索火星奥秘，这些都是科学追求真理和服务人类的体现。科学的目标具有明确的社会价值，其成果往往可以直接改善人类生活。而艺术的目标则是创造美，激发情感共鸣，丰富人类精神世界。曹雪芹的《红楼梦》通过描写家族兴衰的故事，探讨人性与社会；敦煌壁画则通过宗教题材的艺术表现，传递信仰与文化。艺术的目标更注重个体体验和精神满足，其价值在于为人类提供情感寄托和思想启迪。

尽管科学与艺术在思维方式、表达方式和目标追求上存在差异，但二者并非对立，而是相辅相成。科学的理性可以为艺术提供技术支持，如数字技术为电影、音乐和绘画创作提供了新的可能性；艺术的感性则可以为科学注入灵感和人文关怀，使科技产品更符合人类审美需求。人工智能艺术结合了科学的算法与艺术的创造力，虚拟现实技术则将科学的精确性与艺术的沉浸感融为一体。科学与艺术的互补性不仅丰富了人类认知世界的方式，也为解决复杂问题提供了新的思路。

2. 实验方法与创作直觉

科学实验与艺术创作在实践路径上存在着显著差异，然而两者之间又具有互补性。科学实验强调可重复性、精确性和客观性，通过控制变量和数据分析来验证假设，追求

---

① 戴吾三、刘兵：《艺术与科学读本》，北京：清华大学出版社 2006 年版，第 73~85 页。

普遍真理。例如，门捷列夫通过一系列系统性实验，发现了元素周期律，从而揭示了化学元素之间的内在规律。而艺术创作则更多地依赖直觉、情感和个性化表达，注重主观体验和审美价值。凡·高的《星空》便是其通过直觉和情感创作的经典之作，展现了他对自然的独特感悟。尽管实践路径不同，但二者却具有互补性：科学的实验方法为艺术提供了技术支持，而艺术的创作直觉则为科学注入了灵感和人文关怀。正是这种互补性，推动了人类认知与表达的全面发展。

3. 科学与艺术的表达媒介

科学与艺术在表达媒介上各具特色，但二者并非孤立存在，而是相互作用、相互影响。科学通过数据、模型和公式表达发现，追求客观性和普遍性。例如，达尔文的进化论通过大量证据揭示了生物演化的规律。而艺术则通过视觉、听觉等感官媒介来表达情感与思想，强调个性化和多样性。毕加索的立体主义绘画便是通过几何形状来重构现实。科学的逻辑思维与艺术的直觉创造，是人类认知世界的两种重要方式，二者缺一不可。科学逻辑为艺术提供了结构化的思维框架，而艺术想象力则为科学注入了创新灵感，二者的相互作用共同推动了人类认知与表达的全面发展。

### (三) 现代科技与艺术的融合

1. 数字艺术与虚拟现实

现代科技为艺术创作开辟了新的可能性，其中数字艺术与虚拟现实技术堪称典型代表。数字艺术借助计算机技术和软件工具，使艺术家能够以更加多元化的方式表达创意。例如，VR 艺术展览让观众得以“身临其境”地走进画作，与艺术作品进行互动。这种全新的艺术体验不仅拓展了艺术的边界，也改变了观众的参与方式，使艺术从静态观赏转变为动态体验。

2. 人工智能艺术的兴起

人工智能(AI)在艺术创作领域的应用正在迅速崛起。AI 算法可以分析大量艺术作品，进而生成新的图像、音乐甚至文学作品。如今，AI 绘画工具和音乐生成程序已经能够创作出令人惊叹的作品。然而，AI 艺术也对传统艺术提出了挑战，它模糊了创作者与工具的界限，引发了关于艺术本质与原创性的讨论。尽管如此，AI 艺术也为艺术家提供了新的创作工具和灵感来源，推动了艺术形式的不断创新。

3. 科学与艺术的协同创新

科学与艺术的融合在现代社会中展现出强大的协同作用。科学与艺术的结合不仅体现在技术层面，更体现在对人类认知的全面拓展上。以 2025 年春节联欢晚会的《栋梁》节目为例(图 7-1-10)，该节目将科学与艺术完美结合，特别是在展示“祈年殿”部分时，融合“XR+数字孪生+VP”等前沿拍摄技术。通过对祈年殿进行解构，节目向观众展现了传统建筑的精湛工艺，同时让观众领略到其中蕴含的中国传统哲学思想与宇宙观。借助数字化技术，古建筑以全新的形式呈现在观众眼前，极大地提升了观赏体验，并为非物质文化遗产的传播开辟了新的艺术展现形式。

图 7-1-10　2025 蛇年春晚节目《栋梁》

## 第二节　艺术鉴赏的基本策略

艺术鉴赏作为人类特有的精神活动，是连接艺术作品与欣赏者之间的桥梁。它不仅能够丰富个人的内心世界，提升审美素养，还在社会文化层面发挥着关键作用。通过鉴赏艺术，人们可以穿越时空，与不同时代、不同地域的艺术家进行心灵的对话，感受人类文明的多元魅力。从社会角度来看，艺术鉴赏促进了文化的传承与创新，激发了社会的创造力与凝聚力，是推动文化繁荣发展的重要力量。

### 一、什么是艺术鉴赏

#### （一）艺术鉴赏的概念

艺术鉴赏是指欣赏者通过对艺术作品的感知、体验、理解和评判，从而获得审美享受和精神满足的过程。它与艺术批评、艺术史研究既相互联系又各有区别。艺术批评侧重于对艺术作品的价值判断和评价，运用专业知识和理论对作品进行分析和解读；艺术史研究则主要关注艺术发展的历史脉络和演变规律，通过对历史资料的梳理和研究，揭示艺术与社会、文化等因素的相互关系。而艺术鉴赏则更加强调个体的审美体验和情感共鸣，注重欣赏者在欣赏过程中的主观感受和理解。

#### （二）艺术鉴赏的心理机制

艺术鉴赏是一场充满奇妙体验的心灵旅程，涉及一系列复杂且精妙的心理活动。感知、联想、想象、情感与理解等心理要素相互交织、彼此促进，共同搭建起通往艺术深层意蕴的桥梁，使我们得以沉浸于艺术的无尽魅力之中。感知是艺术鉴赏的起点，欣赏者通过视觉、听觉等感官对艺术作品的形式和内容进行直接的感知。联想和想象则进一步拓展了鉴赏的空间，使欣赏者能够在作品所呈现的内容基础上，创造出丰富的意象和情境。情感在艺术鉴赏中扮演着核心角色，它不仅是作品所引发的直接情感反应，更是推动欣赏者深入理解作品的动力。理解则是艺术鉴赏的深化阶段，欣赏者通过对作品的创作背景、主题思想、表现手法等方面的分析，达到对作品内涵的理性把握。这些心理要素在艺术鉴赏的过程中相互交织、相互影响，共同构成了艺术鉴赏的独特心理体验。

1. 感知——鉴赏的基石

感知是艺术鉴赏的起点，是我们与艺术作品最初的接触方式。人的各种感觉器官(耳、目、鼻、口、舌)在感知客观世界时是相互关联的，尤其是视觉与听觉，作为高级感觉器官，它们在接受美的过程中起着至关重要的作用。在一定条件下，视觉与听觉可以互相关联、彼此补充，形成审美通感。

在艺术鉴赏中，视觉发挥着关键作用。面对绘画、雕塑、摄影等视觉艺术作品，映入眼帘的线条、形状、色彩、构图等元素，瞬间开启我们对作品的感知。以埃贡·席勒的作品《月牙形房屋》为例(图 7-2-1)，他笔下的人物多以扭曲变形的线条勾勒，这些极具张力的线条传递出不安与挣扎的情感。观者一眼便能捕捉到这种独特的视觉冲击，进而对作品中蕴藏的情感与情绪有了初步感知。

图 7-2-1　埃贡·席勒《月牙形房屋》

此外，听觉感知与美术的结合为观众带来了全新的审美体验。随着现代科技的发展，特别是数字音频技术、虚拟现实技术的应用，美术作品的呈现方式得到了极大的丰富。这些技术使得美术作品不再局限于传统的视觉呈现，而是可以通过声音等听觉元素来增强作品的感染力和表现力。例如，苏格兰艺术家基斯·萨蒙与“不需要眼睛的美术”项目合作，该项目由微软研发，是一套创新的声音系统，旨在帮助视力受损的观众欣赏绘画等视觉艺术。该系统通过三维立体声音来表现二维绘画艺术，使萨蒙等视力受损的艺术家和观众能够重新体验艺术的魅力。在萨蒙的绘画作品前，观众可以通过声音系统听到与画中颜色相呼应的数码配乐，甚至能听到萨蒙在画室创作时发出的声音。这种体验突破了传统艺术的界限，创造了一种融视、听于一体的混合媒体艺术。

2. 联想和想象——拓展艺术空间

联想与想象是艺术鉴赏中极富创造力的心理活动，它们基于感知，却能突破作品本身的局限，为我们开拓出广阔的艺术空间。当我们欣赏艺术作品时，眼前的形象、色彩、声音等元素往往成为联想的触发点。例如，欣赏北宋画家王希孟的《千里江山图》（图 7-2-2），画卷中绵延不绝的青山绿水、错落有致的亭台楼阁，可能让观者联想起自己曾游历过的名山大川，或是古代文人墨客寄情山水的悠然生活场景。这种联想将作品与个人生活经验相连，丰富了对作品的理解与感受。

图 7-2-2　王希孟《千里江山图》（局部）

德拉克罗瓦曾指出，想象，对于一个艺术家来说，这是他应具备的最崇高的品质；对于一个艺术爱好者来说，这一点也同样不可缺少。[①] 想象更为自由、大胆，它能对作品中的形象进行加工、创造。如在欣赏毕加索的立体主义作品《哭泣的女人》（图 7-2-3）时，那些看似破碎、重组的形象可能会激发观赏者对于空间、形态、时间的全新理解。想象让观赏者不再受限于艺术作品的外在形式，而是能够深入挖掘其内在的精神内涵与审美价值。通过想象，艺术作品成为一个开放的、充满无限可能的审美空间，观赏者可以在其中自由翱翔，创造出属于自己的艺术体验。

3. 情感——艺术鉴赏的核心驱动力

情感是艺术的源泉，无论艺术形式如何变化，都在表现情感。[②] 情感贯穿于艺术鉴赏的全过程，是连接作品与欣赏者心灵的纽带，也是推动我们深入理解作品的核心动力。情感不仅是对作品情感的回应，还能促使我们从自身独特视角去解读作品。例如，在观赏米开朗琪罗的雕塑《哀悼基督》（图 7-2-4）时，心怀慈悲的人或许能从圣母那低垂的头颅和哀伤的眼神中，感受到母爱的深沉与伟大，以及对失去爱子的无尽悲痛，而经历过大起大落的人，则可能从圣母紧抱基督的场景中，找到与自己情感共鸣的片段，从

① ［法］德拉克罗瓦：《德拉克罗瓦日记》，李嘉熙译，桂林：广西师范大学出版社 2002 年版，第 561 页。

② 彭吉象：《艺术鉴赏导论》，北京：北京大学出版社 2018 年版，第 23 页。

而获得独特的审美体验和心灵慰藉。

图 7-2-3　毕加索《哭泣的女人》

图 7-2-4　米开朗琪罗《哀悼基督》

在艺术鉴赏中，感知为我们打开艺术之门，联想和想象引领我们遨游艺术的广阔天地，而情感则赋予艺术作品鲜活的生命力，让我们在艺术的海洋中获得深刻而独特的体验。

## 二、艺术鉴赏的策略解析

### (一)形式分析策略

在艺术的广袤天地中，线条、色彩和构图犹如构建艺术殿堂的基石，它们以独特的方式相互交织、共同作用，赋予艺术作品丰富的表现力与深刻内涵，是形式分析策略的核心要素。

首先，线条是艺术创作中最基本的元素之一，不同类型的线条承载着不同的情感与意义。在艺术领域，直线如同古老森林中矗立的参天大树，坚定不移，传递着力量与永恒的信念。试想古罗马竞技场那壮观的石砌结构中，直线勾勒出每一块巨石，它们笔直地堆砌，形成了雄伟的环形剧场，不仅彰显了罗马人对工程学的精湛掌握，更映射出他们对权力与荣耀的无限向往。曲线则如同晨曦中轻轻摇曳的柳丝，温婉而富有诗意，以一种流动的姿态，讲述着自然界的柔情与生命的韵律。例如，在克里姆特的《阿黛尔·布洛赫-鲍尔夫人的肖像》(图 7-2-5)中，画面运用了大量优美且富有装饰性的曲线。阿黛尔的服饰上那些繁复华丽的花纹曲线，与她柔和的面部轮廓曲线相互映衬，仿佛在诉说着优雅与高贵。这些曲线灵动而富有韵律，将女性的柔美与神秘展现得淋漓尽致，也为整幅画作增添了如梦如幻的氛围。折线更像是暴风雨夜中翻涌的海浪，带着不安与动荡的力量，直击人心。在蒙克的杰作《生命之舞》(图 7-2-6)中，那些强烈对比、急剧转折的线条跃然纸上，生动地刻画出人物扭曲的动态与背景激荡的氛围。这些线条不仅是视觉上的震撼，更是蒙克对生命无常与情感波澜的深刻诠释。画中人物与背景的折线相互交织，仿佛展现了人物内心世界的风暴。观众在凝视这幅画时，仿佛能穿越画面，感受到画中人物那份来自生命深处的挣扎与释放，体验到蒙克所传达的复杂而强烈的情感共鸣。

图 7-2-5　克里姆特《阿黛尔·布洛赫-鲍尔一世的肖像》

图 7-2-6　蒙克《生命之舞》

在东方绘画中，线条的运用别具一格，注重以线造型来传达神韵。中国传统山水画里，画家通过不同形态的线条描绘山川轮廓、树木纹理。例如，北宋画家郭熙的《早春图》(图 7-2-7) 中，他运用"卷云皴"①线条，灵动多变，如云卷舒，好似大自然的鬼斧神工，巧妙地塑造出山峦的灵动之态，展现出独特的起伏与韵律美感。而画中树木则采用"蟹爪法"②，线条向下伸展，曲折有致，如同螃蟹的爪子，生动地刻画出树枝的苍劲与坚韧，凸显出早春时节树木的独特姿态，令人不禁沉醉于画中早春初醒的意境。再如宋代画家范宽的《溪山行旅图》(图 7-2-8)，运用了"雨点皴"③线条技法。该技法以密集且短促的墨点，从山顶向下反复皴擦，如同洒落的雨点，细腻地刻画出岩石表面的质感，既表现出山石的湿润与粗糙，又赋予画面一种沉静而深远的气息。

① 卷云皴是用卷曲如云的线条来表现山石的脉络和纹理，线条多呈弧形弯曲，形态犹如云朵翻卷，给人一种灵动、流畅且富有韵律的感觉，常用来描绘质地疏松、圆润的山石。

② 蟹爪法是中国画中一种用于描绘树木枝干的技法，以表现树枝如螃蟹的爪子而得名，其线条多呈向下弯曲、伸展状，且有许多分支，形态曲折多变，如同蟹爪的关节弯曲，具有独特的形态美感。

③ 雨点皴是中国画中一种重要的表现技法，由密集的小墨点组成，墨点通常呈圆形或近似圆形，大小较为均匀，形状犹如雨点洒落，故而得名。

图 7-2-7　郭熙《早春图》(局部)

图 7-2-8　范宽《溪山行旅图》(局部)

其次，色彩在艺术作品中具有强大的视觉冲击力与情感象征意义。色彩作为美的肇因①，能够直接触动观者的心灵。红色，常象征着热情、活力、爱情与勇气，同时在某些情境下也蕴含危险与警示之意。在西方艺术中，亨利·马蒂斯的《红色的和谐》(图 7-2-9)便是一个典范。整幅画面以大面积的红色为主色调，搭配少量的绿色与蓝色作为点缀。红色的墙面、桌布与人物服饰相互交融，营造出热烈、欢快且充满和谐感的氛围。马蒂斯对色彩的运用大胆创新，打破了传统绘画中色彩对物体的如实描绘，将色彩的情感表达推向了极致。蓝色，往往给人宁静、深邃、忧郁之感。爱德华·霍珀的《夜游者》(图 7-2-10)便巧妙地运用了蓝色调。深蓝色的夜空与街道，搭配昏黄的灯光，营造出一种孤独、寂静且略带忧伤的氛围。画面中的人物形象在蓝色调的笼罩下显得更加落寞，观者仿佛能感受到在夜深人静时城市角落里弥漫的孤独与迷茫。绿色，通常与自然、生命、希望相关联。克劳德·莫奈的《睡莲》系列作品(图 7-2-11)，以丰富多样的绿色描绘了睡莲池中的荷叶与水草。不同层次的绿色相互交织，既有清新嫩绿展现新生的活力，也有深沉墨绿体现生命的沉淀。配合粉色、白色的睡莲，营造出宁静、优美且充满生机的自然景象，让观者仿佛置身于宁静的花园，沉浸在大自然的美妙之中。

图 7-2-9　亨利·马蒂斯《红色的和谐》

图 7-2-10　爱德华·霍珀《夜游者》

① ［意］翁贝托·艾柯：《美的历史》，彭淮栋译，北京：中央编译出版社 2018 年版，第 125 页。

图 7-2-11　克劳德 · 莫奈《睡莲》系列作品

最后，构图是对艺术作品中各元素的布局与安排。令人印象深刻的构图并非在最后一笔落下时才形成，而是在绘画之前的思索阶段就已经初具雏形。正如那句话“好的开始是成功的一半”。①

常见的构图方式包括对称构图和 S 形构图等。对称构图具有平衡、稳定、庄重的特点。达 · 芬奇的《最后的晚餐》(图 7-2-12) 便采用了严格的对称构图。

图 7-2-12　达 · 芬奇《最后的晚餐》

在该作品中，耶稣位于画面中心，左右两侧各安排六位门徒，以耶稣为中轴线，人物的动作、姿态相互呼应。这种构图方式不仅营造出庄重、神圣的氛围，与宗教题材的严肃性相得益彰，同时有效地引导观者的视线聚焦于耶稣身上，凸显这一宗教场景的核心人物与重要时刻。S 形构图则赋予画面动感与韵律。以委拉斯凯兹的《纺织女》(图 7-2-13) 为例，画面呈现出 S 形曲线构图，从画面右下角正在纺织的女工开始，人物的身体姿态与动作形成一条蜿蜒的曲线，一直延伸至画面左上角的壁毯。这种构图方式不仅使画面富有动态感，仿佛能看到女工们忙碌的身影在画面中穿梭，同时还巧妙地引导

① ［美］伊恩 · 罗伯茨：《构图的艺术》，孙惠卿、刘宏波译，上海：上海人民出版社 2012 年版，第 8 页。

观者的视线沿着 S 形曲线移动，从而全面欣赏到画面中不同人物的状态与场景。该作品生动地展现了纺织女工的劳动场景与生活气息。

图 7-2-13 委拉斯凯兹《纺织女》

## (二)背景探究策略

1. 艺术家生平与创作动机

艺术家的生平轨迹宛如一条隐秘的线索，深深嵌入作品的纹理，全方位地塑造着作品的风格，赋予作品独特的内涵。对艺术家成长背景、人生历程以及情感波折的深度洞察，是揭示其创作动机、体悟作品情感的核心路径。

通过观察艺术家的整个人生旅途，了解他们如何开始以及如何结束，我们对他们的理解就能更透彻。① 以弗里达·卡罗为例，她的一生饱经身体伤痛与情感磨难。年少时的一场严重车祸让她余生与病痛为伴，然而这也成为她创作的灵感之源。在代表作《两个弗里达》(图 7-2-14)中，两个身着传统墨西哥服饰的弗里达形象并置，一个心脏暴露、血管相连，另一个手持手术钳，映射出她内心的撕裂与挣扎。浓烈艳丽的色彩，是她对身体伤痛与情感疮疤的直面与表达。身体的苦难促使她聚焦自我剖析，借助画笔与外界沟通，传达出在困境中坚守自我、热爱生活的复杂情感。

保罗·高更的出身与经历同样充满动荡。早年航海的经历让他接触到了多元文化，对传统社会秩序和艺术规范产生了质疑。他毅然决然地放弃了稳定的工作，前往塔希提岛。当地原始质朴的风土人情彻底重塑了他的艺术风格与创作动机。在那里，高更创作了众多富有深意的作品，他的创作动机逐渐转向对人类本质、生命意义的深刻探索。例如，作品《黄色基督》(图 7-2-15)更是将这一转变推向了高潮。画中基督以鲜明的黄色呈现，与布列塔尼的本土风景形成鲜明对比，既颠覆了传统宗教形象，也深刻反映了现代文明与原始生命力之间的冲突。

---

① [日]堀越启:《理性的艺术鉴赏》，林雯译，北京：中信出版集团 2022 年版，第 59 页。

图 7-2-14 弗里达·卡罗《两个弗里达》

图 7-2-15 保罗·高更《黄色基督》

2. 时代文化背景与艺术思潮

艺术作品是时代文化的鲜活镜像，全方位映射出特定时期的社会风貌、思想观念以及审美取向。不同时代的文化土壤，孕育出风格各异的艺术思潮，这些思潮宛如强大的引擎，深远地影响着艺术家的创作理念与风格走向。中国绘画史便是一部生动体现时代文化与艺术思潮紧密关联的演进史诗。

唐宋时期，国力昌盛，文化繁荣，社会弥漫着积极向上、兼收并蓄的氛围。在这一时代背景下，绘画艺术蓬勃发展。以吴道子为代表的画家，受当时开放包容的文化思想影响，画风大气磅礴、灵动飘逸。吴道子的壁画《八十七神仙卷》(图 7-2-16)，便是其中的杰作。画中人物形象栩栩如生，线条流畅且富有动感，“吴带当风”的独特风格，不仅展现出他高超的绘画技艺，更反映了当时道教文化盛行，以及人们对精神世界追求的时代特征，充满对人性活力与世间万象的赞美。

图 7-2-16 吴道子《八十七神仙卷》(局部)

到了明清时期，商品经济逐渐发展，市民阶层不断壮大，文化艺术也更加贴近大众生活。此时的绘画艺术呈现出多样化的趋势，以“扬州八怪”为代表的画家群体突破传统绘画的束缚。他们身处社会变革期，受到新兴市民文化的影响，作品风格独特，强调个性表达。例如，郑板桥的《墨竹》(图 7-2-17)，借竹子抒发自己对社会现实的思考，不拘泥于传统技法，展现出与时代变迁相呼应的创新精神，反映了当时市民阶层的审美趣味与思想观念。

近代以来，中国社会经历了剧烈变革，西方文化与思想涌入。在救亡图存与思想解放的时代浪潮下，中国绘画也面临着新的挑战与机遇。以徐悲鸿为代表的画家，积极借鉴西方绘画的写实技巧，并将其融入中国传统绘画。他的《奔马图》(图 7-2-18)，以奔放的笔墨和写实的造型，赋予马蓬勃的生命力。这幅作品不仅展现出对传统绘画创新的追求，更体现了当时知识分子渴望民族振兴、奋发图强的精神风貌。它打破了传统绘画的固有格局，为中国绘画的发展开辟了新的路径。

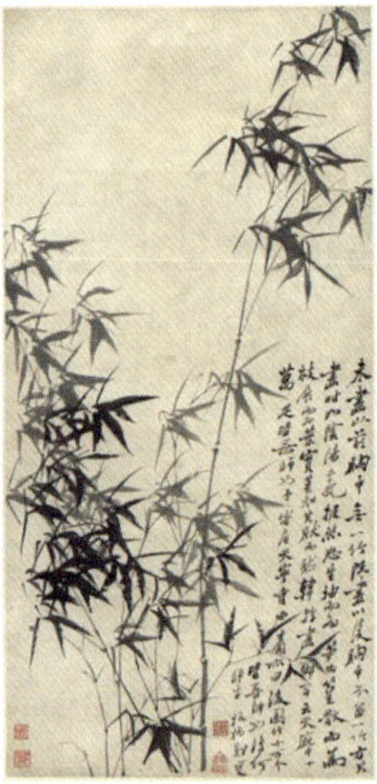

图 7-2-17　郑板桥《墨竹》

图 7-2-18　徐悲鸿《奔马图》

## 三、情感共鸣策略

### (一) 个人情感与作品情感的交融

情感共鸣是艺术鉴赏中最为动人的体验之一。当欣赏者在艺术作品中感受到与自己内心深处相似的情感时，就会产生强烈的共鸣。这种共鸣不仅使欣赏者更加深入地理解作品的内涵，还能引发其对自身情感和生活的深刻思考。例如，当我们欣赏贝多芬的《命运交响曲》时，那激昂的旋律和强烈的节奏仿佛直击心灵，让我们深刻感受到命运的无常和人类对命运的抗争精神。在这一刻，我们的个人情感与作品所传达的情感融为一体，从而获得了一种超越自我的审美体验。

### (二) 跨文化情感共鸣的实现

艺术作为一种“通用语言”(Universal Language)，具有跨越文化和地域界限的力量。

尽管不同文化背景下的艺术作品在形式和内容上存在差异，但人类的情感却是相通的。通过艺术鉴赏，我们能够实现跨文化的情感共鸣。例如，中国的古典音乐《二泉映月》以其深沉、哀怨的旋律，表达了盲人音乐家阿炳生活的苦难和对美好未来的向往。这首曲子在国际上广受赞誉，许多外国听众在欣赏这首曲子时，也能够感受到其中蕴含的情感，产生强烈的共鸣。这种跨文化的情感共鸣不仅促进了不同文化之间的交流，也极大地丰富了人类的精神世界。

## 第三节　审美素养的培养与提升路径

审美素养作为人类独特的精神品质，是在长期的社会实践和文化传承中逐渐形成的。它涵盖审美感知、审美认知、审美欣赏和审美创造等多个层面，是个体对美的感受、理解、评价和创造的综合能力体现。随着社会的不断发展和进步，审美素养在个人成长和社会发展中的重要性日益凸显。从个人层面来看，良好的审美素养能够丰富个体的内心世界，提升生活品质，促进个人的全面发展；从社会层面来看，审美素养的提升有助于推动文化创新，促进文化交流与融合，提升社会的整体文明程度。因此，深入研究审美素养的培养与提升路径具有重要的现实意义。

### 一、拓宽视野：审美感知的深度培育

审美感知是个体对美的初步体验和认识，是审美素养的基石。要培养和提升审美素养，首先需拓宽审美视野，能够敏锐地感知到美无处不在。这一过程不仅涉及对艺术作品的直接接触，还包括对自然美、文化多样性的深入探索。

#### （一）广泛接触艺术作品——开启审美之门

艺术作品是审美感知的重要载体。无论是绘画、雕塑、摄影、装置艺术，还是音乐、舞蹈、戏剧、电影，每一种艺术形式都有其独特的语言和表现力。要培养审美素养，个体需要广泛接触这些艺术作品，通过直观的感知和体验，逐步建立起对美的敏感性和判断力。

在绘画领域，风格流派异彩纷呈。从新古典主义追求的理想化造型与严谨构图，到浪漫主义饱含的澎湃激情与自由想象；从日本浮世绘对市井生活的生动描绘与独特色彩运用，到当代装置艺术对传统边界的大胆突破与创新探索，每一幅作品都凝聚着艺术家独特的审美视角与创作初衷。比如，欣赏安格尔的《路易斯·奥松维尔伯爵夫人》（图7-3-1），深深折服于新古典主义绘画对人物形态的精准勾勒，以及对纯净、典雅之美的极致呈现；而观赏德加的《舞蹈课》系列作品（图7-3-2），又会被印象派捕捉瞬间光影和灵动姿态的独特技法所吸引。画作中舞者们或轻盈跳跃、或安静休憩，光线在她们身上变幻流转，充满了鲜活气息。长期欣赏各类绘画作品，能有效培养我们对色彩搭配、线条韵律、构图布局等绘画关键元素的敏锐感知力。

图 7-3-1　安格尔《路易斯·奥松维尔伯爵夫人》(局部)

图 7-3-2　德加《舞蹈课》

图 7-3-3　罗丹《思想者》

雕塑、舞蹈、戏剧、电影等艺术形式同样魅力非凡。雕塑凭借立体的造型和材质的天然质感，展现出独特的空间美感，如罗丹的《思想者》(图 7-3-3)，以人体动态的刻画传递出深沉的思考。舞蹈通过优美姿态，将情感与意境完美融合，每一个旋转、跳跃都诉说着故事。戏剧巧妙融合文学、表演、音乐、美术等多种艺术元素，呈现出跌宕起伏的剧情和鲜活饱满的人物形象。电影则综合视觉、听觉等多种艺术手段，构建出逼真的虚拟世界。如《盗梦空间》，凭借烧脑的剧情、震撼的视觉特效，带领观众在现实与梦境交错的世界中穿梭。通过积极投身各类艺术活动，如参观艺术展览、观看舞台演出、赏析电影佳作等，我们能够全方位领略艺术的迷人魅力，不断丰富自身的审美感知。

### （二）自然美的体验——感悟生命的韵律

大自然是伟大的艺术家，它以其壮丽的山川、广袤的原野、变幻的天象等，展现出无穷无尽的美。亲近自然，体验自然美，是培养审美素养的重要途径。当我们置身于雄伟的山脉之中，仰望高耸入云的山峰，感受其磅礴的气势和坚韧的力量时，我们领略到了大自然的壮美；当我们漫步在宁静的湖泊之畔，欣赏湖水的波光粼粼和周围的绿树青山时，我们体会到了大自然的优美；当我们目睹日出日落时的绚丽色彩和变幻莫测的云霞时，我们能够感受到大自然的神奇。自然美不仅能给我们带来视觉上的享受，还能触动我们的心灵，引发我们对生命和宇宙的思考。

在体验自然美的过程中，我们可以运用各种感官去感受自然的气息、声音等。呼吸着清新的空气，聆听着鸟儿的歌声和溪流的潺潺声，触摸着花草树木的纹理，这些亲身体验能够让我们更加深入地感知自然美。同时，我们还可以通过摄影、绘画、写作等方式，记录下自然美的瞬间，将自己的感受和理解表达出来，进一步加深对自然美的认识和欣赏（图 7-3-4、图 7-3-5）。

图 7-3-4 《稻城亚丁》（张雪 摄）

图 7-3-5 《库木塔格沙漠》（杨伟雄 摄）

此外，在体验自然美的过程中，我们还可以通过冥想、瑜伽等方式，深入感受大自然的韵律与节奏。当我们闭上眼睛，静下心来聆听自然的声音，感受自然的气息时，我们会发现自己的心灵与大自然产生了共鸣。这种共鸣让我们更加深刻地理解到生命与自然的紧密联系，以及我们在自然界中所扮演的角色和承担的责任。

另外，我们还可以将自然美的体验融入日常生活，通过种植花草、养宠物等方式，让自然之美成为我们生活的一部分。这样，我们不仅能时刻感受到大自然的魅力，还能在忙碌的生活中寻找到一片宁静与和谐。

总之，自然美的体验是一次心灵的洗礼。它让我们在欣赏大自然美景的同时，深刻感悟到生命的韵律与宇宙的奥秘。让我们珍惜每一次亲近自然的机会，用心去感受、去体验、去领悟那份来自大自然的馈赠吧！

### (三)文化多样性的了解——跨越国界的审美之旅

文化多样性是审美感知的重要维度之一。不同国家和地区拥有不同的文化传统、风俗习惯和艺术形式，这些文化元素共同构成了丰富多彩的世界文化景观。例如，中国的书法、国画、京剧等艺术形式，体现了中华民族深厚的文化底蕴和独特的审美追求；而西方的油画、雕塑、交响乐等，则展现了欧洲文化的独特魅力和卓越的艺术成就。通过学习和了解这些文化元素，人们可以跨越国界，领略到不同文化背景下的美学价值(图7-3-6)。

此外，随着全球化的加速发展，跨文化交流日益频繁。人们可以通过参加国际艺术节、文化交流活动等途径，亲身体验不同文化的艺术魅力，从而拓宽自己的审美视野。这种跨文化审美素养的提升，不仅有助于促进不同文化之间的理解和尊重，还能推动世界的和平与发展。

图7-3-6　《杨门女将》剧照

## 二、深化理解：审美认知的理性提升

审美理解是人们对美的深入认识和思考。在拓宽审美视野的基础上，人们需要进一步深化对美的理解，掌握艺术理论知识，参与艺术实践。这一过程有助于人们形成更加成熟和理性的审美观念。

### (一)构建审美认知框架

艺术理论是审美理解的重要基础，它为我们理解艺术作品提供了理论框架和分析方法。学习艺术理论，能够帮助我们深入理解艺术作品的内涵、形式和创作规律，提升审美认知水平。通过系统学习艺术史、美学原理、艺术批评等理论知识，学生可以了解艺术发展的脉络、艺术流派的特点以及艺术家的创作理念等，从而构建起自己的审美认知框架。例如，艺术史的学习可以帮助学生了解不同历史时期的艺术流派的发展演变，以及这些变化背后的社会、政治和文化因素。这种历史性的视角有助于个体更加深入地理解艺术作品的时代背景和创作意义。美学原理的学习则侧重于对美的本质、美的形态、美的价值等问题的探讨。通过学习这些原理，学生可以更加清晰地认识到美的多样性和复杂性，以及审美活动的主观性和客观性之间的关系。

### (二)亲身体验艺术魅力

艺术实践是审美理解的重要途径。通过参与绘画、音乐、舞蹈、戏剧等艺术创作或表演活动，个体可以亲身体验到艺术创作的乐趣和挑战，从而更加深入地理解艺术的内在规律和审美价值。对于绘画爱好者来说，拿起画笔进行绘画创作是一种很好的艺术实践方式。在绘画过程中，我们需要思考如何运用色彩、线条、构图等元素来表达自己的想法和情感，如何处理画面的空间关系和明暗对比。通过不断地实践和尝试，我们可以逐渐掌握绘画技巧，提高对绘画语言的运用能力。同时，在创作过程中，我们还能够更加敏锐地观察周围的事物，发现生活中的美，并将其融入作品。这种从观察到创作的过程，不仅能够提升我们的绘画技能，还能培养我们的审美感知和审美表达能力(图7-3-7、图7-3-8)。

图 7-3-7　学生体验瓷盘画场景

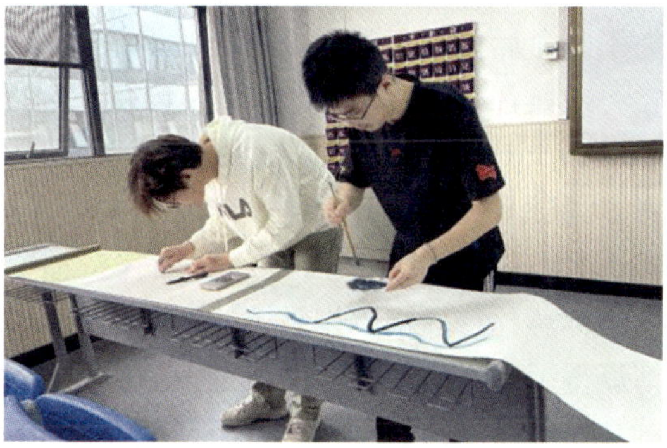

图 7-3-8　学生体验国画场景

音乐实践也是如此。参与乐器演奏学习、加入合唱团或乐队等活动，能够让我们亲身体验音乐的创作和表演过程。在演奏乐器时，我们需要准确地把握音符的节奏、音高和音色，通过手指或嘴唇的动作将音乐表达出来。加入合唱团或乐队，则需要与其他成员密切配合，共同完成音乐作品。在这个过程中，我们不仅能够提高自己的音乐技能，还能培养团队协作精神和对音乐整体效果的把握能力。同时，通过对不同风格音乐作品的演绎，我们可以更加深入地理解音乐的内涵和情感表达，提升音乐审美素养。

舞蹈、戏剧等艺术形式同样需要通过实践来提升审美认知。学习舞蹈，我们需要通过训练，掌握舞蹈的基本技巧和表现手法，理解舞蹈所传达的情感和意境。参与戏剧表演，我们需要深入研究剧本，理解角色的性格和情感，通过表演将角色形象生动地展现出来。在这些艺术实践活动中，我们能够从创作者和表演者的角度去感受艺术，从而更加深刻地理解艺术作品的内涵和价值。

## 三、情感共鸣：审美欣赏的深度沉浸

审美欣赏是个体对美的深入体验和感悟。在深化理解的基础上，个体需要进一步沉浸于艺术作品中，与作品产生情感共鸣和思想共鸣，从而实现对美的深度欣赏和感悟。

### （一）领悟艺术精髓

经典作品是历经时间考验与历史沉淀的艺术瑰宝，它们拥有深刻的思想内涵、高超的艺术技巧以及独特的审美价值。深入研读经典作品，能让我们深刻领略艺术的迷人魅力，显著提升审美鉴赏水平。

经典文学作品凭借丰富的人物形象、曲折的情节和深邃的思想内涵而备受赞誉。例如，托尔斯泰的《战争与和平》（图 7-3-9），依托宏大的历史背景，展现战争与和平时期人们的生活与情感，深入探讨人性、道德、历史等重大主题。研读这部作品，我们能体会到作者对人类命运的深切关怀和对人性的深刻洞察，同时领略其高超的文学技巧与叙事手法。又如海明威的《老人与海》（图 7-3-10），讲述了老渔夫圣地亚哥在海上独自与大鱼搏斗，以及归途中与鲨鱼斗争的故事。作品塑造了坚毅勇敢的老人形象，体现了人类不向命运低头、永不服输的斗士精神和积极向上的乐观人生态度。

经典音乐作品同样具有永恒的艺术价值。比如巴赫的《平均律钢琴曲集》（图 7-3-11），被称作音乐的“旧约全书”，其严谨的结构、丰富的和声和深刻的思想内涵，彰显了巴洛克时期音乐的最高成就。聆听这部作品，能让我们感受到音乐的和谐之美与理性之美。又如莫扎特的歌剧作品《费加罗的婚礼》（图 7-3-12）和《唐璜》（图7-3-13），它们堪称莫扎特歌剧创作领域的两颗璀璨明珠。这些作品不仅凭借优美的旋律和生动的剧情赢得了广泛的赞誉，更通过塑造鲜明的人物形象、进行深刻的情感描绘，展现出人性的多面性与复杂性。莫扎特巧妙地融合了喜剧元素与深刻的哲理思考，使得观众在享受

图 7-3-9　托尔斯泰《战争与和平》

图 7-3-10　海明威《老人与海》

图 7-3-11　巴赫《平均律钢琴曲集》

图 7-3-12　莫扎特《费加罗的婚礼》剧照

图 7-3-13　莫扎特《唐璜》剧照

视听盛宴的同时，也能深入思考人生的意义与价值。欣赏莫扎特的歌剧，就像是在经历一场情感的旅行。我们随着剧中人物的喜怒哀乐，体验着不同的人生阶段与情感波动。这种深度的情感体验，正是莫扎特歌剧永恒魅力的所在。

经典绘画、雕塑等艺术作品也蕴含着丰富的审美内涵。例如，维米尔的《戴珍珠耳环的少女》(图 7-3-14)，画中以细腻入微的笔触和含蓄精妙的光影，塑造出一个宛如梦幻的少女形象。少女侧身回首，双眸凝视观者，嘴唇微张似有欲言又止之意。她头戴蓝色头巾，身着黄色上衣，一颗泪滴形珍珠耳环在暗处熠熠生辉。维米尔巧妙地利用光线的变化，将少女的肌肤描绘得细腻柔和，让光影在她的脸上自然过渡，勾勒出她脸部的轮廓和表情。画作背景简洁，却衬托出少女的纯洁与神秘。这幅作品不仅体现了维米尔对色彩和光线运用的高超技艺，更捕捉到了少女刹那间的微妙神情，引发人们对画中人物身份和故事的无尽遐想。

图 7-3-14　维米尔《戴珍珠耳环的少女》

在研读经典作品时，我们不能仅停留在欣赏艺术形式与技巧的层面，更要深入挖掘其思想内涵与文化价值。通过反复阅读、聆听、观看经典作品，我们能逐步领悟其精髓，与作者或艺术家产生情感共鸣，实现审美欣赏水平的有效提升。

## (二)深化审美体验

审美欣赏的过程，并非仅仅是对艺术作品的感知和理解，更是一个与作品产生情感共鸣并进行反思的过程。情感共鸣能够让我们更加深入地体验艺术作品所传达的情感和思想，而反思则能够让我们对自己的审美体验和价值观进行审视和提升。

图 7-3-15　《忠犬八公的故事》剧照

当我们欣赏一部感人至深的电影时，我们可能会被影片中的人物命运打动，与他们的喜怒哀乐产生共鸣。这种情感共鸣能够让我们更加深刻地理解影片所表达的主题和情感，增强审美体验的深度和强度。例如，在观看电影《忠犬八公的故事》(图 7-3-15)时，我们会被八公对主人的忠诚和执着所感动。这种感动不仅仅是对影片中动物情感的触动，更是对人类情感中忠诚和爱的一种共鸣。通过这种情感共鸣，我们可以更加深入地思考人性中的美好品质和情感的力量。

在产生情感共鸣的同时，我们还需要对自己的审美体验进行反思。反思自己为何会被这部作品打动，作品中哪些元素引发了自己的情感共鸣，进而清晰、全面地认识自己在审美认知和情感体验方面的偏好和不足之处，从而有针对性地进行提升和改进。例如，在欣赏一部具有深刻社会批判意义的文学作品时，我们可能会对作品所揭示的社会问题产生强烈的共鸣。在反思过程中，我们可以思考自己对这些社会问题的认识和态度，以及如何通过自己的行动来解决这些问题。这种反思能够使我们的审美体验不仅仅停留在情感层面，更能够上升到思想和行动层面，从而实现审美素养的全面提升。

## (三)拓宽审美视野的边界

审美绝非被禁锢在单一艺术领域的狭小范畴，跨领域融合宛如一把万能钥匙，为我们开启多元视角理解艺术的大门，极大地拓宽审美视野，全面提升了审美素养。

艺术和科学关系紧密。随着科技的飞速发展，诸多前沿技术为艺术创作提供了前所未有的工具与方法。以数字艺术为例，通过计算机图形学技术，艺术家能够构建出超现实的梦幻场景。以宫崎骏的经典动画片《哈尔的移动城堡》(图 7-3-16)为例，该片在制作上精妙地将先进的计算机图形技术与复杂的数字建模相融合，为观众打造出如梦似幻的视觉奇观。在角色设计上，三维建模技术让哈尔、苏菲等角色拥有了细腻立体的形象，借助精准的几何建模和材质渲染，角色的一举一动都鲜活灵动。尤其是哈尔那变幻莫测的魔法，在特效技术的助力下，释放出绚丽夺目且极具层次感的视觉效果，魔法光芒的闪烁、流动都展现得淋漓尽致。而在场景搭建方面，《哈尔的移动城堡》创造了一个神奇瑰丽的世界，从会移动的城堡到充满奇幻色彩的小镇，再到神秘的荒野，每一处景致都凭借数字建模与渲染技术，将画面的质感、光影和氛围推向了极致。

图 7-3-16　《哈尔的移动城堡》海报

另一方面，科学理论也是艺术创作的灵感富矿。艺术家从量子力学中微观粒子的奇妙特性获得启发，创作出充满奇幻圆点和无限延伸感的装置艺术，隐喻着微观世界的神秘与秩序；从相对论对时空的全新阐释里，创作出扭曲时空感的雕塑作品，让观众在欣赏艺术时，能一窥科学理论的神奇魅力，从而拓宽审美视野。

艺术与文学、哲学等人文领域相互交织、彼此影响。文学是艺术创作的素材宝库，许多经典电影、戏剧都脱胎于文学名著。如根据托尔金的小说《指环王》改编的电影三部曲，凭借精湛的特效制作和演员出色的演绎，将中土世界的宏大史诗、复杂的人物关系和冒险故事生动地呈现在观众眼前，让观众仿佛置身于那个充满魔法与奇幻的文学世界。哲学则是艺术的思想灯塔，为艺术创作注入深度。存在主义哲学盛行时，不少艺术家开始在作品中探讨人类的自由意志、孤独与荒诞等主题。例如，塞缪尔·贝克特的戏剧《等待戈多》(图 7-3-17)，以荒诞的剧情和对白，深刻地反映出人类在未知命运前的迷茫与等待，引发观众对自身存在意义的深度思考。通过跨领域学习，我们能深入挖掘艺术作品背后深厚的文化内涵。

图 7-3-17　塞缪尔·贝克特《等待戈多》

不同艺术形式的融合，是提升审美能力的关键路径之一。音乐与舞蹈的结合，堪称艺术界中的珠联璧合。柴可夫斯基的《天鹅湖》(图 7-3-18)便是这一结合的典范。其优美的旋律为舞蹈编排提供了情感线索，舞者们通过轻盈的跳跃、优雅的旋转，将天鹅的纯洁、哀怨细腻地诠释出来。绘画与雕塑也相互借鉴，亨利·摩尔的雕塑作品就借鉴了绘画中抽象的线条和块面组合，使其雕塑在具有立体感的同时，又充满了灵动的形式感。而画家保罗·塞尚则从对雕塑的研究中，领悟到了如何在二维画面中塑造更具体积感和空间感的物体。戏剧与多媒体的融合，则带来全新的沉浸式观演体验。如上海迪士尼乐园的《冰雪奇缘》欢场盛会，通过 3D 投影、烟雾特效与现场演员表演的完美结合，让观众仿佛置身于阿伦黛尔王国，亲身感受到艾莎公主的魔法魅力。这种跨领域的融合，不仅打破了艺术之间的壁垒，还让我们能够全方位、多角度地感受艺术的魅力，从而有效提升我们的审美能力。

图 7-3-18　柴可夫斯基《天鹅湖》

## 课程思政

在艺术与跨学科研究中，我们应深入探寻艺术与哲学的关联，从中领悟辩证思维，探寻真理；在艺术与文学的交融之处，感受家国情怀与人文精神的熏陶；通过艺术与科学的结合，培养创新精神与社会责任感。在艺术鉴赏过程中，我们应从作品中挖掘积极向上的价值观念，树立正确的审美导向。在提升审美素养的过程中，以社会主义核心价值观为指引，汲取中华优秀传统文化的养分，增强文化自信，传播正能量，在美的思辨中实现思想境界的升华。

## 智慧火花

❑ 角色扮演与情境模拟：

选取一段经典文学作品或戏剧片段，组织同学们分组进行角色扮演，模拟作品中的情境和对话。通过亲身体验角色，深入理解作品的人文内涵和艺术表现。

❑ 主题辩论赛：

围绕艺术与人文的某个争议性话题，如“艺术是否应该承担社会责任？”组织同学们进行辩论。通过准备辩论材料、阐述观点，加深同学们对艺术与人文的关系的理解。

❑ 跨学科对话：

邀请来自不同学科（如哲学、历史、社会学）的嘉宾或教师，与学生进行跨学科对话，探讨艺术与人文在其他领域中的体现和影响。

## 践美之行

❑ 校园人文景观摄影比赛：

组织同学们在校园内寻找具有人文特色的景观（如老树、古迹、图书馆等），进行摄影创作。通过镜头捕捉校园的人文气息，增强对人文环境的感知能力。

《999感冒灵》，胡晓凯、郑海嘉、樊敦鹏、张晓龙作品

❑ 文学与电影改编创作：

选取一段经典文学作品或诗歌，让同学们将其改编成微电影或短剧。通过改编过程，深入理解文学作品的艺术魅力和人文内涵。

❑ 跨学科艺术创作项目：

结合其他学科（如科学、历史）的知识，进行跨学科的艺术创作。如创作一幅反映科学原理的绘画作品，或编写一部反映历史事件的戏剧。

❑ 人文主题社区服务项目：

组织同学们参与社区服务项目，如为老年人表演戏剧、为儿童举办艺术工作坊等。通过服务他人，践行人文精神，增强社会责任感。

### ◎◎◎书籍推荐◎◎◎

张节末：《禅宗美学》，北京：文化艺术出版社2024年版。

### ◎◎◎网站资源◎◎◎

中国美术馆官网：了解国内外艺术展览信息，提升艺术鉴赏能力。

# 第四篇　美育的未来发展

# 导 语

在大学生美育的崭新篇章里，“美育的未来发展”犹如一盏明灯，照亮我们前行的道路。随着科技的飞速进步与社会需求的不断变化，美育正以前所未有的速度蓬勃发展。从数字化教学资源的普及，到跨学科整合的创新实践，再到国际视野下的文化交流与合作，美育的未来充满了无限可能。让我们携手展望，共同探索美育在新时代的转型与升级路径，迎接一个更加多元、开放、包容的美育新时代，努力培养具有全面素养的未来人才。

# 第八章
# 数字时代：解码艺术新纪元

数字时代的浪潮席卷而来，为艺术创作与美育教育开启了崭新的篇章。通过对数字时代艺术新形态的剖析，我们不仅能够理解技术与艺术的共生关系，更能洞察数字艺术在美育教育中的独特价值与未来发展方向。数字艺术的崛起与美术创作，如同一场静默的革命，悄然改变了艺术创作的面貌。数字技术为艺术家提供了全新的创作工具与表达方式，从数字绘画的细腻笔触到3D建模的立体呈现，从虚拟现实的沉浸体验到增强现实的虚实交融，数字艺术以其多样化的表现形式突破了传统艺术的边界。这种转型不仅拓展了艺术创作的维度，也为美育教育注入了新的活力。借助数字技术，学生能够更直观地理解艺术创作的原理与过程，激发其创造力与审美能力，在数字的海洋中遨游，感受艺术的无限魅力。

新媒体艺术与创意产业是数字时代艺术与商业交织的璀璨明珠。新媒体艺术以其互动性、沉浸性与跨界融合的特点，成为创意产业的重要组成部分。从数字动画的灵动画面到交互装置的感官体验，从虚拟展览的无限空间到线上艺术平台的全球互联，新媒体艺术不仅丰富了艺术的表现形式，也为创意产业提供了新的经济增长点。在美育教育中，新媒体艺术的引入能够帮助学生理解艺术与社会的互动关系，培养其跨学科思维与创新能力，使他们在艺术的舞台上绽放光彩。

人工智能与艺术创作的未来是数字时代具有前瞻性的议题之一。人工智能生成内容（AIGC）技术的快速发展，正在重塑艺术创作的范式。从自动生成图像的精准笔触到智能作曲的悠扬旋律，从虚拟艺术家的无限创意到算法设计的精妙构思，人工智能不仅拓展了艺术创作的可能性，也对传统艺术观念提出了挑战。在美育教育中，人工智能技术的应用能够为学生提供个性化的学习体验，激发他们探索艺术与科技融合的兴趣与潜力，在智能的浪潮中探寻艺术的未来。

数字艺术创作实践是本章节的落脚点，也是理论与实践的交汇点。数字艺术不仅是理论探讨的对象，更是实践探索的领域。通过数字艺术创作实践，学生能够将理论知识转化为实际能力，培养其艺术表达与技术应用的结合能力。例如，利用虚拟现实技术创作沉浸式艺术作品，或借助人工智能工具进行生成艺术实验，这些实践不仅能够提升学生的艺术素养，还能为其未来的职业发展奠定基础，在实践的土壤中培育艺术的种子。

数字时代为艺术创作与美育教育开辟了崭新的天地，技术与艺术的融合为我们提供了无限的想象空间。通过对数字艺术的探索与实践，我们不仅能够深刻理解技术与艺术的共生关系，更能洞察数字艺术在美育教育中的独特价值与未来发展方向。希望我们在数字时代的光影中探索艺术的新可能，在数字艺术的学习与实践中收获知识与技能，提升对美的感知与对未来的创造力。

### 心海数艺

- ❑ 分享一个印象深刻的数字艺术作品（如 AI 绘画、虚拟现实艺术、数字插画等），并分析其艺术价值和技术特点。
- ❑ 分组讨论数字艺术的未来发展趋势，每组选择一个主题（如“AI 与艺术创作”“虚拟现实艺术的潜力”等），并分享讨论成果。
- ❑ 以“数字时代的艺术”为主题，撰写一篇短文，描绘你对未来艺术形式的憧憬。

## 第一节　数字艺术的崛起与美术创作

### 一、数字时代下艺术的发展

在如今飞速发展的信息化社会中，数字技术已成为推动社会进步的关键力量。这种新兴的技术形态植根于计算机科学与网络通信技术的深度融合，构成了独特的数字生态系统。作为信息传输的基本单元，二进制编码在通信网络中扮演着重要角色，使各类多媒体信息得以被计算机系统识别和处理。这一过程，即数字化，标志着人类信息处理方式的革命性转变。数字技术的诞生与计算机科学的进步密不可分，正是计算机硬件性能的持续提升和软件算法的不断创新，为数字技术的发展奠定了坚实的基础。因此，数字技术本质上是一种建立在计算机技术基础之上的现代科技体系，其发展轨迹与计算机科学的演进过程是同步的。

1946 年 2 月，宾夕法尼亚大学诞生的电子计算机“ENIAC”标志着人类历史上首台电子计算机的问世。这一里程碑式的成就，预示着人类社会正式迈入数字纪元的门槛。在此后的数十年间，计算机技术以惊人的速度蓬勃发展，历经电子管时代、晶体管时代、中小规模集成电路时代、大规模及超大规模集成电路时代，直至个人 PC 时代的兴起。这一系列演进，最终引领我们步入如今的人工智能新纪元。总而言之，数字科技的迅猛进步，无疑为第三次技术革命——“数字革命”的爆发点燃了导火索，并起到了至关重要的催化作用。数字技术在艺术领域的渗透，是时代进步的必然趋势。这一进程可追溯至 20 世纪 50 年代。彼时，科学家本杰明·弗兰西斯·拉波斯基利用计算机绘制出图像（图 8-1-1），该作品被誉为世界上最早的计算机图像作品。时间推进至 20 世纪 60 年代，Sketchpad 软件诞生，作为首款具备绘图功能的软件，它使计算机正式进入绘画艺术领域。此后，随着外围多媒体处理设备的逐步研发问世，一系列具有革命性的软件如 Photoshop、Painter、Illustrator 等相继涌现，极大地丰富了数字创作的工具箱。紧接着，海量存储系统的引入，进一步巩固了数字技术与艺术创作之间的桥梁，两者的融合之路愈发坚实。时至今日，美术、雕塑、音乐等传统艺术形式均经历了深刻变革，催生了数字绘画、数字动画、数字音乐等一系列新颖的艺术表现形式。在广义的概念之下，数字艺术的范围极为宽泛，除绘画、雕塑等传统艺术媒介外，使用新兴电子媒介进行创作的艺术样式都可以纳入这个范畴，如摄影、电影、电视影像，使用霓虹灯管、电子机械装置的物质媒介的创作等。在英文维基百科的记述中，新媒体艺术所涉及的艺术样式也十分多样，包括数字艺术、计算机图形学、动画、虚拟艺术、网络艺术、互动艺术、电子游戏、机器人、3D 打印技术、赛博艺术和生物科技艺术等形式。

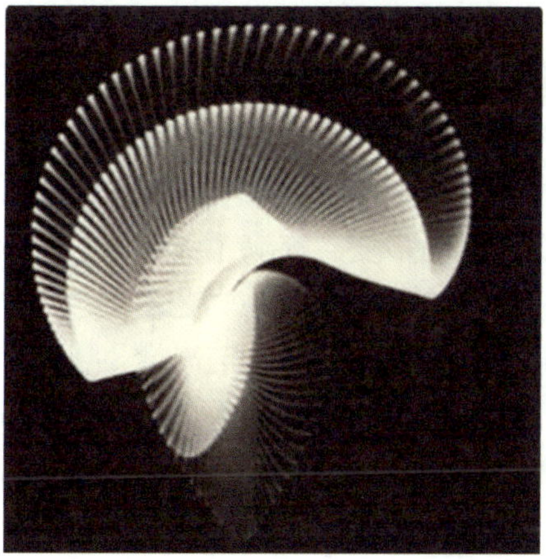

图 8-1-1　本杰明·弗兰西斯·拉波斯基作品

近些年，人工智能生成技术实现了飞速发展，为数字艺术的生产带来飞跃式的进步。数字生成技术主要指“媒体的数字化生成技术，包括文本的数字化、声音的数字化、颜色的数字化、图像的数字化、视频的数字化、图形的数字化”。① 其技术核心是基于语言模型的算法优化。数字技术发展至生成式人工智能技术，经历了从文字、图像到视频处理的三重技术跨越。其核心包括算法、图像合成技术，以及建模、渲染、动画、物理模拟、虚拟现实、增强现实等技术。人工智能生成技术在图像、音乐、视频、装置等领域广泛应用，提高了内容生产的效率，成为大众所接受的数字艺术。

不同于传统的艺术作品，数字艺术作品将计算机作为创作的核心要素与手段，采用二进制编码与解码、输入与输出的流程，最终创造出单一或复合形式的数字内容。ChatGPT、AI 绘画、AI 写作等均属于 AIGC 的范畴。作为智能内容生成技术领域的一项标志性成就，人工智能生成技术根植于开源数据库，其运作方式已超越了传统的内容抓

① 于浩、张文兰：《ChatGPT 是否该被学术禁用——关于教学的深度思考》，《上海教育科研》2023 年第 4 期，第 7 页。

取模式。转而通过算法优化，以互联网中海量的数据资源作为数据库，遵循“提取—转换—修正—模仿生成”的流程，生成文本内容。这一技术不仅更具智能化特征，而且操作更为简便，从而极大地降低了艺术创作的门槛。无需依赖传统的物质工具，也无需掌握高超的计算机技术，无论使用者的专业水平如何，都能轻松尝试并参与其中。

### (一) 数字时代下技术对美术创作的影响

在艺术发展的历史长河中，艺术的变化、发展与创新始终与材料、技术、观念的发展密切相关。尤其在进入工业时代以后，科技或新观念的影响直接或间接地介入了艺术的生产与发展。然而，科技并不等同于艺术，但也不能与艺术割裂开来。作为新兴的事物、媒介和手段，科技与艺术紧密相连，相互影响。科技实践的不断变化与人们的艺术意识联系更为紧密，使人们对“艺术”这一概念不至于过快地僵化。人工智能的融入为艺术生产带来了前所未有的便利，并推动了艺术形态的革新。技术创新如同一股强大的动力，为数字艺术提供了丰富的创作素材和多样化的手段，深刻改变着数字艺术的生产方式。随着 Sora 等新兴技术的问世，以及文本生成图片、文本生成视频等功能的实现，数字艺术与数字技术之间的界限正被不断拓宽和模糊。艺术的交互性与具身性日益增强，使得艺术的物理边界变得生动多变，充满了无限可能。技术的迅猛发展，使得创作主体、客体以及观者之间的艺术鸿沟逐渐缩小。艺术的飞跃式发展不仅体现在技术的迭代更新上，更引发了一场关于技艺的深刻讨论与融合。

在数字时代，美术创作在多维度受到了极大的影响。艺术家们不再局限于传统的画笔、颜料或雕塑材料，而是广泛采用各种前沿的数字技术和工具进行创作。例如，在公共艺术领域，3D 打印技术是一项重大创新。通过 3D 打印技术，艺术家们可以迅速地将创作构思转化为实体雕塑，极大地缩短了创作周期，并降低了制作成本。同时，3D 打印技术还使雕塑的形式和材质变得更加多样化，为艺术家们提供了更多的创作可能性。艺术家内里·奥克斯曼在作品《丝亭》中，利用 6 轴机械臂 3D 打印与蚕丝生物材料进行创作，建筑结构与蚕的自然吐丝行为同步生成，突破了传统雕塑的静态特征（图 8-1-2），使得雕塑的“物质性”被重新定义为“生物与数字混合体”。

图 8-1-2　内里·奥克斯曼《丝亭》

数字媒体艺术尤为注重观众的互动体验。通过编程和交互设计，艺术家能够创造出可以与观众实时互动的作品。这种互动性不仅显著提升了观众的参与感，也使得作品本身拥有了更多的灵活性和变化性。随着虚拟现实和增强现实技术的快速发展，艺术家们能够构建出沉浸式的艺术体验环境，让观众在虚拟空间中自由探索和感受艺术的魅力。这种新兴的艺术形式成功地打破了传统艺术的界限，为观众带来了前所未有的感官体验。作为数字媒体艺术的重要组成部分，网络艺术借助网络平台进行创作和展示，使艺术家能够与全球范围内的观众进行互动。在第二届北京艺术与科技双年展中，艺术家克里斯塔·佐梅雷尔和劳伦特·米尼奥诺的沉浸交互装置《花园之水》构建了虚拟的水景世界(图 8-1-3)，探讨了人类、科技进步以及艺术未来发展趋势的相关议题。当观众走近那些悬挂于空中的真实植物时，这些植物在观众的接近下释放出微妙的生物电信号。这些信号被系统所捕捉，并在弧形屏幕上实时转化为虚拟世界的生物元素。随着观众的进一步互动，这些虚拟生命体仿佛拥有了生命，形态万千，变化无穷。这一过程不仅生动展现了自然信号与数字媒介之间的流畅转换，更深刻揭示了技术与自然之间的和谐共生。《花园之水》所呈现的“花园”，已远远超越了单纯自然或人工的范畴。它是一个由人类、植物与技术三者紧密交织、共同构建的混合体。在这里，植物与人体、现实与虚拟的界限被巧妙地模糊，彼此交融，共同孕育出一种全新的“植物赛博”形态。这种形态是对自然界的致敬，也是对未来科技与生态融合可能性的深刻探索。通过《花园之水》，观众不仅能够体验到沉浸感与交互性，更能感受到自然、人类与技术之间复杂而微妙的联系。这部作品是对当代艺术与科技融合趋势的一次精彩诠释，也为人们提供了重新审视自然与技术关系的独特视角。

图 8-1-3　克里斯塔·佐梅雷尔、劳伦特·米尼奥诺《花园之水》

此外，数字装置艺术通过结合硬件与软件，创造出独特的空间体验和视觉效果，进一步拓展了艺术的边界。数据可视化与算法艺术则是基于真实世界的数据进行创作，艺术家通过编程和算法生成作品。这种创作方式不仅具有极高的艺术性，还能够有效地传达信息和观点。数字媒体艺术的持续进步不断激励着艺术家探索新的表现语言和形式，从而推动了当代艺术在内容和形式上的不断创新与演变。

例如，生成式艺术创作，特别是通过 GAN 神经网络生成的艺术，展现了一种前所未有的创造力与美学价值。GAN 神经网络由两个主要部分组成：生成器和判别器。生成器负责生成新的数据样本，这些数据样本试图模仿真实数据的分布。在生成艺术的过程中，生成器可以生成具有特定风格或特征的图像、音频、视频等艺术作品，而判别器则负责区分输入的数据样本是真实的还是由生成器生成的。判别器通过不断训练来提高自己的判别能力，从而帮助生成器生成更加逼真的数据样本。这两个网络在对抗博弈中相互竞争：生成器试图生成逼真的数据以欺骗判别器，而判别器则试图准确地区分真实数据和生成数据。① 这种对抗训练的过程使得生成器能够逐渐学习到真实数据的分布，并生成高质量的艺术作品。

2018 年 10 月，在佳士得的拍卖会上，一幅名为《艾德蒙·贝拉米画像》的画作压轴出场，并最终以 43.25 万美元的价格成交，成为全场最高价(图 8-1-4)。这幅作品以阴郁的背景、深色外套和白衬衫勾勒出人体轮廓，一张苍白的圆脸浮现，三块深色的区域则代表着男子的双眼和嘴巴。然而，这一作品中的人物查无此人，连作者也不曾真正存在。细细观察这幅画，会发现角落的署名其实早已告诉我们真相——这一串意味不明的字符，正是创作这幅画所用的深度学习模型 GAN。其“真正作者”——法国的 Obvious 团队，在给 AI 输入了 1.5 万幅古典画作后，让 AI 不断“学习”，最终“创作”出了这么一幅高价的“艺术作品”。近些年，技术的演进不仅影响了艺术，也给艺术带来了新的灵感与方向。如今，已有许多艺术家敞开怀抱拥抱 AI 技术。在 2024 年北京艺术与科技双年展上，我们就看到了不少由艺术家与 AI 共同创作的作品。在《图恩格尔》(图 8-1-5)中，清华大学美术学院教授王之纲用电子废弃物和 AIGC 技术生成的图像，为我们打造了一个沉浸式的体验空间。艺术家用数百台报废主机、刀片服务器以及大量数据光纤、网线搭起了一个电子荒原，而 AIGC 技术则基于艺术家的瑰丽想象，描绘出了一幅融合了原始信仰和智能科技的未来生活图景。

图 8-1-4 《艾德蒙·贝拉米画像》

① 金家琴、夏翠娟：《数字人文在视觉化艺术领域的应用前沿——图像艺术分析与计算机生成艺术》，《图书馆杂志》2021 年第 6 期，第 106 页。

图 8-1-5 王之纲《图恩格尔》

数字技术正深刻改写艺术创作的方式，这一变革不仅局限于工具层面的革新，更是对艺术本质的一次范式性颠覆。当算法化身新兴的画笔，代码演绎为独特的艺术表达时，创作者更应在技术狂欢的浪潮中坚守本体论的思考，在数字与物质的交织处寻找艺术永恒的价值坐标。

### (二)数字时代下美术创作与文化变迁

数字时代对美术创作带来了深刻的影响，不仅改变了创作方式和传播途径，还在一定程度上塑造了当代文化和社会观念。

数字时代的艺术实践正经历着从审美自律向公共领域介入的范式转型。艺术创作者越来越关注社会议题和时事问题，在技术赋能下，艺术创作已演变为连接虚拟与现实的媒介，美术作品成为反映社会声音和抒发情感的重要表达方式。同时，数字时代极大地拓宽了美术创作者的审美视野与创新边界。借助数字技术，他们能够探索多元化的媒介、风格与技术手段，挑战并重塑传统的审美观念。数字媒体与虚拟现实技术的兴起，为审美体验开辟了一个前所未有的维度，让观众得以与艺术作品进行深度互动，甚至参与到创作过程中，共同塑造艺术的未来形态。

土耳其艺术家雷菲克·阿纳多尔于 2019 年创作了装置艺术作品《机器幻觉》，他将切尔西市场主大厅下一个从未使用过的废弃锅炉房进行了创新性改造。该作品以纽约市的建筑形象为核心，基于超过 3 亿张图像的数据集，巧妙部署了机器学习算法。在艺术馆内，作品借助 16K 分辨率、1.5 亿像素的显示技术，以及具备 32 个独立通道的沉浸式超真实声音技术，生动揭示了纽约市标志建筑的文化和历史在过去、现在与未来时刻之间的深层联系(图 8-1-6)。现场展示以音频、视频表演和沉浸式装置等多种形式相融合，将摄影技术与智能机器完美结合，为观众带来了一场电影般的视觉与听觉盛宴。作品不仅讲述了一个城市的流动意识，还让观众能够直观地感受到记忆在空间中的独特体验方式。

图 8-1-6　雷菲克·阿纳多尔《机器幻觉》

在数字时代，艺术作品的文化传承与理论研究也受到了极大的影响。数字媒体与虚拟美术馆使得艺术作品的传承变得更为广泛与便捷。与此同时，数字时代的美术作品作为当代艺术史不可或缺的一部分，其创新性、多样性和技术特性也使得研究者需要采用新的方法和视角进行记录、分析与研究，从而全面把握这一时代艺术发展的脉络与特征。数字美术作品涉及多个学科领域的知识和技术，因此研究者需要具备跨学科的知识背景和研究能力，以便更好地理解和分析作品。同时，要求研究者对数字美术作品的技术特性进行深入分析，包括数字媒体技术的应用、作品的创作过程和技术实现等，这样才能有助于揭示作品的技术创新和艺术价值。

尽管数字时代为美术创作和文化带来了诸多机遇，但同时也伴随着一系列挑战。信息过载、数字媒体的噪音以及数字作品的原创保护等问题，仍然亟待解决。并且，数字时代的艺术创作不仅仅是技术的展示，更是对社会、文化、伦理等问题的反思。艺术家可以通过作品探讨数字时代的人类体验、身份认同、隐私问题等。未来，艺术家、技术专家、政策制定者和观众需要共同努力，构建一个更加健康、包容和创新的数字艺术生态。

## 第二节　数字媒体艺术与创意产业

### 一、数字媒体艺术基础

#### （一）数字媒体艺术的定义

数字媒体艺术是一种将数字技术与艺术创作相结合的新兴艺术形式。它以数字技术为核心工具和表现手段，借助计算机软件、硬件等设备，对文字、图像、音频、视频等多种媒体元素进行数字化处理、编辑、合成与传播，从而创造出具有独特艺术价值和审美体验的作品或艺术形式。数字媒体艺术不仅继承了传统艺术的审美和表达功能，还充分利用数字技术的优势，拓展了艺术创作的边界和可能性，使艺术作品能够以更加丰富多样、互动性强的形式呈现给观众。

## (二)数字媒体艺术的范畴

1. 数字影像艺术

数字影像艺术是以数字技术为基础，对影像进行创作、处理、传播和展示的艺术形式。它将传统的影像艺术与数字技术相结合，通过计算机软件、数字设备等工具，实现对图像、视频等影像元素的捕捉、编辑、合成、特效制作等操作，从而创造出具有独特艺术表现力和审美价值的作品。

数字电影是数字影像艺术在电影领域的重要应用。从前期拍摄、中期制作到后期放映，数字电影全程采用数字技术。数字摄像机的高分辨率和灵活的拍摄功能，为导演和摄影师提供了更多创作空间。例如，电影《比利・林恩的中场战事》采用了高帧率数字拍摄技术，以3D、4K、每秒120帧的技术规格挑战了电影拍摄的极限，极大地提升了画面的清晰度和流畅度，给观众带来了全新的视觉体验(图8-2-1)。此前，电影《霍比特人》的最高帧率也不过48帧，而业内标准帧率为24帧，因此这部电影所使用的技术打破了传统3D电影的展示方式。在后期制作中，数字特效技术能够创造出各种奇幻、逼真的场景和角色。例如，《指环王》系列电影中的宏大战场和魔法生物，都是通过数字特效实现的(图8-2-2)。

图8-2-1　《比利・林恩的中场战事》剧照

图8-2-2　《指环王》剧照

数字动画也是数字影像艺术的重要组成部分。它利用计算机软件进行动画角色设计、场景绘制、动作设定和渲染等工作，包括二维数字动画和三维数字动画。二维数字动画在传统手绘动画的基础上，借助数字软件提高制作效率和画面质量。如上海电影制片厂 1961—1964 年制作的彩色动画《大闹天宫》，2024 年上线了最新的 4K 数字修复版，用 AI 技术在保留原有艺术风格的同时，提升了画面的清晰度和色彩表现力(图 8-2-3)。三维数字动画则通过 3D 建模、骨骼绑定、材质贴图等技术，构建出立体的虚拟世界和角色(图 8-2-4)。例如，《冰雪奇缘》系列电影以精美的画面、细腻的角色情感和丰富的故事内容深受观众喜爱(图 8-2-5)。

图 8-2-3　《大闹天宫》4K 数字修复版

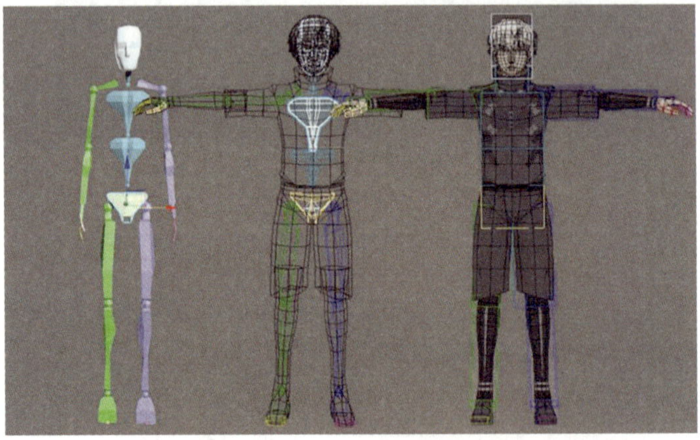

图 8-2-4　3D 建模图(来源：3D 建模官方教学)

数字影像艺术还包含数字视频艺术，这类艺术通常是艺术家运用数字视频设备和软件创作的具有实验性和艺术性的视频作品。它们不局限于传统的叙事结构和表现手法，更注重艺术观念的表达和视觉语言的创新。这类作品常常在美术馆、艺术展览等场所作为独立的艺术形式展出。例如，白南准的视频艺术作品，通过对视频图像的拼接、变形、重复等处理，探讨了科技与人类、艺术与生活的关系，具有强烈的视觉冲击力和思想深度(图 8-2-6)。

图 8-2-5　《冰雪奇缘》系列海报

图 8-2-6　白南准《电视佛》

2. 数字游戏艺术

数字游戏艺术是将艺术创意与数字技术深度融合，以游戏为载体，通过多种艺术表现形式和交互设计，为玩家创造出具有娱乐性、沉浸感和审美体验的虚拟世界的一种艺术形式。它涵盖游戏的视觉呈现、听觉效果和交互体验等多个层面。其中，游戏美术设计是重要的组成部分，包括角色的外形、服装、配饰、表情、动作等方面的设计。例如，《王者荣耀》中的众多英雄角色，每个角色都有独特的外形和风格，如李白的潇洒飘逸、妲己的可爱甜美，通过精细的造型和丰富的动作设计，使角色栩栩如生(图 8-2-7)。其次是场景设计，涉及游戏中各种环境和空间的构建，如城市、森林、沙漠、地下城等。例如，《原神》中的璃月港、蒙德城等场景，建筑风格独特，自然景观优美，细节丰富(图 8-2-8)，为玩家营造出极具沉浸感的游戏世界。此外，还有道具设计，即游戏中的武器、装备等物品的设计。

图 8-2-7　《王者荣耀》角色（图片来源：王者荣耀官网）

图 8-2-8　《原神》场景

3. 数字音频艺术

数字音频艺术是以数字技术为基础，对声音进行采集、编辑、合成、处理和传播等，通过艺术化的创作手法，将声音元素转化为具有审美价值和艺术表现力的作品的一种艺术形式。它打破了传统音频艺术的限制，利用数字技术的优势，为音频艺术创作带来了更广阔的空间和可能性。在音乐创作方面，数字音频技术能够模拟各种传统乐器和电子乐器的声音。音乐创作者可以借助专业的软件，轻松地组合不同乐器的声音元素，创作出丰富多样的音乐作品（图 8-2-9）。电子音乐制作是数字音频艺术的另一个重要领域。创作者运用数字音频工作站（DAW），结合各种合成器插件、效果器插件等工具，创作出具有独特风格的电子音乐作品，涵盖浩室音乐、Techno、Trance 等多种流派（图 8-2-10）。此外，数字音频艺术在音效设计方面也有着广泛的运用。它为电影、电视剧、动画片等影视作品创作各种音效，包括环境音效、动作音效、特殊音效等，极大地增强了作品的真实感和感染力。

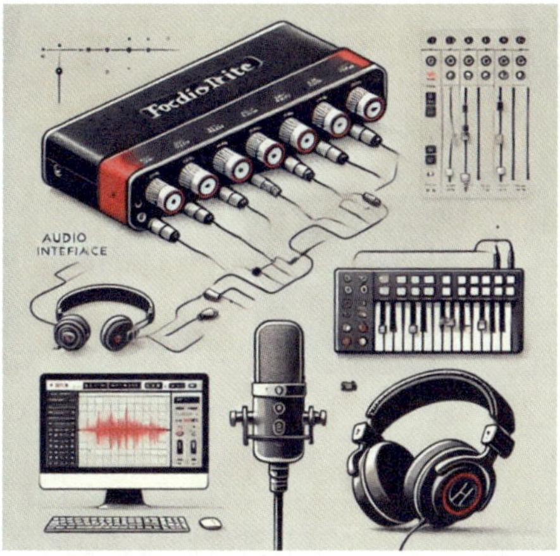


图 8-2-9　数字音乐创作与制作工具(图片绘制：kellyzhang)

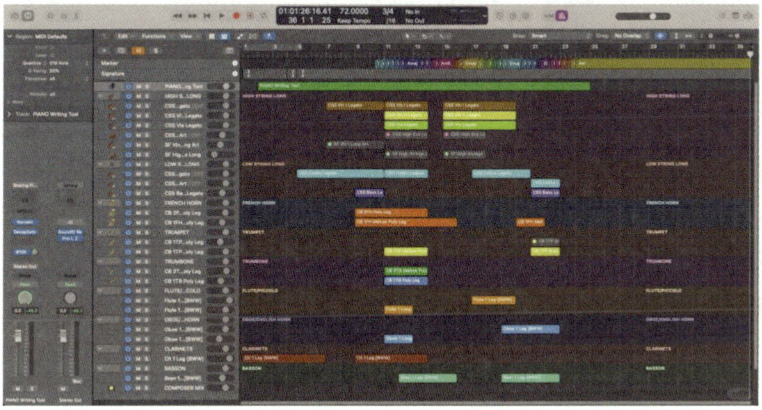

图 8-2-10　数字音频工作站(DAW)软件界面

## 二、创意产业的概念与实践

### (一)创意产业的概念与特点

创意产业是指通过创造性的思维、创新性的技术和艺术手段，将文化、知识和技术转化为具有经济价值的产业形态。该产业具有以下特点：高附加值，通过创意和创新为产品或服务增加额外价值，例如，苹果公司产品因其独特设计和用户体验，售价远高于成本(图 8-2-11)。高知识密集度，依赖大量知识和智力投入，需要专业知识和技能的创意人才，如软件开发、影视制作等行业均属于此类。高技术含量，常与先进技术结合，借助数字技术、人工智能等提升创意表达和生产效率，如数字媒体艺术、虚拟现实体验等。高创新性，以创新为核心，不断推陈出新，创造新的产品、服务和商业模式。

图 8-2-11　苹果公司产品(图片来源：苹果官网)

图 8-2-12　《来自太阳的风》

### (二)创意产业实践

创意产业的实践模式主要围绕文化艺术模式、科技驱动模式、品牌授权模式以及体验经济模式展开。文化艺术模式：以文化艺术创作和表演为核心，例如剧院、艺术展览、音乐节等。通过门票收入、艺术作品销售等方式盈利(图 8-2-12)，同时提升城市文化氛围和品牌形象。科技驱动模式：借助科技手段实现创意，如数字媒体、互联网、人工智能等领域。开发数字内容产品、智能创意服务等，例如字节跳动旗下产品依靠算法推荐技术，为用户提供个性化内容。品牌授权模式：将知名品牌或形象授权给其他企业使用，开发衍生产品和服务。例如迪士尼将动画形象授权其他企业开发衍生产品。体验经济模式：注重消费者体验，打造沉浸式、互动式的创意体验项目。如主题公园、密室逃脱、文化旅游等，增强消费者参与度和忠诚度。

## 二、数字媒体艺术在创意产业中的应用

### (一)影视与娱乐产业

1. 电影与电视剧制作

数字媒体艺术通过数字特效技术，能够创造出逼真的虚拟场景、角色和奇幻元素。例如，《阿凡达》中潘多拉星球的奇幻生物和壮丽景色便是数字特效的杰作(图 8-2-13)。同时，数字音频技术也被广泛应用于电影的音效设计和配乐创作，极大地提升了作品的听觉效果。此外，数字剪辑和数字特效技术，如 Adobe After Effects 和 Adobe Premier Pro 等，使得剪辑师和特效师能够更高效地对影片进行剪辑和后期制作，实现更为复杂的叙事和视觉效果。

图 8-2-13　《阿凡达》剧照

2. 短视频与新媒体内容

在网络剧、短视频等新媒体内容的创作中，数字媒体艺术充分发挥了其优势。通过运用动画、图形设计等手段，数字媒体艺术能够制作出极具吸引力的片头片尾、流畅的转场效果以及富有创意的互动元素（图 8-2-14）。一些互动式网络剧还利用数字媒体技术，让观众能够参与剧情发展，从而提升用户的参与感。

图 8-2-14　AR 创意广告

## （二）游戏产业

1. 游戏美术设计

游戏美术设计包括游戏角色、场景、道具等的建模与渲染。例如，《英雄联盟》中风格各异的英雄角色设计便是数字媒体艺术与技术结合的典范（图 8-2-15）。通过数字媒体艺术与技术，可以打造出精美的 2D 和 3D 游戏画面，为玩家带来极致的视觉享受。

图 8-2-15　《英雄联盟》海报

2. 游戏交互设计

数字媒体技术为游戏交互设计提供了无限可能。借助数字媒体技术，可以实现各种交互效果，例如体感游戏中的动作识别交互，以及虚拟现实游戏中通过手柄、头盔等设备实现的沉浸式交互体验。这些交互设计让玩家能够身临其境地与游戏世界进行互动(图 8-2-16)。

图 8-2-16　Switch 体感游戏“Just Dance 舞力全开 2023”

## (三)广告与营销产业

1. 广告创意与制作

利用数字媒体艺术可以制作出富有创意和视觉冲击力的广告作品，例如 3D 动画广告、虚拟现实广告等。通过数字特效和动画技术，能够将产品特点和品牌理念以更生动、直观的方式呈现给消费者。例如，苹果公司的产品广告常运用精美的动画和特效展示产品功能(图 8-2-17)。

图 8-2-17　Apple Event 开场动画

2. 社交媒体营销

在社交媒体平台上，数字媒体艺术形式的内容，如短视频、动图、H5 页面等，更易吸引用户关注和分享(图 8-2-18)。品牌可以通过制作有趣、有创意的数字内容，引发用户的互动和传播，从而提升品牌知名度和产品销量。

图 8-2-18　H5 博物馆案例“紫禁城纹样展示”（设计：H5 创意制作）

3. 电商平台展示

在电商平台上，数字媒体艺术用于商品展示和详情页设计。通过 360°全景展示、产品动画演示等方式，让消费者更全面地了解商品信息，从而提高购买转化率（图8-2-19）。

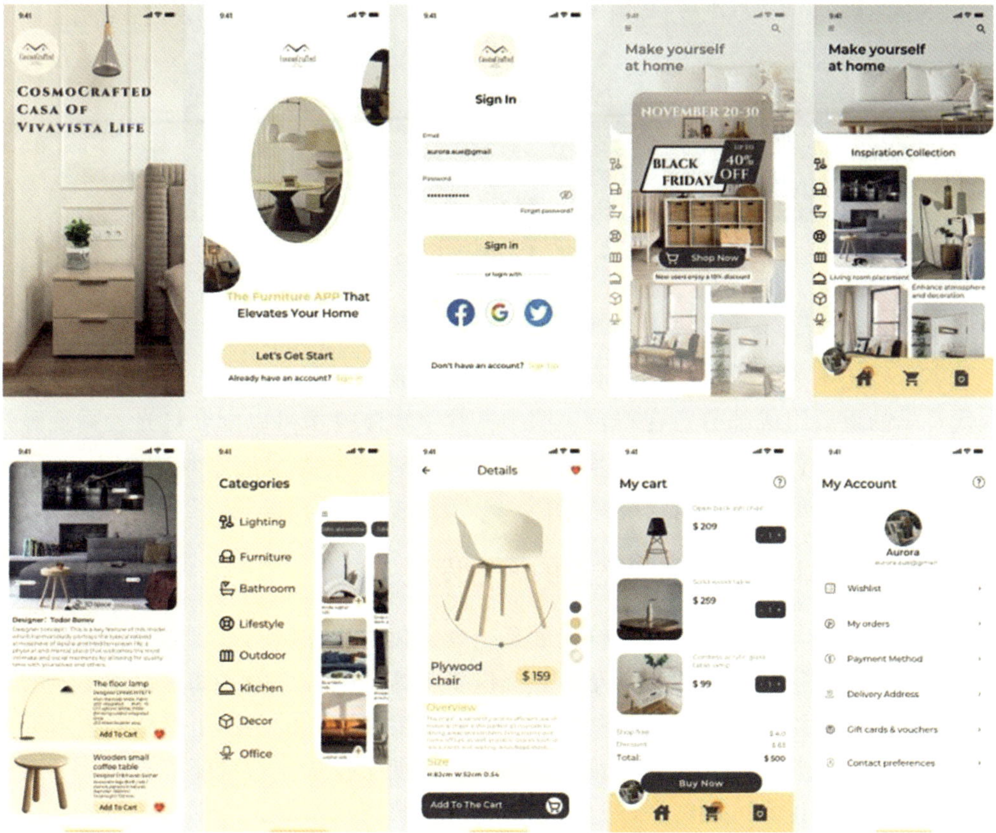


图 8-2-19　家居电商 App 界面设计图

### (四)文化与艺术产业

1. 数字艺术展览

数字媒体艺术为艺术展览带来了新的形式和体验，如数字影像艺术展览、互动艺术展览等。观众可以通过触摸屏幕、体感互动等方式与艺术作品进行互动。例如，一些数字美术馆利用虚拟现实技术，让观众仿佛置身于艺术作品的创作场景中。

2. 文化遗产数字化

通过数字扫描、建模等技术，对文化遗产进行数字化保护和展示。例如，乌克兰文化遗产的数字化项目，不仅可以永久保存文化遗产的信息，还能通过数字媒体艺术手段进行虚拟展示，让更多人了解和欣赏文化遗产(图 8-2-20)。

图 8-2-20　乌克兰文化遗产数字化(设计团队：Skeiron)

3. 数字音乐与表演艺术

数字音频艺术为音乐创作和表演带来了新的可能性，电子音乐、数字音效设计等成为现代音乐的重要组成部分。在舞台表演中，数字媒体技术可以配合灯光、舞美等打造出绚丽的视觉效果，增强表演的艺术感染力。例如，一些大型演出利用 LED 屏幕和数字特效营造出震撼的舞台氛围(图 8-2-21)。

## 三、数字媒体艺术与创意产业的融合发展

数字媒体艺术与创意产业的融合发展是当今文化创意领域的重要趋势，二者相互促进、相辅相成。数字媒体艺术为创意产业提供了丰富的技术手段，如虚拟现实、增强现实、人工智能、网络大数据等。这些技术与创意深度融合，创造出了全新的艺术形式和体验。例如，在一些沉浸式艺术展览中，利用增强现实技术，观众能够身临其境地感受艺术作品所构建的世界。同时，通过大数据分析了解观众喜好，为创意内容的创作提供科学依据。数字媒体艺术的发展还打破了传统艺术形式的界限，使得创意产业的内容和

形式更加多样化。在影视、游戏等领域，数字特效、动画、互动元素等的应用，丰富了作品的表现形式和叙事方式。例如，在电影《头号玩家》中，通过大量的数字特效和虚拟场景构建，为观众呈现了一个充满想象力的虚拟游戏世界，同时也讲述了一个精彩的故事。数字媒体平台为创意产业的传播和营销提供了新的渠道和方式。社交媒体、视频平台、直播等成为创意内容传播的重要途径。数字媒体艺术可以制作出各种吸引人的营销内容，实现精准营销和快速传播。

图 8-2-21 光影秀（摄影：星光灿烂）

# 第三节 人工智能与艺术创作的未来

## 一、人工智能在艺术创作中的兴起

### （一）人工智能概述

人工智能（Artificial Intelligence），英文缩写为 AI，是一门研究、开发用于模拟、延伸和扩展人的智能的理论、方法、技术及应用系统的新技术科学。① 人工智能的概念涉及两个核心方面的研究内容，即“人工”和“智能”。“人工”指的是人力所为，与“自然”和“天然”相对立。而“智能”的研究则主要分为两种方式：一种是通过计算机技术实现的机器自主学习、自主记忆等智能手段；另一种是通过人工神经网络、人工大脑等对生物智能的模拟来获得智能属性。人类是世界上唯一具有智能属性的生物，因此，研究人类大脑和神经网络的构造与工作模式是未来人工智能发展的必然趋势。②

① 霍冉：《浅析从虚拟技术到人工智能对艺术创作的哲学性思考》，《艺术科技》2018 年第 10 期，第 58~59 页。

② ［美］库兹韦尔：《奇点临近》，李庆诚译，北京：机械工业出版社 2011 年版，第 123~156 页。

## (二)人工智能技术的艺术应用背景

艺术作为人类文明的象征，其发展与特定的时代背景和社会人文环境有着密不可分的关系。21世纪是人工智能技术进入集成发展的历史阶段，这一技术对艺术设计的影响日益显著，主要表现为人工智能技术作为艺术设计创作手段的深入渗透。智能机器人、智能交互、虚拟现实以及模式识别等人工智能技术，在艺术设计领域的应用尤为突出。其中，模式识别技术主要针对艺术设计作品的具体局部细节进行渗透，比如艺术场景中的视觉元素识别设计，或是对局部视觉符号的精细处理。

1. 智能机器人技术

智能机器人是人工智能重点涉及的领域之一，也是研究人工智能艺术设计不可或缺的重要技术基础。从三国时期诸葛亮发明的木牛流马(图8-3-1)，到现今的各种现代化智能机器人(图8-3-2)，人类对机器人的研究始终保持着浓厚兴趣。如今的机器人之所以被称为智能机器人，不仅在于其拥有与人类极为相似的身体结构，更重要的是它具备发达的“大脑”。人类可以通过智能机器人大脑中的中央处理器与机器人直接建立联系，它可以准确地完成操作者预先编写和安排的一切动作。正因为如此，这类兼具人类身体结构和智慧思维的人工智能被归类为智能机器人。随着艺术与科技的深度融合，服务类机器人的种类日益丰富，用于艺术表现的机器人也是层出不穷。

图8-3-1　木牛流马(图片来源：黄佑军)

图8-3-2　智能机器人(图片来源：宇树科技 Unitree)

2. 智能人机交互技术

随着人工智能技术的不断发展，人机界面的交互方式发生了巨大的变化。人机交互的原理是人通过输入设备将相关指令以语音、文本、图像、触控等一种模态或多种模态的形式输入机器，然后机器通过输出设备或显示设备将信息反馈给操作者。① 人机交互作为人类和机器的直接接触方式，直接关系到人类通过机器获取信息的效率。随着互联网技术和人工智能技术的快速发展，机器被赋予更高的智能化水平。智能语音作为智能人机交互的主要形式，无论从技术还是艺术角度，都具有重要的研究价值。

① 陶薇薇、张晓颖：《人机交互界面设计》，重庆：重庆大学出版社2016年版，第5~7页。

智能语音交互(Intelligent Speech Interaction)是人工智能研究的一大重要领域，是基于语音输入的新一代智能交互模式。它指的是人类通过语音输入，直接与计算机系统进行交流与沟通并得到相应反馈的一种智能交互模式。① 任何产品设计，其目的都是解决人类面临的问题。在产品与用户之间，存在着用于解读产品功能与操作模式的人机界面，人机界面是用户与产品进行交互的基础。随着互联网科技和计算机技术的快速发展，当今的绝大多数产品都被赋予了智能的概念。智能化是目前设计的前沿领域，其所涵盖的知识内容已经超出了普通人的认知范畴。若使用传统的界面设计，将会使操作显得非常复杂。同时，非专业人士很难理解其操作步骤的目的和导向。在此背景下，一键式的语音交互模式应运而生。智能语音交互的最大优势在于，它能很大程度上降低了交互界面的复杂程度，极大地方便了用户的使用。

智能语音交互是基于语音识别、语音合成、自然语言理解等技术的一种全新的人机交互模式。② 这种人机交互模式采用人类传统的交流方式，通过语音进行实时交流和反馈。由于这种交互模式操作简单，适合大部分群体，因此已经被国内外各大知名企业和设计公司应用到多种不同场景中，并给受众带来了“能听、会说、懂你”式的智能人机交互体验。

例如，“AR 汪汪”是一款模拟宠物小狗养成的手机游戏，由零蒙科技公司(一家致力于 VR/AR 软硬件技术研发的高科技企业)开发。通过在游戏中接入百度语音识别技术，实现了使用语音与游戏中宠物互动的功能。同时，结合 AR 技术，为玩家呈现更加符合现实场景、更真实的游戏体验(图 8-3-3)。在同类 AR 游戏中，它属于少有的加入语音互动功能的产品，大大提升了“AR 汪汪”的口碑和对玩家的吸引力。

图 8-3-3　AR 汪汪(图片来源：AR 汪汪游戏)

3. 虚拟现实技术

虚拟现实(Virtual Reality)技术简称 VR 技术，是以计算机仿真技术为手段，通过智

---

① 韦艳丽：《新媒体交互艺术》，北京：化学工业出版社 2018 年版，第 51~55 页。

② 郭亚军、金先级：《人机交互》，武汉：华中科技大学出版社 2005 年版，第 17~19 页。

能计算机模拟出一个虚拟的三维空间，为体验者的视觉、听觉和触觉等感知器官营造一种身临其境式的直观感受(图 8-3-4)。① 虚拟现实技术对当下的生产生活以及人类固有的时空观带来了巨大的冲击。它通过创造虚拟环境，改变了人类以往的经验时空观，甚至重塑了一种全新的时空意义。正如曼纽尔·凯斯泰尔斯所言："流动时间支配了地方时间，无时间的时间废除了工业时代的时钟时间。"虚拟现实所创造的时空并非以往人们所认识的那种在时间和空间上连续且永恒的时空。它构建的是一种通过智能控制系统，人类可以随意改变、自由交互的虚拟环境。这种技术提供了一种全新的交互手段，改变了人类以往的交互方式，定义了人机交互的新概念。这种全新的交互方式打破了以往技术对人类的主宰关系，形成了一种"你中有我，我中有你"的"共生"关系。正如美国计算机专家利克里德所说，这种人机交互的"共生"关系是人与技术所期盼的耦合。

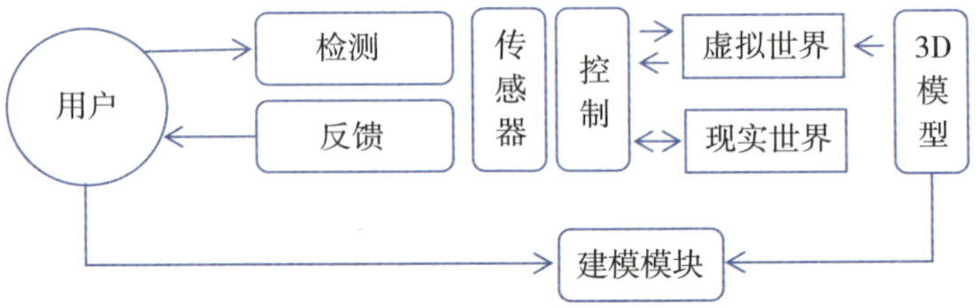


图 8-3-4　虚拟现实技术的技术原理示意图

这种人机交互新模式不仅意味着界面交互在技术领域的突破性发展，也预示着与众多文化领域潜在的融合性发展。正如保罗所说，未来技术的发展方向同样也映射出未来艺术设计潜在的变革。对于当代艺术设计而言，虚拟现实技术以其全新的交互方式对当代艺术的传承和艺术创作形式产生了革命性影响。同时，虚拟现实艺术空间的形成有助于激发艺术家在创作过程中对艺术主客体"共生"关系的无限可能。这种未知的虚拟空间与艺术设计的结合将会直接影响艺术家和设计师的创作视野，使艺术家能够摆脱以往艺术创作的主体经验。并且，它正在以最具生产力的方式扩展着艺术生产和再生产的领地，虚拟现实空间由此将成为未来艺术设计新的栖居地。

4. 模式识别技术

随着大数据和互联网技术的不断发展，人类每天需要识别和处理的数据变得非常庞杂，人类自身的识别能力已经无法满足对海量数据信息的需求。因此，一种能够扩展和替代人脑识别能力的计算机识别模式应运而生。模式识别是与语音信息处理和视觉图像处理紧密结合的人工智能研究的前沿领域。其研究目的是运用计算机技术模拟人类大脑的识别机制，通过计算机系统实现对相关信息的分类、辨识和批量化处理等智能操作。

视觉和听觉是人类处理信息最为直接的系统，人类通过视觉和听觉所获得的信息占人类感知外界信息的 80%。人类能够通过视听器官实现对大量信息的识别、定位和追踪，并通过大脑对这些信息进行分类、处理和利用。人工智能中的模式识别技术正是通

① 李勋祥：《虚拟现实技术与艺术》，武汉：武汉理工大学出版社 2007 年版，第 4~17 页。

过模拟人类的感官功能，实现对外界信息的识别和处理。

例如，以下案例展示了对画面中一切与狗的面部特征相同或相似的元素进行识别、放大后生成的一张图像(图 8-3-5)。这种狗的面部特征是系统对大量数据进行分析整理后所获取的特征参数。以这种特征参数建立的分类器模型只能识别出与狗相关的视觉元素符号。

图 8-3-5　人工神经网络识别(图片来源：Deep Dream 创作)

## 二、人工智能交互赋能艺术创作

人工智能交互艺术是一种通过智能机器人、计算机、传感器、驱动器、智能程序、智能材料以及其他智能工具等，对接收者(包括智能工具本身)的行为、姿势、声音、表情、温度、远程控制以及气候环境等变化做出反应的艺术形式。从人工智能交互艺术的概念可以看出，这类艺术作品通常会随着智能工具、艺术创作者、艺术体验者以及艺术接受者的变化而变化。智能交互艺术通常通过特殊的技术基础与其他动力艺术进行区分。

由于其特殊的智能化技术手段，智能交互艺术在艺术的表达和呈现方式上与传统艺术形式存在很大差异。智能交互艺术通常是通过体感、虚拟、声音、仿生、生物、远程控制等人工智能和生物智能技术手段，来构建艺术交互系统。艺术家通过放大艺术体验者的肢体、语言、表情、手势和大脑思维等人类交互行为，与智能交互系统共同创造智能交互艺术作品。艺术体验者可以直接与智能交互艺术作品进行交流，也可以通过智能交互艺术所设定的声音、规则和时空关系，产生传统艺术形式所不具备的艺术效果。

### (一)生物智能交互艺术设计

生物智能交互艺术是指运用人工智能技术研究生物形态、结构、交互方式和生命特征的艺术形式。生物智能交互艺术以生物仿生为主要研究内容，其交互形式通常是模仿生物与周围环境的交互方式，主要包括动物、植物甚至微生物通过自身的生物构造与人类或周围环境进行互动的模式。这种互动模式主要表现为视觉、触觉、听觉、嗅觉等形式。

由布里斯托大学机器人实验室(BRL)与谢菲尔德大学 Active Touch 实验室合作开发的 Shrewbot(图 8-3-6)就是一种智能仿生机器人。Shrewbot 主要是模拟伊特鲁里亚鼩鼱夜行行为而设计的。伊特鲁里亚鼩鼱通常在夜间依靠其胡须来寻找、追踪和捕捉猎物。这种独特的生物特征促使机器人研究者模拟伊特鲁里亚鼩鼱的胡须来设计一款机器人，使其能够在不依赖视觉感知的情况下辨别方向。这款机器人主要通过仿生伊特鲁里亚鼩鼱的胡须来实现动物的"Active Touch"(主动触摸)行为。Shrewbot 主要依靠高速摆动其机械胡须产生振动，收集周围环境中的信息并与环境进行交互，进而判断物体的位置、形状和纹理等信息，并将这些信息以数据形式存储在内部系统中。

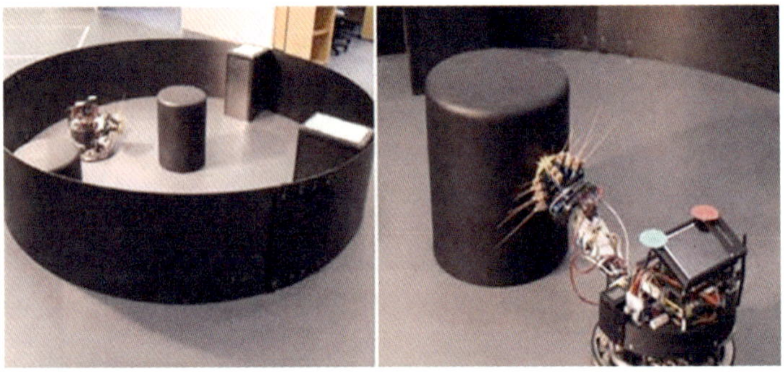

图 8-3-6　Shrewbot 机器人(图片来源：英国布里斯托大学官网)

近年来，随着生物智能仿生技术的快速发展，人类对智能仿生机器人的认识不断深化。比利时布鲁塞尔自由大学的物理学家乔斯・哈洛伊希望通过模仿动物的群体行为设计一款机器人，使其能够自然地融入生物族群内部，从而间接控制生物群体行为。蟑螂机器人(图 8-3-7)就是一个很好的例子。科学家与艺术家、设计师、生物学家等专业人员共同合作，创造了一款在造型和行为特征方面都与真实蟑螂极为相似的仿生机器人。这款蟑螂机器人的设计初衷是融入生物有机体社会，形成一个"生物混合"社会。人类则可以利用蟑螂机器人来干预和影响蟑螂群体的自然行为。

图 8-3-7　蟑螂机器人

动物仿生机器人不仅需要在外观造型上具有与真实动物以假乱真的视觉效果，还需要模拟目标动物几乎全部的生物特征，例如目标动物的气味和活动方式。在蟑螂机器人的设计中，设计师赋予了机器人关于目标生物的所有生物特征，包括蟑螂喜欢潮湿阴暗环境的习性。最终，蟑螂机器人成功融入蟑螂群体。通过智能计算机远程控制蟑螂机器人，人类可以间接实现对蟑螂群体的控制。这一过程中涉及的智能交互形式主要有两种：其一发生在蟑螂机器人和周围的蟑螂群体之间，属于基本生物交互的形式；其二则是人类通过智能计算机与蟑螂机器人实现的远程智能交互。

### (二)智能体感交互艺术设计

体感交互是一种依托智能硬件设备、体感设计软件和三维数字内容共同构建的新型交互方式。其核心技术是视频动作捕捉技术(图 8-3-8)。观众可以通过在相应的窗口前做出特定动作来改变或控制画面显示内容，且这些动作都是非接触式操作。智能体感交互艺术设计是以智能体感交互为技术基础进行艺术创作的一种形式。这种交互艺术设计最大的特点在于能够吸引观众参与互动。目前，智能体感交互艺术设计已广泛应用于博物馆、科技馆、企业展厅、科普馆、纪念馆、图书馆、美术馆等展览场所。除此之外，以智能体感交互为基础的纯艺术形式也较为常见。

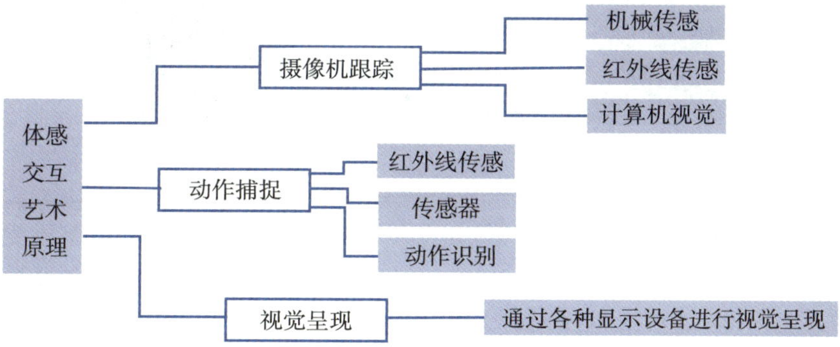


图 8-3-8 体感交互艺术原理

2018 年 7 月 7 日至 9 月 7 日，Asian Art Works 与交互艺术实验室 Amlab 在北京新媒体交互艺术展上成功推出了共同创作的智能体感交互艺术设计作品《水妖》(图 8-3-9)。在这件艺术作品中，艺术家突破了以往单一的艺术感知形式，将视觉、听觉和触觉进行多维联动，创造了一种沉浸式体验互动的艺术效果。整个艺术表演传达了“海洋生物”“塑料袋”和“海洋污染”三个主题。

在第一个主题中，观众可以通过触摸水中缓缓飘动的水母，实现水母与塑料袋视觉形象的切换，以此表达白色污染对海洋生物造成的致命伤害。在“海洋污染”这一主题环节中，水中浮动着大片白色流体，模拟石油泄漏和污水排放等现象在海水中造成的直观视觉效果。观众可以通过挥动手臂来改变这些流体的形状和方向，传达通过人力可以改变海洋污染现状的呼声。在最后一个环节中，通过播放一系列影片清晰地展示了人类破坏海洋生态的整个过程。在整个过程中，观众通过“触摸”和“体感”等交互形式获取信息。

图 8-3-9　智能体感交互艺术作品《水妖》(图片来源：合美术馆)

图 8-3-10　“深海之光”艺术展(图片来源：网易新闻)

2018 年 7 月 5 日，由北京天辰时代文化发展公司联合日本著名数字视觉艺术家村松亮太郎及其艺术团队 Naked Inc 举办的“寻梦海底两万里—深海之光”智能体感交互式艺术展(图 8-3-10)成功开幕。此次艺术展主要借助虚拟现实和智能体感交互技术，配合灯光和音响设备，成功打造了一个奇异虚幻的海底世界。观众可以通过先进的虚拟现实技术和智能体感交互技术，身临其境地感受到走进海底隧道、仰望深海极光和抚摸海洋生物等场景。该艺术展的创作目的是将艺术家对生活的主观感受以视觉元素的形式呈现出来，并进行场景化展示。通过运用数字技术和水等真实自然因素的创造性融合，让观众感受到海洋世界的生机盎然和恢宏壮丽。

### (三)脑电波交互艺术设计

脑电波交互艺术是随着近年来脑机接口(BCI)人机交互方式的兴起而出现的一种新型交互艺术形式。其原理是通过生物传感技术获取人类大脑的数据，并将这些数据转化成其他形式的能量波，进而与相应的交互艺术装置进行互动。脑电波交互颠覆了我们对传统交互形式的认知，这类艺术作品通常能够为观众带来全新的视听体验，拓展艺术想象空间。然而，由于脑电波的研究尚未取得突破性进展，以脑电波为交互形式的智能交互艺术创作更是寥寥无几。

图 8-3-11　《Still》全景（图片来源：站酷网）

2017 年 4 月 14 日，耶鲁大学成功举办了融合脑电波科技与实验性音乐的艺术展。此次艺术作品主要由人工智能艺术家刘娃和脑波控制研发公司 BrainCo 合作完成，是一个运用人类意念控制艺术装置的行为艺术作品（图 8-3-11）。该作品融合了钢琴、绘画、灯光等视听元素和传统艺术形式，被命名为《Still》。观众通过佩戴可以捕捉脑电波的 EEG（Electroencephalogram）头环与艺术装置进行交互。所有艺术场景发生在一间昏暗的房间内，随着观众走进房间，房间内的一切会随着观众的意念发生改变，同时还有钢琴家为整个交互过程伴奏。当观众刚走进房间时，由于思维不够集中，意念比较涣散，因此房内的灯光会不停地闪烁，忽明忽暗，墙上的树影也会不停地摇动。当观众静下心来，拿起桌面上的书开始阅读，随着思维逐渐集中，意念变得强大，脑电波所携带的能量也不断增强，灯光会缓缓变亮，墙上的树影也会逐渐稳定下来。随着时间的推移，观众的自我意识逐渐减弱，直到与真实世界的碰撞与分离完全消失，整个艺术场景仿佛被定格。当观众阅读完整本书，脑电波的活跃度逐渐降低，台灯再次变得昏暗，并引发桌面墨汁与墙上树影的颤动。在整个过程中，观众既是交互艺术的体验者，也是参与者，用自己的意识控制装置的明暗交替与动静变化，同时环境的变幻也能直观地映射出观众自身心境的转变。

美籍韩裔艺术家朴丽莎（Lisa Park）的作品《Eunoia》（图 8-3-12）也是运用脑电波进行交互艺术创作的案例之一。朴丽莎通过 Emotiv EEG 耳机监测自己的脑电波及情感波动，如沮丧、兴奋、沉思等，并将这些波动转换成声波进行量化，再通过 48 个扬声器实时

图 8-3-12　朴丽莎《Eunoia》（图片来源：站酷网）

转化成声音。每个扬声器代表一种不同的情绪，情绪的变化最终转化为声音的震动，使观众能够清晰地感知艺术创作者内心的情绪波动。此外，朴丽莎还在 48 个扬声器上分别盛满了水，这些水会随着她的情绪波动而“翩翩起舞”。当她内心情绪波动强烈时，声音的响度和水的运动也会更加剧烈；而当她内心情绪趋于稳定时，扬声器的声音和震动则会平静下来。

### (四)其他智能交互艺术设计

除了以上三种智能交互艺术之外，智能语音交互艺术、全息投影交互艺术和双屏互动交互艺术等，都是人工智能交互技术与艺术设计融合的产物。其中，智能语音交互艺术属于生物智能交互艺术的范畴，此处不再单独介绍。全息投影，又称虚拟成像技术，是一种利用干涉和衍射原理记录并再现物体真实三维图像的技术。全息投影交互艺术是指通过全息投影技术创作虚拟影像艺术作品，或再现实体艺术形体和艺术作品的方法。

例如，《千里江山图》的沉浸展是运用全息投影技术沉浸式再现经典艺术作品的典型案例。奇点艺术科技运用全息投影技术，将《千里江山图》从二维平面转化为三维空间，将传统的视觉图像艺术转化为沉浸式的三维场景艺术。通过运用虚拟三维空间的点、线、面重构传统笔墨所呈现的视觉符号，让观众置身于艺术内容所创造的虚拟空间中。这不仅是一种沉浸式艺术体验，更是传统艺术与前沿科技的碰撞，使观众在“一步一景”和“点山成鹤”间领略千里江山的恢弘之感。

在双屏或多屏互动艺术中，显示屏是艺术输出的主要载体。双屏或多屏互动艺术主要通过艺术元素在形态、大小、颜色和位置等方面的对比，给观众带来视觉上的刺激。这种视觉元素的呈现突破了传统的秩序感，使观众在变化和统一的交替中获得更高层次的审美快感。目前，双屏互动主要应用于电视广告和电视抽奖活动，一些电视节目为了增强与观众的互动性，也会采用双屏互动的方式。例如，日本的综艺节目《Bloody Tube》(图 8-3-13)，通过观众在移动端的互动控制节目进程，观众可以通过智能手机或平板直接参与节目的直播。

图 8-3-13　日本《Bloody Tube》节目的双屏互动(图片来源：优设网)

## 三、人工智能与艺术创作的未来展望

### （一）21 世纪未来人工智能技术的发展

根据美国著名人工智能学家雷·库兹韦尔在其著作《奇点临近》和《人工智能的未来》等书中对 21 世纪未来人工智能技术发展的预测，未来半个世纪内，智能化水平将得到显著提高。其中一些观点包括：他认为在 2029 年之前，非生物意义上的人将出现，同时人类大脑的新皮质以及通过仿真新皮质产生的仿真大脑将以人类“第二大脑”的身份存在。在人工智能硬件方面，未来智能计算机将融入人类的身体和大脑，实现人脑与计算机智能设备的“云链接”。

1. 非生物意义人类的出现

雷·库兹韦尔认为，人类本质是一个有意识的机器，人类的一切思维活动都是大脑有意识的反映。随着科学技术在量子领域的不断发展，模拟人类大脑的计算机终将获得意识。他认为人工智能将会在 2029 年真正获得意识，届时，非生物意义上的“人”将会出现。这种“人”的产生依赖于非生物系统在人脑中的植入，人类的大量记忆和意识将通过这些非生物系统存储在云端，从而实现意识上的“永生”。这种人脑中的第二个“自我”并不会改变人类原有的身份。这种新型的人机关系赋予了人工智能机器理解语言和情绪的能力，标志着人工智能真正实现了体会感情、独立思考等智能行为，进一步缩小了人机智能差距。

2. 大脑新皮质——人类的第二大脑

雷·库兹韦尔在其著作《人工智能的未来》中对大脑新皮质做了详细阐述。他认为，人类之所以能够理解和改变现实社会的内在层级结构，是因为人类拥有负责视知觉的感知器官，即认知从视觉物体到抽象概念等各种事物和控制活动的大脑新皮质。大脑新皮质还负责人类从空间定位到理性思考的推理过程。大脑新皮质中存在着数以万计的模式识别器，这是人类进行识别和学习活动的基础。雷·库兹韦尔认为，大脑新皮质的分层学习能力和模式识别能力使其具有很高的研究价值。他认为新皮质处理信息的方式具有普遍性，因此通过人工设计大脑新皮质的通用算法，就可以重塑大脑新皮质。重塑人类大脑新皮质就可以产生第二个“大脑”。新“大脑”的产生并不是为了完全取代旧脑，而是新旧大脑同时存在、相互联络且各司其职，共同负责人体行为和动作的正常进行。通过对大脑新皮质特定区域的人为优化，可以激发人类的创造力、识别能力和学习能力。

### （二）未来新型人工智能技术催生的艺术特征

1. 微艺术设计形式

微艺术形式是随着未来人工智能技术和智能设备的演变而产生的一种新型艺术特征。这种演变不仅改变了人工智能艺术的表现形式和呈现方式，还使得人脑与非生物智能系统的交互方式更加自然。借助非生物智能系统，人类可以拥有第二个“大脑”，从而改变艺术识别和艺术创作的形式。人工智能艺术的微艺术形式主要体现在微技术手段和艺术形式的微视角识别等方面。微技术手段主要是指人工智能设备将以微型非生物系统的形式植入人类大脑，实现与人类大脑真正意义上的云连接。这将对未来人工智能艺术的呈现方式、传播途径以及人类对艺术内容的接受方式带来巨大的变化。在艺术呈现方式方面，未来人工智能艺术的沉浸式体验和智能交互方式将更加彻底。艺术家可以通过非生物智能设备以数据形式将艺术作品直接嫁接到人脑中。届时，人类对于艺术的认知将不再局限于传统的视、听等感知器官的单向接受，而是将艺术情景作为意识的一部分直接由大脑产生。虚拟艺术场景与人类大脑意识彼此交融，产生真假难辨的完全沉浸式体验。

在具象艺术创作方面，量子理论的发展和纳米材料的运用将使具象艺术形式以全新的材料和微型尺寸呈现。纳米艺术和3D、4D智能打印艺术将以新的艺术形式出现，甚至对传统艺术形式产生冲击。这些微型具象艺术形式也将彻底改变艺术受众的艺术接受方式，微型显示设备和电子显微镜将成为新的艺术接受载体。

2. 强伦理观念

21世纪的未来，人工智能艺术内容仍将深受观念艺术的影响，其艺术表现元素和观念源自未来时段的时代背景和人文环境。这种艺术观念的伦理性主要体现在未来非生物智能与人类智能的伦理问题方面。随着人工智能技术的不断发展，其智能化程度与人类智能的比较一直是人类普遍关注的焦点。因此，以该伦理问题为艺术元素的创作将成为未来人工智能艺术研究的重要内容。

随着科学技术的不断发展以及科学与艺术的深度融合，人类社会原有的平衡将被打破。尤其是随着科技发展和人类生活的不断提高，人类对自身和自然社会的认识愈发深刻，人类社会的内在结构以及其他层面的平衡也将被打破，各种关乎人类命运和伦理道德的争议日益凸显。除了人类智能与非生物智能的关系问题之外，环境问题、人口老龄化、女性主义、外星生命话题、战争与和平，以及智能化发展对人类传统社交关系的变革等，都将受到专业和非专业人士的广泛关注。

这种人工智能艺术的强观念性还体现在人工智能艺术的整体行业性方面。人工智能艺术的伦理道德体制建设以及其商业性发展，同样是人工智能艺术观念引发的伦理性思考的重要内容。

3. 新艺术设计媒介

未来，人工智能技术在量子领域的发展，使得人工智能艺术创作的媒介和技术手段在形式上有了很大的突破，各种新的智能材料和艺术创作媒介相继诞生，其中包括纳米材料和智能打印技术的发展。根据雷·库兹韦尔在《人工智能的未来》一书中的预测，量子理论的发展将打破组成物质的最小微粒，这在很大程度上预示着纳米材料在未来会迎来革命式的发展。正如法国著名文学家福楼拜所说，艺术越来越科学化，科学越来越艺术化。纳米材料的诞生同样会给艺术设计带来很大的冲击。以纳米材料为元素和媒介的艺术设计会突破以往艺术形式和审美特征，在一定程度上提升艺术的创造力和想象力，并推动艺术作品向微型化发展。

纳米艺术是未来艺术发展的一种重要形式。纳米艺术是指通过纳米材料或纳米技术手段创造的纳米量级艺术作品，或是以纳米科技为主题的艺术形式。其呈现方式主要通过微电子显示技术和电子显微镜等设备实现。2017 年，新加坡国立大学的科学家通过与艺术家合作，将 19 世纪英国著名版画家威廉·布莱克的经典名画《欧洲预言》通过离子束写入技术在纳米晶体上重现(图 8-3-14)。艺术家将这种艺术形式称为“纳米艺术”或“量子艺术”。这件艺术品的精度达到了 100 微米，整体细节尺寸维持在纳米量级，但在形式和内容上完整呈现了经典名画本身的视觉张力和艺术观念。此外，美国佐治亚理工学院的艺术家通过化学纳米光刻(TCNL)技术，在宽度只有头发直径 1/3 的纳米晶体上完成了《蒙娜丽莎》的经典艺术呈现。

图 8-3-14　纳米艺术《欧洲预言》(图片来源：新加坡国立大学)

4D 打印艺术同样是未来人工智能艺术发展的一大趋势。4D 打印是指在 3D 打印技术的基础上，结合智能材料和时间维度，根据软件设定的模型生成相应形状的一种智能打印技术。根据雷·库兹韦尔对未来人工智能技术的预测，以及著名艺术家谭力勤教授在其著作《奇点艺术》中的论述，4D 打印结合纳米智能材料将与艺术设计产生新的融合。2015 年，美国麻省科技设计公司 Nervous System 首次将 4D 打印技术应用于服装设计领域，通过制造弹性贴身布料并将其打印成裙子。该裙子可以根据穿衣者的体型和审美喜好进行尺寸大小和造型风格的调整(图 8-3-15)。

图 8-3-15　4D 打印的裙子(图片来源：Nervous System 公司)

# 第四节　数字艺术创作实践

## 一、数字绘画与插画创作的工具

在当今数字时代，数字绘画与插画创作已经成为艺术领域中极具活力和创新性的分支。它不仅融合了传统绘画的技巧，还借助了现代科技的力量，为创作者提供了无限的可能性。本节将深入探讨数字绘画与插画创作的实践过程，包括工具选择、创作流程、风格探索以及作品展示等方面，帮助读者更好地理解和掌握这一领域的创作精髓。

### (一)硬件工具

绘图板是数字绘画的核心工具之一。它通过感应笔的压感和倾斜角度，将创作者的笔触转化为数字信号，从而在屏幕上呈现出丰富的绘画效果。绘图板适合于不同层次的用户，用户可根据自身需求和预算选择合适的型号，以此显著提升创作效率和体验。目前市面上常见的绘图板有多个品牌和系列产品，用户可以根据自身需求选择适合自己的产品。高精度、低延迟的绘图板适合专业插画师和追求极致体验的创作者，同时绘图板也深受许多初学者和业余爱好者的青睐。除了绘图板，一台性能强劲的绘图电脑也是必不可少的。它需要具备高速处理器、大容量内存以及专业图形显卡，以确保绘画软件能够流畅运行，避免出现卡顿或延迟现象。对于数字绘画而言，英特尔酷睿 i7 及以上或 AMD Ryzen 7 及以上的处理器、16GB 以上的内存以及 NVIDIA GeForce RTX 系列或 AMD Radeon RX 系列的显卡是比较理想的选择。

显示器的选择对于数字绘画同样至关重要。它需要具备高分辨率、高色彩准确性和良好的显示效果，以确保创作者能够准确地观察和调整绘画作品的细节和色彩。目前，27 英寸以上的 4K 分辨率显示器是比较理想的选择。此外，一些专业的绘图显示器还具备触摸屏功能，创作者可以直接在屏幕上进行绘画操作，进一步提升了创作的便捷性和直观性。

### (二)软件工具

Photoshop 是数字绘画领域中广泛使用的软件之一(图 8-4-1)。它以其强大的功能和丰富的工具集而闻名，几乎涵盖了数字绘画所需的各个方面。Photoshop 提供了多种画笔工具，创作者可以根据自己的需求选择不同的画笔预设，或通过自定义画笔来实现独特的绘画效果。例如，使用柔边画笔可以绘制出柔和的阴影和渐变效果，而硬边画笔则适合绘制清晰的线条和边缘。

此外，Photoshop 还具备图层功能，创作者可以将不同的绘画元素放置在不同的图层上，以便进行修改和调整。例如，在绘制一幅插画时，可以将背景、人物和前景分别放置在不同的图层上，这样在调整背景颜色或修改人物造型时，就不会影响到其他部分。Photoshop 的色彩调整功能也非常强大，通过曲线、色相、饱和度等工具，创作者

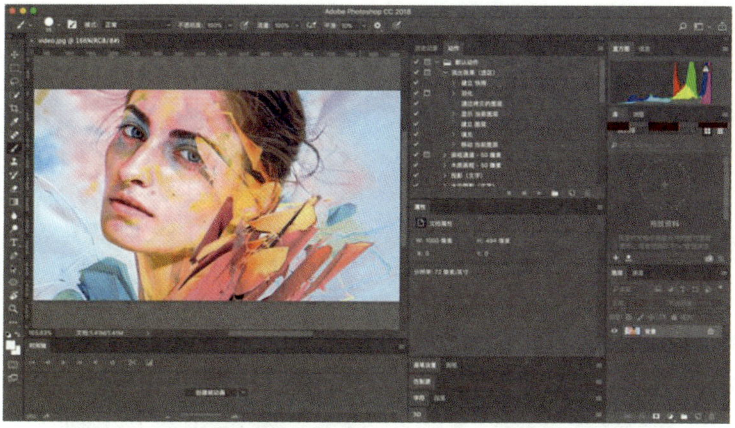


图 8-4-1 Adobe Photoshop 软件

可以轻松地调整作品的整体色调和色彩平衡。例如，如果一幅插画的整体色调偏冷，可以通过调整色相、饱和度工具，降低蓝色通道的饱和度，同时提高红色通道的饱和度，从而使画面呈现出更加温暖的色调。

Clip Studio Paint 是一款专为漫画和插画创作设计的软件。它以其简洁易用的操作界面和强大的绘画功能而受到许多创作者的喜爱。Clip Studio Paint 提供了丰富的画笔库，其中包含许多模拟传统绘画工具的画笔，如铅笔、钢笔、水彩笔等。这些画笔不仅具有逼真的绘画效果，还能够根据创作者的笔触压力和速度自动调整线条的粗细和透明度。例如，使用钢笔工具绘制线条时，当笔触压力较小时，线条会变细；当笔触压力较大时，线条会变粗，这种效果非常接近真实的钢笔绘画。此外，Clip Studio Paint 还具备强大的漫画创作功能，如分镜头模板、对话框工具等。创作者可以快速地创建漫画的分镜头布局，并在对话框工具中方便地添加对话文字和气泡效果。例如，在绘制一部漫画时，可以使用分镜头模板快速规划每个画面的构图，然后在对话框工具中添加角色的对话内容，使漫画的创作过程更加高效和便捷。

Procreate 是一款专为 iPad 设计的数字绘画软件(图 8-4-2)。它以其简洁直观的操作界面和强大的绘画性能而受到许多移动设备用户的喜爱。Procreate 提供了丰富的画笔库，其中包含许多高质量的画笔预设，创作者可以根据自己的需求选择合适的画笔进行创作。例如，Procreate 中的水彩画笔可以模拟真实的水彩绘画效果，创作者可以通过调整画笔的透明度和流量，绘制出逼真的水彩渐变效果。此外，Procreate 还具备图层和蒙版功能，创作者可以在不同的图层上进行绘画操作，并通过蒙版工具对绘画元素进行局部调整。例如，在绘制一幅插画时，可以在一个图层上绘制人物的线条，然后在另一个图层上进行上色，通过蒙版工具可以方便地对人物的某些部位进行细节调整，而不会影响到其他部分。Procreate 的另一个优势是其便捷性，创作者可以随时随地使用 iPad 进行绘画创作，不受时间和地点的限制。例如，在旅行途中，可以使用 Procreate 在 iPad 上记录沿途的风景和灵感，随时进行绘画创作。

图 8-4-2　Procreate 软件操作界面

## 二、数字绘画与插画创作的流程

创作一幅数字绘画或插画作品，首先需要进行构思。构思是整个创作过程中重要的环节之一，它决定了作品的主题、风格和表现形式。作者可以通过多种途径获取灵感，例如阅读书籍、观看电影、观察生活等。以创作一幅以森林为主题的插画为例，作者可以先前往森林进行实地观察，记录下树木、花草、动物等元素的特点和形态，同时思考如何将这些元素组合成一个富有故事性和画面感的场景。此外，还可以通过与他人交流和讨论，获取更多的创意和想法。在创作团队中，成员之间可以相互分享构思和创意，通过头脑风暴的方式找到最佳的创作方向。

构思完成后，接下来需要绘制草图。草图是将构思转化为可视图像的重要步骤。在绘制草图时，创作者可以使用简单的线条和形状来勾勒出作品的大致轮廓和构图。草图不需要过于精细，重点是确定画面的主体元素、比例关系和空间布局。例如，在绘制人物插画时，可以先用简单的几何形状确定人物的头部、身体和四肢的位置和比例，然后通过线条勾勒出人物的轮廓和姿态。在绘制草图的过程中，创作者可以多尝试几种不同的构图方式，选择最符合创作意图和视觉效果的方案。草图绘制完成后，数字绘画将进入细化阶段。在这一阶段，创作者需要对草图进行详细描绘和修饰，使画面的细节更加丰富和完整。细化过程包括对人物的五官、服饰、道具等元素的精细刻画，以及对场景中的建筑、自然景观等元素的深入描绘。细化完成后，数字绘画将进入上色阶段。上色是数字绘画与插画创作中较具挑战性和趣味性的环节之一。在上色过程中，创作者需要根据作品的主题和风格选择合适的色彩搭配方案。色彩的选择不仅会影响作品的视觉效果，还会传达出作品的情感和氛围。

## 三、数字影像与动画创作实践

在数字技术飞速发展的今天，数字影像与动画创作已经成为文化创意产业中极具活力和创新性的领域。它不仅改变了传统的艺术创作方式，还为创作者提供了前所未有的表现空间和创作自由。本节将深入探讨数字影像与动画创作的实践过程，包括创作工具、创作流程、创作风格以及案例分析，以帮助读者更好地理解和掌握这一领域的创作精髓。

动画制作软件种类繁多，以下列举几款具有代表性的软件：

Adobe Animate 是一款功能强大的动画制作软件，支持多种动画类型，包括传统动画、矢量动画和 3D 动画。它提供了丰富的工具集，如骨骼绑定、动画补间和形状补间等，适合制作 2D 动画(图 8-4-3)。

图 8-4-3　Adobe Animate 软件

Blender 是一款开源的 3D 动画制作软件，具备强大的建模、动画、渲染和特效功能。它支持多种渲染引擎，如 Cycles 和 Eevee，能够生成高质量的 3D 动画。

Maya 是一款专业的 3D 动画制作软件，广泛应用于电影、游戏和广告制作。它提供了强大的建模、动画、绑定和特效工具，能够实现复杂的动画效果。

后期制作软件在数字影像与动画创作中同样发挥着重要作用，以下介绍几款常用的后期制作软件：

Adobe After Effects 是一款强大的后期特效和合成软件，广泛应用于动画、影视和广告制作。它提供了丰富的特效插件和动画工具，能够实现复杂的视觉效果。

Nuke 是一款专业的视觉特效和合成软件，广泛应用于电影和高端广告制作。它提供了强大的节点式合成和特效功能，能够处理复杂的视觉效果(图 8-4-4)。

Premiere Pro 是一款流行的视频编辑软件，适合进行视频剪辑、调色和音频处理。它与 Adobe After Effects 等软件无缝集成，实现高效的后期制作。

随着人工智能技术的发展，AI 动画工具也逐渐应用于动画创作领域，以下介绍两款具有代表性的 AI 动画工具：

ToonCrafter 是一款基于 AI 算法的动画生成工具，能够将静态卡通图像转化为流畅的动画序列。它采用图像插值技术和灵活的草图编码器，简化了动画制作流程。

来画是一款基于人工智能的动画和数字人视频生成平台，支持用户通过模块拖拽与编辑，将图片、文字、音乐等素材组合成动画视频。它还具备智能绘图和数字人视频生

图 8-4-4　Nuke 软件

成功能，适合快速生成动画内容。

创意构思是动画创作的起点。创作者可以通过多种方式获取灵感，如阅读书籍、观看电影、观察生活等。例如，电影《寻梦环游记》通过将墨西哥文化与动画技术相结合，创造出一个充满色彩和情感的动画世界。在构思过程中，创作者需要明确动画的主题、风格和故事线索，为后续创作奠定基础。接下来，创作者需要编写文字剧本，将故事以文字形式呈现，明确情节、角色和场景。根据剧本和主题，设计动画中的角色和场景，包括角色的外形、性格、动作，以及场景的背景、道具等。此外，还需要制作分镜头脚本，将剧本分解为具体的镜头画面，明确每个镜头的构图、角度和时长。分镜头脚本是动画制作的重要依据。

中期制作包括原画与关键帧制作环节。根据分镜头脚本，绘制关键帧动画，以此确定角色和场景的基本动作和表情。对于 3D 动画而言，可以使用专业软件，如 Maya（图 8-4-5）、Blender 等进行建模和骨骼绑定。动画绘制则根据关键帧制作中间帧，完成角色和场景的动画过渡，确保动作的流畅性。在现代制作中，通常会结合运动捕捉技术来提高动画的真实感。此外，特效制作涉及添加特效和粒子系统，如火焰、水、爆炸、烟雾等，以此增强动画的真实感和视觉吸引力。

图 8-4-5　Maya 软件

后期制作包括上色与合成步骤。上色工作可以通过手工绘制完成，也可借助计算机软件实现。合成则是将不同的动画元素(如背景、角色和特效)整合在一起，形成完整的画面。使用剪辑软件(如 Adobe Premiere Pro、Final Cut Pro)对动画进行剪辑，确保故事的流畅性。同时，进行颜色校正，确保画面色彩的一致性。配音演员为角色录制对话，音效师添加背景音乐和音效，以增强动画的情感表达和氛围营造。宣传推广阶段包括制作预告片、海报等宣传材料，并通过社交媒体、电影节、网络平台等渠道进行宣传推广。发行阶段则需要选择合适的发行渠道，如电影院、电视、网络平台等，将作品呈现给观众。

## 四、互动艺术与数字装置艺术创作实践

### (一)互动艺术与数字装置艺术的定义和特点

互动艺术是一种强调观众参与的艺术形式，通过设计各种互动装置或环境，让观众成为作品的一部分。数字装置艺术则是将数字技术与装置艺术相结合，利用数字媒介(如影像、声音、传感器等)创造出具有视觉冲击力和互动性的艺术作品。这种艺术形式不仅模糊了科技与艺术的边界，还通过互动性增强了观众的体验感。

1966 年，迪克·希金斯首次定义了“互动媒介”(Intermedia)的概念，他指出“媒介融合对应‘聚合在一起’，媒介间性对应‘不同媒介有相似性’”。互动性是互动艺术和数字装置艺术的核心特征。观众不再是被动的接受者，而是通过触摸、声音、肢体动作等方式与作品互动，从而影响作品的表现形式。例如，teamLab 的作品通过动态图像和绚丽灯光搭配音频，让观众在互动中感受艺术的乐趣。数字装置艺术依赖于先进的数字技术，如虚拟现实、增强现实、动态投影、传感器等，这些技术为艺术创作提供了更广阔的空间。例如，利用 Kinect 人体识别技术的互动艺术作品，通过捕捉观众的动作来驱动视觉效果。数字装置艺术常常与音乐、舞蹈、戏剧等其他艺术形式跨界合作，创造出多感官的艺术体验。这种融合不仅丰富了艺术表现形式，还推动了不同艺术领域之间的创新。互动装置艺术强调观众的参与感，通过互动让观众成为作品的一部分，从而增强观众对作品的理解和情感共鸣。例如，百度与 UCCA Lab 联手打造的互动体验项目“Animistic Imagery”，通过 AI 技术根据观众的动作变化呈现不同的艺术效果。

### (二)互动艺术与数字装置艺术的创作实践

杜尚曾说：“艺术家只完成了创作过程的一部分，剩下的该由观众来完成。”①这就要求创作者在创作作品前，应明确作品想要传达的主题和情感，确定互动的形式和目标受众。在 AI 时代，需先根据作品需求选择合适的数字技术，如传感器、投影仪、显示屏等，绘制作品的初步设计草图，规划互动装置的布局和观众的互动路径。

硬件搭建是根据设计需求搭建硬件设备，如安装传感器、摄像头、投影仪等。软件

① 任姗：《由杜尚的艺术理念引发的对现代互动艺术的深沉思考》，《作家》2009 年第 12 期，第 184~185 页。

编程是通过编写互动程序，确保设备能够根据观众的行为作出实时反馈。例如，使用TouchDesigner等可视化编程平台来处理观众的动作数据。内容创作是通过制作互动内容，如影像、音频、动画等，这些内容需要与互动程序紧密结合。初步测试在实际环境中进行初步测试，检查互动装置的功能是否正常。用户体验测试是通过邀请观众进行体验测试，根据反馈调整互动效果。优化调整是根据测试结果优化互动程序和内容，确保作品的稳定性和趣味性。

观众引导通过标识、说明或工作人员引导观众参与互动，提升观众的参与感。实时互动在展示过程中，根据观众的互动行为实时调整作品的表现形式。互动艺术和数字装置艺术都强调观众的参与和互动，通过数字技术增强艺术的表现力和观众的体验感。它们都是科技与艺术融合的产物，代表了当代艺术的新趋势。从艺术形式来看，互动艺术更注重观众的行为和反馈，而数字装置艺术更侧重于通过数字技术创造视觉和听觉上的沉浸式体验。从技术应用来看，互动艺术通常涉及更多的传感器和实时反馈技术，而数字装置艺术可能更多地依赖于投影、影像和声音等多媒体技术。从创作目的来看，互动艺术更强调观众的参与和互动过程，而数字装置艺术更注重作品的整体视觉效果和艺术表达。

随着科技的不断进步，互动艺术和数字装置艺术将有更广阔的发展空间。例如，作品中使用触碰式的体感交互，这种体感交互方法又被称为“界面体感交互式”①。未来的创作可能会更加注重人工智能、虚拟现实和增强现实等技术的应用，进一步提升观众的互动体验。同时，这种艺术形式也将继续推动科技与艺术的深度融合，为观众带来更加丰富和多元的艺术体验。互动艺术与数字装置艺术通过创新的技术手段和互动形式，为观众带来了全新的艺术体验。它们不仅改变了传统艺术的呈现方式，还为当代艺术的发展注入了新的活力。

## 课程思政

在引导学生学习数字艺术与新媒体艺术的过程中，可从数字艺术的崛起、人工智能的应用以及新媒体艺术的创新等维度，探讨影像艺术在数字时代的社会责任与文化价值。通过分析经典数字艺术作品(如AI绘画、虚拟现实艺术、交互装置等)，引导学生思考数字艺术如何通过技术手段传递人文精神，理解数字时代艺术创作的多样性与创新性，增强对科技与艺术融合的认知。同时，引导学生思考数字艺术如何通过视觉语言传承文化记忆，理解中华优秀传统文化的价值，进而增强文化自信。

## 智慧火花

- ❑ 依据前测结果，遵循自愿原则，将学生分成小组，确保每组都有不同背景和创意能

① 翟言、黄心渊、赵国英：《基于体感交互技术的虚拟展示系统》，《电视技术》2013年第21期，第16~20页。

力的同学。在小组内分配角色，使用创意激发工具：以“数字艺术的未来”为主题，借助思维导图工具引导学生发散思维，罗列数字艺术的潜在应用领域。

- 随机词汇联想：提供一组随机词汇，例如“虚拟”“生态”“情感”等，要求学生结合这些词汇设计一件艺术作品。

## 践美之行

《百年润发》，朱家乐、李天池、陈琛、金昊生、赵雄龙、刘武作品

**主题设定**：围绕学生关心的热门话题，设定创作主题。例如，利用手机App软件感受AI快速生成风格化照片的数字艺术乐趣。

## ◎◎◎书籍推荐◎◎◎

李四达：《数字媒体艺术概论(第4版)》，北京：清华大学出版社2020年版。

# 第九章
# 美育未来：共绘全球融合画卷

在全球化的浪潮中，世界的每一个角落都紧密相连，文化的交流与碰撞日益频繁，这为美育的发展提供了前所未有的广阔舞台。美育作为教育的重要组成部分，不仅肩负着传承与弘扬优秀文化的使命，更在培养具有全球视野、跨文化交流能力和创新精神的人才方面发挥着不可估量的作用。面对未来，美育的全球化视野将成为推动其持续创新与发展的重要驱动力。

在全球化背景下，美育面临着前所未有的挑战与机遇。一方面，全球化加速了文化的同质化趋势，使得传统艺术和文化瑰宝面临着被边缘化甚至遗忘的风险；另一方面，全球化也为美育的多元化发展提供了无限可能。不同文化间的交流与融合，不仅丰富了美育的内容和形式，也拓宽了人们的审美视野，促进了全球文化的共享与理解。

对于美育而言，全球化时代的挑战在于如何在保持本土文化特色的同时，吸收和借鉴其他文化的优秀成果，实现文化的多样性与统一性的和谐共生。这要求美育工作者不仅要具备深厚的本土文化底蕴，还要具备开阔的国际视野和跨文化交流的能力。通过举办国际艺术展览、开展跨国艺术交流项目、推广国际艺术教育等方式，可以促进不同文化间的相互理解和尊重，推动全球美育事业的共同繁荣。

美育的全球化视野不仅体现在对多元文化的包容与接纳上，更体现在其实践过程中。在全球化的浪潮中，美育实践呈现出多样化的趋势，涵盖艺术创作、艺术教育、文化传承等多个方面。

在艺术创作领域，全球化视野促使艺术家们跨越国界，探索不同文化的融合与创新。他们通过借鉴其他文化的艺术元素和表现手法，创作出具有独特魅力和深刻内涵的艺术作品。这些作品不仅展示了艺术家的创造力和想象力，也促进了不同文化间的交流与理解。

在艺术教育方面，全球化视野要求教育者不仅要传授本土的艺术知识和技能，还要引导学生了解和欣赏不同文化的艺术成就。通过开设国际艺术课程、组织国际艺术交流活动等方式，可以培养学生的跨文化交流能力和全球视野。同时，教育者还应该注重培养学生的创新意识和批判性思维，鼓励他们在艺术实践中不断探索和创新。

在文化传承方面，全球化视野强调对本土文化的保护和传承。面对全球化的冲击，许多传统文化和艺术形式面临着消失的风险。因此，美育工作者应该积极投身于本土文化的挖掘和传承工作中，通过教育、展览、演出等多种方式，让更多人了解和欣赏本土文化的独特魅力。同时，还应该注重将传统文化与现代艺术相结合，创造出具有时代感和创新性的文化产品。在全球化视野下，美育的创新成为推动其持续发展的重要动力。美育创新不仅体现在艺术形式和表现手法的创新上，更体现在教育理念和教育方法的创新上。

在艺术形式和表现手法方面，全球化视野促使艺术家们不断探索新的艺术语言和表现形式。他们通过借鉴其他文化的艺术元素和表现手法，创造出具有独特魅力和深刻内涵的艺术作品。这些作品不仅展示了艺术家的创造力和想象力，也推动了全球艺术的发展和创新。

在教育理念和教育方法方面，全球化视野要求教育者不断更新教育观念和方法，以适应时代发展的需求。教育者应该注重培养学生的创新意识和批判性思维，鼓励他们在艺术实践中不断探索和创新。同时，还应该注重跨学科整合和跨学科合作，将美育与其他学科相结合，共同促进学生的全面发展。

此外，全球化视野还促使美育工作者关注科技在美育中的应用和发展。随着科技的不断进步，虚拟现实、人工智能等新技术为美育提供了新的表现手段和创作平台。通过运用这些新技术，可以创造出更加生动、直观的艺术作品和教育资源，提高美育的吸引力和感染力。

## 心海扬帆

❑ 全球美育拼图

准备一幅大型的世界地图，并在地图上标记出一些在美育方面有显著特色的国家或地区。

将地图分割成若干小块，每块上标注一个国家或地区的美育亮点，例如中国的书法、欧洲的油画等。参与者需以团队合作的形式，通过查阅资料或讨论，将这些小块正确地拼回地图上，并解释每个地区美育特色的意义。

❑ 美育文化速递

开展“美育文化速递”游戏。参与者被分成小组，每组抽取一个信封，信封内包含关于某个国家或地区美育特色的简短描述和图片线索。小组需要在限定时间内，根据线索猜出所描述的美育形式，并准备一段简短的口头报告，介绍该美育形式的历史、现状及其对当地文化的影响。

❑ 美育未来愿景画板

提供大量的空白画板和彩色画笔。要求每位参与者或小组绘制一幅画，展现他们心目中美育未来的景象，可以是技术融合、文化交流、教育创新等方面的设想。完成后，组织一次分享会，让参与者解释其画作背后的想法和理念。

## 第一节　全球化背景下的美育

### 一、全球化美育的多元内涵

在全球化的宏大背景下，美育的内涵得到了前所未有的拓展与深化，早已突破了传统意义上仅局限于艺术领域的狭隘范畴。它广泛涵盖自然、社会、科技、文化等诸多领域，呈现出极为丰富多元的面貌。

自然是美育的重要源泉，具有独特的魅力。当人们漫步于山川湖海之间，巍峨耸立的高山展现出雄伟壮丽的气势，广袤无垠的大海呈现出波澜壮阔的景象，潺潺流淌的溪流演奏出灵动悦耳的乐章。这些自然景观蕴含着无尽的美感，能让人们的心灵得到极大的震撼与滋养。正如古代文人墨客对自然美的倾心描绘，他们用诗词歌赋表达对自然的敬畏与热爱，让人们在欣赏自然美景的同时，也能从文化的角度去感受其独特魅力。在全球化时代，不同国家和地区的自然景观各具特色，人们可以通过各种媒介领略世界各地的自然之美，拓宽自己的审美视野。

社会中的美同样不容忽视。人类社会中的各种活动，如人们之间真诚友善的交往、互帮互助的行为，以及为了共同目标而齐心协力的合作，都展现出人性的光辉和社会的和谐之美。在全球化进程中，不同文化背景下的社会生活呈现出丰富多样的形态，人们可以从中了解到不同民族的风俗习惯、价值观念和生活方式，感受多元文化的魅力，进而培养出对不同文化的理解与包容。

科技的飞速发展也为美育赋予了新的内涵。数字时代的到来，让人们领略到了科技与艺术融合所产生的奇妙之美。例如，虚拟现实和增强现实技术为人们创造出沉浸式的艺术体验空间，让人们能够身临其境地感受艺术作品的魅力；人工智能在艺术创作中的应用，也为艺术发展开辟了新的道路，带来了全新的审美体验。这些科技成果不仅改变了人们对美的认知，也为美育提供了更多元化的教学手段和资源。

文化领域更是美育的核心所在。中西方艺术的美各具特色、美不胜收。在绘画艺术方面，西方油画注重写实，通过细腻的笔触和丰富的色彩展现物体的质感和光影效果；中国国画则强调意境，以简洁的笔墨勾勒出深远的意境，传达出画家的情感与思想。在雕塑艺术方面，古希腊的雕塑作品追求人体的完美比例和动态美感，展现出对人体之美的崇尚；中国古代雕塑则更注重神韵的表达，蕴含着深厚的文化底蕴。书法艺术作为中国传统文化的瑰宝，以独特的线条和结构展现出汉字的艺术魅力，体现了中国人对文字和文化的独特理解。

在全球化时代，美育的目标在于培养人们具备全球视野的审美素养。人们不仅要欣赏和理解本国本民族的文化艺术之美，还要尊重和包容其他国家和民族的文化艺术，学会从多元文化中汲取营养，提升个人的审美境界。美育还应培养人们的创新精神和创造力，使人们能够在全球化的背景下，积极探索和创造出具有时代特色的美。此外，美育也肩负着培养人文关怀精神的重任，让人们在追求美的过程中，关注人类的命运和社会的发展，促进不同文化之间的交流与融合，共同构建一个美好的世界。

## 二、多元之美在全球化美育中的呈现

### （一）自然与社会：美的根基与映照

自然美作为美育的根基，在全球化背景下以更为多元的方式得以呈现。世界各地的自然景观各具特色，从雄伟壮丽的山脉到广袤无垠的草原，从波澜壮阔的海洋到神秘幽深的森林，每一处自然景观都蕴含着独特的美感。在这些多样的自然景观中，冰雪世界以其纯净、宁静而又充满挑战的特性，为美育增添了新的维度。

在美育过程中，通过自然景观欣赏，可以让人们亲身感受大自然的魅力。组织野外写生活动，不应仅限于温暖季节的绿意盎然，冬季的冰雪奇观同样值得描绘。例如，在北欧的极光下，人们可以用画笔捕捉那如梦似幻的光影变化；在美国科罗拉多的 Vail 滑雪场边，艺术家们可以描绘出雪道上的速度与激情，以及雪后初霁时银装素裹的宁静之美（图 9-1-1）。这样的活动不仅锻炼了人们的艺术表现力，更让他们深刻体会到自然之美在不同季节、不同气候下的独特韵味。

图 9-1-1　美国科罗拉多 Vail 雪场（熊祺　摄）

社会美则是自然美的映照，它体现在人类社会的各个方面。在全球化的进程中，不同文化背景下的社会生活呈现出丰富多样的形态。多元文化的交流与融合，使得我们能够领略到不同民族的风俗习惯、价值观念和生活方式。在美育中，人们需要关注不同文化中的社会美，通过对不同文化的了解和体验，培养文化包容和理解能力。例如，参与国际文化交流活动，与来自不同国家的人交流互动，感受不同文化的魅力；研究不同国家的社会制度和社会现象，探讨其中的美与不足，培养社会洞察力和批判性思维能力。社会现象也是社会美的重要体现。我们应多关注社会热点问题，如环境保护、公益事业等，看到人们在解决这些问题过程中所展现出的人性之美和社会责任感。通过对这些社会现象的分析和讨论，激发人们对社会的关注和热爱，培养人们的社会责任感和公民意识。

## (二)艺术万象：中西交融的审美盛宴

中西方艺术在绘画、雕塑、书法等领域各具特色，其差异体现了不同文化背景下的审美观念和艺术追求。西方绘画注重写实，通过细腻的笔触和丰富的色彩来描绘物体的形态、质感和光影效果，追求对现实世界的逼真再现。例如，达·芬奇的《蒙娜丽莎》，通过对人物面部表情和姿态的细腻描绘，展现出人物的神秘微笑和优雅气质，体现了西方绘画对写实和细节的追求。而中国绘画则强调意境，以简洁的笔墨勾勒出物体的轮廓和神韵，传达出画家的情感和思想。例如，王维的山水画，常常以简洁的线条和淡雅的色彩描绘山水景色，营造出一种宁静、悠远的意境，让观者感受到画家对自然的热爱和对人生的思考。

在全球化美育中，中西方艺术相互借鉴、融合，为人们带来了一场丰富多彩的审美盛宴。西方现代艺术受到东方艺术的影响，开始注重情感和意境的表达。例如，野兽派画家亨利·马蒂斯(图9-1-2)，受到东方艺术中色彩运用的启发，在作品中大胆运用鲜艳、强烈的色彩，表达内心的情感和对世界的独特感受。中国现代艺术也在吸收西方艺术的元素，不断创新和发展。一些中国画家在传统绘画的基础上，借鉴西方绘画的构图、色彩和表现手法，创作出具有现代感的作品。例如，吴冠中先生的绘画作品《紫藤》(图9-1-3)，将中国传统绘画的笔墨韵味与西方现代绘画的形式构成相结合，形成了独特的艺术风格。

图9-1-2　亨利·马蒂斯作品《戴帽子的女人》

图9-1-3　吴冠中作品《紫藤》

通过对中西方艺术的学习和欣赏，人们可以拓宽自己的艺术视野，了解不同文化背景下的艺术特色和审美观念。在美育课程中，可以通过欣赏中西方绘画、雕塑、书法等艺术作品，对比分析中西方艺术的差异和特点。组织学生进行艺术创作实践，鼓励他们在创作中融合中西方艺术的元素，发挥自己的想象力和创造力，培养跨文化审美能力。

### （三）人文之思：哲学、文学与科学的魅力

哲学作为人类对世界本质和人生意义的深度思考，蕴含着深刻的理性之美。在全球化美育进程中，不同哲学流派的思想相互碰撞，为人们开辟了广阔的思考空间。西方哲学注重逻辑推理和理性分析，从古希腊哲学家对世界本原的探讨，到近代哲学家对认识论和方法论的研究，都体现了西方哲学对理性的追求。例如，柏拉图的理念论通过区分理念世界和现实世界，深入探讨了世界的本质和真理的追求；康德的批判哲学对人类的认识能力进行了深入的分析和批判，为人类的知识体系和道德规范奠定了理论基础。而东方哲学则强调直觉和感悟，注重提升人生境界和内心修养。例如，中国哲学中的儒家思想强调仁爱、礼义、忠信等道德观念，通过对人的行为和品德的规范，致力于实现社会的和谐与稳定；道家思想则主张顺应自然、无为而治，追求个体的自由和精神的超越。

在美育实践中，引导人们学习不同哲学流派的思想，有助于培养人们的思维能力和哲学素养。可开设哲学课程，讲解中西方哲学的经典著作和重要思想，让人们了解不同哲学流派的观点和方法；组织哲学讨论活动，鼓励人们围绕哲学问题展开讨论，激发其思考和辩论能力，进而培养批判性思维和创新精神。

文学是人类情感和思想的表达，蕴含着丰富的情感之美。不同国家和民族的文学作品，展现了各自独特的文化魅力和人性光辉。例如，西方文学中的《简・爱》通过对女主人公简・爱追求平等和自由爱情的描写，表达了女性对独立和尊严的追求；中国文学中的《诗经》则以简洁的语言和优美的韵律，表达了古代人民对生活的热爱和对爱情的向往。

在全球化美育进程中，引导人们阅读不同国家和民族的文学作品，能够丰富其情感体验，提升其文化素养。可开设文学鉴赏课程，引导人们阅读经典文学作品，分析作品中的人物形象、情节结构和语言特色，感受作品中蕴含的情感和思想。组织文学创作活动，鼓励人们发挥自己的想象力和创造力，用文字表达自己的情感和想法，培养人们的文学表达能力和审美情趣。

科学是人类对自然规律的探索和认识，具有独特的探索之美。科学的发展不仅推动了人类社会的进步，也为美育带来了新的内容和视角。科学家们在探索自然规律的过程中，所展现出的好奇心、求知欲和勇于创新的精神，都是科学之美的体现。从哥白尼提出日心说，打破了长期以来的地心说观念，到牛顿发现万有引力定律，揭示了自然界的基本规律；从爱因斯坦提出相对论，对时空和引力进行了全新的解释，到霍金对黑洞和宇宙起源的研究，每一次科学的重大突破都展现了人类对未知世界的探索精神和智慧光芒。

我们可以通过科学实验、科普讲座等形式，让人们了解科学知识和科学方法，感受科学的魅力。组织参与科学实验活动，让人们亲身体验科学研究的过程，培养其观察能力、动手能力和科学思维能力。邀请科学家举办科普讲座，讲述科学研究的故事和成果，激发人们对科学的兴趣和热爱，培养其科学精神和创新意识。

### (四)数字时代与生命：新与旧的交织

数字时代的到来，为美育带来了全新的艺术形式和审美体验。新媒体艺术作为数字时代的产物，融合了多种技术手段，如计算机技术、数字图像处理技术、网络技术等，创造出了具有互动性、虚拟性和多媒体性的艺术作品。新媒体艺术的形式丰富多样，包括数字绘画、数字摄影、动画、虚拟现实艺术、网络艺术等。数字绘画通过计算机软件和数位板等工具，让艺术家可以更加自由地表达自己的创意和想法；虚拟现实艺术则通过虚拟现实技术，为观众营造出沉浸式的艺术体验空间，让他们能够身临其境地感受艺术作品的魅力。

在全球化美育中，我们应正确看待数字时代的艺术和美学。例如，数字艺术课程可以让人们学习数字艺术的创作方法和技巧，培养人们的数字艺术素养和创新能力。组织人们欣赏和分析新媒体艺术作品，引导人们思考数字时代艺术的特点和价值，提高人们的审美鉴赏能力。同时，也要认识到，尽管数字时代的艺术具有独特的魅力，但它并不能完全取代传统艺术，传统艺术仍然具有不可替代的价值和意义。

生命教育中的生命之美也是全球化美育中不可或缺的一部分。生命是宝贵的，每个人的生命都具有独特的价值和意义。生命教育旨在引导人们认识生命、尊重生命、珍惜生命，培养人们的生命意识和人文关怀精神。在全球化背景下，不同文化对生命的理解和价值观存在差异，我们可以通过生命教育，让人们了解不同文化中的生命观念，培养人们对生命的尊重和包容。在美育中，可以通过多种方式让人们感受生命之美。例如，开展生命教育课程，讲解生命的起源、发展和终结，让人们了解生命的奥秘和价值。组织学生参与社会实践活动，如志愿者服务、关爱弱势群体等，让人们在实践中体验生命的意义和价值，培养人们的社会责任感和爱心。引导人们关注自然生命，观察动植物的生长和繁衍，感受生命的顽强和美好，培养人们对自然的敬畏和热爱之情。

## 三、全球化美育的新视野

在全球化的时代浪潮中，世界各国的联系日益紧密，文化交流与融合以前所未有的速度和深度展开。美育，作为培养人们审美能力、提升精神境界的重要教育形式，也不可避免地受到全球化的深刻影响。全球化既为美育带来了前所未有的机遇，也使其面临着诸多挑战。

### (一)文化融合：跨越国界的审美碰撞

在全球化美育的进程中，文化融合成为一道亮丽的风景线。不同国家和地区的文化元素在美育领域相互交织、相互影响，为人们带来了全新的审美体验。以中国传统美学与西方现代艺术的结合为例，许多艺术家和教育者尝试将中国传统绘画中的笔墨意境、留白技巧与西方现代艺术的抽象表现、创新材料相结合，创作出一系列别具一格的艺术作品。在一些艺术展览中，我们可以看到融合了中国水墨画韵味和西方油画色彩表现力的绘画作品。这些作品既展现了中国传统文化的深邃内涵，又体现了西方现代艺术的创新精神，让观众在欣赏中感受到不同文化审美碰撞所产生的独特魅力。

在美育教学中，跨文化元素也越来越多地被融入。一些学校开设了世界文化艺术鉴赏课程，将中国的京剧、书法、剪纸等传统艺术与西方的歌剧、雕塑、水彩画等一同纳入教学内容，引导学生从不同文化的角度去理解和欣赏艺术，培养学生的跨文化审美能力。通过这种方式，学生能够打破文化的界限，拓宽审美视野，学会尊重和包容不同文化的审美差异，从而在多元文化的交融中提升自己的审美素养。

### （二）艺术形式创新：突破传统边界

随着全球化的推进和科技的发展，新兴艺术形式如雨后春笋般在美育领域兴起，为美育内容注入了新的活力。数字艺术、新媒体艺术等以其独特的表现形式和互动性，吸引了众多学生的关注和参与。

数字艺术能够创造出虚拟的艺术空间和独特的视觉效果。艺术家可以通过数字软件进行绘画、雕塑、动画制作等，打破了传统艺术创作对材料和空间的限制。在数字艺术作品中，我们可以看到奇幻的虚拟场景、动态的光影效果以及与观众互动的元素，这些都为观众带来了前所未有的审美体验。新媒体艺术则借助视频、互动装置、声音、网络等数字化媒介来表现艺术作品，它强调作品与观众之间的互动性和参与性。一些互动艺术装置可以根据观众的动作、声音等做出反应，使观众成为艺术作品的一部分。这种参与式的审美体验极大地激发了人们对艺术的兴趣和创造力。例如，“FLASH！故宫——数字故宫快闪展”（图 9-1-4），于 2025 年 1 月 17 日在香港大馆开幕，这是故宫博物院首次以全数字形态亮相香港。展览融合了“均衡对称”“中轴线”等规划思路及设计理念，设有“青绿山水——千里江山”“鉴藏珍玩”“角楼印象”“亲制御膳”等展项，观众可观赏文物细节，体验清宫膳食制作工艺和角楼营建过程。

图 9-1-4　FLASH！故宫——数字故宫快闪展（图源：故宫博物院官网）

这些新兴艺术形式的出现，不仅丰富了美育的内容，也为人们提供了更多元化的艺术表达途径。人们可以通过学习数字艺术和新媒体艺术，掌握新的艺术创作技能，表达自己独特的审美观念和创意想法。同时，新兴艺术形式也促使美育教学方法和理念的创新，教师可运用新的技术和思维方式去欣赏和创作艺术，培养学生的创新精神和实践能力。

#### (三)全球化美育的前行之路

从积极方面来看，全球化使得美育资源得以在全球范围内广泛传播和共享。通过互联网、国际文化交流活动等渠道，人们能够轻松接触到来自世界各地的艺术作品、文化传统和审美观念。不同国家和民族的艺术形式，如中国的传统水墨画、西方的油画、非洲的木雕、印度的舞蹈等，都能成为美育的素材，极大地丰富了美育的内容和形式。这有助于拓宽人们的审美视野，培养跨文化的审美理解和包容能力，使人们能够从多元的文化视角去欣赏和理解美。

全球化还促进了美育理念和方法的交流与创新。各国在美育实践中积累的经验和智慧得以相互借鉴，推动了美育理论和实践的不断发展。例如，一些发达国家在艺术教育中注重培养学生的创造力和批判性思维，这种理念逐渐被其他国家吸收和应用；同时，随着科技的不断进步，数字化技术、虚拟现实等新兴技术在美育中的应用也为美育带来了全新的体验和教学方式。

然而，全球化美育也面临着一些严峻的挑战。一方面，文化霸权和文化同质化现象对本土文化和美育造成了冲击。在全球化进程中，一些强势文化凭借其经济、政治和科技优势，在全球文化市场中占据主导地位，使得一些弱小文化和本土文化面临被边缘化甚至被遗忘的危险。在美育领域，这种现象表现为一些西方审美标准和艺术形式在全球范围内的广泛传播，而本土文化中的审美价值和艺术传统则得不到足够的重视和传承，导致美育内容的单一性和文化认同感的缺失。

另一方面，全球化带来的多元文化冲突也给美育带来了困惑。不同文化之间的价值观、审美观念和艺术表现形式存在差异，当这些差异在美育中相遇时，可能会引发冲突和矛盾。如何在美育中引导人们正确理解和处理这些文化差异，避免文化冲突带来的负面影响，是全球化美育面临的重要课题。

## 第二节　未来美育的展望与创新

在当今这个快速发展的时代，美育作为教育体系的重要组成部分，正面临着前所未有的机遇与挑战。随着科技的迅猛发展、文化的多元交融以及社会需求的不断变化，美育的内涵与外延不断拓展，其地位和作用也日益凸显。深入探讨未来美育的展望与创新，剖析美育在新时代背景下的发展趋势，并提出美育创新的具体策略与路径，具有重要的现实意义。

### 一、未来美育的核心理念

#### (一)全面发展与个性化并重

在未来的美育体系中，全面发展与个性化并重将成为核心要义。美育不仅聚焦于培养学生的审美素养、艺术技能和创造力，更注重学生个性的发展和潜能的挖掘。这意味着美育课程将更加注重因材施教，根据学生的兴趣、特长和未来发展需求，提供个性化的学习路径和教学资源。

例如，清华大学推出的“白杨计划”，是校园文艺领域内一项独特的艺术实践类因材施教专项计划。该计划通过智能评估系统深入分析学生的艺术兴趣、能力和潜力，为每位学生量身定制个性化的美育课程和学习计划。对于对音乐怀有浓厚兴趣的学生，学校提供高级音乐课程、音乐创作工作室以及参与国内外音乐比赛的机会；而对于对视觉艺术感兴趣的学生，则提供数字艺术、摄影、雕塑等多样化的艺术课程和实践项目(图9-2-1)。

### (二)跨学科融合与创新

美育的未来发展将更加注重跨学科融合与创新。艺术、科学、技术、人文等领域的交叉融合，将为美育带来全新的发展机遇和创新空间。通过跨学科的学习和实践，学生不仅能够拓宽视野，还能够培养综合运用多领域知识解决问题的能力。

图 9-2-1　清华大学“白杨计划”(图片来源：清华大学官网)

例如，在2022年北京冬奥会的开幕式上，展现了一幕令人印象深刻的场景：上百名孩童手持熠熠生辉的“和平鸽”，在舞台上自由奔跑。这一壮观效果的实现，得益于先进的人工智能动作捕捉技术。系统通过精心布置的多个摄像头，对每位小演员的动作进行精准追踪。借助高效的计算机视觉算法，系统能够实时计算出每个孩子的准确位置。随后，这些信息被迅速传输至服务器，服务器根据这些数据实时渲染出相应的虚拟雪花画面。最终，这些虚拟雪花与地屏显示系统完美融合，为观众呈现出极具视觉冲击力的艺术盛宴(图9-2-2)。

### (三)社会责任与人文关怀

未来的美育将更加注重培养学生的社会责任感和人文关怀精神。通过美育教育，学生将学会关注社会现实，用艺术的力量传递正能量，推动社会的进步。

图 9-2-2　北京冬奥会开幕式《雪花》节目(图片来源：《新京报》)

为推动乡村文化的传承和发展，展现青年一代的责任与担当，2024 年 11 月 28 日上午，湖北商贸学院艺术与传媒学院志愿者团队围绕“文化传薪续乡脉，振兴扬帆启新程”主题，在蔡甸区龚家岭社区居家养老服务中心开展了志愿宣讲活动。该活动通过组织艺术展览、公共艺术项目、文化讲座等活动，将美育资源引入社区，提高社区居民的艺术素养和审美水平。同时，学生也积极参与到社区的文化建设中，以艺术的方式解决社区问题(图 9-2-3)。

图 9-2-3　湖北商贸学院艺术与传媒学院志愿者团队在龚家岭社区开展活动

## 二、未来美育的创新路径

### (一) 数字化与智能化美育

随着数字技术的飞速发展，数字化与智能化已成为未来美育不可或缺的重要创新路径。通过虚拟现实、增强现实、人工智能等技术的应用，美育能够突破传统的时间和空间限制，为学生提供更加丰富、多元和个性化的学习体验。

以网易瑶台为例，其依托网易云游戏平台、先进的人工智能技术以及多年积累的美术视效经验，成功地将博物馆引入元宇宙空间，实现了全景式的数字化呈现。元宇宙技术在博物馆领域的应用，为连接馆方初心与观众诉求搭建了新的桥梁。通过精心设计的场景、丰富多样的藏品展示以及富有趣味性的互动体验，网易瑶台极大地激发了用户的参观兴趣，增强了沉浸式的观展感受，为观众打造了一场全新的元宇宙博物馆参观体验（图 9-2-4）。网易瑶台博物馆解决方案以策展工作为核心，其常设展览能够实现线下场馆及藏品的精准还原与复刻，完美再现了线下博物馆的真实场景，构建了一个“永不落幕”的元宇宙展示空间。

### （二）公共社区与校园美育联动

未来的美育将更加注重社区与校园的联动发展。通过加强学校与社区的合作，美育资源将更加均衡地分布，为更多学生提供接触和学习艺术的机会。同时，社区也将成为美育实践的重要场所，让学生在实践中锻炼能力、增长见识。

图 9-2-4　网易瑶台元宇宙博物馆

例如，湖北商贸学院与当地文化中心开展了紧密且卓有成效的合作。以“校园艺术节”为例，双方合作邀请众多知名艺术家走进校园，举办讲座与表演，为师生们带来一场艺术盛宴。同时，组织学生前往文化中心，参与艺术工作坊、参观展览，拓宽学生艺术视野。

2018 年 10 月，捷克著名艺术家玛丽亚·谢和特洛娃在湖北省群众艺术馆举办版画展，湖北商贸学院艺术与传媒学院作为支持单位深度参与其中。此次展览搭建了中西文化交流的桥梁，让学生们近距离感受国际艺术魅力，收获颇丰（图 9-2-5）。

此外，双方合作开设免费课外艺术课程，涵盖绘画、舞蹈、音乐等多个领域。社区提供场地与部分师资，学校发挥专业教育优势，让更多学生有机会接触艺术，激发艺术兴趣，为美育的普及与推广注入活力。

图 9-2-5　玛丽亚・谢和特洛娃版画展

### （三）国际交流与合作

在全球化的时代背景下，国际交流与合作已成为未来美育的重要创新路径。通过与国际知名艺术院校、文化机构的合作，美育将能够引进先进的教育理念、教学方法和艺术资源，为学生提供更加广阔的学习平台和视野。

例如，NACAA（中国美术学院南特设计联合学院）是中国美术学院与法国南特大西洋设计学院携手共建的首个中外合作办学实体，于 2022 年 4 月荣获教育部正式批准成立。该学院秉承"强强联手、优势互补"的原则，充分发挥两所院校各自的独特优势与特色，致力于构建一个旨在服务未来社会发展的高端人才培养平台。同时，NACAA 也力求成为引领国际创新设计领域学科建设的新高地，以及推动国际产学研深度合作与创新的研创服务基地。在办学理念上，学院积极倡导融合中国特色与国际视野，强调跨界合作与艺术科技的共创共生，通过产学研的紧密协同，积极服务社会。

## 三、未来美育的实践案例

### （一）数字艺术教育的创新实践

随着数字技术的普及和应用，数字艺术教育正逐渐成为美育领域的新兴热点。借助虚拟现实、增强现实等技术，数字艺术教育能够为学生提供更加直观、生动的学习体验，激发学生的创造力和想象力。

例如，湖北商贸学院开设了"数字艺术创作"课程。该课程利用虚拟现实技术，让学生在虚拟环境中进行艺术创作。学生通过 AR 眼镜与手柄的协同使用，可在虚拟空间中实现沉浸式的作画体验。AR 眼镜将虚拟图像叠加到现实世界中，配合手柄的定位与触觉反馈功能，学生能够在三维空间中自由创作，突破传统二维平面的限制。这种技术组合不仅赋予学生空间创作的自由性，还实现了实时交互与反馈。学生可以即时看到笔触在虚拟画布上的呈现效果，并通过手柄感知力度与方向，增强创作的真实感。此外，沉浸式的创作环境使学生能够屏蔽外界干扰，专注于艺术表达，从而激发更多的创意灵感(图 9-2-6)。

图 9-2-6　湖北商贸学院学生在沉浸式的创作环境进行创作

## (二)公共艺术项目的创新实践

公共艺术项目作为美育实践的一种重要且极具成效的形式，正日益成为连接社区、校园与社会的重要桥梁，发挥着不可估量的作用。这类项目通过精心策划与组织一系列丰富多彩的公共艺术展览、深入浅出的文化讲座以及实践性强的艺术工作坊等活动，为广大师生及社会各界人士提供了宝贵的机会，使他们能够近距离地接触艺术、深入了解艺术，并在实践中学习和体验艺术的无穷魅力。

以湖北美术学院文化发展有限公司推出的“艺术介入城市计划”为例，这一计划不仅体现了对公共艺术发展的高度重视，更在实践中取得了显著成效。该计划广泛邀请众多业内知名艺术家与设计师，携手致力于公共艺术项目的创作与落地，为城市文化空间赋予全新活力与丰富内涵。以武汉轨道交通 2 号线的“汉口火车站”站内的作品《黄鹤归来》为例，其设计精妙绝伦。四只采用不锈钢珍珠烤漆工艺打造的仙鹤雕塑，姿态轻盈，似正展翅翱翔，极具灵动之美。地面上，由黄铜材质制成的半抽象莲蓬与荷叶造型，仿佛浮于水面，栩栩如生。再搭配绚丽的灯光效果，带来极具冲击力的艺术观感。此外，艺术中庭后方还有一幅以近 140 万颗玻璃马赛克精心拼接而成的作品《江城印象》，展现了武汉绚丽的夜景，长约 40 米，高 2.8 米。这两件作品相互映衬，在空间上通过共生的视觉效果达成完美平衡，有力凸显了新武汉的时代风貌。“艺术介入城市计划”不仅为市民带来了高品质的艺术体验，也为城市文化形象的塑造与提升贡献了重要力量(图 9-2-7)。

在具体实施过程中，城市广场、公园、街道等公共场所被赋予了新的艺术生命。一件件匠心独运的艺术作品和雕塑，如互动装置艺术、绚丽多彩的壁画、形态各异的雕塑等，悄然出现在人们的视线中，成为城市的一道道亮丽风景线。这些艺术作品不仅美化了城市环境，更在潜移默化中提升了市民的艺术审美水平和文化素养。

图 9-2-7　《黄鹤归来》(设计：何明)

### (三) 美育与社区服务的融合实践

美育与社区服务的融合实践是未来美育发展的重要方向之一。通过组织学生参与社区服务活动，将美育资源引入社区，能够有效提高社区居民的艺术素养和审美水平；同时，学生也能够在实践中锻炼自身能力、增长见识、培养社会责任感。

湖北商贸学院的美育实践团队与当地社区合作，推出了“美育进社区”项目。该项目通过组织艺术展览、文化讲座、艺术工作坊等活动，将美育资源引入社区。例如，在走进万里村的项目中，美育与社区服务紧密融合，碰撞出绚丽的火花。秉持目标导向原则，团队深入挖掘万里村的特色，凭借专业优势开展艺术墙绘创作，为村庄提升了“颜值”、增强了“气质”、提高了“品质”，留下了深刻的艺术印记。同时，结合万里村“一村千树”项目，团队将特色内涵转化为墙绘设计，借“千树上墙”的方式提升了村庄的知名度与美誉度(图 9-2-8)。

图 9-2-8　湖北商贸学院美育实践团队对万里村进行改造实践场景

活动开展初期，教师团队亲临现场进行实地指导与示范，同学们认真学习后积极投入实践。他们用色彩斑斓、构思精巧的墙绘装点村庄，获得了村民的高度赞赏。即便面对八月的酷暑与多变的天气，队员们热情依旧不减，分工明确、默契协作，从草图绘制到细节处理，将专业技能发挥得淋漓尽致，充分展现出湖商精神。这些墙绘不仅美化了乡村人居环境，记录了生态建设成果与变迁，更传递出积极向上的正能量，提升了乡村的文化品位。随着墙绘工作的深入推进，万里村宛如一幅田园诗画，村民自发参与到村庄美化中来，村庄的凝聚力与创造力空前高涨。在此基础上，团队策划了乡村摄影展等一系列文化活动，吸引了大量游客，带动了乡村旅游的发展，增强了村民的文化自信与归属感。

墙绘项目推动万里村成为乡村振兴示范点，吸引了周边村庄前来学习交流，并建立了合作关系。未来，团队将持续深化合作，引入雕塑等多元艺术形式，丰富乡村文化景观；同时，关注乡村教育，开展艺术课程与工作坊，为乡村可持续发展注入新活力，助力万里村成为更具典范意义的美丽乡村。

## 四、未来美育在培养全面素养人才中的重要作用

### (一)提升审美素养与创新能力

美育在提升个体审美素养与创新能力方面发挥着至关重要的作用。通过美育教育，学生能够学会运用审美的眼光去观察世界，以艺术的语言来表达内心。在美的熏陶下，他们的心灵得以净化，情感得以升华，精神世界变得更加丰富多彩。同时，美育能够激发学生的创新思维和想象力，鼓励他们勇于尝试并探索新的艺术形式和表现手法。这种创新能力的培养，不仅有助于学生在艺术领域取得成就，还能够为他们在其他领域的创新提供有益的借鉴和启示。

### (二)促进人格完善与情感发展

美育在促进人格完善与情感发展方面同样发挥着重要作用。美育教育能够培养学生的情感认知能力和同理心，使他们更加关注他人的情感和需求。在美的引导下，学生能够学会尊重他人、欣赏不同的文化和观点，形成开放、包容、友善的人格特质。同时，美育还能够帮助学生更好地面对挫折和困难，培养他们的坚韧不拔和乐观向上的精神品质。有助于学生在未来的生活和工作中更加自信、从容地应对各种挑战。

### (三)增强社会责任感与公民意识

美育在增强社会责任感与公民意识方面具有重要意义。通过美育教育，学生能够更加深入地了解社会现实和民生问题，形成对社会的责任感和使命感。同时，美育还能够培养学生的公民意识和法律意识，使他们更加关注社会公平和正义，积极参与社会公益事业和志愿服务活动。这种社会责任感和公民意识的培养，有助于学生在未来的社会中成为有担当、有作为的公民，为社会的和谐稳定和繁荣发展贡献自己的力量。

# 第三节　全球化趋势下的大学生成长之路

在全球化的时代背景下，教育领域正经历着深刻的变革。美育作为教育体系中的重

要一环，其地位和作用日益凸显。大学生作为国家的未来和希望，其美育素养的提升不仅关乎个人的全面发展，更直接影响到国家的文化软实力和国际竞争力。通过深入探讨全球化趋势下美育的重要性与变革，分析当前面临的挑战与机遇，并提出相应的策略与建议，以期为大学生的美育成长道路提供有益的参考。

## 一、全球化趋势下美育的重要性与变革

### (一)美育的价值重构

美育的价值在于通过审美活动，引导学生发现美、欣赏美、创造美，进而陶冶情操、提升境界、激发创新创造活力。在全球化的今天，美育的重要性愈发凸显。它不仅是文化传承与创新的重要手段，更是培养具有国际视野、跨文化交流能力和创新精神人才的重要途径。

在全球化的推动下，美育的内涵与价值得到了重构。一方面，全球文化的交流与融合为美育提供了更加丰富的资源和多元的视角，使得学生能够接触到不同文化的审美观念和艺术表现形式，增强对多元文化的包容性和理解力。另一方面，信息技术的快速发展改变了人们的审美方式和审美习惯，对美育提出了新的要求。

### (二)全球化趋势对美育教育的影响

全球化、信息化、数字化的快速发展对美育教育产生了深远的影响。首先，全球文化的交流与融合为美育教育提供了更加广阔的视野和丰富的资源。我们可以通过互联网、社交媒体等平台接触到不同国家和地区的艺术作品和文化传统，拓宽审美视野，增强跨文化交流能力。其次，信息技术的普及改变了美育教育的方式和手段。在线课程、虚拟博物馆、数字艺术展览等新型教学资源的出现，使得美育教育不再受限于时间和空间，学生可以随时随地进行学习。最后，全球化带来的文化多样性和复杂性对美育教育提出了新的挑战。如何在保持本土文化特色的同时，吸收和借鉴其他文化的优秀成果，成为美育教育需要面对的重要问题。

## 二、大学生美育成长的现状分析

### (一)美育课程的开设与教学内容

近年来，高校对美育的重视程度虽有一定提升，但美育课程的开设情况仍存在诸多不足。许多高校的美育课程主要集中在艺术专业或艺术类学院，尚未全面普及到其他专业，这使得许多非艺术专业学生难以接受系统性的美育教育，全面审美素养的培养受到极大限制。此外，部分高校美育课程内容更新滞后，教学方法单一，难以满足学生多样化的学习需求。传统讲授式教学侧重于理论知识传授，缺乏实践环节和互动体验，难以激发学生的学习兴趣和积极性。

高校美育资源的丰富程度和利用情况直接影响着大学生的美育成长。部分高校拥有

丰富的艺术资源和设施，如美术馆、音乐厅、剧院等，为学生提供了实践和体验的机会。然而，一些高校的美育资源相对匮乏，难以满足学生的需求。此外，部分高校的美育资源利用效率不高，存在资源闲置和浪费的现象。

在教学内容方面，许多美育课程仍然停留在对经典艺术作品的欣赏和分析上，缺乏对现代艺术和数字艺术的关注和探讨。这导致学生对新兴艺术形式和审美趋势缺乏了解，难以适应全球化的审美需求。因此，高校需要加强对美育课程的改革和创新，拓宽课程内容，引入现代艺术和数字艺术等新兴领域，采用多样化的教学方法和手段，提高美育课程的教学质量和效果。

### (二)大学生审美素养的现状与问题

大学生对美育的认知和参与度是影响其美育成长的关键因素。调查显示，大部分大学生对美育持积极态度，认为美育对个人成长有重要意义。然而，由于学业压力、时间限制等原因，部分学生参与美育活动的积极性不高，导致美育教育的效果不尽如人意。此外，全球化带来的文化同质化现象也对大学生的审美素养产生了负面影响。一些强势文化凭借其经济、政治和科技优势，在全球文化市场中占据主导地位，导致部分学生对本土文化和传统艺术缺乏认同感和自豪感。因此，我们需要加强对学生的审美教育，引导学生树立正确的审美观和价值观，培养对本土文化和传统艺术的热爱和尊重。

## 三、全球化趋势下大学生美育成长的多维度路径

### (一)加强美育课程改革与创新

高校应积极推进美育课程的改革与创新，拓宽课程内容的广度与深度，将现代艺术和数字艺术等新兴领域纳入课程体系。同时，采用多样化的教学方法和手段，如案例教学法、项目教学法、实践教学法等，以此提升美育课程的教学质量和效果。此外，高校还可以开设跨学科的美育课程，将美育与其他学科相结合，培养学生的综合素养和创新能力。例如，开设“艺术与科技”“文学与电影”等跨学科美育课程，让学生在跨学科的视野中感受美的多样性。同时，运用互动式、体验式的教学方法，如工作坊、实地考察等，增强学生的参与感和体验感。

### (二)强化师资队伍建设与培训

高校需高度重视美育师资队伍的建设与培训，着力提升教师的专业素养和教学能力。一方面，高校可以引进具有丰富教学经验和专业素养的美育教师；另一方面，加强对现有教师的培训和进修，提高他们的教学水平和科研能力。此外，高校还可以鼓励教师参与国内外学术交流与合作，拓宽教师的国际视野，更新教育观念，为美育教育注入新的活力和动力。

### (三)拓宽美育教学资源与平台

高校大力拓宽美育教学资源与平台，为学生提供更加丰富多样的学习资源和机会。

一方面，高校可以加强与国内外艺术机构和博物馆的合作与交流，引进优秀的艺术作品和展览；另一方面，充分利用互联网和社交媒体等平台，开设在线课程、建设虚拟博物馆等新型教学资源，为学生提供便捷的学习途径。此外，高校还可以鼓励学生参与各种艺术活动和比赛，通过实践锻炼提升学生的实践能力。社团活动是大学生美育成长的重要平台，高校应鼓励和支持各类艺术社团的发展，如合唱团、舞蹈团、戏剧社等，为学生提供展示自我和锻炼能力的机会。例如，湖北商贸学院艺术与传媒学院运用艺术长廊举办“色彩先锋”摄影主题展览，以艺术实践为载体，通过三个维度构建起立体化的美育场域(图 9-3-1)。首先，展览以“时尚人像创作”为教学支点，将色彩学、光影美学、视觉叙事等专业知识转化为具象的艺术表达。学生在教师引导下通过镜头语言探索个体审美感知与社会文化语境的对话。这种“课堂-创作-展览”的闭环教学模式，使美育从理论认知升华为实践创造，培养了青年学子的审美判断力与艺术转化能力。其次，展出的百余幅作品以时尚人像为切入点，通过先锋性的色彩碰撞、解构主义构图及情感化叙事，将人体形态、织物肌理、光影韵律转化为视觉诗学。这种艺术表达不仅拓展了观者对“美”的认知维度，更通过影像符号的隐喻性，启发观众在凝视与被凝视的互动中，重新审视自我与他者的审美关系，实现审美经验的共生性建构。最后，艺术长廊作为校园文化地标，将专业展览转化为开放式美育空间。展览突破传统展厅的物理边界，通过装置化展陈设计形成流动的视觉景观，使往来师生在无意识中完成审美浸润。这种浸润式美育模式，既消解了艺术与生活的界限，又以当代视觉语言激活了校园公共空间的文化承载力，形成了“人人皆可参与美、创造美”的生态氛围。

图 9-3-1　湖北商贸学院“色彩先锋”主题展览及部分学生作品展示

## (四)培养学生的跨文化交流能力

在全球化背景下，培养学生的跨文化交流能力显得尤为重要。高校应加强对学生的跨文化教育，引导他们深入了解和欣赏不同文化的艺术成就和审美观念。同时，鼓励学生积极参与国际艺术交流与合作项目，以此提升他们的跨文化交流能力，拓宽他们的国际视野。此外，高校还可以开设国际艺术课程、举办文化讲座等活动，为学生搭建更为广阔的学习和交流平台。

## (五)加强对本土文化和传统艺术的传承与创新

在全球化浪潮的冲击下，加强对本土文化和传统艺术的传承与创新至关重要。高校应深入开展对本土文化和传统艺术的研究与挖掘工作，并将其有机融入美育教育体系。同时，鼓励学生积极参与本土文化和传统艺术的创作与表演活动，以增强他们的文化认同感和自豪感。此外，高校还可以借助现代科技手段，对本土文化和传统艺术进行创新和推广，使其在现代社会中焕发出新的生机与活力。

## 四、案例分析与实践探索

### (一)国内外高校美育教育的成功案例

芬兰阿尔托大学作为北欧乃至全球顶尖的高等学府，其美育教育独具特色且成效斐然。阿尔托大学由赫尔辛基理工大学、赫尔辛基艺术设计大学和赫尔辛基经济学院合并组建而成，这一独特的背景为其美育教育提供了深厚的学术积淀和广阔的跨学科融合空间。

在阿尔托大学，美育教育被视为培养学生综合素质的重要途径。学校不仅设有专业的艺术学院，提供全面且系统的艺术课程，还鼓励非艺术专业的学生选修艺术课程，以促进艺术与科学技术的交叉融合。阿尔托大学的美育课程涵盖绘画、雕塑、音乐、戏剧等多个领域，通过丰富的实践活动和项目式学习，充分激发学生的创造力和想象力。

尤为突出的是，阿尔托大学的美育教育强调实践与社会的紧密结合。学校设有“设计工厂”和“化学—艺术实验室”等创新平台，让学生在真实项目中将艺术创意转化为实际成果(图 9-3-2)。例如，学生可以与化学系合作，为新产品提供视觉设计，或参与校园艺术装置的制作。这些经历不仅提升了学生的艺术素养，还培养了他们的团队合作能力和问题解决能力。

图 9-3-2　阿尔托大学“设计工厂”(图片来源：谷德设计网)

此外，阿尔托大学还积极与社区、企业开展合作，为学生提供展示自己艺术作品的平台，增强他们的社会责任感和自信心。这种全面而深入的美育教育模式，使阿尔托大学的学生在取得优异学术成就的同时，还拥有了卓越的艺术修养和创新能力，为他们的未来职业发展奠定了坚实基础。

另一个典型案例是伦敦艺术大学中央圣马丁学院。作为世界顶级艺术与设计学府，中央圣马丁学院在美育教育方面成绩卓著，为全球艺术教育树立了典范。中央圣马丁学院以其大胆创新的教学风格和卓越的教学质量闻名于世，致力于培养具有独特视角和创造力的艺术家与设计师。学院的美育课程不仅涵盖传统艺术领域，如绘画、雕塑、摄影等，还紧跟时代步伐，融入数字媒体艺术、交互设计等前沿领域，为学生提供了全面而多元的艺术学习体验。学院注重培养学生的实践能力和创新思维，通过项目制教学、工作坊、艺术展览等多种形式，让学生在实践中探索艺术的无限可能性。例如，学院定期举办毕业生时装周，为学生提供了一个展示自己创意和才华的国际舞台，许多毕业生作品因此获得了国际时尚界的认可和赞誉(图 9-3-3)。

此外，中央圣马丁学院还积极与企业、文化机构等开展合作，为学生提供实习和就业机会，让学生在真实的工作环境中锻炼自己的艺术素养和职业能力。这种理论与实践相结合的教学模式，使得中央圣马丁学院的美育教育更加贴近行业需求，培养出了大量具有市场竞争力的艺术人才。

图 9-3-3　伦敦艺术大学中央圣马丁学院工作坊 VR 导览图(图片来源：CSM 官网)

作为我国顶尖的艺术学府之一，清华大学美术学院在美术教育和美育实践方面取得了显著成就。该院不仅具备雄厚的师资力量和丰富的教学资源，还注重将传统美术技艺与现代审美理念相结合，致力于培养具有创新精神和实践能力的美术人才。在美育课程设置方面，清华大学美术学院提供了涵盖绘画、雕塑、设计、摄影、书法等多个领域的课程，充分满足了学生多元化的学习需求。同时，学院注重跨学科融合，将美术与其他学科，如科技、文化、历史等有机结合，拓宽了学生的视野，改变了学生的思维方式。

例如，第六届艺术与科学国际作品展由清华大学美术学院精心策划，以“平行时空——体验·包容·探索”为核心理念，汇聚了全球范围内杰出的艺术家、科学家、工程师及设计师的近百件匠心独运之作。这些作品以交互、光影、沉浸、绘画、装置等多元形式，深度挖掘并展现了艺术与科学跨界融合的无限潜力。

其中，《*ad/ab Atom*》作为一件独具匠心的视听装置艺术品，其创作基础建立在纳米级数据与量子力学层面的微观检测材料之上。该装置由 7 台显示器与 4 组多声道音响精心构建而成，显示器以相等相移的扭转结构巧妙排列，形成了独特的视觉呈现效果。此作品是与伊比利亚国际纳米技术实验室(INL)深度合作的结晶，所有科学素材均源自 INL 与量子材料、科学和技术部门以及量子实验室的科学家们的共同努力。通过电子显微镜/扫描技术捕获的图像数据，结合生成的 2D/3D 图像及数学建模等高级计算机处理技术，对数据进行深入分析、精心过滤与创造性变形，最终转化为具有艺术美感的图像元素。这些亚可见模块经过有序组合与编排，成功转化为人类可直观感知的视听艺术佳作(图9-3-4)。

在美育实践方面，清华大学美术学院鼓励学生积极参与艺术创作和社会实践。学院定期举办各类艺术展览、讲座和工作坊，邀请国内外知名艺术家和学者进行交流分享，为学生们提供了宝贵的学习机会(图 9-3-5)。此外，学院还积极与企业、文化机构等展开合作，为学生搭建实习与就业平台，助力他们将所学知识切实应用于实际工作场景之中。

图 9-3-4 《*ad/ab Atom*》黑川良一(图片来源：清华大学艺术与科学研究中心公众号)

图 9-3-5 清华大学美术学院举办校庆艺术展览(图片来源：清华大学美术学院官网)

清华大学美术学院高度重视学生国际视野与跨文化交流能力的培养。学院与多所国际知名艺术院校建立了合作关系，开展了学生交换、联合办学等多种形式的国际交流活动，为学生们构建了广阔的国际视野拓展空间和跨文化交流平台。

湖北美术学院作为国内美育与社区服务深度融合的典范，自1920年武昌美术学校创立伊始，便将“推行美育”确立为坚定不移的办学目标与使命担当。湖北美术学院始终秉持“崇德、笃学、敏行、致美”的校训，将美育教育贯穿于人才培养的全过程。学院不仅注重专业知识的传授，更看重培养学生审美能力和创新思维。历经百年风雨洗礼，校名与校址虽多次变更，但推行美育的初心从未改变。在新时代的浪潮下，湖北美术学院依托深厚的学科资源与强大的人才优势，在美育领域开展了诸多卓有成效的实践，成为国内美育与社区服务融合的典范。

在课堂教学方面，湖北美术学院将美育全方位融入立德树人体系。通过改革人才培养模式、创新学生评价体系以及强化课程思政建设，使美育贯穿于学生教育的全过程，培养出了兼具专业素养与人文情怀的优秀艺术人才。

在校园环境与展览建设方面，学校精心打造优美的校园景观，使其成为美育的生动载体。同时，积极举办各类主题性美术创作与展览活动，构建起“展览浸润+实践教学”的独特范式。学生们在校园中接受艺术的熏陶，在实践中不断提升专业能力。

在乡村教育领域，湖北美术学院连续多年开展公益支教活动，为乡村美育注入活力。此外，学院还组织乡村美育教师培训，提升乡村美育师资水平，有力地助力了乡村教育的发展。

在城市空间与市民生活层面，湖北美术学院师生积极参与城市建设项目，以艺术为笔，为城市增添独特的文化魅力。学院开展非物质文化遗产代表性传承人培训，推动传统文化的传承与创新；举办社会美育公共教育活动，让艺术走进市民生活，提升公众的艺术素养。例如，自2024年12月起，湖北美术学院师生团队与武汉园博园共同创作大型壁画作品《长江画卷》，春节期间备受市民青睐，成为热门打卡点(图9-3-6)。通过这一系列举措，湖北美术学院在美育与社区服务融合的道路上不断探索前行，为新时代美育事业的发展贡献了宝贵经验。

图9-3-6 《长江画卷》局部(图片来源：湖北美术学院)

### (二)实践探索与经验总结

在实践中，高校应积极深入地探索契合自身独特特点的美育教育模式和方法，以全面提升学生的审美素养和综合能力。具体而言，高校可以通过开设一系列跨学科美育课程，将艺术、人文、科学等多个领域的知识有机融合，拓宽学生的视野，激发他们的创新思维和想象力。这些课程不仅可以涵盖传统的绘画、音乐、舞蹈等艺术形式，还可以融入新兴的数字艺术、环境艺术等前沿领域，使美育教育更贴合时代发展需求。

除课堂教学外，高校还应积极组织丰富多彩的艺术展览和演出活动，为学生搭建展示自我、交流学习的平台。这些活动可以包括校内外的艺术作品展、音乐会、戏剧表演等，让学生在亲身参与中感受艺术的魅力，增强他们的艺术鉴赏力和实践能力。

同时，高校应充分利用社会资源，邀请知名艺术家和学者来校开展讲座和交流活动，为学生带来前沿的艺术理念和学术观点。这些讲座和交流活动不仅可以拓宽学生的学术视野，还可以激发他们对艺术的热爱和追求，引导他们在艺术的道路上不断探索前行。

在强化美育教育内容和形式的同时，高校还应高度重视对学生的审美教育和引导工作。通过课堂教学、校园文化活动等多种途径，帮助学生树立正确的审美观和价值观，培养他们的审美意识和审美能力。同时，高校还应注重培养学生对艺术作品的深层理解能力和美学价值领悟能力，提升他们的审美情趣和审美品位。

此外，高校还应加强对美育教育的评估和反馈工作，建立科学完善的评估体系，及时发现问题并加以改进完善。通过定期的教学评估、学生反馈、专家评审等方式，对美育教育的效果进行全面客观的评价，为美育教育的持续发展提供有力保障。同时，高校应鼓励教师和学生积极参与美育教育的改革和创新，共同推动美育教育事业的繁荣发展。通过这些举措的实施和推广，能够培养出更多具有国际视野、跨文化交流能力和创新精神的高素质人才，为国家的繁荣富强和人类的文明进步作出更大贡献。

## 课程思政

在全球化背景下，美育不仅是文化传承的重要纽带，更是促进国际交流与理解的关键桥梁。它要求我们秉持开放包容的心态，欣赏并尊重多元文化。未来美育的展望与创新激励我们拥抱新技术，实现跨学科融合，培养学生的综合素养和创新能力。作为大学生，我们更应通过美育教育增强国际交流能力，用艺术的语言讲述中国故事，传播中国文化，为构建人类命运共同体贡献青春力量，肩负起时代赋予我们的使命。

## 智慧火花

- 虚拟现实艺术体验坊：

利用虚拟现实技术，创建一个虚拟艺术博物馆或画廊，同学们可以在其中自由浏览世界各地的艺术作品，甚至与虚拟艺术品进行互动。

- 美育故事创作大赛：

鼓励同学们创作一个融合不同文化元素的故事，可以是小说、剧本或短剧，并通过表演或录制视频的形式呈现出来。

- 国际美育工作坊：

与国际上的艺术院校或组织合作，举办线上或线下的国际美育工作坊，让同学们与国际学生一起参与艺术创作和交流。

## 践美之行

❑ 跨文化艺术项目合作：

将学生分成小组，每组负责研究一种特定文化的艺术形式（如日本的浮世绘、中国的中国画等），并尝试将其与另一种文化元素结合，创作出一件新的艺术作品。

《臻白》，王齐、王靖雯、王凤雪作品

❑ 社区美育项目：

组织学生到当地社区开展美育项目，如为老人中心举办艺术工作坊、为儿童提供免费的绘画和音乐课程等。

❑ 数字艺术创作：

引导学生使用数字绘画软件、3D 建模工具或虚拟现实技术进行艺术创作，创作出一件具有个人特色的数字艺术作品。

❑ 本土文化传承与创新：

选择一种本土的传统艺术形式（如剪纸、皮影戏等），研究其历史和文化背景，并尝试将其与现代元素相结合，创作出具有创新性的作品。

### ◎◎◎书籍推荐◎◎◎

张晴：《活起来的博物馆》，北京：文化艺术出版社 2023 年版。

### ◎◎◎网站资源◎◎◎

1. Google Arts & Culture：该网站提供全球艺术博物馆、文化遗址的在线展览和丰富资源，帮助同学们探索全球艺术与文化的多元魅力。

2. Artsy：作为全球知名的艺术平台，展示当代艺术作品、艺术家信息和各类展览资讯，帮助同学们拓展艺术视野。

# 参考文献


[1][古希腊]柏拉图：《文艺对话集》，朱光潜译，北京：人民文学出版社 1997 年版。

[2]中共中央办公厅、国务院办公厅，2020 年 10 月 15 日，《关于全面加强和改进新时代学校美育工作的意见》。

[3]叶朗：《美学原理》，北京：北京大学出版社 2009 年版。

[4]朱光潜：《谈美》，上海：华东师范大学出版社 2012 年版。

[5]宗白华：《美学散步》，上海：上海人民出版社 1981 年版。

[6]李泽厚：《美学四讲》，北京：生活·读书·新知三联书店出版社 1989 年版。

[7]胡经之等：《文艺学美学方法论》，北京：北京大学出版社 1994 年版。

[8]李泽厚：《美学四讲》，武汉：长江文艺出版社 2021 年版。

[9]张朋川：《黄河彩陶——华夏文明绚丽的曙光》，杭州：浙江人民美术出版社 2000 年版。

[10]俞剑华：《中国画论类编》，北京：人民美术出版社 1957 年版。

[11]卢辅圣：《中国书画全书》，上海：上海书画出版社 1993 年版。

[12]梁思成：《梁思成文集(第三册)》，北京：中国建筑工业出版社 1985 年版。

[13]李泽厚：《美的历程》，北京：生活·读书·新知三联书店出版社 2009 年版。

[14][意]乔治奥·瓦萨里：《艺苑名人传》，北京：化学工业出版社 2022 年版。

[15]孔新苗：《中西美术比较》，济南：山东美术出版社 2008 年版。

[16]周来祥、陈炎：《中西比较美学大纲》，合肥：安徽文艺出版社 1992 年版。

[17][法]雨果：《雨果论文学》，柳鸣九译，上海，上海译文出版社 1980 年版。

[18]鲁迅：《鲁迅论美术》，北京：人民美术出版社 1956 年版。

[19]潘天寿：《中国绘画史》，上海：上海人民美术出版社 1983 年版。

[20]周来祥、陈炎：《中西比较美学大纲》，合肥：安徽文艺出版社 1992 年版。

[21]郜珍：《字体设计》，北京：北京师范大学出版社 2012 年版。

[22]唐兰：《中国文字学》，上海：上海古籍出版社 2023 年版。

[23]王晓光：《秦简牍书法研究》，北京：荣宝斋出版社 2010 年版。

[24]王镛：《中国书法简史》，南京：江苏古籍出版社 2001 年版。
[25]解正明：《汉字国学》，长春：吉林文史出版社 2019 年版。
[26]邱振中：《书法的形态与阐释》，北京：中国人民大学出版社 2005 年版。
[27][英]玛尼·弗格：《时尚通史》，陈磊译，重庆：重庆出版社 2020 年版。
[28]李红梅：《20 世纪时装设计艺术》，上海：东华大学出版社 2011 年版。
[29]徐浩然、徐玉贞：《重新定义个人品牌：社交媒体时代个人品牌经营最佳解决方案》，北京：中国经济出版社 2017 年版。
[30]崔金泰、崔玉屏、海虹：《电影史》，沈阳：辽宁少年儿童出版社 2002 年版。
[31]周隽：《电影课》，南京：江苏人民出版社 2021 年版。
[32]崔军：《外国电影史》，武汉：华中科技大学出版社 2018 年版。
[33]曹毅梅：《世界电影史概论》，开封：河南大学出版社 2010 年版。
[34]张燕、谭政：《世界电影史》，北京：高等教育出版社 2024 年版。
[35]戴锦华：《电影批评》，北京：北京大学出版社 2015 年版。
[36][美]巴恩博(Barnbaum，B.)：《摄影的艺术》，樊智毅译，北京：人民邮电出版社 2012 年版。
[37][美]大卫·波德维尔(Bordwell D.)，[美]汤普森(Thompson K.)著：《电影艺术》，曾伟祯译，北京：世界图书出版公司 2008 年版。
[38][美]詹金斯：《融合文化：新媒体和旧媒体的冲突地带》，杜永明译，北京：商务印书馆 2017 年版。
[39]顾铮：《世界摄影史》，杭州：浙江摄影出版社 2020 年版。
[40]庄春华、宋春颖：《从〈这十年·幸福中国〉看网络纪录片叙事策略创新》，《传媒》2024 年第 24 期，第 48~50 页。
[41]杨俊蕾：《开放而流动的同主题影像叙事——从〈我和我的父辈〉思考短片集锦的形式美感、延续性和文化全球化》，《电影新作》2021 年第 5 期，第 71~76 页。
[42]张娜：《匠心永流传——〈我在故宫修文物〉创作特色探析》，《明日风尚》2018 年第 19 期，第 236 页。
[43]高倩：《历史文化类纪录片的叙事探析——以〈如果国宝会说话〉为例》，《新闻研究导刊》2018 年第 9 期，第 126 页。
[44]陈凝、邓仟、杨洋：《〈如果国宝会说话〉后现代叙事特征研究》，《新闻传播科学》2024 年第 12 期，第 935 页。
[45]李建群：《西方美术史　从原始美术到文艺复兴》，北京：北京大学出版社 2014 年版。
[46][英]A. E. 泰勒：《苏格拉底传》，赵继铨、李真译，北京：商务印书馆 2015 年版。
[47][古希腊]柏拉图：《理想国》，张造勋译，北京：北京大学出版社 2010 年版。
[48][古希腊]亚里士多德：《诗学》，陈中梅译，北京：商务印书馆 1996 年版。
[49][德]康德：《判断力批判》，邓晓芒译，北京：人民出版社 2004 年版。
[50][德]黑格尔：《美学》，朱光潜译，北京：商务印书馆 1981 年版。

[51][德]弗里德里希·尼采:《悲剧的诞生》,周国平译,南京:译林出版社2014年版。
[52][法]保尔·萨特:《存在与虚无》,陈宣良译,北京:生活·读书·新知三联书店2014年版。
[53][瑞士]费尔迪南·德·索绪尔:《普通语言学教程》,刘丽译,北京:中国社会科学出版社2002年版。
[54][法]雅克·德里达:《绘画中的真理》,魏柯玲译,上海:上海文艺出版社2024年版。
[55][美]杰姆逊:《后现代主义与文化理论》:北大学术讲演丛书,唐小兵译,北京:北京大学出版社1997年版。
[56]陆成宽:《字塔是近代造的?还原金字塔建造真相》,《科学大众》2020年第2期,第102~104页。
[57][法]卢梭:《论科学与艺术》,上海:上海人民出版社2007年版。
[58]沈致隆:《科学与艺术-美育演讲精选录》,上海:华东师范大学出版社2018年版。
[59]戴吾三、刘兵:《艺术与科学读本》,北京:清华大学出版社2006年版。
[60][法]德拉克罗瓦:《德拉克罗瓦日记》,李嘉熙译,桂林:广西师范大学出版社2002年版。
[61]彭吉象:《艺术鉴赏导论》,北京:北京大学出版社2018年版。
[62][意大利]翁贝托·艾柯:《美的历史》,彭淮栋译,北京:中央编译出版社2018年版。
[63][美]伊恩·罗伯茨:《构图的艺术》,孙惠卿、刘宏波译,上海:上海人民出版社2012年版。
[64][日]堀越启:《理性的艺术鉴赏》,林雯译,北京:中信出版集团2022年版。
[65]于浩、张文兰:《ChatGPT是否该被学术禁用——关于教学的深度思考》,《上海教育科研》2023年第4期,第7页。
[66]金家琴、夏翠娟:《数字人文在视觉化艺术领域的应用前沿——图像艺术分析与计算机生成艺术》,《图书馆杂志》2021年第6期,第106页。
[67]霍冉:《浅析从虚拟技术到人工智能对艺术创作的哲学性思考》,《艺术科技》2018年第10期,第58~59页。
[68][英]安德鲁·麦克斯泰(Andrew McStay):《情感人工智能》,吕欣译,北京:中国传媒大学出版社2023年版。
[69][美]库兹韦尔:《奇点临近》,李庆诚译,北京:机械工业出版社2011年版。
[70]陶薇薇、张晓颖:《人机交互界面设计》,重庆:重庆大学出版社2016年版。
[71]韦艳丽:《新媒体交互艺术》,北京:化学工业出版社2018年版。
[72]郭亚军、金先级:《人机交互》,武汉:华中科技大学出版社2005年版。
[73]李勋祥:《虚拟现实技术与艺术》,武汉:武汉理工大学出版社2007年版。
[74]任姗:《由杜尚的艺术理念引发的对现代互动艺术的深沉思考》,《作家》2009年第

12 期，第 184~185 页。
[75]翟言、黄心渊、赵国英：《基于体感交互技术的虚拟展示系统》，《电视技术》2013 年第 21 期，第 16~20 页。
[76]周峰：《美育浸润　湖美在行动》，中国美术报，第 324 期，美术聚焦板块。

# 后　记

在“大学生美育基础”的学习旅程中，我们携手漫步于美的长廊，共同探索了美育的无限魅力与深远意义。从美学的深邃奥秘到中西美术的奇幻交融，从艺术与生活的紧密关联到美育未来的光明展望，每一步探索都如同为心灵的画卷添上斑斓色彩。

美育，这束穿越时空的光芒，不仅照亮了古代艺术的辉煌殿堂，也点亮了现代生活的每一个角落。它不仅仅是艺术的传授，更是心灵的滋养与人格的塑造。在自媒体的浪潮中，美育以更加多元、开放的姿态，引领我们在信息的海洋中寻觅真知，于碎片化的时代里凝聚审美的力量。

我们见证了数字艺术的蓬勃兴起，新媒体与创意产业的深度融合，以及人工智能对艺术创作边界的不断拓展。这些新兴的艺术形态不仅为美育注入了新的活力，更激发了我们的创新思维与无限想象。然而，无论时代如何变迁，美育的初心始终未改——它致力于培养我们的审美素养，塑造我们的人格魅力，点燃我们内心的创新火花。

在美育的实践中，我们学会了将美学的智慧融入生活的点滴。从街头的涂鸦艺术到时尚的潮流趋势，从个人的形象设计到社交媒体的品牌塑造，美育凭借其实用性与趣味性，让我们的生活因美而更加丰富多彩。同时，我们也深刻认识到，美育不仅是个人修养的提升途径，更是社会文明进步的助推器，它让这个世界因美而更加和谐、更加温暖。

展望未来，美育将在全球化的浪潮中乘风破浪，不断书写新的篇章。面对人工智能等前沿科技的挑战与机遇，我们将坚守美育的本质，借助增强现实、区块链等新技术，让美育更加生动。当我们教会学生用美对抗荒诞，用诗意消解虚无时，他们终将明白：手机屏幕里的《星空》或许可以缩放，但头顶那片真实的星空，永远值得仰望；二维码可以储存《兰亭集序》的文字内容，但笔墨与宣纸摩擦的沙沙声，仍是技术无法取代的文明心跳。

在本书的编写过程中，我们得到了来自各方的支持与帮助。首先，我们要感谢国家政策的引导与支持，为美育事业的发展提供了坚实的保障。其次，我们要感谢应用型高校的领导与老师们对美育工作的重视与支持，为本书的编写提供了宝贵的意见与建议。

本书在张亚南教授的指导下完成。其中第一章、第七章和第九章由汪行雨、李静、杨伟雄、刘瑞洋老师完成；第二章和第三章由刘桂艳、秦子越、柳苑、徐心冉、秦子越和杨伟雄老师完成；第四章和第五章由刘璇、秦子越、余刚强、张秦若丹、李静、陈诗、卢宸老师完成；第六章和第八章由刘瑞洋、柳苑、徐心冉、罗继红、陈诗、卢宸老师完成。本书中涉及的案例图片由业界同行、同事、学生等无私提供，我们特别感谢以下人士提供的帮助：何明、熊祺、(捷克)玛丽亚·谢和特洛娃、宋杰、王葵、杨翼、李熇阳、张怡、刘柱、巩远征、吴晓莉、吴亦非、李恩锌、项化质、邱冬、卢艺文、刘晨宇、郑诗燕、高子轩、周御莹、康帅、朱家懿、刘鑫、张雪、苏爱雯、杨军、刘惠君、杨灏垒、邹程宗、张宝欣、李宗坤、王一乔、陈欣悦、袁亦倩、万文博、麦浩钧、张子龙、张方桐、吴波影、孔蓬勃、黄月寒、谷芯汝、曾怡旋、陈虹、何为、田晨、鲁天乐、吉雨淋、刘森、刘晓璇、李慧珍、诸葛思颖、胡晓凯、郑海嘉、樊敦鹏、张晓龙、朱家乐、李天池、陈琛、金昊生、赵雄龙、刘武、王齐、王靖雯、王凤雪等。全书由汪行雨、刘桂艳、刘瑞洋和刘璇老师负责审校工作。此外，我们还要感谢参与审稿与校对工作的编辑们，他们的辛勤付出与无私奉献为本书的顺利出版奠定了坚实的基础。最后，我们要特别感谢广大读者对本书的关注与喜爱，是你们的支持与鼓励让我们更加坚定了编写一本优秀美育教材的决心与信心。

《大学生美育基础》不仅是一本教材，更是一盏明灯，它照亮了我们通往美的世界的道路。愿每一位翻开此书的朋友，都能在心中播下美的种子，用勤奋与汗水浇灌它成长，最终收获一片绚烂的心灵花园。让我们在美育的旅途中携手同行，共同绘就一幅幅动人的心灵画卷，让美的力量永远照亮我们的人生之路。同时，我们也期待广大读者对本书提出宝贵的意见与建议，共同推动美育事业的蓬勃发展。